期货

量化交易技术
实战分析技巧

[王征　李晓波◎著]

+131.94

+111.51

+94

87.59

87.14

59.36

+77.91

−61.41

−67.24

−74.68

Futures

中国铁道出版社有限公司

CHINA RAILWAY PUBLISHING HOUSE CO., LTD.

−121.19

内容简介

为了让更多的交易者掌握正确的期货交易方法，提高投资交易水平，作者将长期以来在实际操作中总结、提炼出的期货交易方法进行归纳。本书首先讲解如何深入理解量化技术分析、K线的支撑和压力，然后通过实例剖析讲解K线的量化实战技巧，接下来通过实例剖析讲解K线形态、趋势、均线、技术指标量化实战技巧，最后讲解交易计划量化实战技巧和资金管理量化实战技巧。

本书结构清晰、功能详尽、实例经典、内容全面、技术实用，并且在讲解过程中既考虑读者的学习习惯，又通过具体实例剖析讲解期货量化交易技术实战运用中的热点问题、关键问题及各种难题。

本书适用于期货投资交易的初学者和爱好者，也适用于有一定经验的期民，更适用于那些有志于在这个充满风险、充满寂寞的征程上默默前行的征战者和屡败屡战、愈挫愈勇并最终战胜失败、战胜自我的勇者。

图书在版编目（CIP）数据

期货量化交易技术实战分析技巧 / 王征，李晓波著.—北京：中国铁道出版社有限公司，2022.5
ISBN 978-7-113-28833-4

Ⅰ. ①期… Ⅱ. ①王… ②李… Ⅲ. ①期货交易 Ⅳ. ① F830.93

中国版本图书馆 CIP 数据核字（2022）第 022491 号

书　　名：期货量化交易技术实战分析技巧
　　　　　QIHUO LIANGHUA JIAOYI JISHU SHIZHAN FENXI JIQIAO
作　　者：王　征　李晓波

责任编辑：张亚慧　　编辑部电话：（010）51873035　　邮箱：lampard@vip.163.com
编辑助理：张秀文
封面设计：宿　萌
责任校对：苗　丹
责任印制：赵星辰

出版发行：中国铁道出版社有限公司（100054，北京市西城区右安门西街 8 号）
印　　刷：三河市航远印刷有限公司
版　　次：2022 年 5 月第 1 版　2022 年 5 月第 1 次印刷
开　　本：700 mm×1 000 mm 1/16　印张：27.25　字数：416 千
书　　号：ISBN 978-7-113-28833-4
定　　价：99.00 元

前　言

期货市场是一个"金钱飞舞"的市场，在这个市场中如果没有经过系统学习和训练就匆匆入市，那么大多数人会把自己的资金送给期市，然后永久性退出市场。无视学习、轻视经验、不重视市场，是新期民常犯的错误。

现在，市面上关于期货的书不算少，但大多是基础类，实战类的书很少，并且实战类的书大多讲解得不够全面，剖析得不够深入，更没有讲解中小资金做到每年翻番的操作技巧，没有讲解期市中相对来讲"收益越大，风险越小"的实战操作模式。

本书作者在投资交易生涯前期，都曾走过很长一段时间的弯路，曾几度陷入经济危机和心理危机，曾怀疑市场上有无走出痛苦、走向成功的方法。事实上成功并不遥远，财富就在身边，这是本书写作的主题。

内容结构

本书共14章，具体安排如下：

❑ 第1~2章：讲解如何深入理解量化技术分析和K线的支撑和压力。

❑ 第3~8章：讲解大阳线、见底K线组合、见顶K线组合、看涨K线组合、看跌K线组合、其他重要K线的量化实战技巧。

❑ 第9~12章：讲解K线形态、趋势、均线、技术指标量化实战技巧。

❑ 第13~14章：讲解交易计划量化实战技巧和资金管理量化实战技巧。

内容特色

本书的特色归纳如下：

（1）实用性：本书首先着眼于期货量化交易技术实战应用，然后再探讨深层次的技巧问题。

（2）详尽的例子：本书附有大量的例子，通过这些例子介绍知识点。每个例子都是作者精心挑选的，初学者反复练习，举一反三，就可以真正掌握期货量化交易技术实战技巧，从而学以致用。

（3）全面性：本书包含量化技术分析基础知识、K线的支撑和压力、大阳线量化实战技巧、见底K线组合量化实战技巧、见顶K线组合量化实战技巧、看涨K线组合量化实战技巧、看跌K线组合量化实战技巧、其他重要K线量化实战技巧、K线形态量化实战技巧、趋势量化实战技巧、均线量化实战技巧、MACD指标量化实战技巧、KDJ指标量化实战技巧、BOLL指标量化实战技巧、交易计划量化实战技巧、资金管理量化实战技巧。

适合读者

本书适用于期货投资交易的初学者和爱好者，也适用于有一定经验的期民，更适用于那些有志于在这个充满风险、充满寂寞的征程上默默前行的征战者和屡败屡战、愈挫愈勇并最终战胜失败、战胜自我的勇者。

创作团队

本书由王征、李晓波著，以下人员对本书提出过宝贵意见并参与了部分内容的相关工作，他们分别是周凤礼、周俊庆、张瑞丽、周二社、张新义、周令、陈宣各，在此一并表示感谢。

由于时间仓促，加之水平有限，书中缺点和不足之处在所难免，敬请读者批评指正。

作　者

2022年2月

| 目 录 |

第1章

深入理解量化技术分析

要想在期货市场中盈利，必须懂得技术分析。那么什么是技术分析呢？技术分析成立的基础又是什么呢？技术分析与基本面分析又有什么区别呢？本章就来详细讲解一下。

本章主要内容：

- ✓ 什么是技术分析
- ✓ "市场行为包容消化一切"
- ✓ 价格以趋势方式演变
- ✓ 历史会重演
- ✓ 技术分析的量化
- ✓ 技术分析与基本面分析之辨
- ✓ 技术分析的优缺点
- ✓ 技术分析的类型
- ✓ 技术分析其实就是经验总结
- ✓ 技术分析的反面意见

1.1 初识量化技术分析

到底什么是量化技术分析呢？为什么说量化技术分析可以帮助我们在期货市场中盈利呢？这就要弄清楚量化技术分析赖以成立的哲学前提或者说理论基础，只有这样才谈得上全面理解和掌握它。

1.1.1 什么是技术分析

刚开始进行期货交易时，曾一度以为技术分析就是利用K线图表仅仅分析于期货市场。不过随着时间的推移，接触面和学习面的增加，才发现技术分析其实是博大精深的，研究的范围可以扩展到所有可以利用K线图表来分析的市场，如股票、外汇、黄金、白银、现货等金融投资市场。

其实，只要我们能够利用过去的数据描绘出具体的图表走势，那么其本身就具备了可供技术分析的前提，例如，经济增长的走势预期等。看起来似乎有点儿神奇，但只要我们能够较深入地去了解技术分析，一切都将变得不再神奇，毕竟这些很多都是基于人的心理情绪波动规律，以及大自然的基本规律总结而成的一些可供借鉴的规律性的东西。

技术分析是以预测市场价格变化的未来趋势为目的，以图表形态、技术指标等为手段，对市场展开的包括归纳、排除、分析、确认、比较、决策、验证等在内的一系列的研究方法和手段。

技术分析的基本观点是：所有期货品种或其他金融产品的实际供需量及其背后起引导作用的各种因素，包括金融投资市场上每个投资者对未来的希望、担心、恐惧、猜测等，都集中反映在期货或其他金融产品的价格及交易量上，因而研究它们是最直接、最有效的。

注意：技术分析之所以能够成立，是建立在三个基本假设的基础之上的。如果投资者不认可这三个假设，那么技术分析就不可取了。三个基本假设分别是"市场行为包容消化一切"、价格以趋势方式演变、历史会重演，如图1.1所示。

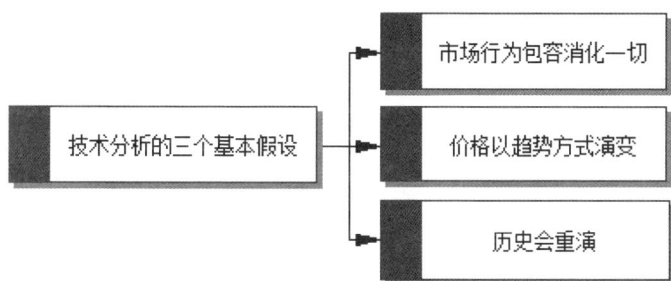

图1.1　技术分析的三个基本假设

这三个基本假设，字数不多，但可谓是字字珠玑。在过去刚开始学习时，有点儿不以为然，但随着学习的深入，了解的加深，才慢慢发现，这三个基本假设是前人智慧的总结，确实是蕴含着博大精深的意思在里面。

1.1.2　"市场行为包容消化一切"

"市场行为包容消化一切"，听起来有点儿绝对化。这样的绝对字眼本不该出现在"没有绝对"的技术分析研究中。投资者要明白，技术分析是没有绝对的，但却有"概率最大"的。为何不少投资者把技术分析看成一门艺术，本质上就是由于这里有一个任人发挥的空间，没有绝对，但有概率最大。谁的研判准确率高，那么就相应地代表了其在这个金融市场中的艺术水平和程度。

> **提　醒**
>
> 投资者一定要明白，学会技术分析后，不要以为自己就天下无敌了。随着在实战中慢慢提高，才会渐渐明白技术分析的艺术性。

"市场行为包容消化一切"，是指能够影响期货价格的任何因素，包括政治、经济、政策、供求关系、投机心理、内幕消息、自然灾害等，都反映在其价格之中。

> **提　醒**
>
> 这个断语，听起来有些武断，但是花时间推敲推敲，确实是这样的。

我们知道，如果需求大于供给，价格必然上涨；如果供给大于需求，价格必然下跌，这个供求规律是所有经济的基础及预测方法的出发点。

我们把它掉过来，那么，只要价格上涨，无论是因为什么具体的原因，需求一定是超过了供给，其后市看好；如果价格下跌，也不管什么具体原因，供给一定是超过了需求，其后市看淡（看空）。

其实，技术分析者通常不理会价格涨跌的原因，而且在价格趋势形成的早期或市场正处在关键转折点时，往往没有人确切了解市场为什么如此这般古怪地动作，恰恰是在这种至关重要的时刻，技术分析者常常独辟蹊径，一语中的。所以，随着实战水平的提高，遇上这种情况越多，"市场行为包容消化一切"这一假设就越发显出不可抗拒的魅力。

顺理成章，既然影响市场价格的所有因素最终必定要通过市场价格反映出来，那么研究价格就足够了。所以，投资大师江恩曾经说过，如果您坐在自己家中或者自己的办公室里，静静地研究您的图表（K线图），并依据明确无误的迹象进行交易，就可以取得更大的成功。

实际上，技术分析者是通过研究价格图表及大量的辅助技术指标，让市场自己揭示它最有可能的走势，而不是凭"精明"来征服市场。

1.1.3　价格以趋势方式演变

"趋势"，可别小看这两个字，它在技术分析里可以带给您无限的机会，同时也可能带给您无限的风险，就看如何去对待它了。

技术分析的核心就是趋势。技术分析的意义是：要在一个趋势发展的早期，及时准确地把它揭示出来，从而达到顺着趋势交易的目的。

技术分析者认为，对于一个既成的趋势来说，下一步往往是沿着现存趋势的方向继续演变，掉头反向的可能性要小得多。

当然，趋势是有尽头的，在向上的"趋势"里，最终的结局往往就是变成一个向"下"的趋势，反之也相同。"没有只涨不跌的股票，也没有只跌不涨的股票"，这句话完全可以看成是对"趋势"上下运动的较为明了的注解。价格以趋势方式演变，并且其趋势倾向于持续发展，如图1.2所示。

图1.2　价格以趋势方式演变, 并且其趋势倾向于持续发展

1.1.4　历史会重演

无论什么金融投资市场, 其主体还是人在操作交易, 而人类的心理从来就是"江山易改, 本性难移", 这就为同样的市场状况下出现同样的交易行为奠定了基础。

另外, 经济周期总是周而复始的, 因而人类的投资交易行为也总是周而复始在重复着相似的动作。

"历史会重演"既是自然法则作用的结果, 也是价格与时间取得平衡的结果。我们常常利用统计天气数据来预测未来的天气, 利用以往生意记录可以知晓未来供求关系等, 其实都是认定未来在多数情况下就是过去的延续。

因此, 技术分析者认为, 既然一些图形在过去经常重复, 就不妨认为它们在未来同样会继续出现。

历史会重演, 并不是说过去的走势会在现在完全重复上演, 而是指过去的走势, 在现在有可能阶段性地出现非常相似的走势。世界上没有完全相同的指纹, 同样, 在走势重复的过程中, 其细微之处必然也是不尽相同的。说白了, 完全一样是不可能的, 对这一点我们要有清晰的认识。

1.1.5　技术分析的量化

量化分析就是将一些不具体、模糊的因素用具体的数据来表示, 从而达到分析比较的目的。技术分析的量化,是指在利用K线进行期货交易时,把买进的位置、止损的位置、止盈的位置,都详细具体地用数字表示出来,然后严格地按照这些量化数据进行交易操作,忠实地执行交易计划,不受负面情绪(恐惧、贪婪、急躁等)影响,总之纪律严明。

1.2 技术分析与基本面分析之辨

技术分析主要研究金融市场行为,基本面分析则集中考察导致价格涨跌的供求关系。它们是在试图解决同样的问题,即预测价格变化的方向,只不过着眼点不同。基本面分析追求市场运动的前因,而技术分析则研究市场运动的后果。

> **提醒**
>
> 技术分析者理所当然地认为"后果"就是所需的全部资料,而理由、原因等无关紧要。基本面分析者非得刨根究底不可。其实,期货合约价格今天走势背后的原因可能只有到了两三天、几周,甚至几个月以后才能揭晓。

1.2.1 基本面分析的特点

基本面分析重在对宏观经济政策、行业动态、期货品种的价值等因素进行分析,以此来研究期货合约的当前价格是否合理。

基本面分析的目的是判断期货合约现行的价格是否合理,并描绘出它未来一段时间的价格趋势。

通过基本面分析,投资者可以获知应该购买何种期货合约,但却不知道何时才是价格的顶部或底部,何时才是最佳的进、出场时机。

利用基本面分析,可以预测期货合约的中长期趋势,这样有利于我们在期市低迷时挖掘出潜力品种,低价买入。但前提是你对自己的分析要有信心,买入之后不被短期内的市场悲观情绪影响,回避价格短期的波动。

1.2.2　技术分析的特点

技术分析是通过图表（K线图）上价格的涨跌变化和成交量等数据，来研究市场过去及现在的行为反应，以推测期货合约未来价格的变化趋势。

一般来说，技术分析只关注期货合约在市场中的变化，而不考虑经济、政治等各种外部影响的因素，是一种以结果来推导结果的经验之谈。

技术分析注重短期分析，在预测旧趋势结束和新趋势开始的时机方面优于基本面分析，但在预测较长期趋势方面不如基本面分析。

所以，投资者可以用基本面分析来决定该不该入市及买进何种期货合约，同时，利用技术分析来决定在何时、什么价格买卖更有利可图。

1.2.3　技术分析与基本面分析的联系

技术分析和基本面分析都认为期货价格是由供求关系所决定。但基本面分析主要是根据对影响供需关系的种种因素的分析，来预测期货未来的价格走势；技术分析则是根据价格本身的变化，来预测期货价格的未来走势。

技术分析的逻辑是：只要价格上涨，无论是什么因素，需求一定超过了供给，后市理应看好；如果价格下跌，不管是什么原因，供给一定超过了需求，后市就应该看跌。

技术分析所依赖的图表（K线图）本身并不能导致市场的涨跌，它只是简明地显示了市场投资者对现行行情的乐观或悲观心态，而技术分析者则正是从中窥出价格后期变化的可能性。

大多数投资者，要么说自己是技术分析派，要么说自己是基本面分析派，实际上很多投资者两者兼备。绝大部分基本面分析者对图表（K线图）分析的基本立场有实质的了解，同时，绝大部分技术分析者对经济基础也至少有个大致的印象。

但问题是，在大多数情况下，图表（K线图）的预测和基本面的分析南辕北辙。当一场重要的市场运动初露端倪时，市场常常表现得颇为奇特，从基本面上找不出什么理由。恰恰是在这种趋势萌生的关键时候，两种分析方法分歧最大。等趋势发展了一段时间后，两者对市场的理解又协调起来，可这个时候往往来得太迟，投资者已经无法下手了。

总之，市场价格是实体经济的超前指标，也是大众常识的超前指标。实体经济的新发展在被统计报告等资料揭示之前，早已在市场上实际发生作用，已经被市场消化吸收了。所以,一些最为剧烈的牛市或熊市在开始的时候,几乎找不到表明实体经济已经改变了的资料,等到好消息或坏消息纷纷出笼时,新趋势早已滚滚向前了。

技术分析者往往非常自信,当大众常识同市场变化牛头不对马嘴时,也能够"众人皆醉我独醒",应对自如。他们乐于领先一步,当少数派,因为他们明白,个中原因迟早会大白于天下,不过那样肯定是事后诸葛亮,他们既不愿意也没有必要坐等,从而失去良机。

1.3　技术分析的优缺点

技术分析作为期货市场最常用的分析方法,既有其明显的优点,也有其明显的不足,下面来具体讲解一下。

1.3.1　技术分析的优点

技术分析的优点主要表面在三个方面,分别是简单性、明确性和灵活性,如图1.3所示。

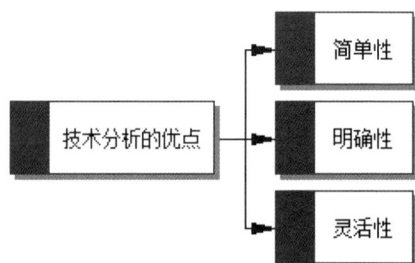

图1.3　技术分析的优点

1. 简单性

价格走势图(K线图)把各种变量之间的关系及其相互作用的结果清晰地表现出来,把复杂的因果关系变成了简单的价格走势图。以图看势,就很容易把握价格变化的趋势,并且利用计算机看各种技术分析是相当方便的。

2. 明确性

在图表（K线图）中可以出现明显的底部或顶部形态，也可以看到各种买卖信号，它们的出现可以提示投资者做好交易准备。同样，一些主要的支撑位或均线被突破，往往也意味着巨大的机会或风险来临。这些就是技术分析的明确性，但明确性并不等于准确性。

3. 灵活性

技术分析可以适用于任何交易媒介和任何时间尺度，不管是做期货、股票、外汇、黄金，无论是分析上百年的市场走势，还是几个小时的标的物价格走势，其基本技术分析的原理都是相同的。只要调出任何一个标的物的价格走势图，就可以获取有关价格的信息，并进行走势分析，即预测其未来价格走势。

1.3.2　技术分析的缺点

技术分析的缺点共有两项，分别是对长期走势的预测常常无效、不能预测最好的交易价格和时机，如图1.4所示。

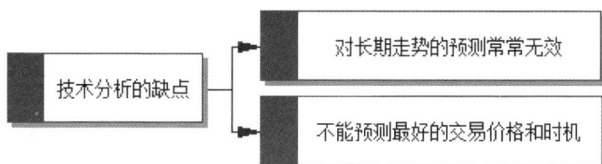

图1.4　技术分析的缺点

1. 对长期走势的预测常常无效

技术分析只能分析期货短期价格走势的变化，决定期货长期价格走势的还是国家宏观政策、经济运行环境、市场资金供应、期货品种自身基本面等因素，单纯运用技术分析来预测长期的价格走势，其准确性往往较差。

2. 不能预测最好的交易价格和时机

技术分析只能预测未来一段时间内总的价格走势，不能指出该时期内的最高价在哪里，也不能指出该时期内的最低价在哪里，更不能指出每一次上升或下跌的持续时间。

总之，技术分析是客观事物，其使用者是人，如果投资者不懂得心理控制、资金管理、交易技巧、市场特征等，单靠技术分析这一条腿走路，在一个具有较多不确定性的交易市场中，是不可能成为赢家的。

1.4 技术分析的类型

技术分析发展到今天，形成了多种技术分析"门派"，创造了多种独立的技术分析体系。主要的技术分析方法有四种，分别是K线分析技术、形态分析技术、趋势分析技术、指标分析技术，如图1.5所示。

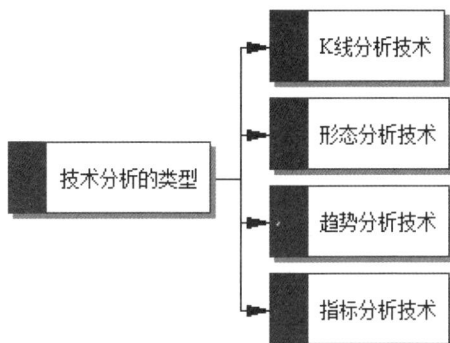

图1.5 技术分析的类型

1.4.1 K线分析技术

K线分析技术，主要是利用单纯的K线图来预测价格的未来走向。价格是一切变化的前提，是趋势运动里最重要的研究部分。最高价、最低价、开盘价、收盘价等都显示在K线图上，是绝大部分技术指标的先行指标和统计基础。

所以，研究K线就可以获知当前期货市场多、空力量的对比状况，并能进一步判断出市场多、空双方谁更占优势，这种优势是暂时的，也是决定性的。

K线分析技术包括两种：分别是单K线模式和多K线模式，如十字星、大阳线、空方尖兵、红三兵等。

1.4.2 形态分析技术

在期货价格起起落落的时候，常常会在K线图中留下一些投资者购买或抛售的预兆。形态分析技术，是根据K线图中过去所形成的特定价格形态来预测价格未来发展趋势的一种方法。当然，这也是一种纯粹的经验性统计，因为在期货合约抛售或抢购的过程中，K线图常常会表现出一些可以理解的、重复的价格形态。

著名的价格形态主要包括反转形态（双底、V形底、头肩顶、M顶）和各种持续形态（上升旗形、收敛三角形）。

1.4.3　趋势分析技术

趋势分析技术，是按照一定的规律和原则在价格走势图中绘制直线，然后根据K线和这些直线的穿越情况来预测价格未来走势的方法。

当然，线的画法不是凭空乱画，通常是根据价格阶段性的高点或低点，以及趋势的支撑部位或阻力部位来画线的，当然也有的是根据"神秘的自然法则"或数学规律来画线的。这些线条的产生符合一定的市场交易心理和自然规律，因而在有些时候也会产生一定的作用。

常用的趋势分析技术有趋势线、通道线、支撑线、压力线、黄金分割线等。

1.4.4　指标分析技术

指标分析技术，是通过对原始数据（开盘价、收盘价、最低价、最高价、成交量、成交金额、成交笔数）的处理，来反映市场的某一方面深层的内涵，这些内涵是很难通过原始数据直接看出来的。不同的处理方法产生不同的技术指标，即每一种技术指标都对应着一种处理原始数据的方法。

目前，应用于期市的技术指标有几百种，按照不同的计算原理和反映状况，可大致分为趋向指标、反趋向指标、量价指标、压力支撑指标等。

1. 趋向指标

趋向指标是识别和追踪有趋势的图形类指标，其特点是不试图猜顶和测底，如均线、MACD指标、SAR指标等。

2. 反趋向指标

反趋向指标，又称震荡指标，是识别和追踪趋势运行的转折点的图形类指标，其特点是具有强烈的捕顶和捉底的意图，对市场转折点较敏感，如随机指标KDJ、强弱指标RSI等。

3. 量价指标

量价指标就是通过成交量变动来分析捕捉价格未来走势的图形类指标，其特点是以"成交量是市场元气"为依据，揭示成交与价格涨跌关系，如OBV指标、VOL指标等。

4. 压力支撑指标

压力支撑指标，又称通道指标，是通过顶部轨道线和底部轨道线，试图捕捉行情的顶部和底部的图形类指标，其特点是具有明显的压力线，也有明显的支撑线，如BOLL指标、XSTD指标。

提醒

对于指标的应用，要记住经典图形的意义，但要根据大势和主力特征进行认真识别，因为有时很可能是主力发出的假信号，即通过引导价格绘制假指标图形，如果投资者信以为真，很可能一买就套、一卖就涨。

总的来讲，从时间上来看，K线和指标分析技术有利于短线交易；趋势和形态分析技术有利于中长线交易。从结果上来看，这四类技术分析方法尽管考虑的出发点和表达方式不尽相同，但是彼此并不排斥，在使用上可以相互借鉴和融合。但投资者要明白，市场上不存在确切无误的指标或公式，即使是那些最常见、总体上最可靠的分析方法和分析结论，也只能以一种概率性的表述而存在，不可能没有问题。因为市场的本质是博弈对立的，正与反不可能那么清楚，否则就没有人会亏钱，更不会有人获利。

1.5 技术分析其实就是经验总结

技术分析是成千上万的市场参与者长期心与血的结晶。说技术分析是经验总结，原因有三点：

第一，在技术分析各理论体系中，从定义到规则，都带有明显的经验总结色彩，不具有严格的科学特征，如趋势的定义。有时甚至难以经受认真推敲。

第二，技术分析的理论花样繁多，几乎每位技术分析者都有自己独有的一套。并且在各种技术理论之间，联系较弱，难以贯穿成一整套丝丝入扣、首尾呼应的理论体系。

第三，技术分析的理论不限于对市场的单向分析，还有如何适应市场进行实际操作的内容，如典型的技术分析名言"让利润充分增长，把亏损限于小额"，同时还包括资金管理、交易策略等如何适应市场的内容。

正是因为技术分析具有明显的经验性，具有浓烈的主观色彩，所以，实际上技术分析是一门艺术。如果要掌握好它，单靠按部就班地学习是远远不够的，非得有丰富的实战经验不可。技术分析在学习和提高的过程中，就是要把自己的经验"去粗取精，去伪存真"，也就是要把前人的成功经验借鉴、吸收为自己的切身经验。

1.6　技术分析的反面意见

在讨论技术分析时，往往会出现一些大同小异的疑问，如预言自我应验、过去能预测未来吗，等等。下面就来详细讲解一下。

1.6.1　预言自我应验

不少投资者也许心中会有这样的疑问：

近年来，绝大部分K线形态流传广泛。很多投资者把它们牢记于心，常常根据K线形态不约而同地行动，于是每当K线形态发出看涨或看跌的信号时，买者或卖者蜂拥而上，结果产生了"预言自我应验"的现象。

事实上，K线形态很客观，而研读K线形态是门艺术，K线形态几乎从来没有清楚得能让有经验的投资者意见一致的时候。疑虑重重、困惑不解、仁者见仁、智者见智才是家常便饭。

即使大多数投资者预测一致、所见略同，也不一定在同时以同样的方式入市。有些投资者也许预计到信号将会出现，便"先下手为强"；还有些投资者等信号出现后再下手；也有一些投资者等信号出现并验证后再下手。因此，所有人在同一时刻以同一方式入市的可能性甚微，如图1.6所示。

图1.6　不同的投资者在不同的位置进场

投资者一定要明白，唯有供求规律才能决定牛市或熊市的发生和发展。技术分析者势单力薄，绝不能平白无故地靠自己的买进或卖出引发市场的重大变化。要是能做到这一点，早就发大财了。

1.6.2　过去可以预测未来吗

用过去的价格走势信息能否有效地预测未来价格走势呢？这里有一个比较大的争议。很多投资者常常拿这个问题来反对技术分析，并且常常因此嘲笑技术分析者。

首先我们要明白，每一种预测方法，从天气预报到基本面分析，都是建立在对历史数据的研究之上。除了这些资料，我们还能依靠什么资料呢？

从统计学的角度来看，统计学包括描述统计学和推导统计学。在技术分析中，以K线图表来显示价格的运动轨迹属于描述统计学；分析价格并做出预测则属于推导统计学，如图1.7所示。

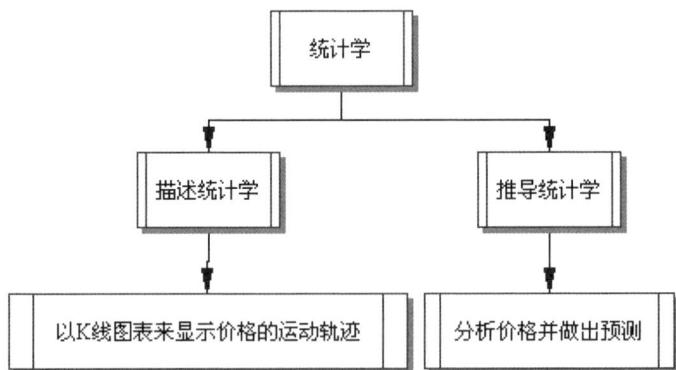

图1.7　统计学

所以，技术分析同其他任何一项预测一样，都是建立在历史数据资料之上的。如果投资者怀疑技术分析在这方面的立足点，那么只好把所有以过去研究未来的学问一股脑儿都推翻，当然其中也包括基本面分析。

提醒

技术分析最大的优势是不用担心数据资料的可信度，而基本面分析则有数据资料和预测推断在可信度上的双重风险。

1.6.3　随机漫步理论

随机漫步理论，又称随机游走，是指价格的变动是随机且不可预测的。价格的变动，就像一个在广场上行走的人一样，价格的下一步将走向哪里，是没有规律的。在期货市场中，价格的走向受到多方面因素的影响。一件不起眼的小事也可能对市场产生巨大的影响。

所有的投资市场确实都具备一定的随机性，或者说"噪声"，但以为所有的价格变化都是随机的，却并非实情。

投资者可以想一下，当市场趋势明朗时，这个趋势对我们是否有用呢？我们是否可以把它当成我们的朋友呢？具有实战经验的投资者都知道，趋势一旦走出来，趋势就是我们最好的朋友，只要我们顺势而为，并且能好好地把握趋势的节奏，我们就可以成为市场中的大赢家。

对于新期民来说，期货价格好像都在胡乱地运动，没有规律。其实，如果我们不理解具体的过程和规则，任何过程都会显得杂乱无章。

例如，一张心电图，在外行看来，就像一长串杂乱无章的符号，可在一个训练有素的医生眼中，其中的每个小波折都充满了意义，肯定不是随机的。

对没有花时间研究期货市场行为规律的投资者来说，市场运作可能是随机的。随着实战经验和技术的提高，随机的错觉逐渐消失，慢慢就会出现价格的运动是随机和规律的结合。

提醒

K 线图表可以帮助那些能够读懂它的人。更确切地说，是那些可以把看到的图表信息消化吸收的人。

第2章

K线的支撑与压力

在期货市场中，支撑和压力是非常重要的。当期价遇到支撑，就可以进场做多或卖出手中的空单筹码，即买入；当期价遇到压力，就可以清空手中的多单筹码或做空。

本章主要内容包括：

- ✓ K线的定义、构成和意义
- ✓ K线的识别
- ✓ 正确认识K线和K线组合
- ✓ 快速看明白K线图
- ✓ K线运用的注意事项
- ✓ 什么是支撑和压力
- ✓ 支撑和压力是怎么形成的
- ✓ 在上升趋势中支撑与压力的应用
- ✓ 快速看明白K线图在下跌趋势中支撑与压力的应用
- ✓ 在横向盘整趋势中支撑与压力的应用
- ✓ 支撑与压力的转换

2.1 深入地了解K线

交易期货最重要的是要学会看懂K线,即要看懂K线这本"无字天书",因为K线分析是所有投资者入市之初就必须掌握的内容。对于短线投资者来说,K线分析更是其行走市场的重要法宝,甚至是其唯一有效的获利工具。

2.1.1 什么是K线

K线是用来记录交易市场行情价格的,因其形状如同两端有烛芯的蜡烛,故而在西方被称为蜡烛图(中国人习惯称之为阴阳线)。

K线起源于日本。当时日本大阪的堂岛大米会所开始经营世界上最早的期货合约,K线就是为记录大米每天涨跌的价格而发明的。

K线实际上是为考察市场心理提供了一种可视化的分析方法,它简洁而直观,虽不具备严格的逻辑推理性,但是却有相当可信的统计意义。它真实、完整地记录了市场价格的变化,反映了价格的变化轨迹。

经过300多年的演化,特别是经过西方社会40来年的推广,K线技术目前已被广泛应用于全世界的期货市场、股票市场、外汇市场、黄金白银市场等领域,成为技术分析中最基本的方法之一。

2.1.2 K线的构成

K线是由价格的开盘价、收盘价、最低价和最高价构成,打开同花顺软件,输入"au9999",然后回车,就可以看到沪金主力合约的口K线图,如图2.1所示。

由图2.1可以看出,K线是一根柱状的线条,由实体和影线组成。在实体上方的影线称为上影线,在实体下方的影线称为下影线。实体分为阳线和阴线,当收盘价高于开盘价时,实体部分一般是红色或白色,称为阳线;当收盘价低于开盘价时,实体部分一般是绿色或黑色,称为阴线,如图2.2所示。

图2.1　沪金主力合约（au9999）2020年6月16日到2020年11月24日的日K线图

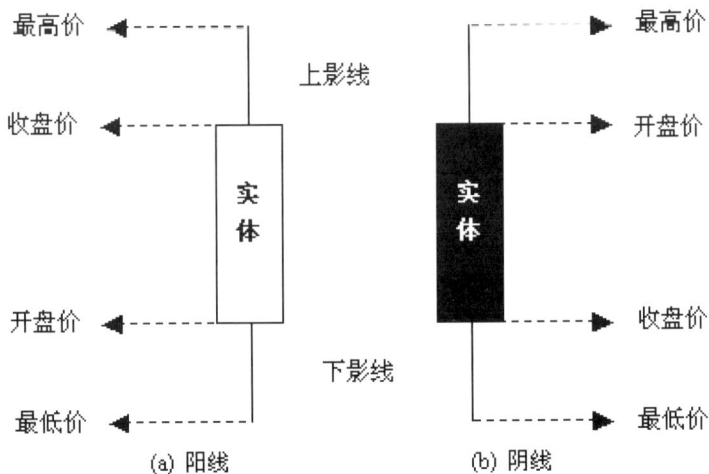

图2.2　阳线和阴线

　　K线具有直观、立体感强、携带信息量大的特点，它吸收了阴阳学说，蕴含着丰富的东方哲学思想，能充分显示价格趋势的强弱，显示买卖双方力量平衡的变化，从而较准确地预测后市。

　　利用K线图，投资者可以对变化多端的期市行情有一目了然的直接感受。K线图最大的优点是简单易懂，并且运用起来十分灵活；最大的特点在于忽略了价格在变化过程中的各种纷繁复杂的因素，而将其基本特征显示在投资者面前。

2.1.3　K线的意义

K线是一种"无字天书"，是一种阴阳交错的历史走势图，实际上包含着因果关系。从日K线图上看，上一个交易日是当前交易日的"因"，当前交易日是上一个交易日的"果"；而当前交易日又是下一个交易日的"因"，而下一个交易日是当前交易日的"果"。正是这种因果关系的存在，投资者才能根据K线阴阳变化找出期市规律，并以此预测价格走势。

K线的规律是：一些典型的K线或K线组合出现在某一位置时，期价将会按照某种趋势运行；当这些典型的K线或K线组合再次出现在类似的位置时，就会重复历史的情况。如底部出现早晨之星，价格往往会由此止跌回升，掌握这一规律后，当再遇到底部出现早晨之星，就可以判断价格反转在即，认真分析行情后可以考虑择机建仓。

K线的规律，是期民在长期实战操作中摸索出来的。作为新期民，需要在学习别人经验的基础上，通过实战来提高自己观察和分析K线的能力，只有这样才能掌握K线的规律，才能灵活地应用K线。

2.1.4　K线的识别

无数的K线组成了一幅连续的K线分析图，但每根K线都有其自身的含义。K线可以分为强势K线、较强势K线、弱强势K线和无势K线。

1. 强势K线的识别

强势K线共有4种，分别是光头光脚阳线、光头光脚阴线、大阳线和大阴线。注意这些强势K线出现在趋势的末端，则很可能物极必反，如图2.3所示。

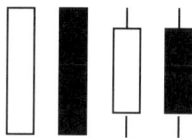

图2.3　强势K线

光头光脚阳线：意味着极端强势上涨，后市看多。

光头光脚阴线：意味着极端强势下跌，后市看空。

大阳线：意味着强势上涨，后市看多。

大阴线：意味着强势下跌，后市看空。

2. 较强势K线的识别

较强势K线共有四种,分别是光头阳线、光头阴线、光脚阳线和光脚阴线。注意这些较强势K线出现在趋势的末端,则已显示疲软之势,如图2.4所示。

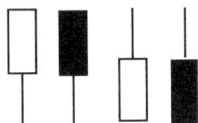

图2.4　较强势K线

光头阳线:意味着较强势上涨,影线表示曾一度遭遇空方反击。

光头阴线:意味着较强势下跌,影线表示曾一度遭遇多方反击。

光脚阳线:意味着较强势上涨,影线表示遭遇空方反击。

光脚阴线:意味着较强势下跌,影线表示遭遇多方反击。

提醒

这四种K线都说明对方曾经反击过,尽管尚未成功,但要注意,反击开始了。

3. 弱强势K线的识别

弱强势K线从图形上来看是四种,但其实是两种,1和2是一种,3和4是一种。如果弱强势K线出现在趋势的末端,往往有变局的意味,如图2.5所示。

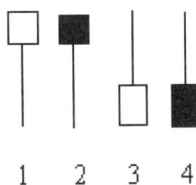

1　　2　　3　　4

图2.5　弱强势K线

1和2,如果出现在连续上涨的顶部,则称之为上吊线,表示曾遭遇过剧烈反击,后市有变;如果出现在连续下跌的底部,则称之为锤子线,表示曾遭遇过剧烈反击,后市有变。

3和4,如果出现在连续上涨的顶部,则称之为射击之星或流星线,意味着摸高受阻，后市有变；如果出现在连续下跌的底部，则称之为倒锤子线，意味着曾经大涨，后市有变。

> **提醒**
>
> 　弱强势K线都有较长的影线，出现在连续运动后，说明对手剧烈反击过，后市有变。

4. 无势K线的识别

无势K线表示趋势僵持不下，但如果出现在趋势的末端，比前面的大阴阳线，更有变局之意，如图2.6所示。

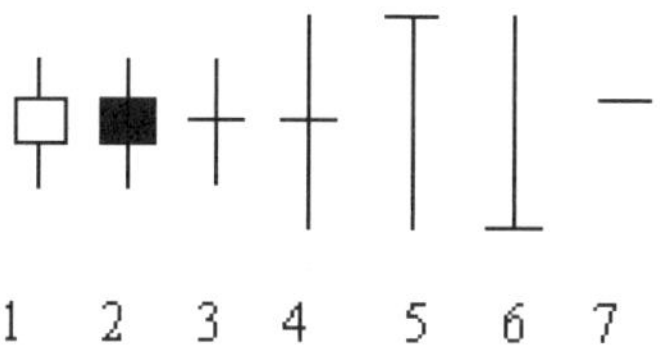

图2.6　无势K线

1、2和3分别表示小阳线、小阴线、十字星线，当它们出现时，一般不能确定后市运动方向。但在连续上涨后出现，说明涨势停顿，后市有变；在连续下跌后出现，说明跌势停顿，后市有变。

4为长十字线，又称长十字星线，其意义与十字星线一样，但疲软的性质和僵持的意义更强烈。

5如果出现在连续上涨的顶部，称之为风筝钱，表示曾遭遇过剧烈反击，后市有变；如果出现在连续下跌的底部，则称之为多胜线，表示曾遭遇过剧烈反击，后市有变。

6如果出现在连续上涨的顶部，称之为灵位线，表示摸高受阻，后市有变；如果出现在连续下跌的底部，则称之为空胜线，表示曾遭遇过剧烈反击，后市有变。

> **提醒**
>
> 　上面这六种无势K线，说明多、空双方僵持不下，失去了方向感，但在连续涨、跌势的末端，则往往意味着情况有变。

7为一字线，说明开盘价、收盘价、最高价、最低价在同一价位，出现于股市中的涨跌停板处。

总体来说，阳线实体越长越有利于价格上涨，阴线实体越长越有利于价格下跌；但连续强势上涨后，谨防盛极而衰；连续强势下跌之后，可能否极泰来。如果影线相对实体来说非常小，则可以忽略不计，即等同于没有；如果影线很长，则说明多、空双方争斗得非常剧烈，后市不确定。十字星的出现往往是过渡信号，而不是反转信号，它意味着市场暂时失去了方向感，投资者可以继续观察几个交易日。

2.1.5　正确认识K线

初学K线，不能只看表面现象，K线在不同的位置、不同的时间，所表达的信息是不同的。在运用K线时要注意具体问题具体分析，具体如下：

第一，市场中没有百发百中的方法，利用K线分析期市也仅仅是经验性的方法，不能迷信。

第二，分析K线必须结合关键位置上的表现，即要看价格在支撑位、压力位、成交密集区、有意义的整数区、绝对高位、相对高位、绝对低位、相对低位等关键位置的表现形式。

第三，K线分析方法必须与其他方法相结合，用其他分析方法已经做出了买卖决策后，再用K线选择具体的出入市时机。

第四，注意对关键K线的分析，即对大阳线、大阴线及重要的K线组合的分析，另外还要关注重要K线的成交量。

第五，分析K线，要看一系列K线的重心走向，也就是K线均价的走向。

第六，根据自己的实战经验，加深认识和理解K线和K线组合的内在和外在的意义，并在此基础上不断修改、创造和完善一些K线组合，做到"举一反三、触类旁通"。

总之，对于K线，最重要的是它的相对位置，不同的位置意味着不同的价格区间；其次它是什么模样，即是带影线还是不带影线、多长或多短等；最后才是它的颜色，是阴线或是阳线。千万不要因为大阳线或大阴线就匆忙下结论。

有时，对于连续出现的几根K线，也许不容易识别其意义，我们不妨做些简化或压缩工作，通过将几根K线简化成一根K线的形式，能更直观地了解价格运动的本质，如图2.7所示。

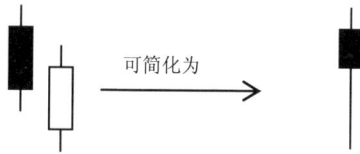

图2.7　可简化的K线

简化K线的方法具体如下：

第一，取第一根K线的开盘价作为简化后的开盘价；

第二，取所有K线中的最高价作为简化后的最高价；

第三，取所有K线中的最低价作为简化后的最低价；

第四，取最后一根K线的收盘价作为简化后的收盘价。

简化K线的目的，是让我们更直观、更清楚地认识K线，从而了解K线的本质。但要注意并不是所有的K线都可以简化，如图2.8所示。

图2.8　不可简化的K线

随着交易期货时间的增长，你一旦明白了K线的本质，就没有必要做简化操作了。

2.1.6　K线组合

单根K线在实战运用过程中往往会发出错误的信号，如果将几根K线按不同的规则组合在一起，又会形成不同的K线组合。K线组合可以包含更多信息，这样成功率就会大大提升。

底部看涨K线组合出现时，告诉投资者价格很快就会上升，要赶快建仓；顶部看跌K线组合出现时，告诉投资者风险已大，要及时获利了结或看空做空。

K线组合方式多种多样，实战价值最高的有希望之星、黄昏之星、红三兵、黑三鸦、塔形顶、塔形底等经典组合。通过掌握K线组合，投资者可以增强盘感，从而提升自己洞察盘面、捕捉交易信号的能力。

＊ 提　醒

各种经典K线组合，在后面章节会详细讲解，这里不再展开。

2.1.7　快速看明白K线图

面对形态各异的K线及其组合，投资者有时很迷惑。看涨时不涨，看跌时不跌，或看对了方向，但没有抓住赚钱的机会，这正是投资者没有正确认识和熟练运用K线的结果。若想真正发挥出K线的威力，快速看明白K线图，需要注意三点，分别是看K线的阴阳、数量及重心方向，看K线实体大小及上下影线长短，看K线需要关注成交量，如图2.9所示。

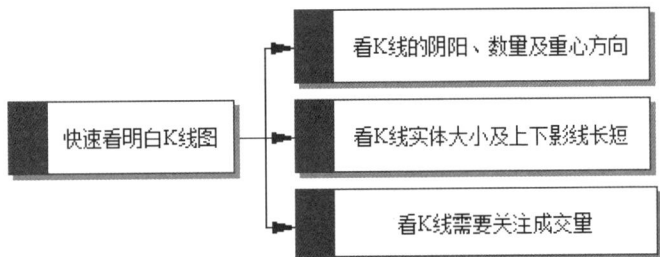

图2.9　快速看明白K线图

1. 看K线的阴阳、数量及重心方向

阴阳代表多空双方的力量变化对比，代表着期价行情趋势的上涨和下跌。阳线代表多方力量强于空方力量，表示期价处于上升行情中，并可能继续上涨；阴线代表空方力量强于多方力量，表示期价处于下跌行情中，并可能继续下跌。

以阳线为例，在经过一段时间的多空双方搏斗之后，收盘时，收盘价高于开盘价，表明多方力量占据上风，在没有外力的作用下，期价仍可能按照原来的方向和速度运行，一段时间内可能继续惯性上行。因此，阳线预示着后市期价仍继续上涨，这符合技术分析三大假设之一的价格呈趋势性波动，而这种趋势性，即顺势而为，正是技术分析中最应该遵守的操盘理念。

一般来讲，在上涨行情中，阳线的数量要多于阴线的数量，这时期价的重心是向上的，预示着价格仍可能继续惯性上涨，这样投资者手中的多头筹码可以继续持有，就可以实现躺着赚钱了。在下跌行情中，阴线的数量要多于阳线的数量，这时期价的重心是向下的, 预示着价格仍可能继续惯性下跌, 手中还有多头筹码的投资者, 要及时卖出, 否则亏损会越来越大, 如图2.10所示。

图2.10　国际铜主力合约 (bc9999) 2021年4月15日至2021年6月21日的日K线图

2. 看K线实体大小及上下影线长短

大阳线、大阴线、小阳线、小阴线、十字星等各种各样的K线构成了一个复杂的期市。又因为各种K线组合的不同, 各种K线的分析周期不同, 它们记录着不同的期市行为, 还在一定程度上为行情未来发展趋势提供了一定的预示。

实体大小代表期市行情发展的内在动力, 实体越大, 上涨或下跌的趋势越明显, 反之, 趋势不明。以阴线为例, 阴线的实体越长, 说明空头的力量越强大, 代表着下跌动能越大, 其下跌动能大于实体较小的阴线。同理, 阳线实体越大, 上涨动能越大。

影线代表可能的转折信号, 向一个方向的影线越长, 越有利于价格向相反方向变动, 即上影线越长, 越有利于期价下行; 下影线越长, 越有利于期价上行。以上影线为例, 在经过一段时间的多空搏斗之后, 多头终于在重压之下败下阵来, 无论K线是阴还是阳, 长上影线已经构成下一阶段的上涨压力, 价格向下运行的可能性更大。同理, 下影线暗示着价格向上攻击的可能性更大, 如图2.11所示。

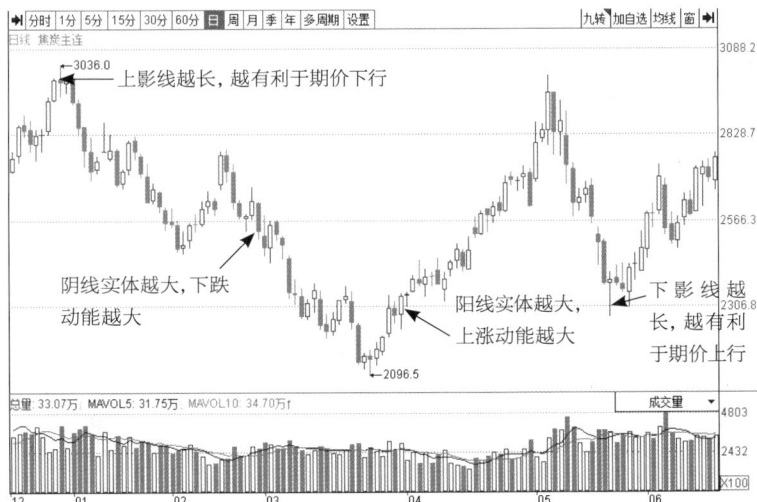

图2.11　焦炭主力合约（j9999）2020年12月24日至2021年6月17日的日K线图

3. 看K线需要关注成交量

成交量代表的是期市资金力量的消耗，表示多空双方搏斗的动能大小和激烈程度，而K线是搏斗的结果。只看K线，不关注成交量，对期价后期的走势就不能做出正确的分析。成交量是动因，K线是结果，要想了解每根K线的内在动能大小，必须结合成交量来分析。成交量如图2.12所示。

图2.12　沪银主力合约（ag9999）2021年4月1日至2021年8月9日的日K线图和成交量

例如，出现大阴线，表明下跌力量很强，价格继续下跌的可能性很大，再结合成交量来分析，这一天成交量也很大，表明多空双方激烈搏斗之后，空方力量完胜，所以，后市继续下跌的可能性很大。所以，手中还有多头筹码的投资者最好及时卖出，然后观望。

2.1.8　K 线运用的注意事项

每一根 K 线都在试图向我们做出手势，告诉我们市场正在发生的变化。投资者只有静下心来，看明白市场主力在告诉我们什么，并且辨别信息是不是主力的真正意图。例如，根据 K 线理论，某 K 线告诉投资者可以加仓做多了，但也有可能是主力在市场上反技术操作，即诱多，这时投资者一旦加仓，就很可能被套。

K 线不是一门科学，而是一种行为艺术和投资哲学的实践，其本质是市场群体心理因素的集中反映。投资者可以把握它的性，但把握不了它的度，它给每个人留下了很多主观的判断。

在期货市场，没有完美的分析技术，即任何技术都有其缺点，K 线的缺点就是发出错误信号太多，当然优点也很明白，就是可以卖个高价获得较大的收益。所以，投资者在利用 K 线技术进行操作时，分析 K 线不能拘泥于图形，而要究其内在的本质，洞悉多、空双方的力量对比变化。

对于 K 线技术，投资者一定在心中熟记常用的 K 线图，并且明白其具体意义及发出的买卖信号，然后再结合市场特征、主力操作手法、其他分析技术进行综合研判，才能下达买卖决定。

> **提　醒**
>
> 任何技术都是在特定条件下运用才是正确的。

2.2　支撑与压力概述

什么是支撑，什么是压力，支撑和压力是怎么形成的，下面详细讲解一下。

2.2.1　什么是支撑和压力

下面利用买卖双方的力量来描述支撑和压力。

支撑是指在下跌过程中, 买方力量逐渐累积, 直到与卖方力量能够抗衡, 这样期价就跌不下去了, 从而形成支撑的区域, 即支撑。

压力是指在上涨过程中, 卖方力量逐步增大, 直到与买方力量达到均衡, 这样期价就涨不上去了, 形成压力的区域, 即压力。

在上升趋势中, 支撑和压力呈现出一种不断上升的形态, 如图2.13所示。

图2.13　上升趋势中的支撑和压力

在下降趋势中, 支撑和压力呈现出一种不断降低的形态, 如图2.14所示。

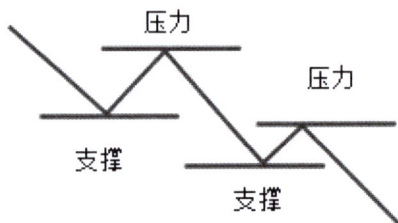

图2.14　下降趋势中的支撑和压力

需要注意的是, 在上升趋势中, 压力代表上升过程中的停顿, 通常在充分调整后会冲破该压力, 继续向更高点前进; 在下降趋势中, 支撑代表下跌过程中的停顿, 通常经过小幅反弹之后, 价格会跌破支撑, 继续向更低点前进。

2.2.2　支撑是怎么形成的

期价在支撑区域震荡盘整一段时间, 累积了较大的成交量, 当期价由上向下向支撑线靠近时, 看空做空的交易者越来越少, 这时多方趁低吸纳买进, 形成需求。另外，部分套牢者套牢已深、已久，手中的筹码锁定不会轻易卖出，故在这一价格区间需求大于供给，自然形成了强有力的支撑，如图2.15所示。

图2.15　沪铜主力合约（cu9999）2021年2月5日至2021年5月10日的日K线图

沪铜主力合约（cu9999）的价格经过一波明显的上涨行情之后，然后开始横盘整理。在横盘整理过程中，每当价格回调到65 000元附近时，价格就开始止跌上行，但价格上行到68 000元附近时，价格就又开始下行，就这样来回震荡。

这表明价格在65 000元附近，空方力量已小于多方力量；而当价格上涨到68 000元附近时，多方力量又小于空方力量。就这样65 000元附近形成了支撑，68 000元附近出现了压力，所以，65 000元附近可以进场做多，当价格上涨到68 000元附近卖出。

需要注意的是，当前是上升趋势，价格向上突破的概率很大，所以，当价格向上突破时，持有多单的交易者，可以继续持有，如果手中没有多单或者多单太少，可以在突破时继续头入该期货合约。当然，如果您持有空单，一定要及时止损出局，并且可以反手做多。

2.2.3　压力是怎么形成的

和支撑一样，压力通常也出现在成交密集区，这个区间累积了较多的成交量，当期价在该密集区以下时，有大量套牢者。所以，每当期价上涨到该区域时，特别是接近压力线时，套牢者就会急于解套卖出，这样就会有大量抛盘出现，供给大于需求，所以，这时期价很容易就会下跌。当期价下跌到支撑时，对后市看好的交易者又会做多买进，价格再度回升，就这样反复多次，上方压力就形成了，如图2.16所示。

图2.16　生猪主力合约（lh9999）2021年3月15日至2021年5月27日的日K线图

生猪主力合约（lh9999）的价格经过一波下跌之后，开始反弹，但这一波反弹力量不强，即出现横盘整理，每当价格反弹上涨到28 000元附近，价格就会受压下行，但每当价格下跌到26 500元附近，价格又开始反弹上行，就这样反反复复震荡了一个多月。

这表明当价格上涨到28 000元附近时，空方力量大于多方力量；而当价格下跌到26 500元附近，空方力量小于多方力量。就这样28 000元附近出现压力，可以做空，当价格下跌到26 500元附近时平仓卖出。

需要注意的是，当前是下跌趋势，价格向下突破的概率很大，所以，当价格向下突破时，持有空单的交易者，可以继续持有。如果手中没有空单或者空单太少，可以在向下突破时继续做空该期货合约。当然，如果您持有多单，一定要及时止损出局，并且可以反手做空。

2.3　支撑与压力的应用

前面讲解了支撑与压力的基础知识，下面来讲解一下支撑与压力的应用。

2.3.1　在上升趋势中支撑与压力的应用

在上升趋势中,支撑与压力是逐步上移的。每当价格回调到支撑位附近时,可以做多期货合约,当期价上涨到压力位附近时,可以卖出手中的多单,并且可以轻仓做空。需要注意的是,一旦期价突破压力位,手中的多单就不要再卖出了,而是持有。当然,如果仓位轻,还可以继续加仓做多。但如果期价向上突破时,如果您手中持有空单,一定要第一时间止损出局,否则就会越套越深,最终会损失惨重。

图2.17显示的是沪深主力合约(if9999)2020年6月29日至2021年1月7日的日K线图。

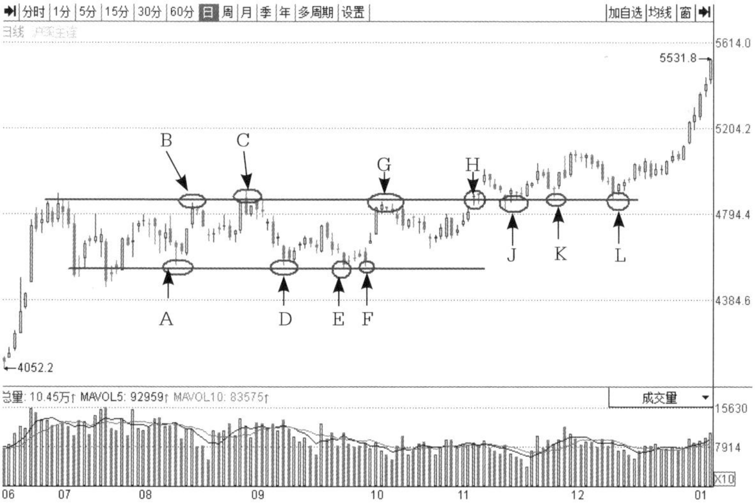

图2.17　沪深主力合约(if9999)2020年6月29日至2021年1月7日的日K线图

沪深主力合约(if9999)经过一波快速拉涨之后,开始横盘整理。在横盘整理过程中,每当价格回调到4550元附近,价格就得到支撑,开始上涨,但每当上涨到4850元附近,价格就会再度受到压力下行。

所以,4550元附近就是支撑,就是做多位置或卖出空单的位置,即在A、D、E、F处做多该期货合约或卖出手中该期货合约的空单。4850元附近就是压力,就是做空位置或卖出多单的位置,即B、C、G处都可以短空或卖出手中的多单。

需要注意的是,当前是上涨行情,一旦期价突破上方压力,即4850元附近,表明期价要结束盘整走势,又要开始一波上涨行情了,所以,这时手中还有空单的交易者,要及时卖出。当然手中持有多单的交易者就可以继续持有。

在H处，期价突破了上方压力，这表明震荡盘整行情很可能结束，所以，在H处，有空单的交易者，要及时止损出局。

需要注意的是，期价一旦突破压力线，这个压力线就变成了支撑线，所以J、K、L处都是比较好的做多位置，也是空单较好的卖出位置。

另外还要注意，上涨行情也不会一直延续下去，总有一天会反转向下的。所以，当期价经过较大幅度上涨之后，再度出现横盘整理，就要小心了。一旦价格跌破支撑，就可能开始真正的下跌行情了，这时手中还有多单的交易者，要及时止损出局，并且可以反手做空。

图2.18显示的是沪镍主力合约（ni9999）2019年7月30日至2019年12月4日的日K线图。

图2.18　沪镍主力合约（ni9999）2019年7月30日至2019年12月4日的日K线图

沪镍主力合约（ni9999）的价格经过几波上涨之后，创出149 190元的高点，随后价格开始震荡回调，到底是震荡后继续上涨，还是转势下跌呢？

在这里可以看到，期价平台震荡之后，在A处出现向下突破，这意味着震荡结束，要开始新的一波下跌了，所以，这里有多单的交易者，要及时卖出手中的多单。

期价下跌之后，再度反弹上涨，反弹到前期震荡平台的低点附近，期价再度震荡，这表明上方平台压力很大，期价无法重新突破，所以，B处是多单最后卖出的机会，也是新的做空位置。

从其后的走势可以看出，期价在B处震荡之后，就开始一波明显的下跌行情，做空的交易者会获得翻倍收益。不及时出局的多单交易者，就会损失惨重。

2.3.2　在下跌趋势中支撑与压力的应用

在下跌趋势中,支撑与压力是逐步下移的。每当期价下跌到支撑位附近时,短线高手可以轻仓做多,当期价上涨到压力位附近时,卖出多单,同时可以做空。当然如果您没有时间盯盘或不是短线高手,最好不要做多下跌行情中的期货合约,因为您一旦买进后,不能及时出来,就会损失惨重。总之,在下跌趋势中,不要轻易做多,逢高做空是好的策略。

> **提醒**
>
> 如果您做多一只下跌趋势中的期货合约,特别是该期货合约是下跌初期,一旦价格跌破支撑,就不要心存幻想,及时果断止损是最重要的。永远记着,下跌行情以做空为主,上涨行情以做多为主,要顺势而为,不要逆势操作。

图2.19显示的是生猪主力合约(1h9999)2021年3月15日至2021年9月9日的日K线图。

图2.19　生猪主力合约(1h9999)2021年3月15日至2021年9月9日的日K线图

生猪主力合约(1h9999)的价格经过一波明显的下跌之后,出现反弹,这一波反弹较弱,是一个横盘整理。当价格下跌到26 600元附近,期价就开始反弹,但反弹到27 900元附近,期价就开始再度下跌,这样反反复复多次。

所以，26 600元附近就是支撑，可以做多买进，但需要注意，当前是下跌趋势，所以一定要见好就收；27 900元附近就是压力，所以，手中有多单的交易者要及时卖出，并且开始做空。B、E处是轻仓做多位置，而A、C、D处是较高的卖出期货合约的位置，也是做空的位置。需要注意的是，在F处如果您做多了该期货合约，但第二天期价就快速下跌，这里要及时止损，并且可以反手做空。

从其后的走势可以看出，股价跌破震荡平台后，就开始了一波明显的下跌行情，及时做空的交易者会盈利丰厚。但如果手中有多单，不及时卖出的交易者，就会损失惨重。

期价大幅下跌之后，再度反弹，但反弹很弱，是震荡盘整走势。当价格下跌到18 000元附近，期价就开始反弹，但反弹到19 100元附近，期价就开始再度下跌，这样反反复复多次。

所以，18 000元附近就是支撑，可以做多买进，但需要注意，当前是下跌趋势，所以一定要见好就收；19 100元附近就是压力，手中有多单的交易者要及时卖出，并且开始做空。H、K处是轻仓做多位置，而G、J、L处是较高的卖出期货合约的位置，也是做空的位置。需要注意的是，在M处如果您做多了该期货合约，但第二天期价就快速下跌，这里要及时止损，并且可以反手做空。

从其后的走势可以看出，期价跌破震荡平台低点后下跌，虽然出现反弹，但反弹到前期震荡平台的低点附近，就会再度受压下行，所以，N和X处是多单最佳卖出位置，同时也是新的较好的做空位置。

下跌行情也不会一直跌下去，总有一天会反转向上。所以，当价格经过较大幅度的下跌之后，再度出现横盘整理，就要小心了。一旦价格向上突破压力，就可能开始真正的上涨行情了，这时交易者就可以重仓买进做多了。

图2.20显示的是不锈钢主力合约（ss9999）2020年1月2日至2020年8月5日的日K线图。

不锈钢主力合约（ss9999）的价格经过长时间、大幅度的下跌之后，创出11 680元低点，然后在低位震荡。需要注意的是，由于价格下跌时间较长、下跌幅度较大，低位震荡后，往往有反转的可能，即由长期的下跌趋势转为上升趋势。

图2.20　不锈钢主力合约（ss9999）2020年1月2日至2020年8月5日的日K线图

期价每次下跌到11 830元附近就开始反弹上涨，但每上涨到12 050元附近，又开始震荡下跌。所以，11 830元附近就是支撑，可以轻仓买进该期货合约。当价格上涨到12 050元附近，不能向上突破，就可以卖出该期货合约。但需要注意的是，一旦期价向上放量突破12 050元附近时，即A处，意味着价格要开始一波上涨了，所以，手中的多单筹码可以继续持有。如果仓位较轻，还可以加仓做多，这样短时间内就会不断盈利。当然，在A处，如果手中还有空单，特别是低位空单，一定要及时卖出出局，否则可能会损失惨重。

2.3.3　在横向盘整趋势中支撑与压力的应用

得到支撑是指期价下跌到前期高点或低点附近时就止跌。该支撑位是做多期货合约的理想位置，空仓的交易者可以在支撑价位附近买入期货合约。

图2.21显示的是20号胶主力合约（nr9999）2020年4月27日至2020年10月27日的日K线图。

图2.21　20号胶主力合约（nr9999）2020年4月27日至2020年10月27日的日K线图

20号胶主力合约（nr9999）的价格经过一波明显的上涨之后，创出9 155元高点，即A处。随后价格出现了较长时间宽幅横盘整理走势，然后在B处，价格突破了9 155元高点。当价格再度回调到前期高点附近，即回调到9 155元附近时，往往是较好的做多位置，所以，C、D和E处都是较好的买进该期货合约的位置。

图2.22显示的是沪铜主力合约（cu9999）2020年11月20日至2021年2月25日的日K线图。

图2.22　沪铜主力合约（cu9999）2020年11月20日至2021年2月25日的日K线图

　　沪铜主力合约（cu9999）的价格经过一波明显的上涨之后，然后开始横盘整理，低点为 56 900 元附近，即 A 处。在横盘震荡过程中，股价虽然不断创出新高，但很快又回到震荡区间。当价格回调到震荡平台低点时，往往是比较好的买进做多期货合约的位置，即 B 处。

　　遇到压力是指期价在上涨过程中，遇到前期高点或低点时，反转向下，这时投资者如果手中还有多单筹码，就要及时果断卖出。

　　图 2.23 显示的是沪银主力合约（ag9999）2021 年 2 月 8 日至 2021 年 8 月 23 日的日 K 线图。

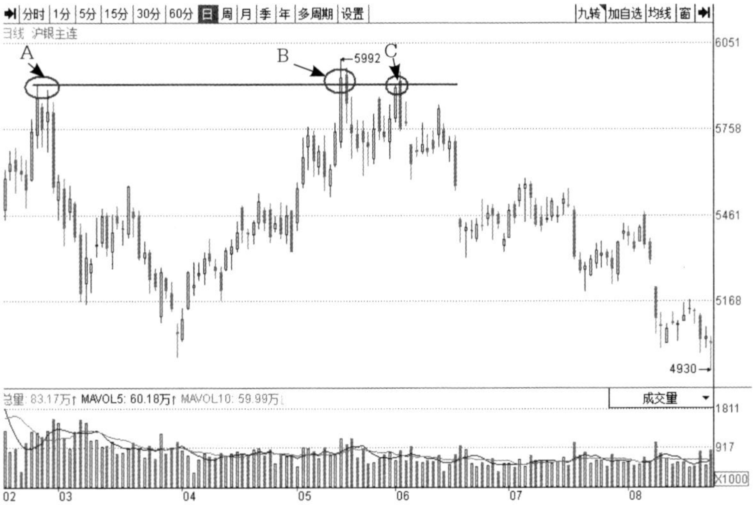

图 2.23　沪银主力合约（ag9999）2021 年 2 月 8 日至 2021 年 8 月 23 日的日 K 线图

　　沪银主力合约（ag9999）的价格经过一波上涨，创出 5 908 元高点，即 A 处。随后期价出现回调，经过一个月时间的回调，期价再度上涨。当期价再度上涨到前期高点附近，即 5 908 元附近时，再度遇到压力，即 B 和 C 处。

　　需要注意的是，虽然盘中期价突破了 5 908 元附近高点，但最终都跌了下去，这表明前期高点附近压力很难突破，所以，多单在 B 和 C 处要及时卖出。当然在 B 和 C 处，也可以做空，止损放在 6 000 元即可。

　　从其后的走势可以看出，及时卖出多单的交易者，就能实现盈利最大化。不能及时卖出的交易者，可能由大盈利变成小盈利，甚至变成亏损。及时做空的交易者，就会实现较大的盈利。

　　图 2.24 显示的是塑料主力合约（l9999）2021 年 1 月 12 日至 2021 年 6 月 7 日的日 K 线图。

塑料主力合约(19999)的价格经过一波明显的上涨之后,创出9265元高点,然后就在高位开始震荡,震荡的低点是8750元附近,即A处。期价在高位震荡之后,出现下跌,期价下跌到8450元附近之后,再度反弹,反弹到8750元附近,就反弹不动了,所以B和C处,就是做空的位置,止损放在8780元附近即可。

期价反弹结束后,再度下跌,跌破了8450元附近支撑后,再度反弹,反弹到8450元附近,再度反弹不动,所以E和F处,是新的做空位置。

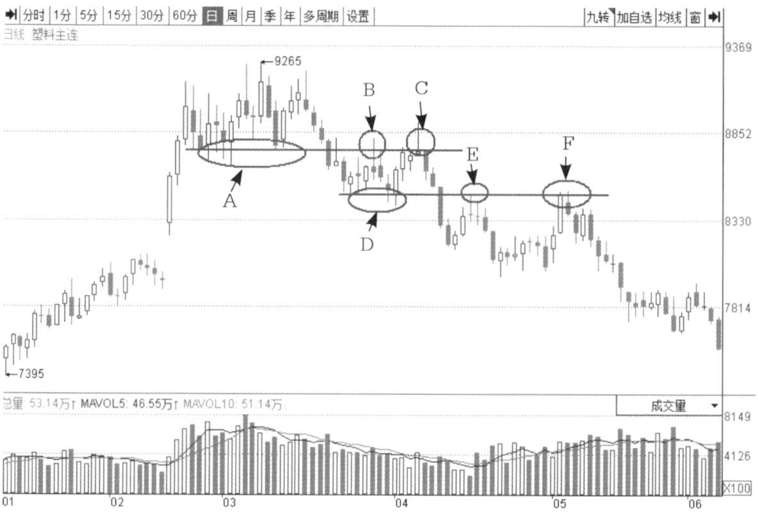

图2.24　塑料主力合约(19999)2021年1月12日至2021年6月7日的日K线图

支撑线和压力线组成的平行区间,可以看作期价运行的箱体,比较适合波段操作,其操作方法相当简单:当股价运行到支撑线附近止跌回升时,可买进做多;当期价运行到压力线附近,受压回落时,卖出手中的多单,再做空。

图2.25显示的是淀粉主力合约(cs9999)2021年1月5日至2021年6月17日的日K线图。

淀粉主力合约(cs9999)在高位宽幅震荡,即期价在3100元到3380元之间反反复复运行。每当期价上涨到3380元附近时,就要卖出手中多单,同时可以做空。每当期价下跌到3100元附近时,就要卖出手中的空单,同时可以做多。所以,B、F、J和K处是做多的位置,A、C、D、E、G和H处是做空的位置。

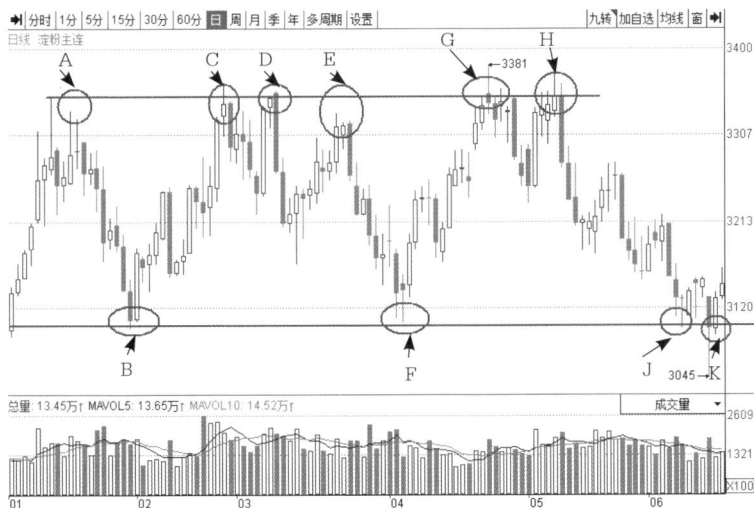

图2.25　淀粉主力合约（cs9999）2021年1月5日至2021年6月17日的日K线图

在利用支撑线和压力线进行波段操作时，需要注意以下三点：

第一，支撑线和压力线的平行区间运行的时间短，则会缺乏稳定性。

第二，支撑线和压力线之间的间距如果过小，则缺乏必要的获利空间。

第三，当成交量过大时，期价往往会突破原有的平行区间。

2.4　支撑与压力的转换

支撑与压力是可以相互转换的。当期价从上向下跌破支撑，原来的支撑就会变成压力，如图2.26所示。

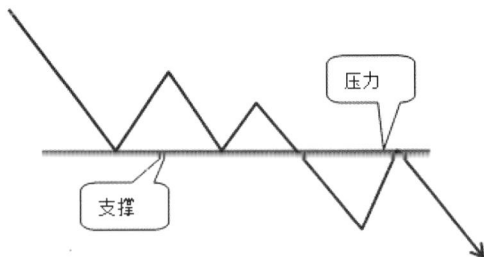

图2.26　原来的支撑就会变成压力

图2.27显示的是玉米主力合约（c9999）2021年5月7日至2021年9月16日的日
K线图。

图2.27　玉米主力合约（c9999）2021年5月7日至2021年9月16日的日K线图

玉米主力合约（c9999）的价格经过一波反弹上涨，创出2 887元高点。然后开始下跌，经过十个交易日的连续下跌之后，在2 660元附近止跌。接着期价开始反弹，然后行情反反复复，但2 660元附近支撑没有跌破。

经过近一个月时间的震荡之后，期价在A处跌破2 660元支撑，这样2 660元附近由前期的支撑就变成压力，即每当期价反弹到2 660元附近，抄底多单就要及时卖出，并且开始做空，所以，B、C、D和E处都是卖出多单，开始做空的位置。

当期价从下向上突破压力，原来的压力就会变成支撑，如图2.28所示。

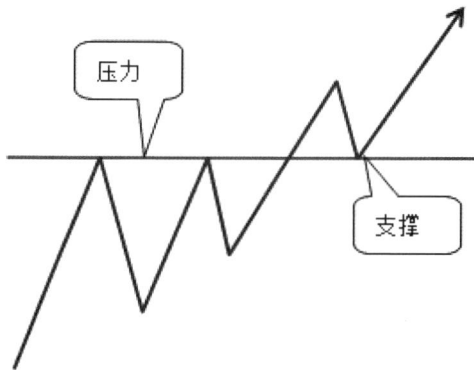

图2.28　原来的压力就会变成支撑

图2.29显示的是焦煤主力合约（jm9999）2021年3月2日至2021年9月9日的日K线图。

图2.29　焦煤主力合约（jm9999）2021年3月2日至2021年9月9日的日K线图

焦煤主力合约（jm9999）的价格在震荡上涨行情中，在A处，期价突破了前期平台高点，这意味新的一波上涨行情开始。经过一波明显的上涨之后，期价出现了回调，正好回调到前期突破平台高点附近，即B处，就是新的支撑位置，即前期的压力位变成了支撑位。所以，B处就是新的买入做多位置。

同理，在C处，期价突破前期震荡平台的高点，前期震荡平台的高点就由压力位变成支撑位。所以，在期价上涨之后，再度回调到前期高点附近时，就是新的做多位置，即D处。

同理，E处是突破高点的位置，这样高点位置就由压力变成支撑，所以，F处就是做多位置。

支撑与压力转换的可能性取决于三个因素，具体如下：

第一，原先支撑或压力位的成交量。成交量越大，在这个点位发生作用转换的可能性越大。

第二，原先期价在支撑或压力位进行交易的时间。交易的时间越长，在这个点位发生作用转换的可能性越大。

第三，近一段时间内在这个价位的交易次数。交易次数越多，这个价位在投资者的头脑中就越清晰，也就越容易发生转换。

第 3 章

大阳线量化实战技巧

大阳线在K线家族中是相当重要的，只要弄明白大阳线，那么就相当于弄明白K线的一半窍门。所以，只要弄清大阳线在不同场合担任的角色和市场意义，交易者就可以正确把握大势，做好期货投资交易。

本章主要内容包括：

- ✓ 光头光脚大阳线和光头大阳线
- ✓ 光脚大阳线和穿头破脚大阳线
- ✓ 大阳线的量化实战技巧
- ✓ 触底大阳线的量化实战技巧
- ✓ 突破大阳线的量化实战技巧
- ✓ 见顶诱多大阳线的量化实战技巧

3.1　大阳线的类型

根据实体和影线的特征，大阳线可分为四种，分别是光头光脚大阳线、光头大阳线、光脚大阳线、穿头破脚大阳线。下面来看一下它们的定义、技术含义和分析要点。

3.1.1　光头光脚大阳线

光头光脚大阳线是指最高价与收盘价相同，最低价与开盘价一样，即没有上下影线，并且阳线的实体不能小于3%涨幅。光头光脚大阳线如图3.1所示。

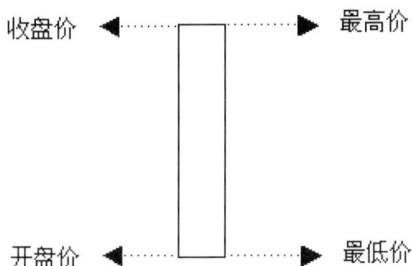

图3.1　光头光脚大阳线

1. 光头光脚大阳线的技术含义

期价从当日开盘，市场中的做多买方就积极进攻，中间也可能出现买卖双方的争斗，但做多买方发挥最大力量，一直到收盘。做多买方始终占优势，使期价一路上涨，直到收盘。

2. 光头光脚大阳线的分析要点

光头光脚大阳线表示期价具有强烈的涨势，市场中的做多买方疯狂涌进，不限价买进。手中持有多单筹码的交易者，因为看到买盘力量的强大，不愿抛售并持筹待涨，从而出现供不应求的状况。

提 醒

阳线的实体越长，表示买方力量越强。

3.1.2 光头大阳线

光头大阳线是指最高价与收盘价相同，最低价低于开盘价，有下影线，但没有上影线，并且阳线的实体不能小于3%涨幅。光头大阳线的图形如图3.2所示。

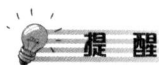

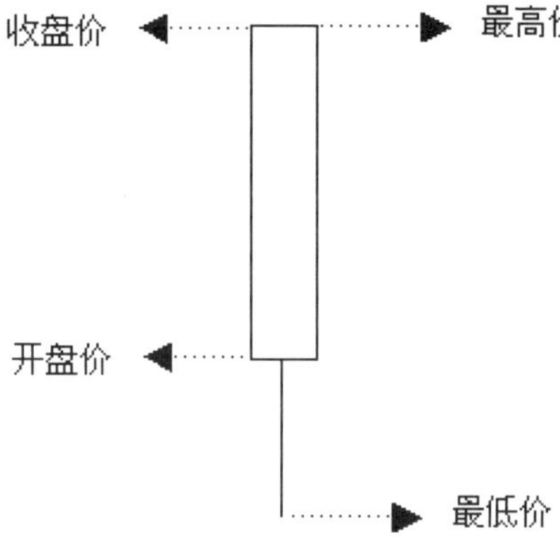

图3.2　光头大阳线

1. 光头大阳线的技术含义

期市开盘后，卖盘力量较大，期价下跌，即跌破开盘价。但在某低价位得到做多买方的支撑，卖方受挫，价格向上推过开盘价，一路上涨，直至收盘，收盘价在最高价上。

2. 光头大阳线的分析要点

总体来讲，期价出现先跌后涨，做多买方力量较强大，但下影线的长短不同，做多买方与卖方力量对比不同，具体如下：

第一，下影线较短，表明期价下跌不多就受到做多买方支撑，价格上推，然后涨过开盘价后，又继续推进，表明买方实力很强；

第二，下影线较长，表明买卖双方交战激烈，但总体上是做多买方占主导地位，对做多买方有利。

3.1.3　光脚大阳线

光脚大阳线是指最高价大于收盘价,最低价与开盘价一样,有上影线,但没有下影线,并且阳线的实体不能小于3%涨幅。光脚大阳线的图形如图3.3所示。

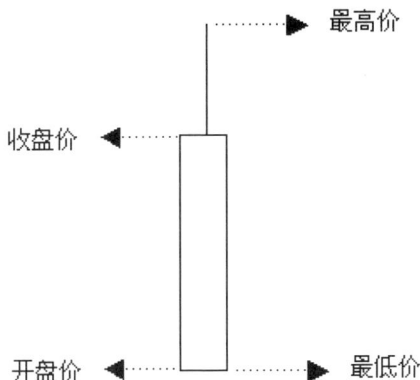

图3.3　光脚大阳线

1. 光脚大阳线的技术含义

期市开盘后,做多买方力量较强,期价一路上涨,但在高价位遇到卖方压力,从而使期价上升受阻。卖方与买方交战结果是做多买方略胜一筹。

2. 光脚大阳线的分析要点

总体来说,期价出现先涨后跌,做多买方力量较大,虽然在高价位遇到阻力,部分多方筹码获利回吐,但做多买方仍是市场的主导力量,后市继续看涨。

3.1.4　穿头破脚大阳线

穿头破脚大阳线是指最高价大于收盘价,最低价小于开盘价,带有上下影线,并且阳线的实体不能小于3%涨幅。穿头破脚大阳线的图形如图3.4所示。

1. 穿头破脚大阳线的技术含义

期市开盘后,期价下跌并且跌破开盘价,遇做多买方支撑,双方争斗后,做多买方力量增强,期价一跌上涨,但在收盘前,部分买方获利回吐,在最高价之下收盘。

2. 穿头破脚大阳线的分析要点

如果在大涨之后出现,表示高位震荡,如果成交量放出大量,后市很可能会下跌。如果在大跌后出现,后市可能会反弹。这里上下影线与实体的不同又可分为两种情况,具体如下:

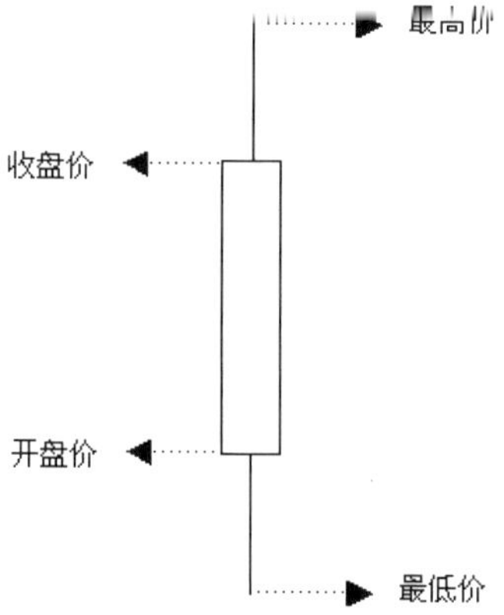

图3.4　穿头破脚大阳线

第一，如果上影线长于实体，表示做多买方力量遭遇挫折，如果实体长于上影线，表示做多买方虽受挫，但仍占优势；

第二，如果下影线长于实体，表明做多买方尚需接受考验，如果实体长于下影线，表明做多买方虽受挫，但仍居于主动地位。

3.2　大阳线的量化实战技巧

通过K线理论可知，在低位出现大阳线是做多信号，这在一般意义上理解是对的。但在实战中，此事并不是这么简单，因为我们的对手是主力，他们的操盘是很狡猾的，常常拉出大阳线后，期价没有接着涨上去，而是跌下去。所以，如何正确看待大阳线后的走势，即大阳线后的几天的走势，是相当重要的，也是相当关键的。

大阳线后，期价经过几天运行，会出现超强、强、一般、偏弱、弱几种走势情况，下面来具体分析一下。

3.2.1　大阳线后表现为超强走势

在大阳线之后，第二根K线或以后几根K线在大阳线的收盘价上方运行，此时可做出为超强走势的判断，如图3.5所示。

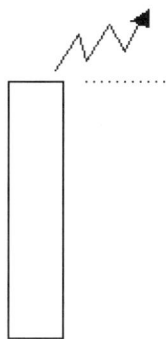

图3.5　大阳线后表现为超强走势

大阳线后出现超强走势，交易者应采取积极跟进的策略。如果您是激进型交易者，可在第二根K线收于大阳线之上时跟进，止损位为大阳线的三分之二处；如果您是稳健型交易者，可以多观察几天，在确保向上有效突破后再跟进，止损位为大阳线的二分之一处。

3.2.2　大阳线后表现为强势

在大阳线之后，第二根K线及以后的几根K线，在大阳线的收盘价与开盘价的二分之一上方运行，此时可做出走势为强势的判断，如图3.6所示。

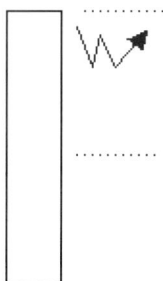

图3.6　大阳线后表现为强势

大阳线后表现为强势，如果您是激进型交易者，可以采取少量跟进的策略，等期价向上有效突破大阳线收盘价后再积极跟进，止损位为人阳线的三分之一处；如果您是稳健型交易者，就应该观望，等期价向上有效突破大阳线收盘价后再积极跟进，止损位为大阳线的三分之二处。

3.2.3　大阳线后表现为一般

在大阳线之后，第二根K线及以后的几根K线，在大阳线的收盘价与开盘价的三分之一至二分之一之间运行，此时可做出走势为一般的判断，如图3.7所示。

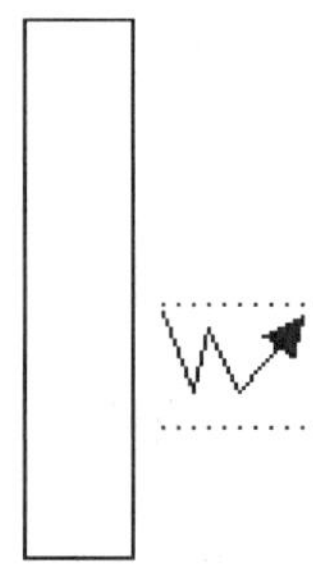

图3.7　大阳线后表现为一般

大阳线后表现为一般，交易者应采取观望的策略，即有该期货合约的交易者不加仓，也不急于抛出，没有该期货合约的交易者暂不买进，等期价向上有效突破大阳线收盘价后再积极跟进。

> **提　醒**
>
> 已有该期货合约筹码的交易者，止损位放在大阳线的开盘价。

3.2.4　大阳线后表现为偏弱

在大阳线之后，第二根K线及以后的几根K线，在大阳线的收盘价与开盘价下方的三分之一之间运行，此时可做出走势为偏弱的判断，如图3.8所示。

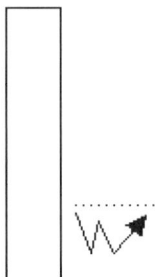

图3.8　大阳线后表现为偏弱

大阳线后表现为偏弱,交易者应采取持币的策略。不过需要注意的是,大阳线后主力进行洗盘,有时期价走势会出现这种偏弱的状况。因此,只要往后期价收盘价不跌破大阳线的开盘价,持有该期货合约的交易者不宜盲目出局,应继续持筹观望。

3.2.5　大阳线后表现为弱势

在大阳线之后,第二根K线或以后的几根K线,在大阳线的收盘价下方运行,此时可做出走势为弱的判断,如图3.9所示。

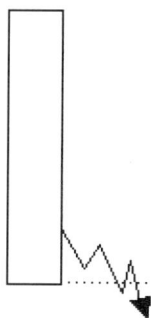

图3.9　大阳线后表现为弱势

大阳线后表现为弱势,交易者持有多单的应该采取止损出局的策略。

3.3　触底大阳线的量化实战技巧

无论是在短期底部、中期底部,还是在长期底部,期价常常是以大阳线确定底部区域,但交易者要时时注意主力在下跌行情中出现的假触底大阳线,如果一不小心碰到了假触底大阳线,进场做多的交易者要及时止损出局,否则很可能被深深地套牢。

3.3.1　下跌行情中的触底大阳线

图3.10显示的是苯乙烯主力合约(eb9999)2020年1月20日至2020年10月19日的日K线图。

苯乙烯主力合约（eb9999）的价格先是小阴线下跌，然后来了一个跳空跌停，但随后期价低开高走，收出一根大阳线，即A处。这到底是一个短线见底大阳线，还是真正的触底大阳线呢？

A处见底后，期价出现反弹，但反弹不强，最终连缺口也没有补上，这意味着期价反弹结束后，还会下跌，所以，抄底多单要注意止盈出局，并且可以关注逢高做空机会。

反弹结束后，期价再度下跌，先是小阴线下跌，随后又是跌停，随后又是低开高走大阳线，即B处。从其后的走势可以看出，这根大阳线之后，期价几乎没有反弹，就跌了下去，并且跌破了大阳线的开盘价，属于大阳线后表现为弱势。所以，如果抄底做多，就要及时止损出局，否则就会越套越深。

期价大幅下跌之后，创出4 338元低点，然后在低位略震荡之后，就拉出一根大阳线，即C处。这是一根真正的触底大阳线，并且走势很强，即大阳线之后表现为强势，随后几天期价都在大阳线之上运行，所以，这里可以逢低做多。当然前期高位空单，这时盈利丰厚，要注意止盈出局。

期价在C处见底之后，就开始快速反弹上涨。期价快速上涨之后，出现了快速回调，在D处，再度出现大阳线，这里也是短线做多的位置。

随后期价出现长时间的横盘整理行情，在E处，再度出现大阳线。期价在E处见底后，就开始了真正的上涨行情。

图3.10　苯乙烯主力合约（eb9999）2020年1月20日至2020年10月19日的日K线图

真正的触底大阳线，需要经过其后的走势来验证。所以，底部不是猜到的，只能期价走出后才能确定。

3.3.2　上涨行情中的触底大阳线

图3.11显示的是不锈钢主力合约（ss9999）2021年4月27日至2021年7月30日的日K线图。

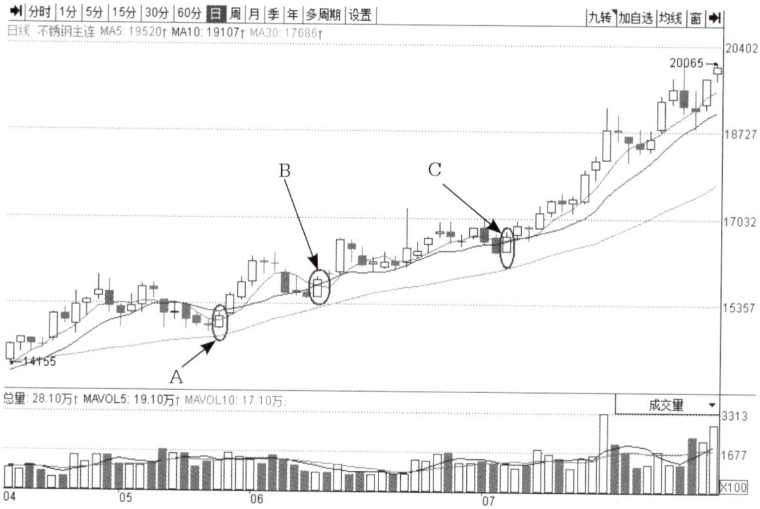

图3.11　不锈钢主力合约（ss9999）2021年4月27日至2021年7月30日的日K线图

不锈钢主力合约（ss9999）的价格经过一波上涨之后，出现了横盘整理，经过十个交易日的调整后，正好调整到30日均线附近，出现一根大阳线，即A处，所以，这里是做多位置，也是卖出手中空单的位置。做多的交易者，可以以30日均线为止损。

期价在A处见底后，再度上涨，经过几个交易日上涨之后，再度回调，经过4个交易日的回调后，再度出现大阳线，即B处。所以，B处就是新的做多位置。

同理，C处的大阳线，也是上涨行情中的触底大阳线，都是明显的做多位置。

3.4 突破大阳线的量化实战技巧

期价在突破重要阻力位时,常常是放量拉出大阳线,但交易者要明白主力在操盘时是相当狡猾的,所以,交易者要认真识别大阳线,分清是真突破大阳线还是假突破大阳线。

3.4.1 上涨行情初期的突破大阳线

图3.12显示的是沪锌主力合约(zn9999)2020年2月24日至2020年8月19日的日K线图。

图3.12 沪锌主力合约(zn9999)2020年2月24日至2020年8月19日的日K线图

沪锌主力合约(zn9999)的价格经过长时间、大幅度的下跌之后,创下14 245元低点。随后期价震荡上涨,先是站上5日均线,然后又站上10日均线,最后站上30日均线,这样短期均线就慢慢走好。

随后期价继续震荡上涨,经过近一个月时间的上涨之后,开始横盘整理,下方支撑在16 200元附近,上方压力在17 000元附近。经过两个月时间的横盘整理,在A处一根大阳线放量向上突破,这表明震荡行情结束,新的上涨行情开始。所以,A处是新的做多位置,如果手中已有多单,可以继续持有,如果仓位轻,还可以继续加仓做多。如果在A处,您手中还有空单,就要及时止损出局,甚至可以反手做多,即卖出空单后,立即做多。

同理，在B和C处，期价都是一个横盘突破行情，都是新的做多位置。但需要注意的是，期价越高，多单风险相对越大，所以，一定要控制好仓位。

3.4.2　上涨行情后期的假突破大阳线

图3.13显示的是沪金主力合约（au9999）2020年4月20日至2020年11月30日的日K线图。

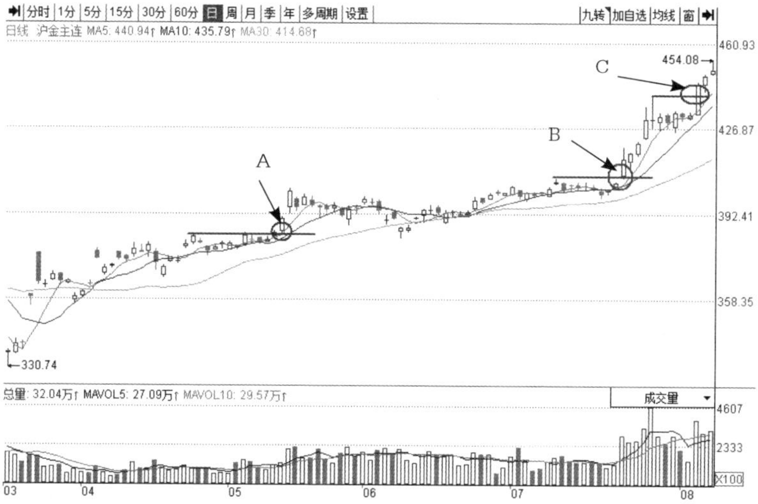

图3.13　沪金主力合约（au9999）2020年4月20日至2020年11月30日的日K线图

在A处，沪金主力合约（au9999）的价格出现了第一次向上突破，是新的做多位置。同理，在B处，期价再度向上突破，也是较好的做多位置。

在C处，期价再度向上突破。注意这时期价已上涨过大，虽然也是一个做多位置，但交易者一定要保持警惕，小心主力利用假突破来诱多。

按下键盘上的"→"键，可以向右移动日K线图，就可以看到其后几天的走势，如图3.14所示。在这里可以看到，大阳线后，期价没有继续上涨，而是不断震荡下跌，先是跌破5日均线，然后又跌破10日均线，接着在30日均线略做震荡。震荡后最终跌破30日均线，开始真正的下跌行情。

图3.14　沪金主力合约（au9999）大阳线后的走势

3.4.3　整理行情中的大阳线

图3.15显示的是20号胶主力合约（nr9999）2020年10月30日至2021年2月19日的日K线图。

图3.15　20号胶主力合约（nr9999）2020年10月30日至2021年2月19日的日K线图

20号胶主力合约（nr9999）的价格在10 000～11 400元之间反反复复震荡，

横向盘整行情为三个多月的时间。横向盘整后,到底是继续下跌,还是开始新的一波上涨呢?

在A处,即2021年2月19日,一根大阳线向上突破,需要注意的是,虽然成交量有所放大,但放的量不够大,所以,后市很可能会出现震荡。

按下键盘上的"→"键,可以向右移动日K线图,就可以看到其后的走势,如图3.16所示。

图3.16　20号胶主力合约(nr9999)大阳线后的走势

在这里可以看到,大阳线突破上方压力后,就出现一波明显的上涨行情,及时跟进做多的交易者,就会有不错的投资收益。

3.4.4　下跌行情中的诱多大阳线

图3.17显示的是低硫燃油主力合约(lu9999)2020年6月24日至2020年11月2日的日K线图。

低硫燃油主力合约(lu9999)的价格在震荡下跌行情中,不断出现诱多大阳线,诱导交易者在高位买进做多,如在A处,盘中突破震荡平台的高点,如果您按横盘突破追多买进,就会被套,不止损就会损失惨重。

同理,在B处,也是一个横盘向上突破,如果您追高买进,也会被套,不及时止损出局,就会损失惨重。

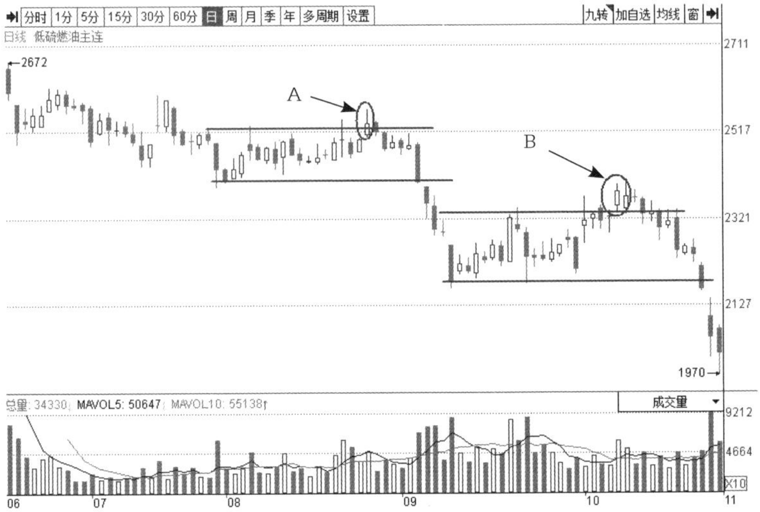

图3.17　低硫燃油主力合约（lu9999）2020年6月24日至2020年11月2日的日K线图

3.5　见顶诱多大阳线的量化实战技巧

主力要在高位派发获利的多单筹码，就要制造做多的热烈气氛，引诱中小散户在高位抢筹接盘，否则主力把获利筹码派发给谁，又如何在高位实现胜利大逃亡呢？主力最常用的逃顶方法之一，就是拉大阳线诱多出货，这时的大阳线不是加仓做多信号，而是果断卖出手中多单的信号，下面就来详细讲解一下。

3.5.1　见顶诱多大阳线出货的特点

见顶诱多大阳线出货是主力多单逃顶时最常用的招，交易者对此一定要高度警惕。该出货方法的特征有五点，具体如下：

第一，在大阳线出现前，期价处于相对平稳的上涨途中；

第二，突然在某一日或几日出现低开高走，并拉出大阳线（少数情况下，大阳线封至涨停，或跳空高开封至涨停，其阳线的实体相对较短，但在意义上可视为大阳线的变化形态）；

第三，大阳线后期价出现冲高回落或形成短期横盘走势；

第四，在大阳线出现当日及随后的一段时间里，成交量开始明显放大；

第五，大阳线后期价重心出现下移的迹象。

交易者在K线图中发现，在高位拉出大阳线后出现上述特征，就可以基本上确定为主力在利用大阳线进行诱多出货。一旦主力完成多单筹码的派发任务，行情就会开始回落，甚至急转直下。

根据多年的实战经验，见顶诱多大阳线出货这一招成功概率很高，被忽悠的交易者不计其数，特别是中小散户。正因为这一招屡试不爽，所以，主力对此招情有独钟，不断用它来进行胜利逃顶。

3.5.2　拉大阳线诱多出货

图3.18显示的是沪铜主力合约（cu9999）2021年2月8日至2021年6月21日的日K线图。

图3.18　沪铜主力合约（cu9999）2021年2月8日至2021年6月21日的日K线图

沪铜主力合约（cu9999）在上涨初期成交量不大，但随着价格不断上涨，成交量越来越大，表明多空分歧较大。连续上涨七个交易日之后，期价有些涨不动了，但最后又来一根大阳线，即A处，这根大阳线就是诱多大阳线。

随后期价进入了震荡调整，需要注意的是，期价调整幅度不大，几乎是窄幅震荡调整。

经过长达一个半月的调整，期价再度上涨。初期上涨幅度不大，但到最后连续三天拉出大阳线，这表明主力是在最后诱多，所以，B处是多单止盈卖出的机会。需要注意的是，我们不知道主力能拉多少天，但我们要知道，价格涨得越快，风险越大，所以，多单越要注意止盈，但不要做空。做空一定要等到顶部确立以后。

图3.19显示的是热卷主力合约（hu9999）2021年4月20日至2021年8月19日的日K线图。

图3.19　热卷主力合约（hu9999）2021年4月20日至2021年8月19日的日K线图

热卷主力合约（hu9999）主力也是频繁利用拉大阳线诱多出货。在这时可以看到，几个重要的高点都是拉出大阳线后出现的。奇怪的是，主力使用这一招竟连连得手，所以对这一现象，交易者要高度重视。还有一些主力，极力烘托做多气氛，便于有充分的时间来派发高位多单筹码，常常间断集中使用拉大阳线诱多出货。

拉大阳线诱多出货，交易者要清醒认识其欺骗性，为了防范这方面的风险，避免陷入主力的算计，下面来简述一下应对的四项策略。

第一，将主力拉大阳线诱多出货的常见图形熟记于心，这样日后见到类似的K线图就能立即引起警惕，不至于高位追多深度被套。

第二，严格按照大阳线买卖规则进行操作，如高位大阳线的开盘价被击穿，多单就要第一时间止损，一定不能存在侥幸心理，不能果断止损出局，就会越套越深。

第三,对于盘中的一些重要现象要密切注意,如突然在高位拉出大阳线,并且以后几天的成交量明显放大,这不是什么好现象,还有在高位拉出大阳线后出现横盘,并且成交量相对较大。

第四,要认真仔细观察盘面变化,寻找主力多单出货的规律。交易者要注意盘面细节的变化,就能发现许多主力隐藏在背后的秘密,如很多主力在操作时有个习惯,第一次用这个方法取得成功,那么第二次、第三次仍然会故技重演。所以,只要熟悉主力的操作习惯,就可以跟随操作,从而实现获利。

第4章

见底K线组合量化实战技巧

K线图是主力与市场对话的唯一方式，只要对K线图进行深入研究，就可以了解主力的意图，从而实现与主力共舞。利用见底的K线组合，交易者可以把握建仓或加仓的最佳时机。

本章主要内容包括：

- ✓ 好友反攻量化实战技巧
- ✓ 曙光初现量化实战技巧
- ✓ 旭日东升量化实战技巧
- ✓ 平底量化实战技巧
- ✓ 圆底量化实战技巧
- ✓ 塔形底量化实战技巧
- ✓ 希望十字星量化实战技巧
- ✓ 早晨之星量化实战技巧
- ✓ 锤头线量化实战技巧
- ✓ 倒锤头线量化实战技巧

4.1　好友反攻和曙光初现量化实战技巧

下面讲解一下好友反攻和曙光初现的基础知识和量化实战应用。

4.1.1　好友反攻

好友反攻，出现在下跌趋势中，是由一阴一阳两根K线组成，第一根K线是大阴线，接着跳空低开，而收盘时却收出一根中阳线或大阳线，并且收在前一根大阴线的收盘价附近或相同的位置上。好友反攻的标准图形如图4.1所示。

好友反攻也是一种常见的见底信号，它提醒交易者不要再盲目看空了。好友反攻常见的变化图形如图4.2所示。

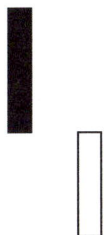

图4.1　好友反攻

图4.2　好友反攻的变化图形

4.1.2　曙光初现

曙光初现，出现在下跌趋势中，是由一阴一阳两根K线组成，先是出现一根大阴线或中阴线，接着出现一根大阳线或中阳线，并且阳线的实体深入阴线实体的二分之一以上位置。曙光初现的标准图形如图4.3所示。

曙光初现的阳线实体深入阴线实体的部分越多，则见底转势信号越强。曙光初现的见底信号比好友反攻强。曙光初现常见的变化图形如图4.4所示。

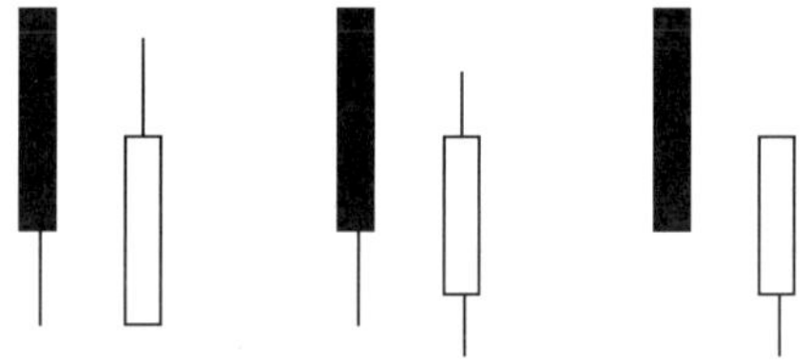

（a）变化图形1　　（b）变化图形2　　（c）变化图形3

图4.3　曙光初现　　　　　　图4.4　曙光初现常见的变化图形

4.1.3　好友反攻量化实战技巧

如果期价经过大幅快速下跌之后，出现好友反攻见底K线组合，交易者就可以逢低跟进，止损位设在好友反攻的中阳线或大阳线的低点即可。

图4.5显示的是豆油主力合约（y9999）2020年1月23日至2020年8月4日的日K线图。

图4.5　豆油主力合约（y9999）2020年1月23日至2020年8月4日的日K线图

豆油主力合约（y9999）的价格经过长时间、大幅度下跌之后，创下5 114元低点，但在创下低点这一天，期价却收出一根低开高走的大阳线，与前面那根大阴线组成好友反攻见底信号，即A处。所以，这里可以以5 114元为止损位，逢低进场做多。

从其后的走势可以看出，好友反攻见底后，期价并没有立即上涨，而是在低位连续震荡三个交易日，这三个交易日收盘都是带有上下影线的螺旋桨，这进一步表明期价要转势了。

随后期价开始震荡上涨，先是站上5日均线，然后又站上10日均线，最后站上30日均线。需要注意，期价站上30日均线之后，没有继续上涨，而是再度下跌洗盘，注意：洗盘没有再创新低。

期价在低位充分洗盘之后，然后开始上涨，先是站上所有均线，即5日、10日和30日均线，然后开始沿着均线震荡上涨。低位做多的交易者，如果中线持有，就会有丰厚的投资收益。

如果期价已经处于明显的上升趋势中，并且升幅不大，在短期回调过程中出现好友反攻见底K线组合，交易者就可以逢低跟进，止损位设在好友反攻的中阳线或大阳线的低点即可。

图4.6显示的是不锈钢主力合约（ss9999）2020年11月19日至2021年2月25日的日K线图。

图4.6　不锈钢主力合约（ss9999）2020年11月19日至2021年2月25日的日K线图

不锈钢主力合约（ss9999）的价格经过一波回调，创下12 860元低点。随后期价就开始震荡上涨，先是站上5日均线，然后又站上10日均线，最后又站上30

日均线,这样期价经过震荡上涨,进入多头行情之中,期价始终在上升趋势线上方运行。

在A处,期价连续两天大阴线回调之后,第三个交易日收出一根低开高走的中阳线,即出现好友反攻见底信号。注意:这时正好在30日均线附近企稳,所以,可以以中阳线的最低点为止损位,逢低做多。从其后的走势可以看出,期价虽然震荡,但始终在30日均线和上升趋势线上方,期价充分震荡之后,出现了一波上涨行情。

在下跌初期和下跌途中,如果出现好友反攻见底K线组合,交易者一定不要去做多抢反弹,这很可能是主力的诱多之计,一不小心就会被套。

图4.7显示的是豆油主力合约(y9999)2019年12月26日至2020年3月12日的日K线图。

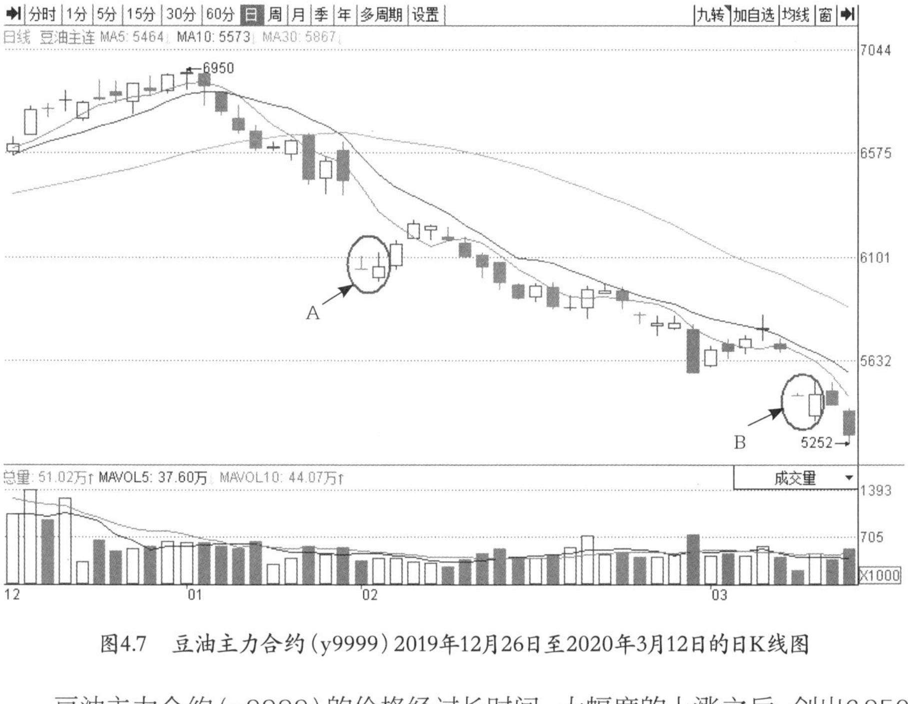

图4.7　豆油主力合约(y9999)2019年12月26日至2020年3月12日的日K线图

豆油主力合约(y9999)的价格经过长时间、大幅度的上涨之后,创出6 950元高点,然后开始下跌,先是跌破5日均线,再跌破10日均线,然后又连续下跌,跌破30日均线。随后期价虽有反弹,但价格始终没有站上30日均线。

期价有效跌破30日均线后,出现低开低走,最终跌停。期价跌停后的第二个交易日,却出现了低开高走的中阳线,即在A处出现好友反攻见底信号,短线高手可以轻仓抄底做多, 一旦有不好的信号, 就要及时卖出。稳健的交易者最好耐心等待反弹不动的做空机会, 因为顺势而为最好。从其后的走势可以看出, 期价反弹四个交易日, 反弹到 10 日均线附近就反弹不动了, 所以, 可以以 10 日均线为止损位, 逢高做空, 这样顺势而为, 就很容易赚到大钱。

同理, 在 B 处, 也出现好友反攻见底信号, 但这时如果抄底, 就会被套, 所以, 在下跌趋势行情中, 不要轻易抄底做多。

4.1.4　曙光初现量化实战技巧

如果期价经过长时间、大幅度的下跌之后, 出现曙光初现见底 K 线组合, 交易者就可以逢低跟进, 止损位设在曙光初现的中阳线或大阳线的低点即可。

图 4.8 显示的是螺纹主力合约 (rb9999) 2020 年 3 月 20 日至 2020 年 8 月 6 日的日 K 线图。

图 4.8　螺纹主力合约 (rb9999) 2020 年 3 月 20 日至 2020 年 8 月 6 日的日 K 线图

螺纹主力合约 (rb9999) 的价格经过长时间、大幅度的下跌之后, 创出 3 103 元低点。但需要注意的是, 在创出低点的这一天, 期价收出一根低开高走大阳线, 与前一根大阴线组成曙光初现见底信号, 即 A 处。

交易者在这里可以以 3 103 元为止损位, 逢低做多。从其后的走势可以看出,期价见底后，先是在低位震荡两个交易日，然后就开始上涨，先是站上5日均线，然后又站上10日均线，最后上攻30日均线，注意：30日均线连续几天都没有站稳，所以这里多单要注意止盈。没有站稳30日均线，再度出现回调，经过近十个交易日的回调，期价再度上涨，先是一根大阳线同时站上5日、10日、30日均线，这表明期价要开始上涨了。所以，可以进场做多，止损放在大阳线的最低点即可。

从其后的走势可以看出，期价沿着均线不断震荡上涨，及时做多的交易者，就会有丰厚的投资回报。

如果期价已经处于明显的上升趋势之中，并且升幅不大，在短期回调过程中出现了曙光初现见底K线组合，交易者就可以逢低跟进，止损位设在曙光初现的中阳线或大阳线的低点即可。

图4.9显示的是沪铝主力合约（al9999）2021年7月2日至2021年9月13日的日K线图。

图4.9　沪铝主力合约（al9999）2021年7月2日至2021年9月13日的日K线图

沪铝主力合约（al9999）的价格在明显的上涨行情中，出现了回调，正好回调到30日均线附近，出现曙光初现见底K线组合，即A处，所以这里是做多机会。在这里做多，止损位放在30日均线附近或中阳线的低点。

在B处，期价再度出现曙光初现见底K线组合，由于均线良好，可以以10日均线为止损做多，也可以以阳线的低点为止损做多。

在C处，期价回调到30日均线附近，出现曙光初现见底K线组合，可以以30日均线为止损做多，也可以以大阳线的低点为止损做多。

需要注意的是，在明显的上涨行情中，只做多，不做空。如果您是短线高手，做了空单，一旦有盈利就及时出局，否则可能会被深套。

如果期价已经过大幅上涨，然后在高位震荡，在震荡过程中出现曙光初现见底K线组合，交易者一定要小心主力诱多，一不小心，多单很可能被套在高高的山岗上。

图4.10显示的是铁矿石主力合约（i9999）2021年4月1日至2021年9月17日的日K线图。

图4.10　铁矿石主力合约（i9999）2021年4月1日至2021年9月17日的日K线图

铁矿石主力合约（i9999）经过长时间、大幅度的上涨之后，创出1 358元高点。随后期价出现快速下跌，最低下跌到985元。需要注意，在创下985元低点这一天，期价收出一根大阳线，与前面那根大阴线组成曙光初现见底信号，即A处。在A处做多的交易者，可以以985元为止损位。

期价在A处见底后，就开始反弹上涨，反弹结束后，期价开始在高位震荡，下方支撑是1 100元附近，上方压力在1 260元附近。

在高位震荡过程中,可以在低位做多,特别是出现见底信号时,可以做多,即在B、C、D处,都出现曙光初现见底信号,所以可以做多。但当期价上涨到1260元附近,就要及时止盈。如果是短线高手,可以在1260元附近关注做空机会,但如果不能跌破1100元,就要及时止盈。

在E处,一根大阴线跌破1100元附近的支撑,这表明震荡行情结束,要开始新的一波下跌行情了,所以,手中还有多单的交易者,要及时止损出局。手中有空单的交易者,可以耐心持有,如果仓位轻,还可以继续加仓做空。

从其后的走势可以看出,及时做空的交易者,就会在这一波下跌行情中收益翻倍。

在下跌初期和下跌途中,如果期价出现曙光初现见底K线组合,交易者一定不要去做多抢反弹,这很可能是主力的诱多之计,一不小心就会被套。

图4.11显示的是纯碱主力合约(sa9999)2020年8月21日至2020年12月10日的日K线图。

图4.11　纯碱主力合约(sa9999)2020年8月21日至2020年12月10日的日K线图

纯碱主力合约(sa9999)的价格经过一波上涨之后,创出1822元高点,但在创出高点这一天,期价收出一根螺旋桨,这是转势信号。随后价格开始震荡下跌,先是跌破5日均线,然后又跌破10日均线,在30日均线上方出现一个曙光初现见底信号, 即A处, 可以以阳线的最低点为止损, 做多。从其后的走势可以看出, 价格在这里反弹6个交易日, 但没有再创新高就开始震荡。经过几天的震荡之后, 跌破了30日均线, 开始沿着5日均线下跌, 这时出现曙光初现K线组合, 即B处。在B处, 就不要轻易进场做多了, 因为在下跌行情的初期, 进场做多, 很容易被套, 并且不及时止损, 就会损失惨重。

同理, C处的曙光初现K线组合, 也不要进场做多。

需要注意的是, 在下跌行情中, 特别是下跌初期, 沿着均线看空、做空是最好的策略, 所以, 在B和C处, 以5日或10日均线为止损线, 逢高做空最容易赚到钱。

4.2　旭日东升和平底量化实战技巧

下面讲解一下旭日东升和平底的基础知识和量化实战应用。

4.2.1　旭日东升

旭日东升, 出现在下跌趋势中, 是由一阴一阳两根K线组成, 先是出现一根大阴线或中阴线, 接着出现一根高开的大阳线或中阳线, 并且阳线的收盘价已高于前一根阴线的开盘价。曙光初现的标准图形如图4.12所示。

旭日东升的阳线实体高出阴线实体的部分越多, 则见底转势信号越强。旭日东升的见底转势信号要比曙光初现和好友反攻都要强。旭日东升常见的变化图形如图4.13所示。

（a）变化图形 1　　（b）变化图形 2　　（c）变化图形 3

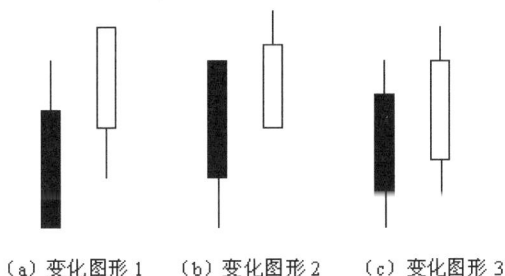

图4.12　旭日东升　　　　　　　図4.13　旭日东升常见的变化图形

4.2.2　平底

平底，又称钳子底，出现在下跌趋势中，由两根或两根以上的K线组成，但这些K线的最低价在同一水平位置上。平底的标准图形如图4.14所示。

平底是见底回升的信号，如果出现在较大的跌势之后，所提示的是期价反转的可能性就很大。交易者见到此K线形态，可考虑适量买进。平底的变化图形如图4.15所示。

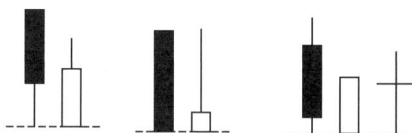

图4.14　平底　　　　　　　　　　　图4.15　平底的变化图形

4.2.3　旭日东升量化实战技巧

如果期价经过长时间、大幅度的下跌之后，出现旭日东升见底K线组合，交易者就可以逢低跟进，止损位设在旭日东升的大阴线或中阴线的低点即可。

图4.16显示的是PTA主力合约（ta9999）2020年3月6日至2020年5月20日的日K线图。

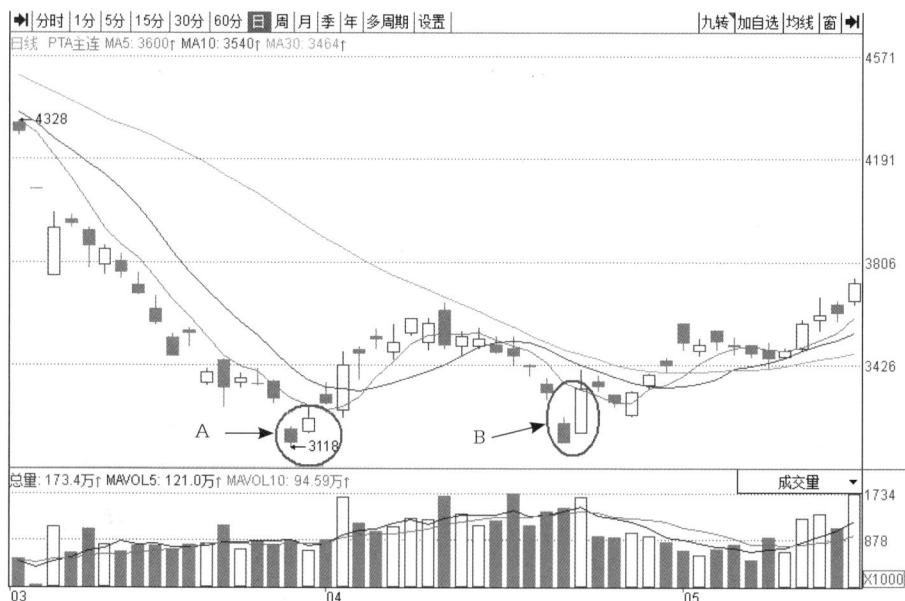

图4.16　PTA主力合约（ta9999）2020年3月6日至2020年5月20日的日K线图

PTA主力合约（ta9999）的价格经过长时间、大幅度的下跌之后，创下3 118元低点。但需要注意的是，创下3 118元低点后的第二个交易日，期价没有继续下跌，而是高开高走，收出一根中阳线，即在A处出现旭日东升见底信号，所以，这里可以做多，止损位放在3 118元低点。

期价出现旭日东升见底信号后，继续上涨，先是站上5日均线，然后又站上10日均线，接着继续上涨，但上涨到30日均线附近，就上涨无力，所以，多单可以先止盈。

随后价格开始回调，快速回调之后，在B处，又出现旭日东升见底信号，这又是一个做多信号，可以进场做多，止损放在B处阴线的最低点即可。

从其后的走势可以看出，期价在B处见底后，先是站上5日均线，然后又站上10日均线，最后站上30日均线，这样均线呈多头排列，随后期价沿着均线开始震荡上涨。

如果期价已处于明显的上升趋势中，并且升幅不大，在短期回调过程中出现旭日东升见底K线组合，交易者就可以逢低跟进，止损位设在旭日东升的大阴线或中阴线的低点即可。

图4.17显示的是热轧卷板主力合约（hc9999）2021年3月11日至2021年5月12日的日K线图。

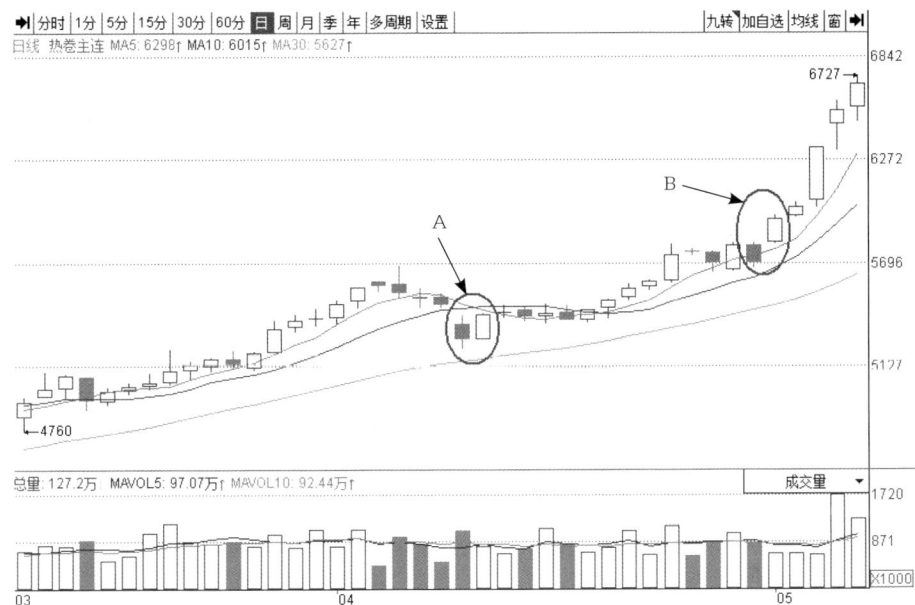

图4.17　热轧卷板主力合约（hc9999）2021年3月11日至2021年5月12日的日K线图

　　热轧卷板主力合约（hc9999）的价格经过一波明显的上涨之后，出现了快速回调。连续回调四个交易日之后，第五个交易日，期价高开高走收出一根中阳线，即在A处出现旭日东升见底信号，所以这里可以做多，止损放在这一波调整的最低点即可。

　　期价在A处见底后，继续小幅上涨，慢慢站上5日和10日均线，然后开始沿着均线上涨。在上涨过程中仍有平台震荡，平台震荡之后，在B处又出现旭日东升K线组合，所以，这里仍是做多位置。当然前期多单可以继续持有，没有多单的朋友，在B处可以做多。

　　从其后的走势可以看出，在A处或B处介入多单，都会有不断的投资收益。

　　如果期价已经过大幅上涨，然后在高位震荡，在震荡过程中出现旭日东升见底K线组合，交易者一定要小心是主力在诱多，一不小心，多单很可能会被套在高高的山岗上。

　　图4.18显示的是淀粉主力合约（cs9999）2020年12月10日至2021年7月19日的日K线图。

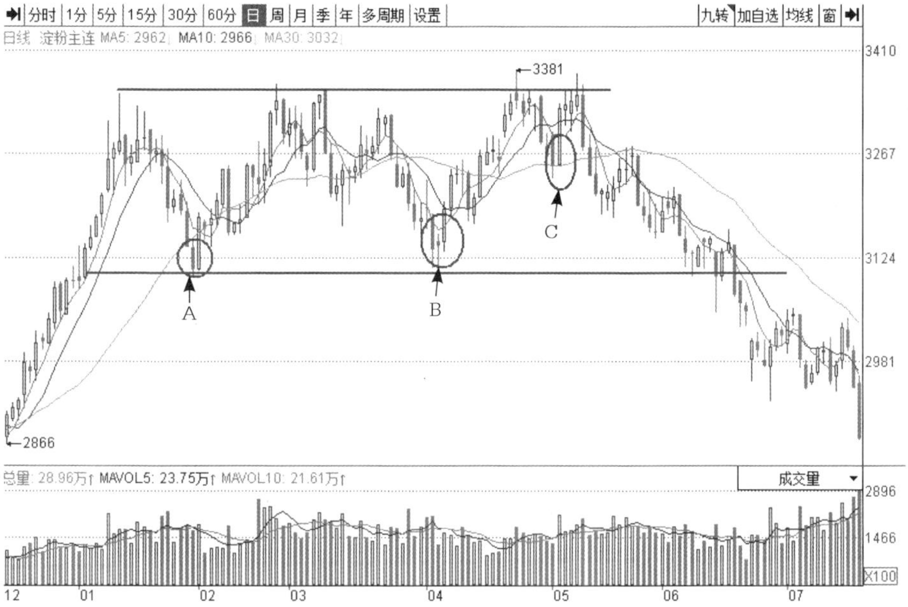

图4.18　淀粉主力合约（cs9999）2020年12月10日至2021年7月19日的日K线图

　　淀粉主力合约（cs9999）的价格经过长时间、大幅度的上涨之后，然后在高位震荡，下方支撑为3100元附近，上方压力为3350元附近。在高位震荡过程中，出现旭日东升见底 K 线组合，只可以轻仓做多，并且有不好信号，要第一时间出局观望。

在 A 处，期价连续中阴线下跌，跌到 3 100 元附近，但随后就是一根大阳线，即出现旭日东升见底 K 线组合，在这里买进做多，止损位设在旭日东升的大阴线或中阴线的低点即可。从其后的走势可以看出，期价这一波反弹到 3 350 元附近，即明显的压力位，所以，多单要注意止盈。

同理，在 B 处，期价又在 3 100 元附近出现变形的旭日东升见底 K 线组合，仍可以买进做多，止损位放在这一波回调的最低处即可。这一波行情也上涨到 3 350 元附近，即明显的压力位，所以，多单要注意止盈。

在 C 处，期价在高位出现旭日东升见底 K 线组合，注意：这里离 3 350 元很近，如果在这里做多，就要特别小心，一旦上涨无力就要及时出局。从其后的走势可以看出，期价在大阳线之后，连续三根阳线，但没有再创新高，所以这里就要小心了，短线高手也要离场观望。三根阳线之后，一根中阴线杀跌，同时跌破 5 日和 10 日均线，随后继续下跌，又跌破 30 日均线。期价跌破 30 日均线后，虽有反弹，但始终没有再站上 30 日均线，然后继续震荡下跌，并且最终跌破 3 100 元附近的支撑，从而开始了一波新的下跌行情。

> **提醒**
>
> 　　如果手中有多单的交易者，在期价有效跌破 3 100 元附近支撑后，一定要果断止损，不要心存幻想，否则就会深套，最终损失惨重。

在下跌初期和下跌途中，如果出现旭日东升见底 K 线组合，交易者一定不要去做多抢反弹，这很可能是主力的诱多之计，一不小心就会被套。

图 4.19 显示的是白糖主力合约（sr9999）2020 年 1 月 8 日至 2020 年 4 月 28 日的日 K 线图。

白糖主力合约（sr9999）的价格经过一波明显的上涨行情之后，创出 5 921 元高点。在创出高点这一天，期价收出一根带有长长上影线的阳线，这表明价格虽然仍有上涨动力，但上方已经出现卖压。

随后三天，期价在高位震荡，接着就开始下跌，先是跌破 5 日和 10 日均线，然后又跌破 30 日均线。期价跌破 30 日均线之后，收出一根带有长长下影线的十字线，这表明短线做空力量已经衰竭，期价有反弹要求，如果这时手中还有空单，就要先止盈。

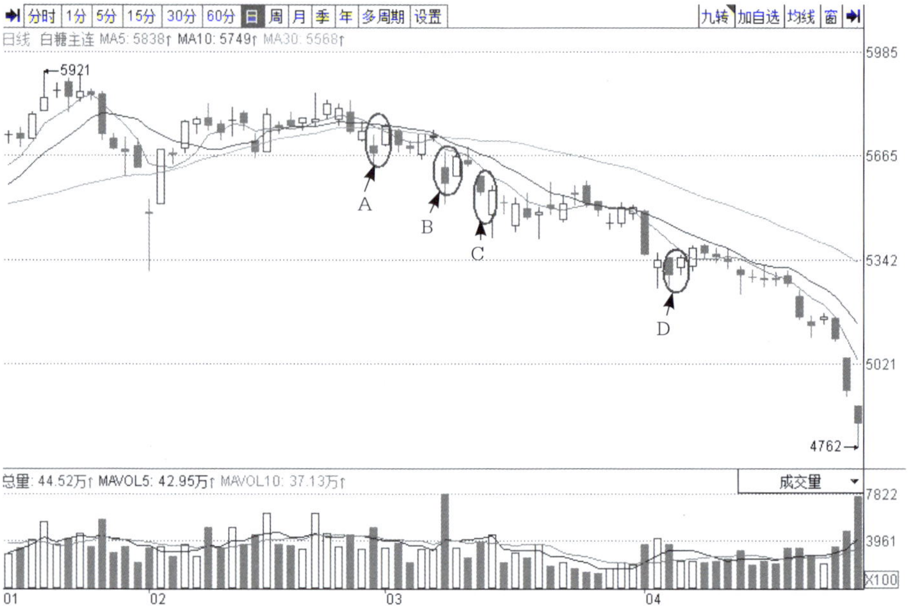

图4.19　白糖主力合约（sr9999）2020年1月8日至2020年4月28日的日K线图

随后期价开始反弹，但反弹几天后就开始窄幅震荡。经过长达十几个交易日的震荡之后，开始下跌。在下跌初期或过程中，反复出现旭日东升见底K线组合，即A、B和D处，这些位置最好不要抄底做多，顺势最重要，应以沿着均线做空为主。

同理，在C处出现的好友反攻见底K线组合，也不适合做多。

4.2.4　平底量化实战技巧

如果期价处在明显的上升趋势中，并且上涨幅度不大，这时出现平底或回调过程中出现平底，是一个不错的买入时机，止损位设在平底的低点即可。

图4.20显示的是沪铝主力合约（al9999）2020年5月13日至2020年7月13日的日K线图。

沪铝主力合约（al9999）的价格在明显的上涨行情中，即5日、10日和30日均线多头排列，这时出现平底，可以以平底的最低点为止损进场做多。

在A处，期价沿着5日均线上涨，这时出现平底，所以，可以以平底的最低点为止损做多。

在B处，期价正好回调到10日均线附近，这时出现平底，所以，这里可以进场做多,止损位放在平底的最低点或以10日均线为止损做多。

在C处,期价再度出现平底,以平底的最低点为止损进场做多。

在D处,期价经过近十个交易日的回调之后,再度出现平底,所以,这里仍是较好的做多机会,止损放在平底的最低点即可。

图4.20　沪铝主力合约(al9999)2020年5月13日至2020年7月13日的日K线图

如果期价已经过大幅上涨,然后在高位震荡,在震荡过程中出现平底见底K线组合,交易者一定要小心是主力在诱多,一不小心,多单很可能被套在高高的山岗上。

图4.21显示的是20号胶主力合约(nr9999)2021年2月4日至2021年4月12日的日K线图。

20号胶主力合约(nr9999)的价格经过一波明显的上涨之后,创出13040元高点。需要注意的是,在创出高点的前一个交易日,期价以涨停收盘,随后虽创出13040元高点,但在这一天却收出一根大阴线,并且跌破5日均线,表明这一波上涨行情结束。

随后期价并没有大跌,而是在高位震荡,在震荡过程中出现平底,只能短线操作,并且有盈利就要平仓。

在A处,期价出现平底,可以以平底的最低点为止损做多,但从其后的走势可以看出,这里很难获利。

同理,在B处,期价再度出现平底,在这里做多,获利比较难。注意:如果在B处做多,不及时卖出,很可能被套在高位。

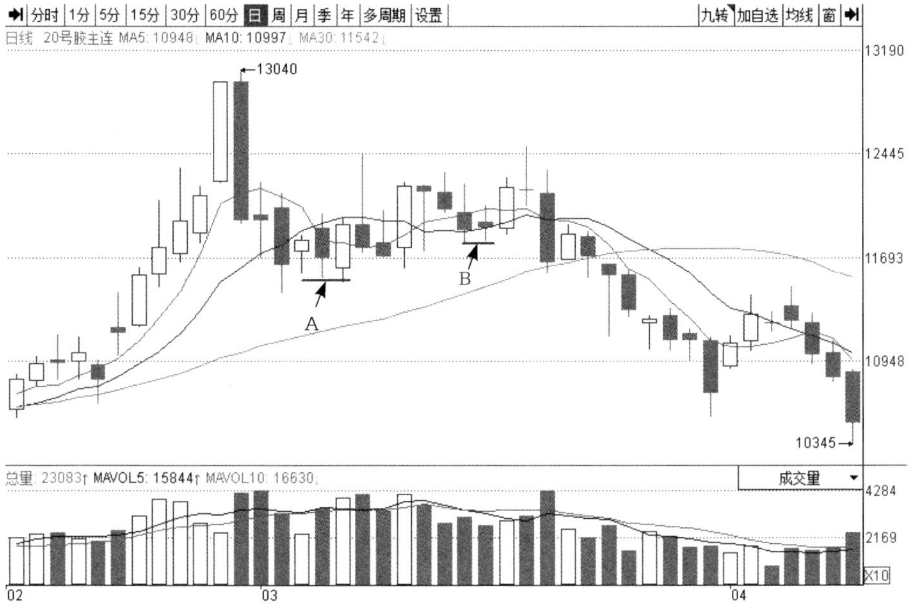

图4.21　20号胶主力合约(nr9999)2021年2月4日至2021年4月12日的日K线图

在下跌初期和下跌途中,如果出现平底见底K线组合,交易者一定不要去做多抢反弹,这很可能是主力的诱多之计,一不小心就会被套。

图4.22显示的是生猪主力合约(lh9999)2021年2月19日至2021年6月22日的日K线图。

生猪主力合约(lh9999)的价格经过一波明显的上涨之后,创出29 805元高点。随后期价在高位震荡,在震荡过程中,出现一些平底见底信号,即A、B和C处,在这些位置如果做多,很难出现盈利,如果不及时卖出,就会被套在高位。

期价在高位长时间震荡之后,开始新的下跌行情。在明显的下跌行情中,不要轻易进场做多,即不要逆势操作。在D、E和F处,都出现平底见底信号,如果在这些位置做多,几乎难以赚钱,却很容易被套,并且不止损,就会深套。所以,在明显的下跌行情中,最好沿着均线以看空、做空为主。

图4.22　生猪主力合约（lh9999）2021年2月19日至2021年6月22日的日K线图

4.3　圆底和塔形底量化实战技巧

下面讲解一下圆底和塔形底的基础知识和量化实战应用。

4.3.1　圆底

圆底，出现在下跌趋势中，期价形成一个圆弧底，并且圆弧内的K线多为小阴线、小阳线，最后以向上跳空缺口来确认圆底形态成立。圆底的图形如图4.23所示。

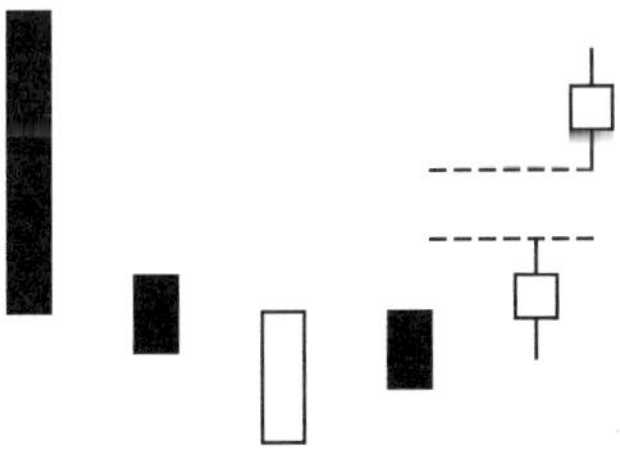

图4.23　圆底

当期价在下跌回调或横向整理时,出现圆底K线形态,表示市场做空力量已经极大地减弱,后市很可能转为升势。交易者见到该K线形态,可考虑适量买进。

4.3.2 塔形底

塔形底,因其形状像一个倒扣的塔顶而命名,其特征是:在一个下跌行情中,期价在拉出长阴线后,跌势开始趋缓,出现一连串的小阴线、小阳线,随后蹿出一根大阳线,这时升势确立。塔形底的图形如图4.24所示。

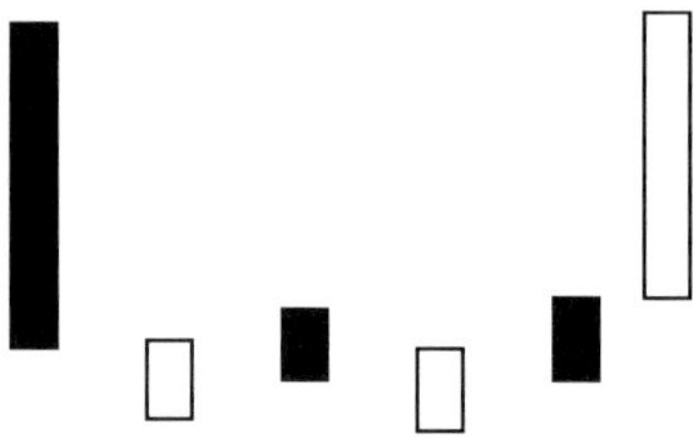

图4.24　塔形底

一般来说,期价在低位形成塔形底后,并且有成交量的配合,往往会有一段较突然的涨势出现。交易者见此K线组合后,应抓住机会,跟进做多。

4.3.3 圆底量化实战技巧

如果期价经过长时间、大幅度的下跌之后,出现圆底见底K线组合,交易者就可以逢低跟进,止损位设在圆底的最低点即可。

图4.25显示的是热卷板主力合约(hc9999)2020年9月7日至2020年12月21日的日K线图。

热轧卷板主力合约(hc9999)的价格经过一波下跌之后,创下3 616元低点。注意:在创下低点这一天,期价收出一根带有长下影线的小阴线,随后几个交易日,期价继续收出小阳线、小阴线,最后出现一根跳空高开的中阳线,即在A处出现圆底。这是做多信号,所以,可以以3 616元低点为止损位,逢低做多。

从其后的走势可以看出,期价上涨到30日均线附近时,受压再度回调,回调到10日均线附近,再度上涨,从而开启新的一波上涨行情。

如果期价已经处于明显的上升趋势中,并且升幅不大,在短期回调过程中出现圆底见底K线组合,交易者就可以逢低跟进,止损位设在圆底的最低点即可。

图4.25　热轧卷板主力合约（hc9999）2020年9月7日至2020年12月21日的日K线图

图4.26显示的是沪镍主力合约（ni9999）2020年7月2日至2020年9月1日的
日K线图。

图4.26　沪镍主力合约（ni9999）2020年7月2日至2020年9月1日的日K线图

沪镍主力合约（ni9999）的价格在明显的上涨行情中出现回调，正好回调到30日均线附近，出现圆底见底K线组合，即A处。由于当前是上升趋势，在这里做多是顺势而为，并且出现圆底见底信号，所以，可以以圆底的最低点为止损位，或以30日均线为止损位，进场做多。

从其后的走势可以看出，顺势做多，就可以实现较大的盈利，特别是中线持有的交易者。

如果期价已经过大幅上涨，然后在高位震荡，在震荡过程中出现圆底见底K线组合，交易者一定要小心是主力在诱多，一不小心，多单很可能被套在高高的山岗上。

图4.27显示的是红枣主力合约（cj9999）2021年2月10日至2021年6月21日的日K线图。

图4.27　红枣主力合约（cj9999）2021年2月10日至2021年6月21日的日K线图

红枣主力合约（cj9999）的价格经过长时间、大幅度的上涨之后，创出10 955元高点，但在创出高点这一天，期价却收出一根带有长长上影线的K线，这表明上方压力较大。随后价格开始下跌，先是跌破5日均线，然后又跌破10日均线，最后跌破30日均线。期价跌破所有均线后，继续下跌，经过一个多月时间的下跌之后，出现圆底见底信号，即A处。

在高位进场做多，交易者一定要小心，因为很容易被套在高位，不及时止损，就会损失惨重。

从其后的走势可以看出，期价略反弹之后，就开始下跌，所以，如果多单不及时出局，就会被深套。

在下跌初期和下跌途中，如果出现圆底见底 K 线组合，交易者一定不要去抢反弹，这很可能是主力的诱多之计，多单一不小心就会被套。

图 4.28 显示的是尿素主力合约（ur9999）2020 年 2 月 3 日至 2020 年 4 月 28 日的日 K 线图。

图 4.28   尿素主力合约（ur9999）2020 年 2 月 3 日至 2020 年 4 月 28 日的日 K 线图

尿素主力合约（ur9999）经过一波上涨，创出 1 834 元高点，然后就开始下跌。先是跌破 5 日和 10 日均线，然后沿着 5 日均线跌破 30 日均线，接着继续沿着均线下跌，即期价进入明显的下跌行情。

期价经过近二十个交易日的下跌之后，开始反弹，注意：这里出现圆底见底信号，即 A 处。需要注意的是，当前是明显的下跌行情，顺势做空是最主要的策略，所以，这里可以以 30 日均线为止损位，逢高做空，而不是逢低做多。

4.3.4 塔形底量化实战技巧

如果期价经过长时间、大幅度的下跌之后，探明了底部区域，然后开始震荡上升，在这个过程中出现回调，回调过程中出现塔形底，要敢于做多买进并持有，往往会有丰厚的投资回报。

图4.29显示的是低硫燃油主力合约(lu9999)2020年10月26日至2021年2月25日的日K线图。

图4.29 低硫燃油主力合约(lu9999)2020年10月26日至2021年2月25日的日K线图

低硫燃油主力合约(lu9999)的价格经过长时间、大幅度的下跌之后,创下1970元低点。需要注意的是,在创下低点这一天,期价收出一根带有下影线的中阴线,这表明已有一部分资金在做多或空单在平仓了。

创下1970元低点的第二个交易日,期价没有继续下跌,而是高开高走,收出一根大阳线,即在A处出现了旭日东升见底K线,所以,空单在这里就要注意减仓或清仓了。如果想做多,可以以1970元为止损位,逢低做多。

随后期价继续上涨,先是站上5日均线,然后又站上10日均线,最后又站上30日均线。期价站上所有均线之后,期价出现小幅回调,即在B处,出现塔形底K线组合,这是新的做多信号,所以,手中有多单的朋友,可以继续持有。没有多单的朋友,可以以30日均线为止损位,继续做多。从其后的走势可以看出,在B处介入多单的投资者,中线持有就会有丰厚的投资回报。

在C处,期价再度出现塔形底K线组合,这里仍然可以继续做多,耐心持有,也会有不错的投资收益。

如果期价经过一段时间的上涨之后，然后在高位震荡，在震荡过程中出现塔形底，可以短线做多跟进，但要小心主力是在诱多，把自己的多单套在高位。

图4.30显示的是沪铜主力合约（cu9999）2021年2月8日至2021年6月21日的日K线图。

图4.30　沪铜主力合约（cu9999）2021年2月8日至2021年6月21日的日K线图

沪铜主力合约（cu9999）的价格经过长时间、大幅度的上涨之后，然后在高位震荡。在高位震荡过程中，在A处出现塔形底，可以轻仓做多该期货合约，但一定要注意，一旦有不好的信号，就要及时卖出。

从其后的走势可以看出，期价在A处见底后，虽然小有反弹，但反弹很弱。反弹结束后，出现快速下跌，跌破所有均线后，开始沿着均线下跌。所以，不及时出局的交易者，抄底多单就会被套。

在明显的下跌趋势中，特别是在下跌初期，出现塔形底，这很可能是主力在诱多，要万分警惕。

图4.31显示的是苹果主力合约（ap9999）2020年9月29日至2021年3月22日的日K线图。

图4.31 苹果主力合约（ap9999）2020年9月29日至2021年3月22日的日K线图

苹果主力合约（ap9999）的价格经过一波明显的上涨之后，创出8 412元高点。需要注意的是，期价在创出高点这一天，收出一根带有长长上影线的小阳线，这表明上方压力明显。随后几天期价在高位震荡，在高位震荡之后，就开始下跌，先是跌破5日和10日均线，然后又跌破30日均线，从而开始新的一波下跌行情。

在震荡下跌过程中，出现塔形底见底K线组合，即A处，这是做多信号，但交易者要注意，当前是明显的下跌行情，逆势做多，很容易被套。

从其后的走势可以看出，塔形底出现后，反弹几乎结束，在A处做多的交易者，很难获利，并且如果不及时出局，很容易被套，并且会深套。

4.4 希望十字星和早晨之星量化实战技巧

下面讲解一下希望十字星和早晨之星的基础知识和量化实战应用。

4.4.1 希望十字星

希望十字星，又称早晨十字星，出现在下跌趋势中，是由三根K线组成，第一根K线是阴线,第二根K线是十字星,第三根K线是阳线,并且第三根K线实体深入第一根K线实体之内。希望十字星的标准图形如图4.32所示。

希望十字星的技术含义是:期价经过大幅回落后,做空能量已经大量释放,期价无力再创新低,呈现见底回升态势,这是较明显的大市转向信号。希望十字星常见的变化图形如图4.33所示。

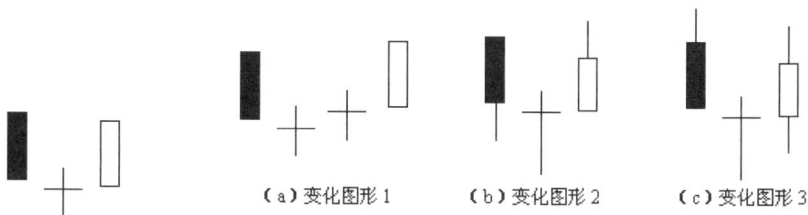

（a）变化图形1　　（b）变化图形2　　（c）变化图形3

图4.32　希望十字星　　　　　　图4.33　希望十字星常见的变化图形

希望十字星是见底信号,后市看涨,注意:第二根K线的上、下影线越长,见底信号越明显。

4.4.2　早晨之星

早晨之星,又称启明星,市场开始处于下降趋势中,第一个交易日是一根大阴线;第二个交易日是一根小阳线或小阴线;第三个交易日是一根阳线,它将市场推进到第一个交易日阴线的价格变动范围之内。在理想形态中,第二个交易日与第一个交易日的图形之间形成向下的跳空缺口,而第三个交易日的阳线与第二个交易日的小阳线或小阴线之间出现一个向上的跳空缺口,早晨之星如图4.34所示。

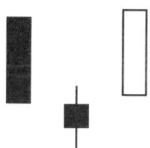

图4.34　早晨之星

早晨之星形成的心理分析:市场原本在已经确定的下降趋势中运行,一根大阴线的出现支持这种趋势,这样市场将在这一行为的带动下继续走熊;但第二个交易日市场向下跳空开盘,全天价格波动不大,最后价格又回到收盘价,这表明市场主力对未来的发展趋势犹豫不决;第三个交易日市场高开,并且买盘踊跃,继续向上推高价格，市场趋势反转信号出现。

早晨之星常见的变化图形如图4.35所示。

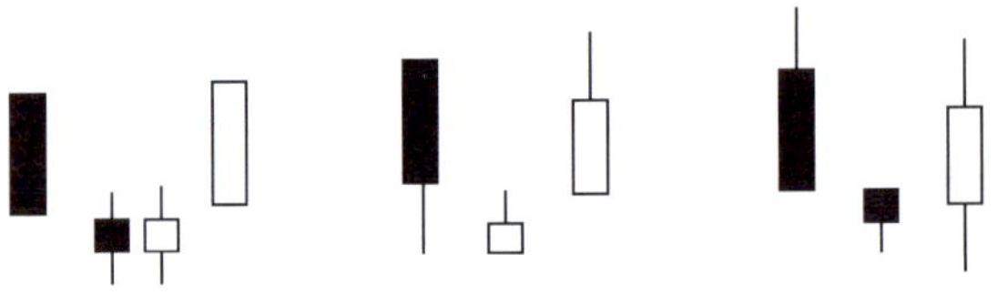

（a）变化图形1   （b）变化图形2   （c）变化图形3

图4.35　早晨之星常见的变化图形

在实战操作中，如果同时碰到出现希望十字星和早晨之星的不同期货合约，就应选择出现希望十字星的期货合约买入。虽然希望十字星和早晨之星都是见底信号，都有可能给交易者带来获利机会，但因为希望十字星中间的那一根K线是"十字线"或"长十字线"，表明多空双方在该位置战斗激烈，期价处于十字路口，其转势信号比一般的小阳线、小阴线更强烈。所以，在相同条件下，应优先选择希望十字星的期货合约。

4.4.3　希望十字星量化实战技巧

如果期价经过长时间、大幅度的下跌之后，出现希望十字星见底K线组合，投资者就可以逢低跟进，止损位设在希望十字星的最低点即可。

图4.36显示的是沪银主力合约（ag9999）2020年2月26日至2020年8月6日的日K线图。

沪银主力合约（ag9999）的价格经过长时间、大幅度的下跌之后，创下2857元低点。需要注意的是，这是期价连续快速大幅下跌之后创下的低点，并且在创下2857元低点这一天，期价收出一根十字线，随后期价高开高走，收出一根大阳线，即在A处，出现希望十字星见底K线。

交易者看到A处的见底信号，可以以2857元低点为止损位，逢低买进做多。随后期价继续上涨，先是站上5日均线，然后又站上10日均线，接着又站上30日均线。这样均线就慢慢走好。随后期价开始沿着均线不断上涨，先是缓慢上涨，最后出现快速上涨。这样，敢于在A处做多的交易者，会有翻几倍投资收益的机会。

如果期价已处于明显的上升趋势中，并且升幅不大，在短期回调过程中出现希望十字星见底K线组合，投资者就可以逢低跟进，止损位设在希望十字星的最低点即可。

图4.36　沪银主力合约（ag9999）2020年2月26日至2020年8月6日的日K线图

图4.37显示的是沪锡主力合约（sn9999）2020年12月4日至2021年2月22日的日K线图。

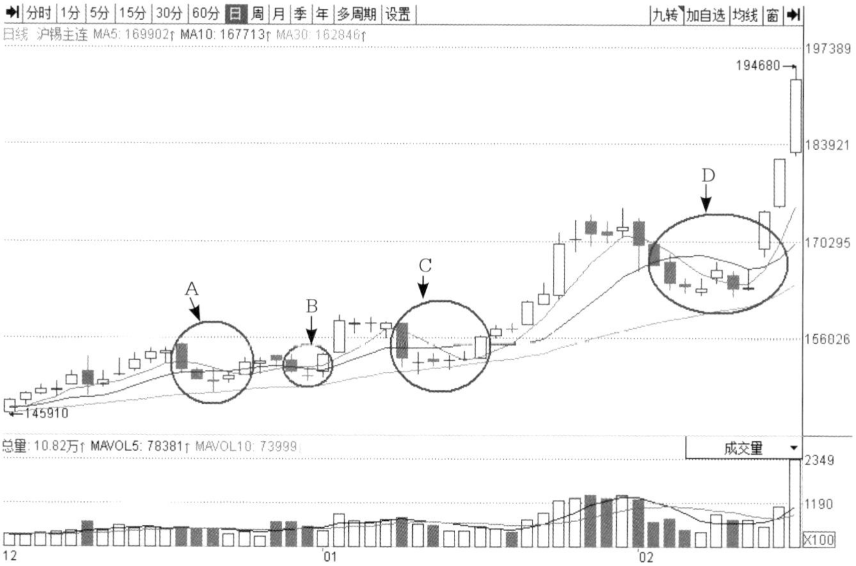

图4.37　沪锡主力合约（sn9999）2020年12月4日至2021年2月22日的日K线图

沪锡主力合约(sn9999)的价格在明显的上涨行情中,即期价沿着均线震荡上涨,这时出现见底K线组合,可以买进做多,并且一般会有较好的投资盈利。

期价经过一波上涨,出现短期回调,然后在A处出现希望十字星,这是一个较好的做多位置,因为期价在30日均线上方,并且正好回调到30日均线企稳。

在B处,期价再度出现希望十字星的见底信号,这里是不错的做多机会,止损位可以放在30日均线,也可以放在希望十字星的最低点。

在C处,期价出现变形的希望十字星见底信号,仍是不错的做多机会。

在D处,期价出现塔形底见底信号,仍是较好的做多机会。

如果期价已经过大幅上涨,然后在高位震荡,在震荡过程中出现希望十字星见底K线组合,投资者一定要小心是主力在诱多,一不小心,多单很可能被套在高高的山岗上。

图4.38显示的是白糖主力合约(sr9999)2019年12月16日至2020年4月28日的日K线图。

图 4.38 白糖主力合约(sr9999)2019 年 12 月 16 日至 2020 年 4 月 28 日的日 K 线图

白糖主力合约(sr9999)的价格经过一波明显的上涨之后,创出5 921元高点。需要注意的是,期价在创出高点这一天,收出一根带有上影线的小阳线,这表明上方已有压力。

随后期价在高位略震荡,然后出现快速下跌。快速下跌之后,出现希望十字星见底 K 线,即 A 处。这里可以做多,止损位放在希望十字星的最低点即可。随后价格略上涨,就上涨不动了,然后开始震荡。

需要注意,在高位震荡时,出现希望十字星见底 K 线,即 B 处,不要轻易进场做多。如果进场做多,一旦上涨不动就要及时出局,否则就会被套,甚至被深套。

在明显的下跌趋势中,特别是在下跌初期,出现希望十字星见底 K 线组合,这很可能是主力在诱多,多单要特别小心。

图 4.39 显示的是燃油主力合约(fu9999)2020 年 1 月 2 日至 2020 年 3 月 19 日的日 K 线图。

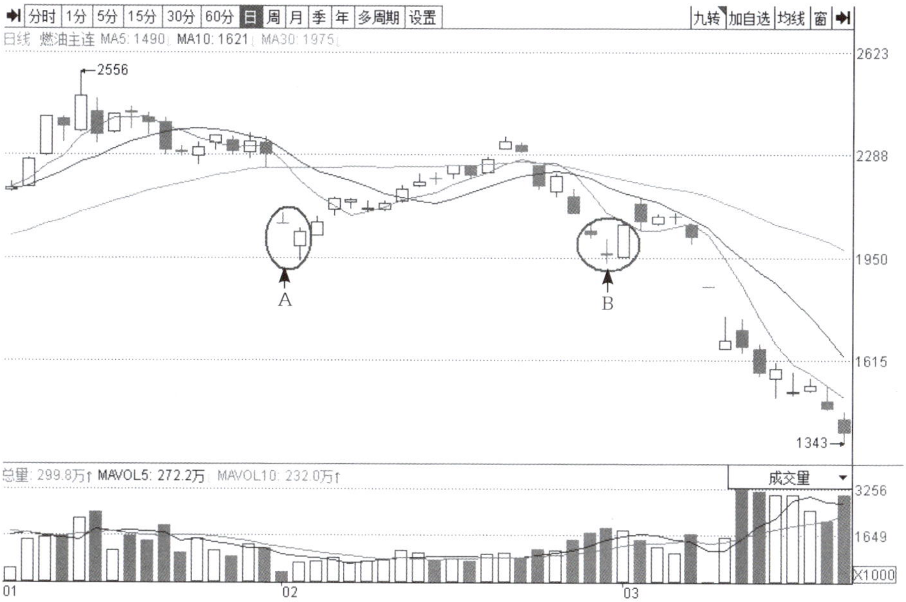

图 4.39　燃油主力合约(fu9999)2020 年 1 月 2 日至 2020 年 3 月 19 日的日 K 线图

燃油主力合约(fu9999)的价格经过一波明显的上涨,创出 2 556 元高点。随后价格开始震荡下跌,先是缓慢下跌,最后是以跌停的方式快速下跌。期价快速下跌之后,出现反弹,正好反弹到前期的密集成交区,然后再度下跌,快速下跌之后在 B 处出现希望十字星见底 K 线。虽然这是见底信号,但当前是明显的下跌行情,所以,做多一定要特别谨慎,否则很容易被套在高位。从其后的走势可以看出,期价正好反弹到 10 日均线附近,就反弹不动了,如果不及时卖出,就会被套。

总之,在明显的下跌行情中,反弹不动做空是主要策略,顺势而为往往会有较丰厚的投资收益。

4.4.4　早晨之星量化实战技巧

如果期价经过长时间、大幅度的下跌之后，出现早晨之星见底K线组合，投资者就可以逢低跟进，止损位设在早晨之星的最低点即可。

图4.40显示的是沥青主力合约（bu9999）2019年12月27日至2020年7月6日的日K线图。

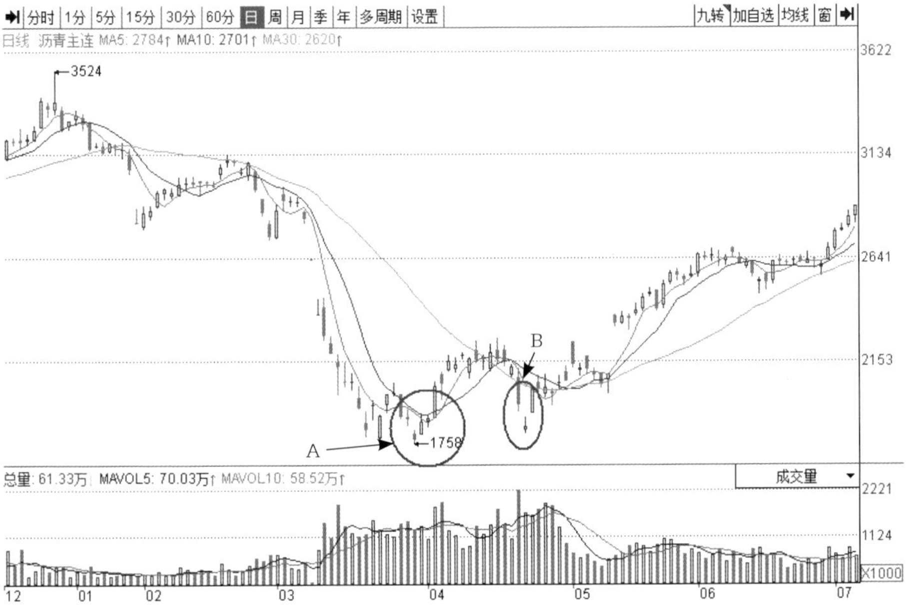

图 4.40　沥青主力合约（bu9999）2019 年 12 月 27 日至 2020 年 7 月 6 日的日 K 线图

沥青主力合约（bu9999）的价格经过长时间、大幅度的上涨之后，创出3 524元高点。需要注意的是，在创出高点这一天，期价收出一根带有长长上影线的小阳线，这表明上方卖压较大。

随后期价开始下跌，先是跌破5日均线，然后又跌破10日和30日均线。期价快速下跌后，出现反弹，但反弹不过30日均线，再度下跌。经过连续大幅度快速下跌之后，创下1 758元低点。需要注意的是这里出现了早晨之星见底信号，即A处。所以，这里可以以1 758元为止损位，逢低做多。

这一波反弹上涨，正好涨到30日均线附近，就反弹不动了，所以，多单可以先止盈。随后期价再度回调，然后又在B处出现早晨之星见底信号，这里可以以早晨之星的最低点为止损位，逢低做多。

从其后的走势可以看出，期价在 B 处见底后，反弹站上 30 日均线，略震荡后，就开始一波明显的上涨行情。中线持有多单的朋友，就会有较大的盈利。

如果期价已经处于明显的上升趋势中，并且升幅不大，在短期回调过程中出现早晨之星见底 K 线组合，投资者就可以逢低跟进，止损位设在早晨之星的最低点即可。

图 4.41 显示的是豆一主力合约（a9999）2020 年 10 月 16 日至 2021 年 3 月 5 日的日 K 线图。

💡 **提　醒**

　　大商所（大连商品交易所）的豆一，是指以食用品质非转基因大豆为标的物的黄大豆一号期货合约，豆二是指以榨油品质转基因、非转基因大豆为标的物的黄大豆二号期货合约。

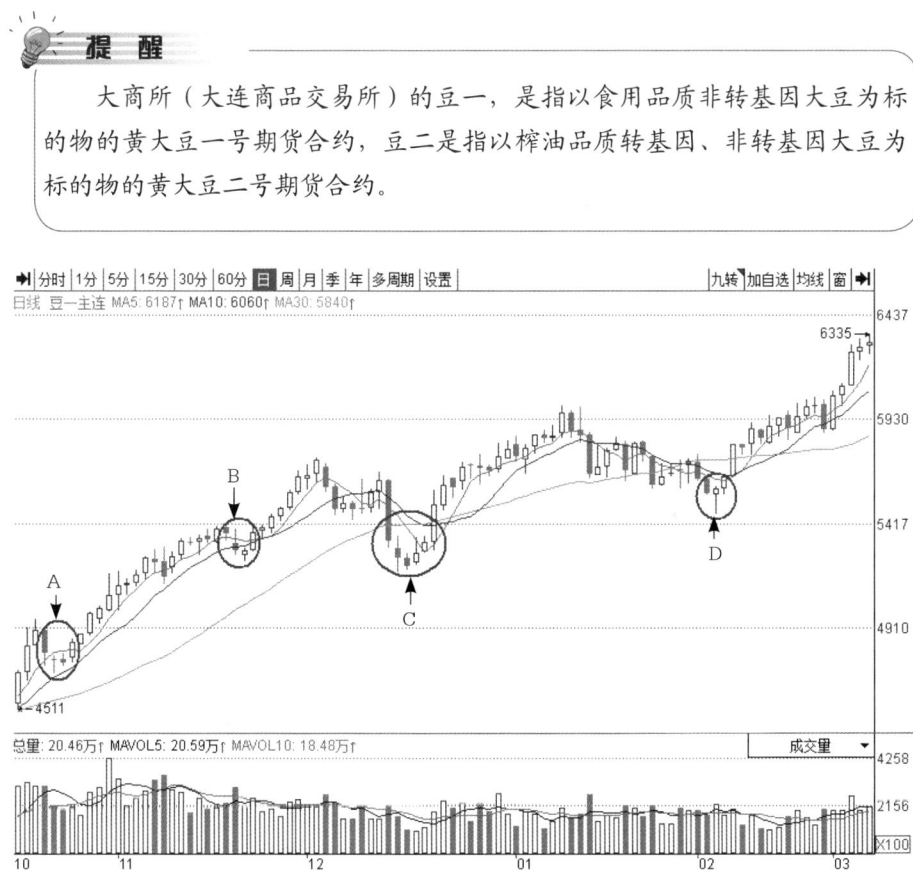

图 4.41　豆一主力合约（a9999）2020 年 10 月 16 日至 2021 年 3 月 5 日的日 K 线图

豆一主力合约（a9999）的价格在明显的上涨行情中出现回调，正好回调到 10 日均线附近，出现早晨之星见底信号，即 A 处，这是比较好的继续做多位置。

在B处，期价回调两个交易日后，跌破10日均线，很多交易者认为，要回调到30日均线附近了，但随后期价没有继续下跌，反而收出一根小阳线，接着又是一根中阳线重新站上5日和10日均线，即在B处，出现早晨之星见底信号，这是新的做多信号，所以，可以继续买进做多。

在C处，一根大阴线跌破5日、10日和30日均线，但随后价格没有继续下跌，而是小阴线、小阳线震荡，然后又是一根中阳线重新站上5日、10日和30日均线，这意味着价格下跌为假，上涨为真，所以，可以在C处，即塔形底，介入多单，止损放在这一波回调的最低点即可。

同理，在D处，期价回调后，出现早晨之星见底信号，可以介入多单，止损位设在早晨之星的最低点。早晨之星之后，期价再度大涨，重新站上5日、10日和30日均线，开始了新的一波上涨。在D处介入的多单，中线持有，就会有不错的投资收益。

如果期价已经过大幅上涨，然后在高位震荡，在震荡过程中出现早晨之星见底K线组合，投资者一定要小心是主力在诱多，一不小心，多单很可能被套在高高的山岗上。

图4.42显示的是铁矿石主力合约（i9999）2021年4月1日至2021年9月17日的日K线图。

图4.42 铁矿石主力合约（i9999）2021年4月1日至2021年9月17日的日K线图

铁矿石主力合约（i9999）经过长时间、大幅度的上涨之后，创出 1 358 元高点。然后出现较大幅度的回调，接着出现快速反弹，最后在高位窄幅震荡。

期价在高位震荡过程中，出现早晨之星见底 K 线组合，可以短线操作，但一定要明白，当前在高位，一旦有不好信号，要及时出局观望。

在 A 处，期价出现早晨之星见底 K 线组合，可以介入多单，但上涨到震荡平台高点时，反弹不动了，就要及时卖出。

同理，B 处也出现早晨之星见底 K 线组合，可以介入多单，但上涨到震荡平台高点时也要注意卖出。

从其后的走势可以看出，在高位震荡时介入的多单，如果不及时卖出，一旦期价下跌，就会被套在高位，最终很可能会损失惨重。

在明显的下跌趋势中，特别是在下跌初期，出现早晨之星见底 K 线组合，这很可能是主力在诱多，介入多单要特别小心。

图 4.43 显示的是红枣主力合约（cj9999）2020 年 5 月 18 日至 2020 年 8 月 7 日的日 K 线图。

图 4.43　红枣主力合约（cj9999）2020 年 5 月 18 日至 2020 年 8 月 7 日的日 K 线图

红枣主力合约（cj9999）在明显的下跌行情中，在 A 处出现变形的早晨之星见底 K 线组合，可以轻仓试多，一旦上涨无力，就要及时卖出，否则很容易被套在高位。

同理,在B处,再度出现变形的早晨之星见底K线组合,如果轻仓做多,不及时卖出,就会被套。所以,在下跌行情中,最好的策略是沿着均线看空、做空,不要轻易进场做多。

4.5 锤头线和倒锤头线量化实战技巧

下面讲解一下锤头线和倒锤头线的基础知识和量化实战应用。

4.5.1 锤头线

锤头线,出现在下跌趋势中,阳线或阴线的实体很小,下影线大于或等于实体的两倍,一般没有上影线,即使有,也短得可以忽略不计。锤头线的标准图形如图4.44所示。

通常,在期价大幅下跌后,出现锤头线,则期价止跌回升的可能性较大,其效果与以下四点有关:

(1)锤头实体越小,下影线越长,止跌作用就越明显;

(2)期价下跌时间越长、幅度越大,锤头线见底信号就越明确;

(3)锤头线有阳线锤头与阴线锤头之分,作用意义相同,但阳线锤头力度要大于阴线锤头;

(4)如果锤头线与早晨十字星一起出现,见底信号更可靠。

激进型交易者见到下跌行情中的锤头线,可以试探性地做多;稳健型投资者可以多观察几天,如果期价能放量上升,可以适量做多。锤头线的变化图形如图4.45所示。

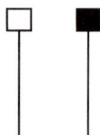

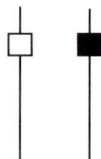

图4.44　锤头线　　　　图4.45　锤头线的变化图形

期价处于明显的上升趋势,并且上涨幅度不大,在上涨回调过程中,如果出现锤头线见底信号,激进型投资者可以试探性地做多;稳健型投资者可以多观察几天,如果期价能放量上升,可以适量做多。

4.5.2 倒锤头线

倒锤头线,出现在下跌趋势中,因其形状像个倒转锤头而得名。阳线或阴线的实体很小,上影线大于或等于实体的两倍,一般没有下影线,即使有,也短得可以忽略不计。倒锤头线的标准图形如图4.46所示。

倒锤头线出现在下跌过程中,具有止跌回升的意义。如果它与早晨之星同时出现,则行情反转向上的可能性更大,投资者可以适量参与做多。倒锤头线的变化图形如图4.47所示。

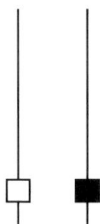

图4.46 倒锤头线   图4.47 倒锤头线的变化图形

期价处于明显的上升趋势,并且上涨幅度不大,在上涨回调过程中,如果出现倒锤头线见底信号,激进型投资者可以试探性地做多;稳健型投资者可以多观察几天,如果期价能放量上升,可以适量做多。

4.5.3 锤头线量化实战技巧

如果期价经过长时间、大幅度的下跌之后,出现锤头线见底K线,投资者就可以逢低跟进,止损位设在锤头线的最低点即可。

图4.48显示的是沪铝主力合约(al9999)2020年3月16日至2020年7月13日的日K线图。

图4.48　沪铝主力合约（al9999）2020年3月16日至2020年7月13日的日K线图

沪铝主力合约（al9999）的价格经过长时间、大幅度的下跌之后，创下11 225元低点。需要注意的是，在创下低点这一天，期价收出一根锤头线见底K线，即A处。所以，在A处交易者可以进场做多，将止损位放在锤头线的最低点，即11 225元即可。

从其后的走势可以看出，期价在A处见底后，开始上涨，先是站上5日和10日均线，然后继续上涨，最后又站上30日均线，站稳30日均线后，就开始震荡上涨行情。

如果期价已经处于明显的上升趋势中，并且升幅不大，在短期回调过程中出现锤头线见底K线，投资者就可以逢低跟进，将止损位设在锤头线的最低点即可。

图4.49显示的是沪铜主力合约（cu9999）2020年3月19日至2020年7月13日的日K线图。

沪铜主力合约（cu9999）的价格经过长时间、大幅度的下跌之后，创下35 300元低点。需要注意的是，在创下低点这一天，期价收出一根锤头线见底K线，即A处。所以，在A处交易者可以进场做多，将止损位放在锤头线的最低点，即35 300元即可。

　　从其后的走势可以看出, 期价在 A 处见底后, 开始上涨, 先是站上 5 日和 10 日均线, 然后继续上涨, 最后又站上 30 日均线。

　　站稳 30 日均线后, 出现一根射击之星, 即带有长长上影线的 K 线。随后价格出现回调, 但在回调到 30 日均线附近时, 出现一根锤头线见底 K 线, 即 B 处。所以, 在 B 处交易者可以进场做多, 将止损位放在锤头线的最低点即可。

　　从其后的走势可以看出, 期价在 B 处见底后就开始震荡上涨, 介入的多单耐心持有, 就会有非常丰厚的投资收益。

图 4.49　沪铜主力合约 (cu9999) 2020 年 3 月 19 日至 2020 年 7 月 13 日的日 K 线图

　　如果期价已经处在相对高位, 然后在震荡盘整, 在这个过程中出现锤头线见底信号, 可以短线做多, 但要时时警惕, 因为毕竟是在高位, 以防把自己的多单套在高位。

　　图 4.50 显示的是 PP 主力合约 (pp9999) 2021 年 2 月 18 日至 2021 年 4 月 21 日的日 K 线图。

　　PP 主力合约 (pp9999) 的价格经过快速上涨之后, 然后在高位震荡。在高位震荡过程中出现锤头线见底信号, 即 A 处, 可以轻仓做多, 但一定要明白, 当前在高位, 一旦有不好的信号, 就要及时卖出, 否则就会被套在高位。

　　如果期价已经处在明显的下降趋势中, 这时出现锤头线见底信号, 应以观望为好, 如果实在想操作, 也只能轻仓做多, 并且要有获利就跑的短线思维, 因为在下降趋势中做多，是很容易被套的。

图4.50　PP主力合约（pp9999）2021年2月18日至2021年4月21日的日K线图

　　图4.51显示的是白糖主力合约（sr9999）2020年2月26日至2020年4月28日的日K线图。

图4.51　白糖主力合约（sr9999）2020年2月26日至2020年4月28日的日K线图

白糖主力合约（sr9999）的价格在明显的下跌行情中出现锤头线见底 K 线，交易者不要想当然地进场做多，而要明白当前是下跌趋势，不要逆势操作。所以，在 A 和 B 处出现锤头线见底 K 线，都不能急着进场做多，因为这样很容易被套，并且不止损就会损失惨重。

4.5.4　倒锤头线量化实战技巧

如果期价经过长时间、大幅度的下跌之后，出现倒锤头线见底 K 线，投资者就可以逢低跟进，将止损位设在倒锤头线的最低点即可。

图4.52显示的是苯乙烯主力合约（eb9999）2020年3月11日至2020年6月3日的日 K 线图。

图4.52　苯乙烯主力合约（eb9999）2020年3月11日至2020年6月3日的日 K 线图

苯乙烯主力合约（eb9999）的价格经过长时间、大幅度的下跌之后，创下4338元低点。需要注意的是，创下4338元低点这一天，期价收出一根大阴线，但随后期价没有继续下跌，而是收出一根倒锤头线见底 K 线，即 A 处。接着期价又在低位震荡一天，然后就来了一根大阳线，同时站上5日和10日均线，所以，这里期价很可能见底，所以，可以以4338元为止损位，逢低做多。

随后期价沿着5日均线继续上涨，上涨到30日均线附近，就涨不动了，所以，多单可以先止盈。

从其后的走势可以看出,期价站上30日均线后,震荡几天,就开始快速下跌,但仅下跌两个交易日,就再度上涨,并且一根大阳线同时站上5日、10日和30日均线,所以,这里是新的做多机会,即B处。从其后的走势可以看出,期价沿着5日和10日均线震荡上涨。

如果期价已经处于明显的上升趋势中,并且升幅不大,在短期回调过程中出现倒锤头线见底K线,投资者就可以逢低跟进,将止损位设在倒锤头线的最低点即可。

图4.53显示的是LPG主力合约(pg9999)2021年5月28日至2021年9月28日的日K线图。

图4.53 LPG主力合约(pg9999)2021年5月28日至2021年9月28日的日K线图

LPG主力合约(pg9999)的价格在明显的上涨行情中,如果回调时出现倒锤头线见底K线,可以进场做多。

在A处,期价回调到30日均线附近,收出一根带有长下影线的中阴线,这表明期价仍有回调要求,但已有做多力量在30日均线做多了。随后期价收出一根倒锤头线见底K线,所以,这里可以做多,将止损位放在30日均线附近即可。

在B处,期价在30日均线附近收出一根倒锤头线见底K线。随后期价略震荡后,一根中阳线站上10日和30日均线,均线再度走好,所以,这时可以进场做多,止损位为这一波行情回调的最低点即可。

在C处, 期价在5日均线附近出现一根倒锤头线见底K线, 这里仍是看多、做多信号, 手中有多单的朋友, 继续持有, 手中有资金的朋友, 可以介入多单。

如果期价已处在明显的下降趋势中, 这时出现倒锤头线见底信号, 观望为好, 如果实在想操作, 也只能轻仓跟进, 并且要有获利就跑的短线思维, 因为在下降趋势中做多, 是很容易被套的。

图4.54显示的是短纤主力合约(pf9999)2020年10月12日至2020年11月12日的日K线图。

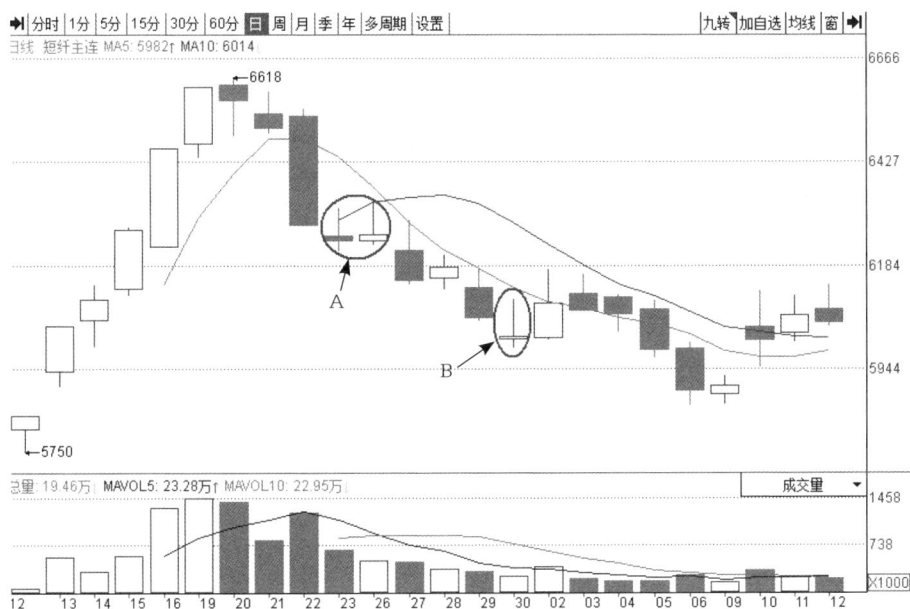

图4.54　短纤主力合约(pf9999)2020年10月12日至2020年11月12日的日K线图

短纤主力合约(pf9999)上市之后就连续上涨, 连续上涨6天, 第7个交易日收出一带有下影线的小阴线, 这表明压力初显。随后期价继续小幅震荡, 最后收出一根小阴线。接着就是　根大阴线下跌, 这表明上涨行情结束。

大阴线之后, 出现两个倒锤头线见底信号, 即A处。需要注意的是, 当前行情已开始下跌, 所以, 下跌行情最好不要抄底做多, 以沿着均线做空为主, 所以, A处仍以观望为主。

同理, B处的倒锤头线见底信号, 也不要抄底做多, 仍以沿着均线做空为主。

第 5 章

见顶K线组合量化实战技巧

逃顶是瞬间的过程，散户只需几秒钟就可以卖出手中的多单筹码，但又有几位能在高位顺利出逃呢？大多数交易者不是在低位被主力早早洗盘出局，就是在高位被牢牢套住。成功逃顶成为很多交易者心中的梦想。利用见顶K线组合，就能把握好卖出时机，从而踏准期市节拍，实现盈利最大化。

本章主要内容包括：

✓ 黑云压阵量化实战技巧

✓ 乌云盖顶量化实战技巧

✓ 倾盆大雨量化实战技巧

✓ 平顶量化实战技巧

✓ 塔形顶量化实战技巧

✓ 圆顶量化实战技巧

✓ 黄昏十字星量化实战技巧

✓ 黄昏之星量化实战技巧

✓ 射击之星量化实战技巧

✓ 绞弄线量化实战技巧

✓ 暴跌三杰量化实战技巧

✓ 双飞乌鸦量化实战技巧

5.1　黑云压阵和乌云盖顶量化实战技巧

下面讲解一下黑云压阵和乌云盖顶的基础知识和量化实战应用。

5.1.1　黑云压阵

黑云压阵的特征是：在上升行情中，在出现中阳线或大阳线的次日，期价跳空高开，但上攻无力，继而下跌，其收盘价与前一根阳线的收盘价相同或相近，形成一根大阴线或中阴线。黑云压阵的图形如图5.1所示。

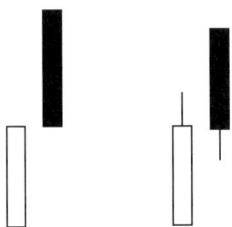

图5.1　黑云压阵

黑云压阵是见顶信号，它提示交易者不要再盲目看多了。黑云压阵与乌云盖顶的区别是：阴线实体未深入阳线实体，其预示的下跌可靠性不如乌云盖顶。但上升行情中出现黑云压阵，并伴随着成交量急剧放大，其领跌作用甚至要超过乌云盖顶，这一点交易者不可忽视。所以，见到该K线组合，交易者手中的多单要适量减仓。

> **提醒**
>
> 　黑云压阵，意义是说期价在上涨途中遇到黑云压在头顶上，那其后的走势就岌岌可危了。虽然此K线组合出现后期价不一定会马上跌下来，但这朵压在头上的黑云，一旦转化成暴雨，期价就要大跌了。

5.1.2　乌云盖顶

乌云盖顶的特征是：在上升行情中，出现一根中阳线或大阳线后，第二天期价跳空高开,但没有高走,反而高开低走,收出一根中阴线或大阴线,阴线的实体已经深入第一根阳线实体的二分之一以下处。乌云盖顶的图形如图5.2所示。

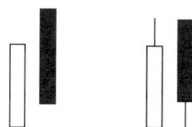

图5.2　乌云盖顶

乌云盖顶是一种见顶信号,表示期价上升势头已尽,一轮跌势即将开始。交易者见此K线组合,应警觉起来,可以先抛掉一些筹码,余下的筹码视其后势而定,如果发现期价重心出现下移,就可以确定见顶信号已被市场确认,此时很有可能要大幅下跌,这时交易者要果断卖出手中所有的多单筹码,出局观望或逢高做空。

5.1.3　黑云压阵量化实战技巧

如果期价经过长时间、大幅度的上涨之后,出现黑云压阵K线组合,表明期价已见顶或即将见顶,这时交易者要万分小心,或者多单减仓以应对风险。

图5.3显示的是沥青主力合约(bu9999)2020年5月25日至2020年11月6日的日K线图。

图5.3　沥青主力合约(bu9999)2020年5月25日至2020年11月6日的日K线图

沥青主力合约（bu9999）的价格经过一波明显的上涨之后，在高位震荡过程中，出现黑云压阵K线组合，这是见顶信号，即A处，所以，多单要注意先止盈。

期价在A处短线见顶后，出现回调，先是跌破5日均线，然后又跌破10日均线，下跌到30日均线附近，收出一根锤头线。随后价格又开始上涨，先是一根大阳线站上所有均线，然后略做震荡，就开始新的一波上涨。这一波上涨，连拉6根阳线，然后又开始在高位震荡。

在高位震荡过程中，在B处出现黑云压阵K线组合，这是见顶信号，所以，手中有多单的交易者，要注意先止盈。

期价在B处见顶后，没有立即下跌，而是在高位继续震荡。在高位充分震荡之后，一根中阴线跌破5日、10日、30日均线，从而开始一波下跌行情。

如果期价已处于明显的下跌行情中，并且处于下跌初期或下跌途中，如果出现反弹，在反弹末期出现黑云压阵K线组合，手中有抄底多单的交易者要果断清仓离场，否则就会被套在半山腰上。手中有空单的交易者，可以耐心持有，如果手中没有空单，可以以反弹的最高点为止损位，逢高做空。

图5.4显示的是花生主力合约（pk9999）2021年2月22日至2021年9月1日的日K线图。

图5.4　花生主力合约（pk9999）2021年2月22日至2021年9月1日的日K线图

花生主力合约（pk9999）的价格经过一波上涨，创出11 300元高点。需要注意的是，在创出高点这一天，期价是高开低走，收出一根中阴线，这表明上方压力较大。随后期价在高位震荡，在高位震荡之后，开始震荡下跌。

期价先是缓慢下跌，然后又快速下跌，接着开始震荡反弹，在反弹的末端出现黑云压阵K线组合，这是一个见顶信号，即A处。所以，如果手中有多单，要果断卖出。如果手中有空单，则可以继续持有。如果这时手中还有资金，还可以继续逢高做空，将止损位放在黑云压阵中的中阴线的最高点即可。

从其后的走势可以看出，持有空单的朋友，中线持有，就会不错的投资收益。

如果期价经过长时间、大幅度的下跌之后，并成功探出底部后开始震荡上升或在上升途中，如果出现黑云压阵K线组合，短线多单要减仓或清仓，而中长期多单可以持仓不动。

图5.5显示的是沥青主力合约（bu9999）2021年4月13日至2021年7月6日的日K线图。

图5.5　沥青主力合约（bu9999）2021年4月13日至2021年7月6日的日K线图

沥青主力合约（bu9999）的价格在明显的上涨行情中，在A处出现了黑云压阵K线组合，这是一个见顶信号，短线多单要注意先止盈。如果想做空，只能短线轻仓做空，因为当前毕竟是上涨行情，逆势做空很容易被套，所以，短线空单一定要见好就收。

在这里可以看到，期价在A处见顶后，连续阴线回调，并且跌破5日和10日均线，但随后开始震荡上涨，所以，一旦跌不动了，就要及时卖出空单。

当然上涨行情以做多为主，所以，可以以30日均线附近为止损位，关注逢低做多机会。

5.1.4　乌云盖顶量化实战技巧

如果期价经过长时间、大幅度的上涨之后，在高位出现乌云盖顶见顶信号，交易者的多单一定要及时出局观望，不要心存幻想，否则很可能被套在高高的山顶。

图5.6显示的是20号胶主力合约（nr9999）2019年12月2日至2020年3月30日的日K线图。

图5.6　20号胶主力合约（nr9999）2019年12月2日至2020年3月30日的日K线图

20号胶主力合约（nr9999）的价格经过长时间、大幅度的上涨之后，创出11 465元高点。在创出高点这一天，期价收出一根中阴线，与前面的中阳线组成乌云盖顶见顶信号，即A处。随后期价在高位略震荡之后，开始下跌，先跌破5日均线，然后又跌破10日均线，最后又跌破30日均线。

接着期价开始反弹，反弹结束后再度出现乌云盖顶见顶信号，即B处。随后期价略震荡,然后开始快速下跌,快速下跌之后,再度反弹,但反弹很弱。经过十几个交易日的反弹之后,再度下跌。在下跌过程中再度反弹,在C处出现黑云压阵K线组合,如果手中有多单,要果断出局。如果手中有空单可以继续持有,还可以继续逢高做空。

如果期价已处于明显的下跌行情中,并且处于下跌初期或下跌途中,如果出现反弹,在反弹末期出现乌云盖顶K线组合,多单要果断清仓离场,手中有空单的可以耐心持有,并且可以继续逢高做空,将止损位放在乌云盖顶的中阴线的最高点即可。

图5.7显示的是沪铅主力合约(pb9999)2020年7月24日至2020年10月26日的日K线图。

图5.7　沪铅主力合约(pb9999)2020年7月24日至2020年10月26日的日K线图

沪铅主力合约(pb9999)的价格经过一波明显的上涨之后,创出16 585元高点。需要注意的是,创出高点这一天,期价收出一根带有上影线的小阴线,这表明上方已有压力。随后期价开始下跌,先是跌破5日均线,然后在10日均线得到支撑,期价在10日均线附近震荡4个交易日后,跌破10日均线,然后一路下跌到30日均线。

期价在30日均线附近震荡,这时在A处出现乌云盖顶K线组合,这是见顶信号, 所以, 手中还有多单的朋友, 要注意卖出空单。在这里可以做空, 将止损位放在乌云盖顶的中阴线最高点即可。

从其后的走势可以看出, 在 A 处做空的交易者, 耐心持有, 就会有不错的投资收益。

如果期价经过长时间、大幅度的下跌之后, 探明底部区域, 开始震荡上升, 在这个过程中出现乌云盖顶见顶信号, 持有多单的交易者不要过分害怕, 短线可以减仓应对风险, 中线可以持仓不动。

图 5.8 显示的是螺纹主力合约 (rb9999) 2020 年 9 月 4 日至 2020 年 11 月 20 日的日 K 线图。

图 5.8　螺纹主力合约 (rb9999) 2020 年 9 月 4 日至 2020 年 11 月 20 日的日 K 线图

螺纹主力合约 (rb9999) 的价格经过长时间、大幅度的下跌之后, 创下 3 499 元低点。需要注意, 在创下低点这一天, 期价收出一根带有较长下影线的锤头线, 这是见底信号。随后几天期价在低位继续震荡, 震荡四个交易日之后, 一根中阳线同时站上 5 日和 10 日均线, 接着继续上涨到 30 日均线附近, 在 30 日均线附近震荡几天后, 最终突破 30 日均线。

期价突破 30 日均线之后, 开始沿着均线出现一波明显的上涨行情。期价在上涨初期, 在 A 处出现乌云盖顶见顶信号。在 A 处, 持有多单的交易者不要过分担心, 短线高手可以减掉一部分多单仓位, 中线持有者只需耐心持有即可。

从其后的走势可以看出，期价在A处见顶后，小幅回调到10日均线附近就再度上涨，中线持有者会有较大盈利。短线操作者，很可能会错过其后的上涨行情。

5.2 倾盆大雨和平顶量化实战技巧

下面讲解一下倾盆大雨和平顶的基础知识和量化实战应用。

5.2.1 倾盆大雨

倾盆大雨的特征是：在期价有了一段升幅之后，先出现一根大阳线或中阳线，接着出现一根低开低收的大阴线或中阴线，其收盘价已比前一根阳线的开盘价要低。倾盆大雨的标准图形如图5.9所示。

倾盆大雨，即期市要遭受暴雨袭击，这种K线组合，对多方是极为不利的，交易者应及时退出观望。倾盆大雨常见的变化图形如图5.10所示。

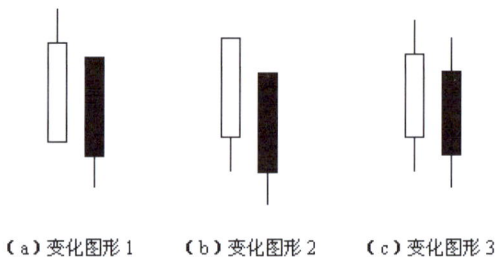

（a）变化图形1　　（b）变化图形2　　（c）变化图形3

图5.9　倾盆大雨　　　　　　　图5.10　倾盆大雨常见的变化图形

提醒

倾盆大雨的杀伤力很强，因为该K线组合的第二根阴线已经穿过前面一根阳线的开盘价，形势一下子变得非常不妙。特别是期价已有大幅上涨，出现该K线组合，意味着行情已经见顶，期价就要出现重挫了。

5.2.2 平顶

平顶，又称钳子顶，出现在涨势行情中，由两根或两根以上的K线组成，但这些 K 线的最高价在同一水平位置上。平顶的标准图形如图5.11所示。

平顶是见顶回落的信号，它预示期价下跌的可能性大，特别是与吊颈线、射击之星等其他见顶 K 线同时出现时。交易者见到此 K 线形态，只有"三十六计，走为上计"，即快快躲开这个是非之地。平顶的变化图形如图5.12所示。

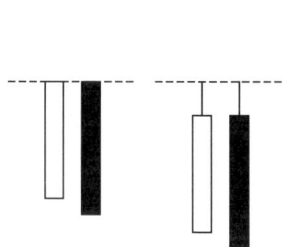

（a）变化图形 1　（b）变化图形 2　（c）变化图形 3

图5.11　平顶　　　　　　图5.12　平顶的变化图形

提 醒

平顶就是一条无形的直线封锁线，它像一道不可逾越的屏障，迫使期价掉头下行。

5.2.3　倾盆大雨量化实战技巧

期价经过长时间、大幅度的上涨后，最后又在快速拉升后出现倾盆大雨 K 线组合，表明期价已见顶或即将见顶，这时交易者要万分小心，多单要减仓或清仓以应对下跌风险。

图5.13显示的是热轧卷板主力合约（hc9999）2021年2月4日至2021年5月26日的日 K 线图。

热轧卷板主力合约（hc9999）的价格经过长时间、大幅度的上涨之后，最后又迎来一波快速上涨，创出6 727元高点。需要注意的是，在创出6 727元高点这一天，期价收出一根中阳线，但随后就是一根低开低走的大阴线，即在A处出现倾盆大雨见顶 K 线组合。这表明期价已见顶，手中有该期货合约多单的交易者，要及时卖出手中的多单。如果想在这里做空，可以以6 727点为止损位，逢高做空。

从其后的走势可以看出，期价在A处见顶后，就是连续下跌，先是跌破5日均线，然后又跌破10日均线，最后又跌破30日均线。跌破所有均线后，期价继续沿着5日均线下跌，所以，在A处做空的交易者，短短几个交易日就会有丰厚的投资收益。但如果交易者持有多单，如果是低位多单，盈利就会减少；如果是高位多单，很可能由盈利变为亏损。

图5.13　热轧卷板主力合约（hc9999）2021年2月4日至2021年5月26日的日K线图

如果期价处于明显的下跌行情中，出现反弹，在反弹的过程中出现倾盆大雨见顶信号，多单要及时出局观望，以防把自己套在半山腰上。如果手中持有空单，要耐心持有，当然如果手中还有资金，还可以逢高做空，将止损位放在倾盆大雨的阳线最高点即可。

图5.14显示的是橡胶主力合约（ru9999）2021年2月19日至2021年6月15日的日K线图。

橡胶主力合约（ru9999）的价格经过一波明显的上涨之后，创出17 335元高点。需要注意的是，在创出高点这一天，期价收出一根带有上影线的中阳线，但接着下一个交易日，期价没有继续上涨，而是大幅下跌，收出一根大阴线，并跌破5日均线，这表明期价要开始下跌了。

期价见顶之后就开始下跌，先是跌破10日均线，然后在30日均线附近窄幅震荡10个交易日之后，期价再度下跌。

期价经过较长时间的下跌之后，出现反弹，经过近二十个交易日的反弹之后，在A处出现倾盆大雨K线组合，这是一个见顶信号，所以，交易者手中有抄底的多单，要及时卖出。在A处可以逢高做空，将止损位放在倾盆大雨的阳线最高点即可。

图5.14　橡胶主力合约（ru9999）2021年2月19日至2021年6月15日的日K线图

从其后的走势可以看出，在A处做空的交易者，中线耐心持有，也会有不错的投资收益。

如果期价已经过长时间的下跌，并且幅度较大，然后开始震荡上升，在上涨初期出现倾盆大雨见顶信号，短线多单可以减仓，中线多单可以持仓不动。

图5.15显示的是沪锌主力合约（zn9999）2020年2月24日至2020年7月13日的日K线图。

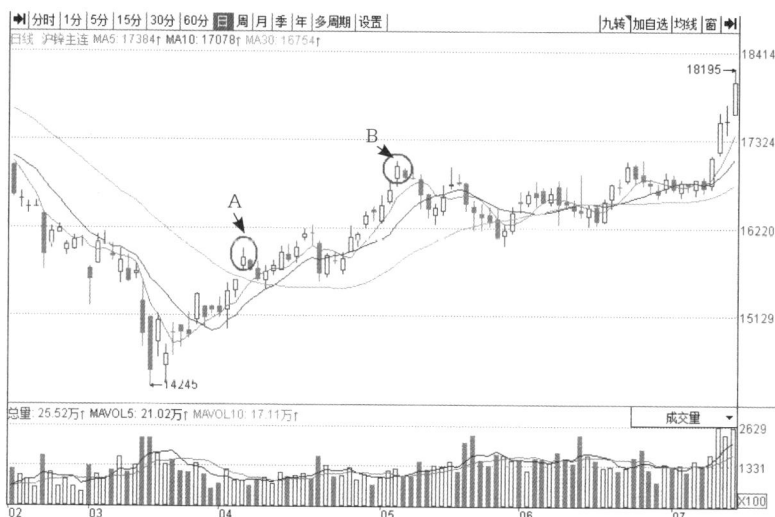

图5.15　沪锌主力合约（zn9999）2020年2月24日至2020年7月13日的日K线图

沪锌主力合约（zn9999）的价格经过长时间、大幅度的下跌之后，创下14 245元低点。随后期价在低位震荡几天后，期价开始上涨，先是站上5日均线，然后又站上10日均线，最后站上30日均线。

期价站上30日均线后，在A处出现倾盆大雨见顶信号，持有多单的短线高手可以减仓或清仓应对风险，中线只要不跌破30日均线就可以继续持有。

从其后的走势可以看出，期价正好回调到30日均线附近，再度企稳开始上涨。期价经过一波明显的上涨之后，在B处再度出现倾盆大雨见顶信号，有多单的短线高手可以减仓或清仓应对风险，中线多单仍可以耐心持有。

从其后的走势可以看出，期价经过充分震荡之后，又出现了新的一波上涨行情。

5.2.4　平顶量化实战技巧

期价经过长时间、大幅度的上涨之后，在高位出现平顶见顶信号，手中持有多单的交易者要及时出局观望，或者减仓应对下跌风险。想做空的交易者，以平顶的最高点为止损位即可。

图5.16显示的是橡胶主力合约（ru9999）2020年9月10日至2020年11月10日的日K线图。

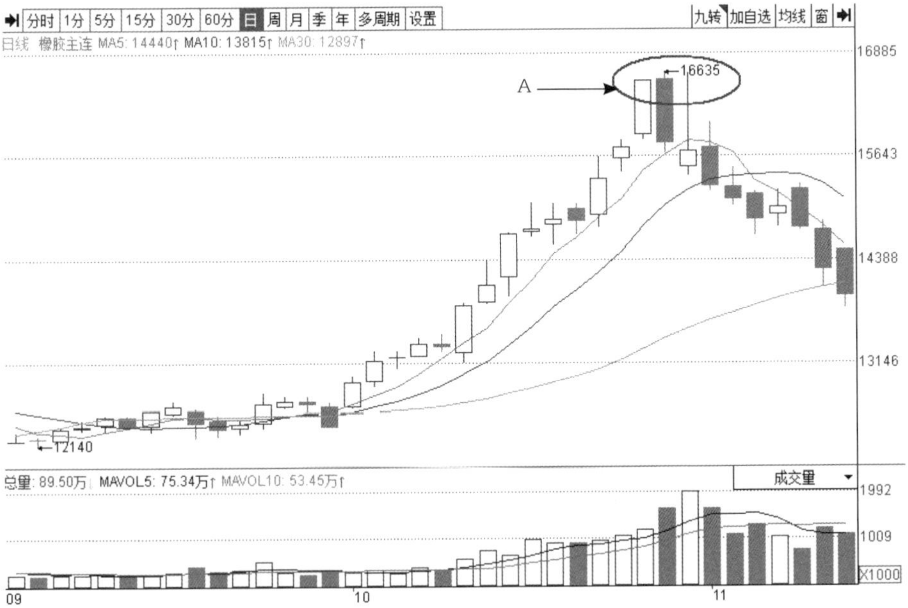

图5.16　橡胶主力合约（ru9999）2020年9月10日至2020年11月10日的日K线图

　　橡胶主力合约（ru9999）的价格经过长时间、大幅度的上涨之后，创出16 635元高点，注意这是一个平顶，即A处。

　　在A处，如果手中有多单，一定要及时卖出止盈。如果想做空，可以以16 635元为止损位，逢高做空。

　　从其后的走势可以看出，在A处出现平顶后，期价就开始连续下跌，先是跌破5日均线，然后又跌破10日均线，接着又跌破30日均线。这样逢高做空的空单，短短几个交易日，就会有不错的投资收益。

　　期价处于明显的下跌行情中，如果出现反弹，在反弹的过程中出现平顶见顶信号，多单也要及时出局观望，以防把自己套在半山腰上。在这里做空的交易者，可以以平顶的最高点为止损位，逢高做空。

　　图5.17显示的是淀粉主力合约（cs9999）2021年4月7日至2021年7月22日的日K线图。

图5.17　淀粉主力合约（cs9999）2021年4月7日至2021年7月22日的日K线图

　　淀粉主力合约（cs9999）的价格经过长时间、大幅度的上涨之后，创出3 381元高点。随后期价在高位震荡，接着期价跌破30日均线，开始下跌行情。

　　期价跌破30日均线之后，出现反弹，正好反弹到30日均线附近，出现平顶见顶信号，即A处。如果交易者手中还有多单，在这里要及时卖出。如果交易者现在空单，就可以以A处平顶的最高点为止损位，逢高做空。

期价在A处反弹结束后，就开始大阴线杀跌，然后沿着均线下跌。在下跌过程中，有反弹，反弹再度出现平顶，仍可以关注做空机会。

在B处，期价反弹到前期平台附近，出现平顶，仍可以做空。

同理，在C和D处的平顶，仍可以关注做空机会。

如果期价已经过长时间的下跌，并且幅度较大，然后开始震荡上升，在上涨初期出现平顶见顶信号，持有多单的交易者短线可以减仓，中线可以持仓不动。

图5.18显示的是20号胶主力合约（nr9999）2020年3月3日至2020年8月31日的日K线图。

图5.18　20号胶主力合约（nr9999）2020年3月3日至2020年8月31日的日K线图

20号胶主力合约（nr9999）的价格经过长时间、大幅度的下跌之后，创下7345元低点。需要注意的是，在创下低点这一天，期价收出一根带有长长下影线的小阴线，这表明下方已有做多力量。

随后期价开始震荡上涨，先是站上5日均线，然后又站上10日均线，最后又站上30日均线，这样均线形成多头排列。

期价经过一波震荡上涨之后，在A处出现平顶K线组合，由于当前涨幅不大，短线高手可以卖出手中的多单，中线可以持有不动。

在 B 和 C 处，期价再度出现平顶 K 线组合，短线高手可以卖出手中的多单，中线可以持有不动。

从其后的走势可以看出，耐心持有中线筹码，往往会有丰厚的收益。

5.3　塔形顶和圆顶量化实战技巧

下面讲解一下塔形顶和圆顶的基础知识和量化实战应用。

5.3.1　塔形顶

塔形顶的特征是：在一个上涨行情中，首先拉出一根较有力度的大阳线或中阳线，然后出现一连串向上攀升的小阳线或小阴线，之后上升速度减缓，接着出现一连串向下倾斜的小阴线或小阳线，最后出现一根较有力度的大阴线或中阴线，这样塔形顶就形成了。塔形顶的图形如图 5.19 所示。

当期价在上涨时，出现塔形顶 K 线形态，交易者就要高度警惕并及时抛空出局。塔形顶的变化图形如图 5.20 所示。

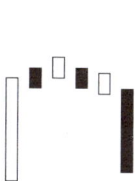

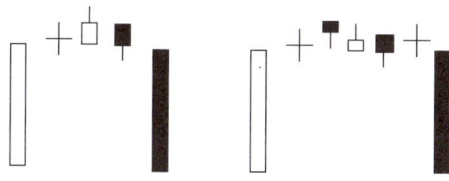

图5.19　塔形顶　　　　　　　　图5.20　塔形顶的变化图形

💡 提　醒

塔形顶的左右两根实体较长的大阳线、大阴线之间，聚集的 K 线越多，其见顶信号越强；左右两根 K 线的实体越长，特别是右边的阴线实体越长，信号就越强。

根据多年的实战经验，交易者一旦发现塔形顶见顶信号，应及早做好撤退准备或先卖出一部分多单筹码，接下来紧盯盘面，如果看到后面的 K 线走势将见顶信号进行确认，那就应该果断止损离场。

5.3.2 圆顶

圆顶,出现在涨势行情中,期价形成一个圆弧顶,并且圆弧内的K线多为小阴线、小阳线,最后以向下跳空缺口来确认圆顶形态成立。圆顶的图形如图5.21所示。

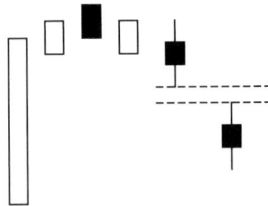

图5.21　圆顶

当期价在上涨或横向整理时,出现圆顶K线形态,表示多方已无力推高期价,后市很可能转为跌势。交易者见到该K线形态,就要快速卖出手中的多单。

5.3.3 塔形顶量化实战技巧

期价经过长时间、大幅度的上涨之后,在高位出现塔形顶见顶信号,持有多单的交易者一定要及时出局观望,不要心存幻想,否则很可能被套在高高的山顶。

图5.22显示的是焦炭主力合约(j9999)2020年10月30日至2021年3月22日的日K线图。

焦炭主力合约(j9999)的价格经过长时间、大幅度的上涨之后,创出3 036元高点。需要注意的是,在创出高点这一天,期价收出一根带有长上下影线的十字线,这表明上有压力,下有支撑。随后期价又小幅震荡一天,但随后就开始大阴线杀跌,即在A处出现塔形顶见顶信号。

在高位出现塔形顶见顶信号,多单一定要果断出局,否则就会被套在高高的山顶。想做空的交易者,可以以3 036元为止损位,逢高做空。

从其后的走势可以看出,期价连续下跌,一直跌到30日均线。然后在30日均线附近反复震荡,最后又在B处出现乌云盖顶见顶信号,所以,这里还有空单的交易者,可以继续持有,没有空单的交易者,在B处仍可以逢高做空,将止损位放在乌云盖顶的最高处即可。

同理,在C处,期价反弹到30日均线附近,再度出现乌云盖顶见顶信号,仍可以做空,将止损位放在该乌云盖顶的最高处即可。

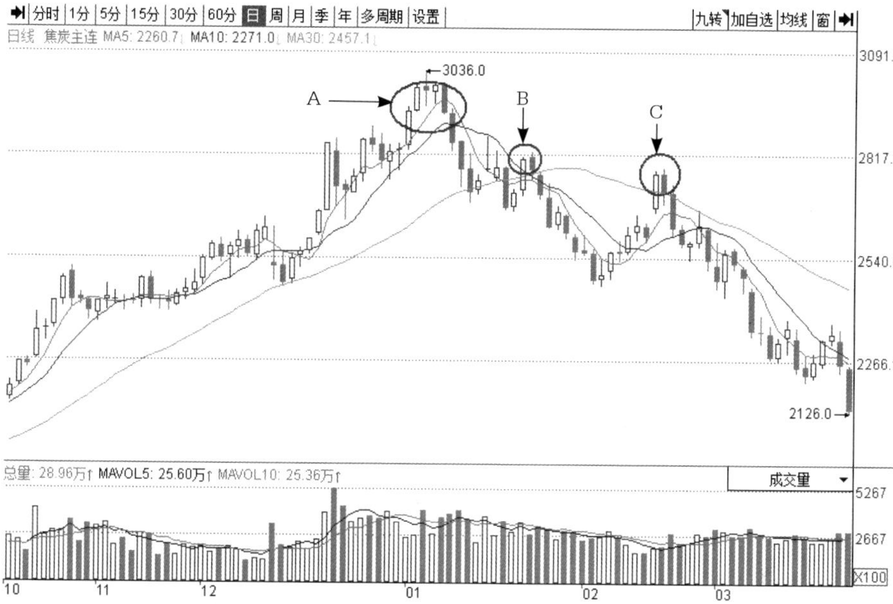

图5.22　焦炭主力合约（j9999）2020年10月30日至2021年3月22日的日K线图

如果期价处在明显的下降趋势中，出现反弹，在反弹的中后期出现塔形顶见顶信号，手中有抄底多单的交易者要及时出局，否则就会被套在半山腰上。另外，在这里要关注做空机会，可以以塔形顶的最高点为止损位，逢高做空。

图5.23显示的是鸡蛋主力合约（jd9999）2021年4月15日至2021年8月17日的日K线图。

鸡蛋主力合约（jd9999）的价格经过一波反弹上涨，创出5 081元高点。在高位震荡之后，开始下跌，下跌到30日均线，又开始震荡。

在30日均线附近反复震荡，最后在A处出现塔形顶见顶信号，这是一个看空信号，所以，如果手中还有多单，要及时卖出。手中持有空单的交易者，可以耐心持有。空仓的交易者，可以以塔形顶的最高点为止损位，逢高做空。

从其后的走势可以看出，塔形顶之后，期价开始沿着30日均线震荡下跌，中线持有空单，就会有不错的投资收益。

如果期价经过长时间、大幅度的下跌之后，探明底部区域，开始震荡上升，在这个过程中出现塔形顶见顶信号，持有多单的交易者不要过分害怕，短线可以减仓应对风险，中线可以持仓不动。

图5.23　鸡蛋主力合约（jd9999）2021年4月15日至2021年8月17日的日K线图

图5.24显示的是焦煤主力合约（jm9999）2020年4月20日至2020年10月12日的日K线图。

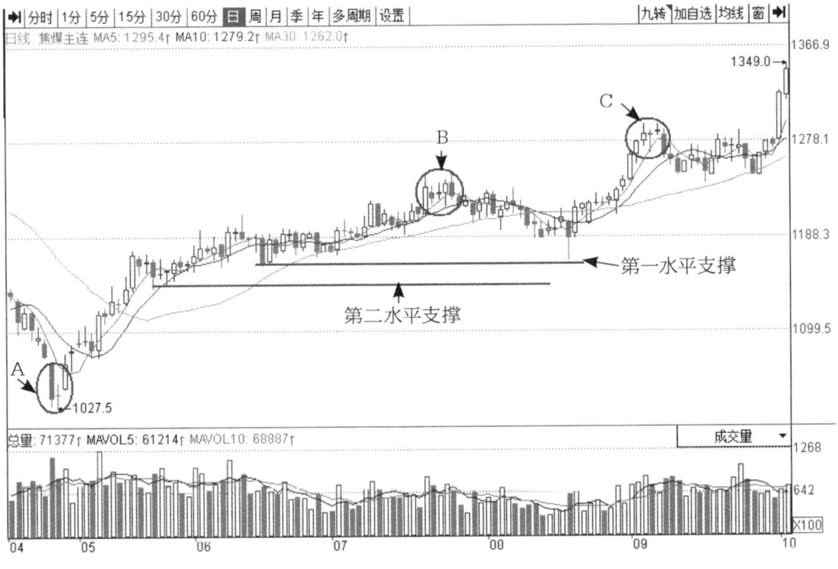

图5.24　焦煤主力合约（jm9999）2020年4月20日至2020年10月12日的日K线图

焦煤主力合约（jm9999）的价格经过长时间、大幅度的下跌之后，创下1027.5元低点。需要注意的是，创下1027.5元低点这一天，期价收出一根十字线，与前一根大阴线、后一根大阳线组成早晨十字星见底 K 线，即 A 处。

期价在 A 处见底后，就开始上涨，先是站上 5 日均线，然后又站上 10 日均线，最后又站上 30 日均线，这样期价就进入多头行情中。

随后期价沿着均线震荡上涨，在上涨初期如果出现塔形顶见顶信号，多单不要过分担心，短线高手可以减仓应对风险，中线可以耐心持有。

在 B 处，出现塔形顶见顶信号，由于当前涨幅不大，所以，多单可以耐心持有。从其后的走势可以看出，期价回调到第一水平支撑位置，就企稳了。

期价企稳后，就开始了新的一波上涨，创出新高后，又在 C 处出现塔形顶见顶信号，短线高手可以减仓，中线仍可以继续持有。从其后的走势可以看出，期价正好回调到 30 日均线附近，就企稳了。期价企稳后又开始新的一波上涨行情，中线持有者，往往会有不错的投资收益。

5.3.4　圆顶量化实战技巧

期价经过长时间、大幅度的上涨之后，在高位出现圆顶见顶信号，手中持有多单的交易者要及时出局观望，至少要减仓应对下跌风险。做空的交易者，可以以圆顶的最高点为止损位，逢高做空。

图 5.25 显示的是玻璃主力合约（fg9999）2021 年 4 月 12 日至 2021 年 9 月 16 日的日 K 线图。

图 5.25　玻璃主力合约（fg9999）2021 年 4 月 12 日至 2021 年 9 月 16 日的日 K 线图

玻璃主力合约（fg0000）的价格经过长时间、大幅度的上涨之后，创出3163元高点。需要注意的是，在创出高点这一天，期价收出一根带有长长上影线的中阴线，这表明上方压力较大。随后几天期价并没有下跌，而是在高位震荡。在高位震荡四个交易日后，期价跳空低开低走，收出一根大阴线，即在A处出现圆顶。

圆顶见顶信号出现，往往意味着期价要走入下跌行情了，所以，手中还有多单的交易者一定要及时出局观望，否则就会越套越深。做空的交易者，可以以圆顶的最高点，即3163元为止损位，逢高做空。

从其后的走势可以看出，期价先是跌破30日均线，然后虽有反弹，但期价始终在30日均线下方，所以，高位空单可以继续持有，并且仍可以30日均线为止损位，逢高继续做空。

在明显的下跌行情中，如果期价出现反弹，在反弹过程中出现圆顶见顶信号，手中还有多单的交易者要及时出局观望，否则很容易被套在半山腰上。做空的交易者，可以以圆顶的最高点为止损位，逢高做空。

图5.26显示的是棉花主力合约（cf9999）2019年12月26日至2020年3月24日的日K线图。

图5.26　棉花主力合约（cf9999）2019年12月26日至2020年3月24日的日K线图

棉花主力合约（cf9999）的价格经过一波反弹上涨，创出14450元高点。需要注意的是，在创出高点这一天，期价收出一根中阴线，并且跌破5日均线，接着期价又收出一根中阴线，跌破10日均线。

随后期价沿着5日和10日均线继续下跌，先是跌破30日均线，然后又快速下跌。期价快速下跌之后，出现一根低开高走的大阳线，这样期价开始反弹，但总的来说，反弹很弱，反弹到30日均线附近，出现圆顶见顶信号，即A处。

在A处，如果手中有高位空单，可以继续持有。如果有抄底多单，要果断卖出。想做空的交易者，可以以30日均线为止损位，逢高做空。

从其后的走势可以看出，在A处做空的交易者，只要耐心中线持有，就会有不错的投资收益。

如果期价已经过长时间的下跌，并且幅度较大，然后开始震荡上升，在上涨初期出现圆顶见顶信号，持有多单的交易者短线可以减仓，中线可以持仓不动。

图5.27显示的是玉米主力合约（c9999）2020年4月29日至2020年9月18日的日K线图。

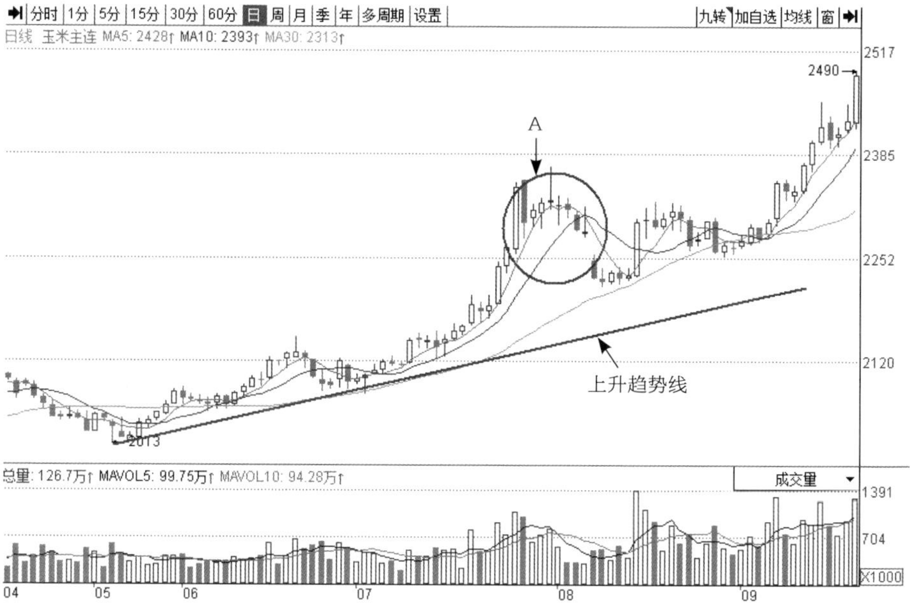

图5.27　玉米主力合约（c9999）2020年4月29日至2020年9月18日的日K线图

玉米主力合约（c9999）的价格经过充分的下跌调整之后，创下2 013元低点。然后期价开始震荡上行，先是站上5日均线，然后又站上10日均线，最后站上30日均线。

期价站上30日均线之后，虽然出现回调，但在30日均线附近企稳，然后再度震荡上涨。这一波上涨是沿着5日均线上涨的，上涨十个交易日后，再度回调，回调到30日均线附近，期价再度企稳，然后又开始一波明显的上涨。

这一波上涨行情前期是缓慢上涨，最后三天连续大阳线拉涨。随后在高位震荡，高位震荡后，出现下跌，即在A处出现圆顶。

A处的圆顶，手中持有多单的交易者，如果您是短线高手，可以减仓应对风险。如果您看好该期货合约的后期走势，可以中线持有，因为当前毕竟是上涨行情，并且涨幅不大。

从其后的走势可以看出，期价回调到30日均线，再度企稳，然后上涨。但随后期价陷入震荡，需要注意的是，期价虽然在震荡，但始终在上升趋势线上方，并且回调的低点在不断抬高，这意味着期价上涨行情保持良好，中线多单不要过分担心。

从其后的走势可以看出，期价充分震荡后，就开始了一波新的上涨行情。

5.4 黄昏十字星和黄昏之星量化实战技巧

下面讲解一下黄昏十字星和黄昏之星的基础知识和量化实战应用。

5.4.1 黄昏十字星

黄昏十字星的特征是：期价经过一段时间的上涨后，出现向上跳空开盘，开盘价与收盘价相同或非常接近，并且留有上下影线，形成一颗"十字星"，接着第二个交易日跳空拉出一根下跌的阴线。黄昏十字星的标准图形如图5.28所示。

黄昏十字星的出现，表示期价已经见顶或离顶部不远，期价将由强转弱，一轮跌势将不可避免。交易者见此K线图，离场出局为妙。黄昏十字星常见的变化图形如图5.29所示。

期价经过长时间的大幅上涨之后，然后出现黄昏十字星见顶信号，这表明多方力量已衰竭，空方力量开始聚集反攻，所以，这时要及时清仓出局观望，否则会把获得的收益回吐，甚至不及时出局还会被套。

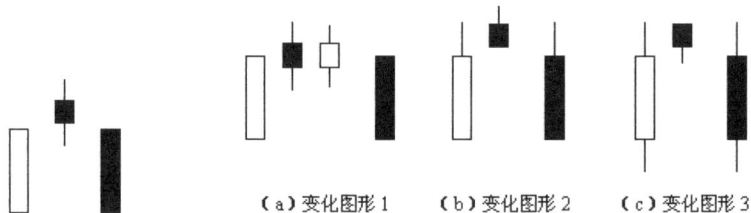

图5.28　黄昏十字星

（a）变化图形 1　　（b）变化图形 2　　（c）变化图形 3

图5.29　黄昏十字星常见的变化图形

5.4.2　黄昏之星

黄昏之星，出现在上升趋势中，是由三根K线组成，第一根K线是一根实体较长的阳线；第二根K线是实体较短的阳线或阴线，如果是阴线，则其下跌力度要强于阳线；第三根K线是一根实体较长的阴线，并深入第一根K线的实体之内。黄昏之星的标准图形如图5.30所示。

黄昏之星是期价见顶回落的信号，预测期价下跌可靠性较高，据统计有80%以上。所以，交易者见到该K线组合，不宜再继续做多买进，多单应考虑及时减仓，并随时做好止损离场的准备。黄昏之星常见的变化图形如图5.31所示。

图5.30　黄昏之星

（a）变化图形 1　　（b）变化图形 2　　（c）变化图形 3

图5.31　黄昏之星常见的变化图形

> 💡 **提　醒**
>
> 黄昏之星见顶信号没有黄昏十字星强。

黄昏十字星和黄昏之星都是很明显的见顶信号，其技术意义是：盘中做多的能量，在拉出一根大阳线或中阳线后就戛然而止，随后出现一个冲高回落的走势，这反映出多方最后的努力失败了，然后从右边出现一根大阴线或中阴线，将左边的阳线吞吃，此时空方已经完全掌握了局势，行情开始走弱。如果期价重心开始下移，那么就是明显的见顶信号，即接下来是慢慢或快速的大幅回调。交易者还要注意，在形成黄昏十字星或黄昏之星时，如果成交量明显放大，或者是关键的技术点位被其击破，那么，见顶信号就更明显了，多单在这里要果断斩仓，否则就会出现重大的投资失误。如果持有空单，以黄昏十字星或黄昏之星最高点为止损位即可。

5.4.3 黄昏十字星量化实战技巧

如果期价经过长时间、大幅度的上涨之后，在高位出现黄昏十字星见顶信号，手中持有多单的交易者要及时出局观望，至少要减仓应对下跌风险。做空的交易者，以黄昏十字星的最高点为止损位即可。

图5.32显示的是玉米主力合约（c9999）2020年9月4日至2021年4月2日的日K线图。

图5.32 玉米主力合约（c9999）2020年9月4日至2021年4月2日的日K线图

玉米主力合约（c9999）的价格经过长时间、大幅度的上涨之后，创出2930元高点。但需要注意的是，在创出高点这一天，期价收出一根带有长长上影线的小阳线，即一根射击之星，这是一个转势信号，在这里是一个由上涨转为下跌的信号。另外该K线与前后两根K线组成黄昏之星见顶信号，即A处。手中持有多单的交易者，要注意减仓或清仓，以应对下跌风险。做空的交易者，以2930元为止损位，关注逢高做空机会。

A处出现黄昏之星见顶信号后，期价并没有下跌，而是在高位震荡，震荡几天，就开始下跌，先是跌破5日均线，然后又跌破10日均线，最后又跌破30日均线。

期价跌破30日均线之后，开始反弹，但反弹较弱，几乎是横盘震荡。经过长达近二十个交易日的震荡后，在B处出现黄昏之星见顶信号。持有抄底多单的交易者，要注意卖出。持有空单的交易者可以继续持有。想做空的交易者，可以以黄昏之星的最高点为止损位，逢高做空。

从其后的走势可以看出，高位震荡之后，出现了一波明显的下跌行情，这样空单就会有不错的投资收益。

期价见顶后，开始大幅下跌，然后又快速反弹，在反弹的末端如果出现黄昏十字星见顶信号，抄底多单要及时出局，否则也会被套在高位。另外，在这里还要关注做空机会，将止损位放在黄昏十字星的最高点即可。

图5.33显示的是乙二醇主力合约（eg9999）2021年1月25日至2021年4月21日的日K线图。

图5.33　乙二醇主力合约（eg9999）2021年1月25日至2021年4月21日的日K线图

乙二醇主力合约（eg9999）的价格经过长时间、大幅度的上涨之后，创出

6 280元高点。需要注意的是，创出高点这一天，期价收出一根带有较长上影线的阳线，这表明上方已有卖压。随后期价在高位震荡，震荡后，一根大阴线杀跌，同时跌破5日和10日均线，然后继续沿着5日均线下跌，又跌破30日均线。

期价跌破30日均线之后，开始横盘震荡。经过十几个交易日的震荡之后，最后在A处出现黄昏十字星见顶信号。手中持有抄底多单的交易者，在A处要注意卖出。想做空的交易者，可以以30日均线或黄昏十字星的最高点为止损位，关注逢高做空机会。

从其后的走势可以看出，在A处做空的交易者，短短几个交易日，就会有不错的投资收益。

如果期价经过长时间、大幅度的下跌之后，探明底部区域，开始震荡上升，在这个过程中出现黄昏十字星见顶信号，持有多单的交易者不要过分害怕，短线可以减仓应对风险，中线可以持仓不动。

图5.34显示的是豆二主力合约（b9999）2020年4月13日至2020年9月21日的日K线图。

图5.34　豆二主力合约（b9999）2020年4月13日至2020年9月21日的日K线图

豆二主力合约（b9999）的价格经过充分的下跌调整之后，创下2 813元低点。随后期价开始震荡上涨，先是站上5日和10日均线，然后又站上30日均线。

期价站上30日均线之后，出现低位横盘震荡。经过近一个月时间的震荡之后，期价开始一波明显的上涨行情，注意：这一波行情是沿着10日均线上涨的。经过近一个月时间的上涨之后，在A处出现黄昏十字星见顶信号。

由于当前是明显的上涨行情，并且上涨幅度并不大，所以，中线持有多单的交易者不要过分害怕，耐心持有即可。短线高手则可以先卖出手中的多单，甚至可以做空，将止损位放在黄昏十字星最高点即可。

从其后的走势可以看出，期价经过十几个交易日的回调，正好回调到30日均线附近，期价又来一根大阳线，同时站上5日、10日和30日均线，这表明期价回调结束。高位做空的交易要注意出局，并且在这里可以继续做多，将止损位放在这一波回调的最低点即可。

从其后的走势来看，期价企稳后，又出现一波明显的上涨行情。中线持有的交易者往往会有丰厚的收益。短线交易者，如果节奏踏不准，往往会错过行情，甚至会出现亏损。

5.4.4　黄昏之星量化实战技巧

如果期价经过大幅上涨，并且出现快速拉升后出现黄昏之星K线组合，则期价明显已见顶或即将见顶，手中持有多单的交易者这时要果断逢高出局。想做空的交易者，以黄昏之星的最高点为止损，逢高做空。

图5.35显示的是沪金主力合约（au9999）2020年6月16日至2020年11月30日的日K线图。

沪金主力合约（au9999）的价格经过长时间、大幅度的上涨之后，在高位出现黄昏之星见顶K线组合，即A处。手中持有多单的交易者，要注意止盈。想做空的交易者，以最高点454.08元为止损逢高做空。

期价在A处见顶后，出现快速下跌，下跌到30日均线附近，出现反弹，正好反弹到10日均线附近，出现乌云盖顶见顶K线组合，即B处。在B处做空的交易者，可以以乌云盖顶的最高点为止损位，逢高做空。

随后期价开始震荡下跌，虽有反弹，但反弹力量总的来说不强，中线持有空单者，往往会有不错的收益。

如果期价见顶后然后快速下跌，再反弹，在反弹中出现黄昏之星K线组合，持有抄底多单的交易者要果断出局，否则会被深套。做空的交易者，以黄昏之星的最高点为止损位，逢高做空。

图 5.35　沪金主力合约（au9999）2020 年 6 月 16 日至 2020 年 11 月 30 日的日 K 线图

图5.36显示的是铁矿石主力合约（i9999）2021年4月1日至2021年9月17日的日K线图。

图5.36　铁矿石主力合约（i9999）2021年4月1日至2021年9月17日的日K线图

铁矿石主力合约（i9999）的价格经过长时间、大幅度的上涨之后，创出1358元高点。然后就开始下跌,先是跌破5日均线,接着又跌破10日均线,然后略反弹就继续下跌,并且跌破30日均线,然后沿着5日均线下跌。

期价经过近十个交易日的下跌之后,开始反弹,然后在高位震荡。经过较长时间的高位震荡之后,开始向下突破,从而开始一波新的下跌行情。

期价经过一波大跌行情之后,出现反弹,然后在反弹的末端出现黄昏之星见顶信号,即A处。手中有抄底多单的交易者,注意卖出手中的多单。手中有空单的交易者,应以耐心持有为主。想做空的交易者,以黄昏之星的最高点为止损,逢高做空即可。

从其后的走势可以看出,在A处做空的交易者,仍有不错的盈利空间。

如果期价已处于明显的上升趋势中,并且升幅不大,出现黄昏之星K线组合,持有多单的短线交易者要减仓,如果是中长线交易者则可以持仓不动。

图5.37显示的是豆油主力合约(y9999)2020年7月14日至2020年11月18日的日K线图。

图 5.37　豆油主力合约(y9999)2020 年 7 月 14 日至 2020 年 11 月 18 日的日 K 线图

豆油主力合约(y9999)的价格在明显的上涨行情中,如果上涨幅度不大,出现黄昏之星K线组合,多单不要过分担心害怕。短线高手可以减持多单以应对下跌回调风险。一般交易者以耐心持有为主。

在A处，期价出现黄昏之星见顶K线组合，当前上涨行情良好，并且涨幅不大，所以，中线多单可以不用担心调整，短线多单可以减仓，等期价回调到重要支撑企稳后再介入也可以。从其后的走势可以看出，期价回调到30日均线企稳，所以，可以以30日均线为止损位，买入多单。

在B处，期价出现变形的黄昏十字星，操作策略与A处相同。

在C处，期价连续大涨之后出现黄昏之星见顶K线组合。由于这是在大涨之后出现见顶信号，所以，最好减仓以应对风险。当然，如果交易者手中的是低位多单，则中线持有也没有问题。从其后的走势可以看出，C处见顶后就出现较大幅度的回调，回调到30日均线，期价再度企稳，然后就在30日均线上方反复震荡，充分震荡之后，开启了新的一波上涨行情。

在这里可以看到，中线持有的多单，常常会有较大的盈利。短线频繁操作，往往会因踏不准节奏，错失较大盈利。

5.5　射击之星和绞弄线量化实战技巧

下面讲解一下射击之星和绞弄线的基础知识和量化实战应用。

5.5.1　射击之星

射击之星，因其像弓箭发射的样子而得名。另外，人们还根据其特点给它起了一些诨名，如扫帚星、流星。射击之星其特征是：在上涨行情中，并且已有一段升幅，阳线或阴线的实体很小，上影线大于或等于实体的两倍，一般没有下影线，即使有，也短得可以忽略不计。射击之星的图形如图5.38所示。

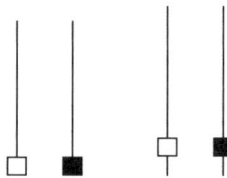

图5.38　射击之星

射击之星是一种明显的见顶信号，它暗示着期价可能由升转跌，持有多单的交易者如果不及时出逃，就会被流星、扫帚星击中，从而倒霉。

> 💡 **提醒**
>
> 　　射击之星与倒锤头线形状是相同的。区别是：射击之星必须是在上升趋势中出现，而倒锤头线必须是在下降趋势中出现。

5.5.2　绞弄线

　　绞弄线，又称吊颈线，其特征是：在上涨行情的末端，阳线或阴线的实体很小，下影线大于或等于实体的两倍，一般没有上影线，即使有，也短得可以忽略不计。绞弄线的图形如图5.39所示。

図5.39　绞弄线

　　一般来说，在期价大幅上涨后出现的绞弄线K线组合，是明显的见顶信号。持有多单的交易者见到此K线，应高度警惕，不管后市如何，可先做减仓，事后一旦发现期价掉头向下，应及时抛空出局。

> 💡 **提醒**
>
> 　　绞弄线与锤头线形状是相同的，区别是：绞弄线必须是在上升趋势中出现，而锤头线必须是在下降趋势中出现。

5.5.3　射击之星量化实战技巧

　　如果期价经过长时间、大幅度的上涨之后，在高位出现射击之星见顶信号，持有多单的交易者要及时出局观望，或者要减仓应对下跌风险。想做空的交易者，以射击之星的最高点为止损位，逢高做空。

　　图5.40显示的是沪铅主力合约（pb9999）2016年10月21日至2017年5月18日的日K线图。

图5.40　沪铅主力合约（pb9999）2016年10月21日至2017年5月18日的日K线图

沪铅主力合约（pb9999）的价格经过长时间、大幅度的上涨之后，创出22 940元高点。在创出高点这一天，期价收出一根带有长长上影线的K线，即射击之星，在A处，这是一根转势K线，意味着上涨行情即将结束，下跌行情即将到来。所以，手中持有多单的交易者，要注意逢高止盈。想做空的交易者，可以以22 940元为止损位，逢高做空。

随后期价开始快速下跌，然后在高位震荡。经过近十个交易日的震荡之后，再度下跌。期价快速下跌之后，再度反弹，反弹的末端出现黄昏之星见顶K线，即B处。交易者可以以黄昏之星的最高点为止损位，逢高做空。在B处做空的交易者，中线持有就会有不错的投资收益。

期价见顶后，开始大幅下跌，然后又快速反弹，在反弹的末端如果出现射击之星见顶信号，抄底多单要及时出局，否则也会被套在高位上。

图5.41显示的是塑料主力合约（l9999）2021年1月12日至2021年6月7日的日K线图。

塑料主力合约（l9999）的价格经过长时间、大幅度的上涨之后，创出9 265元高点。需要注意的是，期价在创出高点这一天之前，已处于窄幅震荡之中，本来一根中阳线有向上突破形成新的一波上涨行情可能，但随后期价连续下跌两天，又开始反复震荡行情。

图 5.41　塑料主力合约 (19999) 2021 年 1 月 12 日至 2021 年 6 月 7 日的日 K 线图

期价在高位反复震荡之后，开始下跌，并且跌破30日均线的支撑，这意味着期价很可能要走入下跌行情了。

随后期价在30日均线附近反复震荡，但都没有站上30日均线，最后在A处出现一根带有长长上影线的K线，即射击之星，这是明显的见顶信号。手中还有多单的交易者，要及时果断卖出；手中有空单的交易者，可以耐心持有。想做空的交易者，可以以射击之星的最高点为止损位，逢高做空。

从其后的走势可以看出，期价在A处见顶后，就开始一波下跌行情。期价经过一波下跌之后，再度反弹，在反弹到30日均线附近，出现乌云盖顶见顶信号，即B处，所以，这里仍是较好的做空机会。

同理，C处再度出现射击之星见顶信号，这里仍可以做空，将止损位放在射击之星的最高点即可。

如果期价已经处于明显的上升趋势中，并且升幅不大，出现射击之星见顶信号，手中持有多单的交易者短线可以减仓以应对风险，中线交易者则可以持仓不动。

图5.42显示的是塑料主力合约 (19999) 2020年6月12日至2021年2月22日的日K线图。

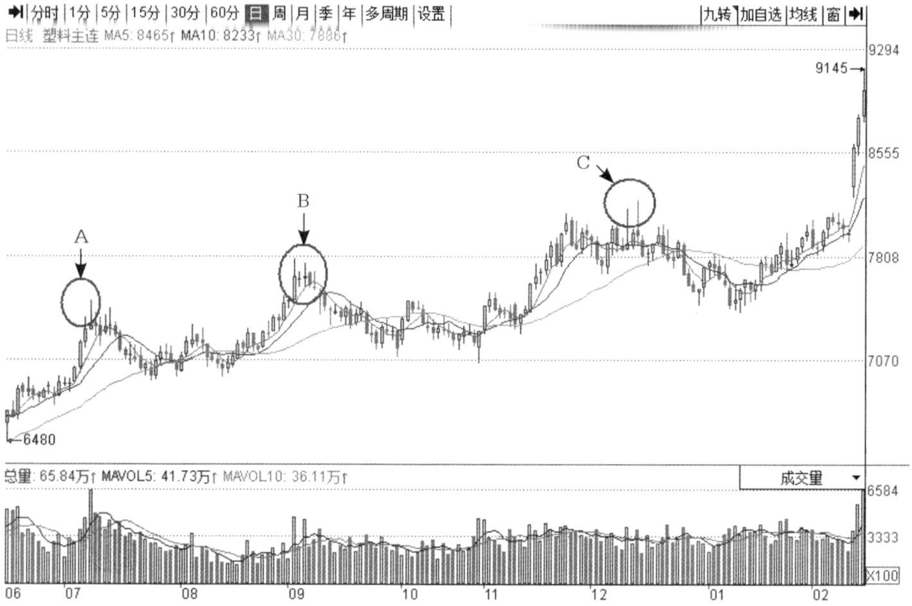

图5.42　塑料主力合约(19999)2020年6月12日至2021年2月22日的日K线图

塑料主力合约(19999)的价格经过一波明显的上涨行情之后，在A处出现射击之星见顶信号。由于期价最后出现快速拉升，所以，短线高手可以减仓或清仓手中的多单，但中线多单则可以耐心持有。从其后的走势可以看出，期价在A处出现见顶信号，在高位略震荡后就开始下跌回调，正好回调到30日均线附近，价格就下跌不动了，然后在30日均线附近震荡后，又开始一波明显的上涨行情。

经过一波上涨之后，期价在B处出现圆顶见顶信号，短线高手仍可以减仓或清仓以应对下跌风险，但中线多单可以耐心持有。B处圆顶出现后，期价就开始震荡回调，虽然跌破30日均线，但期价的高点仍在上移，即这一次回调的低点高于前一次回调的低点，即上涨形态良好。

期价在反复震荡之后，再度上涨，经过一波明显的上涨之后，上涨到前期震荡平台的高点附近，再度震荡，在震荡的末端再度出现射击之星见顶信号，即C处。这表明期价仍有回调的要求，所以，短线多单仍可以减仓以应对风险，中线多单仍以耐心持有为主。

期价这一波回调也比较深，即跌破30日均线。但这一波回调的低点比前两次回调的低点都高，这表明上涨行情良好。期价反复震荡之后，才出现一波真正的上涨行情。中线持有的多单在这一波行情中就会盈利丰厚。

5.5.4 绞弄线量化实战技巧

如果期价经过长时间、大幅度的上涨之后,在高位出现绞弄线见顶信号,手中持有多单的交易者要及时出局观望,或者要减仓以应对下跌风险。想做空的交易者,可以以绞弄线的最高点为止损位,逢高做空。

图5.43显示的是豆油主力合约(y9999)2019年10月16日至2020年2月28日的日K线图。

图5.43 豆油主力合约(y9999)2019年10月16日至2020年2月28日的日K线图

豆油主力合约(y9999)的价格经过长时间、大幅度的上涨之后,创出6950元高点。需要注意的是,在创出高点这一天,期价收出一根带有长长下影线的绞弄线,这是见顶信号,即A处。

在A处,手中有多单的交易者最好减仓或清仓以应对风险;手中有空单的交易者,耐心持有即可;想做空的交易者,可以以6950元为止损位,逢高做空。

从其后的走势可以看出,期价先是跌破5日均线,然后又跌破10日均线,最后跌破30日均线。随后期价虽有反弹,但反弹都没有站上30日均线,这表明期价还要下跌,所以,手中还有多单的交易者,一定要清仓。手中有空单的朋友,耐心持有。手中还有资金的交易者,在这里还可以做空,止损放在30日均线附近即可。

从其后的走势可以看出,在30日均线附近做空的交易者,仍有不错的盈利机会。

如果期价已处于明显的下跌趋势中，并且处于下跌初期或下跌途中，如果出现反弹，在反弹末期出现绞弄线见顶信号，手中持有多单的交易者也要果断清仓离场。持有空单的交易者，应以耐心持有为主。想要做空的交易者，以绞弄线的最高点为止损位，逢高做空。

图5.44显示的是沪银主力合约（ag9999）2021年5月6日至2021年9月30日的日K线图。

图5.44　沪银主力合约（ag9999）2021年5月6日至2021年9月30日的日K线图

沪银主力合约（ag9999）的价格经过一波明显的上涨行情之后，创出5992元高点。随后期价在高位震荡，在高位震荡一个月后，出现快速下跌，跌破30日均线，由震荡行情，变成震荡下跌行情。

期价快速下跌之后，开始横盘震荡反弹，反弹很弱。在A处，期价正好反弹到30日均线附近，出现绞弄线，这是一个见顶信号，所以，手中还有多单的交易者，要及时卖出。想做空的交易者，可以以绞弄线的高点为止损位，逢高做空。

从其后的走势可以看出，期价震荡下跌，虽然收盘偶尔站上30日均线，但都没有站稳，所以，空单可以中线持有，这样就会有不错的投资收益。

5.6　暴跌三杰量化实战技巧

下面讲解一下暴跌三杰的基础知识和量化实战应用。

5.6.1　暴跌三杰

暴跌三杰，又称三只乌鸦。其特征是：在上升行情中，期价在高位出现三根连续跳高开盘，但却以阴线低收的 K 线。暴跌三杰的图形如图5.45所示。

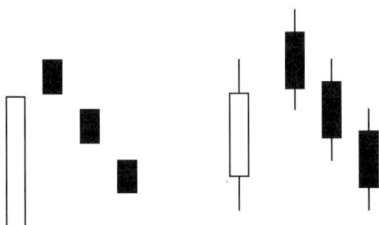

图5.45　暴跌三杰

在上涨趋势中出现暴跌三杰，说明上方卖盘压力沉重，多方每次跳高开盘，均被空方无情地打了回去。这是期价暴跌的先兆，是个不祥的信号，手中持有多单的交易者要及早离场。想要做空的交易者，以暴跌三杰的最高点为止损位即可。

5.6.2　暴跌三杰量化实战技巧

期价经过长时间、大幅度的上涨之后，在高位出现暴跌三杰见顶信号，手中持有多单的交易者，要减仓或清仓以应对风险。想要做空的交易者，以暴跌三杰的最高点为止损位即可。

图5.46显示的是焦炭主力合约（j9999）2020年12月15日至2021年3月22日的日K线图。

焦炭主力合约（j9999）的价格经过一波明显的上涨之后，创出3 036元高点。但需要注意的是，期价收出一根十字线，这是一根转势K线。随后期价在高位震荡一天，就开始连续下跌，即在A处，出现暴跌三杰K线组合。

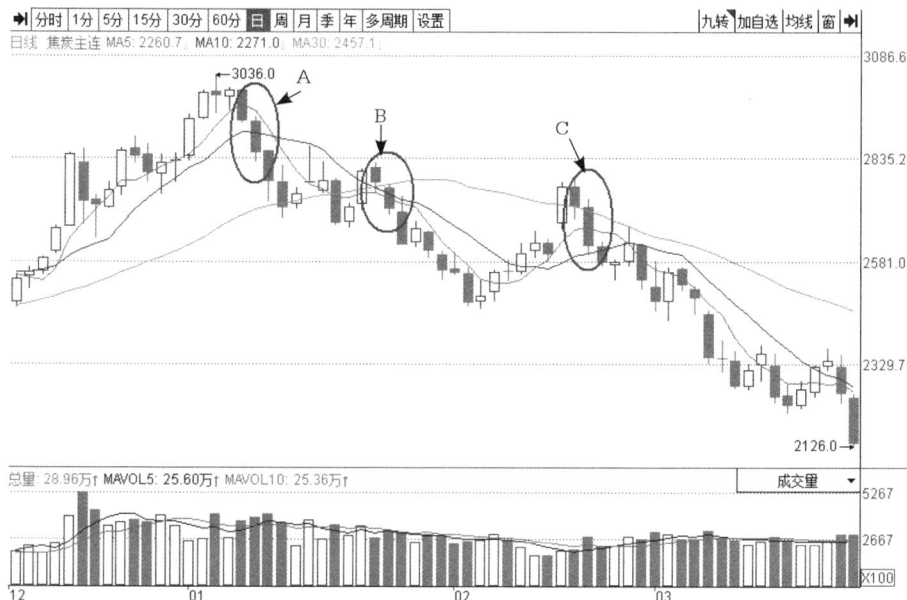

图5.46 焦炭主力合约（j9999）2020年12月15日至2021年3月22日的日K线图

期价在A处出现暴跌三杰后，继续下跌到30日均线附近，然后出现反弹，正好反弹到10日均线附近，出现一根射击之星，然后在30日均线附近震荡，在B处再度出现暴跌三杰K线组合，然后期价继续沿着5日均线下跌。

期价沿着5日均线下跌近十个交易日后又开始反弹，反弹到30日均线附近，期价在C处再度出现暴跌三杰K线组合，这表明反弹结束，随后又开始新的一波下跌行情。

在A、B和C处，都可以以暴跌三杰的最高点为止损位，逢高做空，耐心持有，都会有不错的投资收益。

如果期价已处于明显的下跌趋势之中，并且处于下跌初期或下跌途中，如果出现反弹，在反弹末期出现暴跌三杰K线组合，手中还有抄底多单的交易者要果断清仓离场。手中有空单的交易者，可以耐心持有。想要做空的交易者，可以以暴跌三杰的最高点为止损位，逢高做空。

图5.47显示的是铁矿石主力合约（i9999）2021年4月1日至2021年9月17日的日K线图。

图5.47　铁矿石主力合约（i9999）2021年4月1日至2021年9月17日的日 K 线图

铁矿石主力合约（i9999）的价格经过长时间、大幅度的上涨之后，创出1 358元高点，然后期价就开始快速下跌。快速下跌之后，又快速反弹，接着在高位出现窄幅震荡。经过长达两个月时间的震荡之后，期价在 A 处出现暴跌三杰 K 线组合，这表明震荡已结束，要开始新的一波下跌行情了。所以，在这里如果手中还有多单，就要果断卖出，并且可以以暴跌三杰的最高点为止损位，逢高做空。

在 A 处出现暴跌三杰后，期价略做震荡后，就开始下跌，连续下跌之后，出现反弹，但反弹很弱，仅反弹七天，在 B 处又出现暴跌三杰。在这里仍可以关注做空机会，止损位放在暴跌三杰的最高点即可。

如果期价已经过长时间的下跌，并且幅度较大，然后开始震荡上升，在上涨初期出现暴跌三杰见顶信号，手中持有多单的交易者短线可以减仓，中线可以持仓不动。

图5.48显示的是棕榈主力合约（p9999）2020年4月13日至2020年11月19日的日 K 线图。

棕榈主力合约（p9999）的价格经过长时间、大幅度的下跌之后，创下4 274元低点。随后期价在低位略做震荡之后就开始上涨，先是站上5日和10日均线，然后又站上30日均线，这样均线呈多头排列，即行情进入上涨趋势。

在上涨行情初期，在 A 处出现暴跌三杰见顶信号，注意：这里期价仍在30日均线上方,并且上涨幅度不大,所以,这里不用过分害怕,短线高手可以减仓以应对风险,中线可以持有不动。

从其后的走势可以看出,期价出现暴跌三杰见顶信号后,期价在30日均线附近震荡,然后就开始新的一波上涨行情。

在B处,期价再度出现暴跌三杰见顶信号,随后期价出现回调,回调到30日均线附近,期价企稳后,又出现一波上涨行情。

同理,在C处和D处,都出现暴跌三杰见顶信号,但在30日均线附近充分震荡之后,就开始新的一波上涨行情。

从这里可以看出,中线持有的多单,往往在上涨行情初期会有较好的投资收益。如果短线来回操作,一旦踏不准节奏,就会来回亏损,明明很好的上涨行情,结果却是亏了不少钱。

图5.48　棕榈主力合约(p9999)2020年4月13日至2020年11月19日的日K线图

第6章

看涨K线组合量化实战技巧

在底部区域买进期货合约是安全的，但如果买入过早，其间会长时间不上涨，而是反复震荡，这样就输掉大量的时间，从而造成资金利用率不高。其实最佳买入期货合约的时机，是在上涨初期、中期，利用看涨K线组合来买入，从而实现快速盈利。

本章主要内容包括：

- ✓ 两红夹一黑量化实战技巧
- ✓ 多方尖兵量化实战技巧
- ✓ 上升三部曲量化实战技巧
- ✓ 红三兵量化实战技巧
- ✓ 下探上涨形量化实战技巧
- ✓ 上涨两颗星量化实战技巧
- ✓ 冉冉上升形量化实战技巧
- ✓ 稳步上涨形量化实战技巧
- ✓ 徐缓上升形量化实战技巧
- ✓ 上升抵抗形量化实战技巧
- ✓ 蛟龙出海形量化实战技巧

6.1 两红夹一黑和多方尖兵量化实战技巧

下面讲解一下两红夹一黑和多方尖兵的基础知识和量化实战应用。

6.1.1 两红夹一黑

两红夹一黑的特征是：左右两边是阳线，中间是阴线，三根K线的中轴基本是处在同一水平位置上，两根阳线的实体一般比阴线实体长。两红夹一黑的图形如图6.1所示。

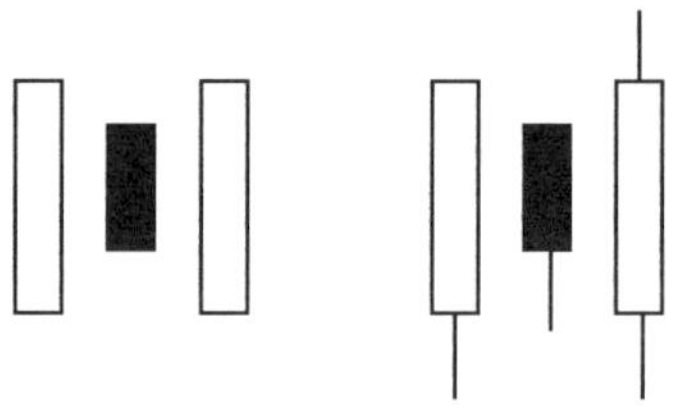

图6.1 两红夹一黑

如果两红夹一黑出现在跌势中，则暗示期价会暂时止跌，或有可能见底回升；在上涨趋势中，特别是在上升初期，表示期价经过短暂的休整，还会继续上涨。

6.1.2 多方尖兵

多方尖兵的特征是：期价在上升过程中，遇到空方打击，出现一根上影线，期价随之回落整理，但多方很快又发动一次攻势，期价穿越了前面的上影线。多方尖兵的图形如图6.2所示。

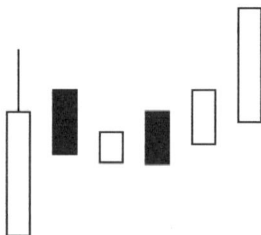

图6.2 多方尖兵

多方尖兵的技术意义是：多方在发动大规模攻击前曾做过一次试探性的进

攻,在K线上留下一根较长的上影线。有人把它比喻成深入空方腹地的尖兵。多方尖兵的出现,表示期价会继续上涨,交易者见此K线组合,要跟着做多,这样会有不错的获利机会。

6.1.3　两红夹一黑量化实战技巧

期价经过长时间的大幅下跌之后,然后探明底部区域,开始震荡上升,这时出现两红夹一黑看涨信号,预示着后市还会上涨,这时可以顺势加仓。两红夹一黑的止损位可以设在两红夹一黑三根K线的最低点。

图6.3显示的是不锈钢主力合约(ss9999)2021年4月9日至2021年7月16日的日K线图。

图 6.3　不锈钢主力合约(ss9999)2021 年 4 月 9 日至 2021 年 7 月 16 日的日 K 线图

不锈钢主力合约(ss9999)的价格经过一波明显的下跌回调之后,创下13 765元低点。随后价格开始震荡上涨,先是站上5日均线,然后又站上10日均线,最后又站上30日均线,这样均线就呈多头排列,即行情进入上涨趋势中。

在上涨行情中,期价先是沿着5日均线上涨,在A处出现两红夹一黑看涨K线组合,这是看涨信号。所以,手中有多单的交易者,可以继续持有;没有多单的交易者,仍然可以逢低做多;手中有空单的交易者,最好果断及时卖出,否则很可能会越套越深。

从其后的走势可以看出,期价虽有反复,但总体上是沿着30日均线震荡上涨,即期价的重心在上移,上涨形态保持良好。

在震荡上涨过程中,在B处又出现两红夹一黑看涨K线组合,这里仍可以继续看涨。所以,手中有多单的交易者,可以继续持有;没有多单的交易者,仍然可以逢低做多;手中有空单的交易者,最好果断及时卖出,否则很可能会越套越深。

从其后的走势可以看出,期价在B处出现两红夹一黑后,出现快速拉涨,短线介入多单的交易者,短短三个交易日就会有不错的投资收益。

如果期价经过一段时间的上涨之后,然后在高位震荡,在震荡过程中出现两红夹一黑K线看涨组合,交易者可以短线做多跟进,但要小心是主力在诱多,别把自己的多单套在高位。

图6.4显示的是淀粉主力合约(cs9999)2020年12月16日至2021年7月19日的日K线图。

图6.4　淀粉主力合约(cs9999)2020年12月16日至2021年7月19日的日K线图

淀粉主力合约(cs9999)的价格经过长时间、大幅度的上涨之后,然后在高位震荡,上方压力位为3 350元附近,下方支撑位为3 110元附近。

在A处,期价出现两红夹一黑看涨信号,这里靠近下方支撑,所以,可以以3 110元附近为止损位,关注做多机会。

在 B 处，期价再度出现两红夹一黑看涨信号，这里已站上 5 日、10 日和 30 日均线，可以以均线为止损位，关注做多机会。

在 C 处，期价又出现两红夹一黑看涨信号，但这里期价接近上方压力，所以，最好以观望为主。

在 D 处，期价出现两红夹一黑看涨信号，如果这里做多，就要止损出局。

期价高位震荡较长时间后，最终期价跌破下方支撑，开始了一波下跌行情。在下跌行情中，如果出现反弹，在反弹过程出现两红夹一黑看涨信号，最好不要进场做多，因为下跌行情以逢高做空为主。下跌行情做多，很容易被套，所以，E 处的两红夹一黑应以观望为主。

如果期价处在明显的下跌趋势中，出现反弹，在反弹过程中出现两红夹一黑看涨信号，这很可能是主力在诱多，要小心，最好以观望为主。短线做多的交易者要有随时出局的思维。

图 6.5 显示的是苹果主力合约（ap9999）2020 年 4 月 22 日至 2020 年 8 月 7 日的日 K 线图。

图6.5　苹果主力合约（ap9999）2020年4月22日至2020年8月7日的日K线图

苹果主力合约（ap9999）的价格经过一波反弹上涨，创出 9 409 元高点。需要注意的是，在创出高点这一天，期价收出一根射击之星见顶 K 线。随后期价在高位震荡，经过十几个交易日的震荡之后，期价开始沿着 10 日均线下跌。

期价下跌到30日均线附近,在A处出现两红夹一黑K线组合,这是一个看涨信号,但需要注意的是,当前是一个下跌行情,如果连10日均线都站不上,还会继续下跌,所以在A处,不要轻易进场做多。

从其后的走势可以看出,期价在A处出现两红夹一黑后,没有继续反弹,而是继续沿着均线下跌,如果您抄底做多了,一定要及时止损出局。

在B处,出现变形的两红夹一黑看涨信号,这里也不能做多。

同理,在C处,出现两红夹一黑看涨信号,也不能做多。

总之,在明显的下跌行情中,沿着均线看空、做空是最佳的策略,也是最容易赚钱的策略。

6.1.4 多方尖兵量化实战技巧

如果期价处在明显的上升行情中,并且上涨幅度不大,这时出现多方尖兵看涨信号,表明上涨动力仍在,可以继续看涨,还可以逢低再加仓,将止损位放在多方尖兵的最低点即可。

图6.6显示的是不锈钢主力合约(ss9999)2021年4月9日至2021年7月26日的日K线图。

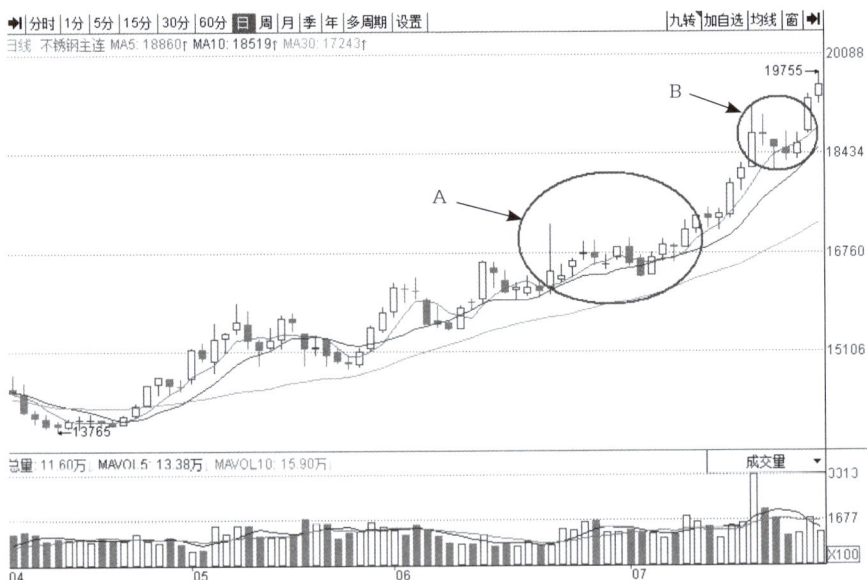

图6.6 不锈钢主力合约(ss9999)2021年4月9日至2021年7月26日的日K线图

不锈钢主力合约（ss9999）的价格经过一波下跌之后，创下13 765元低点。然后价格开始震荡上涨，先是站上5日均线，然后又站上10日均线，最后又站上30日均线，这样均线就呈多头排列，即行情进入上涨趋势中。

在明显的上涨行情中，期价在A处出现多方尖兵看涨K线组合，由于期价刚刚上涨，并且均线良好，所以，这时如果手中有多单筹码，一定要耐心持有。如果没有多单筹码，要敢于在这里做多买进，中线持有就会有不错的投资盈利。

在B处，再度出现多方尖兵看涨K线组合，这里短线仍然可以做多，但以短线操作为主，毕竟价格已上涨较多。

如果期价处在明显的下跌趋势中，出现反弹，在反弹过程中出现多方尖兵看涨信号，这很可能是主力在诱多，多单要小心，要有随时出局观望的思维。

图6.7显示的是棉花主力合约（cf9999）2019年12月26日至2020年3月24日的日K线图。

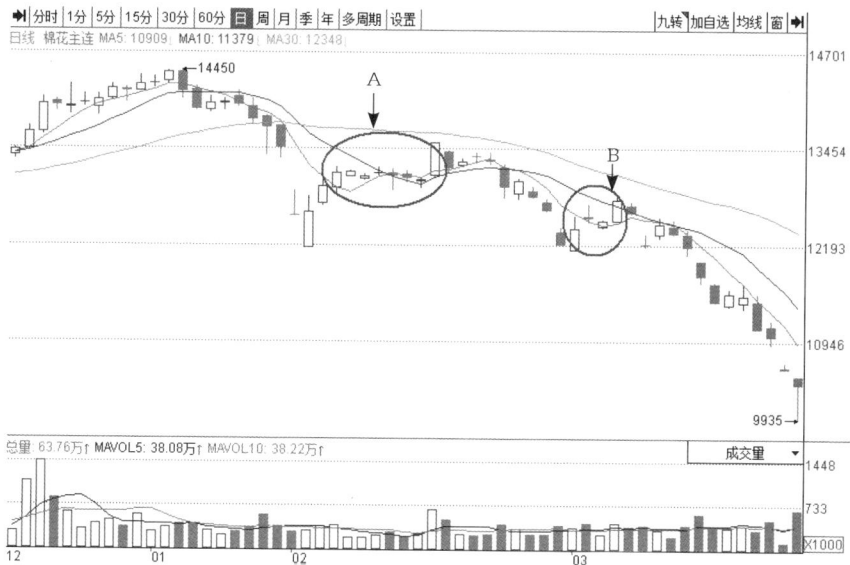

图6.7　棉花主力合约（cf9999）2019年12月26日至2020年3月24日的日K线图

棉花主力合约（cf9999）的价格经过长时间、大幅度的上涨之后，创出14 450元高点。需要注意的是，期价在创出高点这一天，收出一根中阴线，并且跌破5日均线。由于前期期价是沿着5日均线上涨的，所以，这意味着上涨行情可能结束，多单要注意卖出。

随后期价继续下跌，跌破10日均线，然后沿着5日均线继续下跌，并且跌破

30日均线，这样均线就变成空头排列，即行情进入下跌趋势之中。

期价大幅下跌之后，出现反弹，在A处出现多方尖兵看涨信号。需要注意的是，这时期价正好反弹到30日均线附近，所以，这时做多要特别小心。从其后的走势可以看出，如果在这时做多，正好被套在反弹的最高位，不及时止损就会损失惨重。其实，在下跌行情中，重在关注做空机会，即反弹到重要压力位时，做空，这就是顺势而为的道理。

同理，在B处，出现多方尖兵看涨信号，也不能做多。逆势操作很难赚到钱，反而容易亏钱。

6.2　上升三部曲和红三兵量化实战技巧

下面讲解一下上升三部曲和红三兵的基础知识和量化实战应用。

6.2.1　上升三部曲

上升三部曲，又称升势三鸦，在上升途中出现。上升三部曲由五根K线组成，首先拉出一根大阳线，接着连续出现三根小阴线，但没有跌破前面阳线的开盘价，随着出现一根大阳线或中阳线，其走势有点类似英文字母"N"。上升三部曲的图形如图6.8所示。

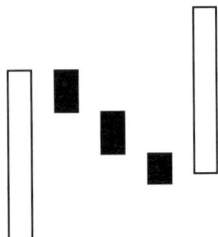

图6.8　上升三部曲

上升三部曲的K线组合中，有三连阴，交易者不要认为期价就会转弱，开始看空、做空。交易者看到该K线组合后，可以认定它是一个买入信号，要敢于买进，并持多单待涨。显然，如果交易者把上升三部曲中的三连阴看成卖出信号，这就大错特错，抛出手中多单离场，势必会错失一大段行情。

　　上升三部曲的变形图形有很多，交易者只要明确该 K 线组合的实战意义就行了，碰到变形图形不要太在意形状，更多的在于它的含义。上升三部曲的真正含义是主力在发动行情前先拉出一根大阳线进行试盘，接着连拉小阴线或以阴多阳少的方式进行压盘，从而清除短线获利多单筹码或持筹不坚定者，正当短线交易者看淡之际，突然发力，再度拉出一根大阳线，宣告调整结束。

6.2.2　红三兵

　　红三兵，市场处于上升趋势中，出现三根连续创新高的小阳线，特别是期价见底回升或横盘后出现红三兵，表明多方正在积蓄力量，准备发力上攻，如果成交量能同步放大，说明已有主力加入，后面继续上涨的可能性极大。交易者见此 K 线组合，应大胆做多买进，从而轻松、快速地获利做赢家，如图6.9所示。

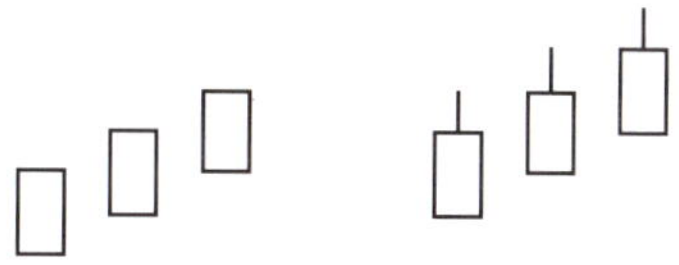

图6.9　红三兵

　　当三根小阳线收于最高或接近最高点时，称为"三个白色武士"，其作用要强于普通的红三兵，交易者应高度重视。

6.2.3　上升三部曲量化实战技巧

　　期价经过长时间、大幅度的下跌之后，然后探明底部区域，开始震荡上升，这时出现上升三部曲看涨信号，预示着后市还会上涨，这时可以顺势加仓，将止损位放在上升三部曲的最低点即可。

　　图6.10显示的是纯碱主力合约（sa9999）2020年11月6日至2021年5月12日的日K线图。

图 6.10 纯碱主力合约 (sa9999) 2020 年 11 月 6 日至 2021 年 5 月 12 日的日 K 线图

纯碱主力合约 (sa9999) 的价格经过长时间、大幅度的下跌之后,创下1 317元低点。随后期价开始震荡上涨,先是站上5日均线,然后站上10日均线,最后站上30日均线。

期价站上30日均线之后,窄幅震荡十几个交易日后,出现快速回调,正好回调到30日均线附近,期价企稳,然后又开始震荡上涨。在震荡上涨过程中,在A处出现上升三部曲看涨信号,这里如果持有多单,可以继续持有,没有多单的交易者,可以以30日均线为止损位,关注做多机会。

期价在A处出现上升三部曲后,开始沿着5日均线快速上涨。经过一波快速上涨之后,又开始震荡。在震荡的末端又出现上升三部曲看涨信号,即B处。

在B处,手中持有多单的交易者可以耐心持有。如果交易者手中有空单,要注意止损卖出。如果交易者想做多,可以以30日均线为止损位,关注逢低做多机会。

如果期价经过长时间的上涨之后,进入高位区域,然后在高位震荡,这时出现上升三部曲看涨信号,短线多单可以轻仓跟随,但要时时警惕,以防被主力套在高位。

图6.11显示的是白糖主力合约 (sr9999) 2019年12月26日至2020年4月28日的日K线图。

图6.11　白糖主力合约（sr9999）2019年12月26日至2020年4月28日的日K线图

白糖主力合约（sr9999）的价格经过长时间、大幅度的上涨之后，创出5 921元高点。需要注意的是，创出高点这一天，期价收出一根带有上影线的小阳线，这表明上方已有压力。随后期价在高位震荡四个交易日，然后就开始快速下跌。

期价快速下跌到30日均线之下后，收出一根长十字线，这是一个见底信号。随后期价一根大阳线站上30日和5日均线，开始反弹上涨。

期价随后的反弹上涨也很弱，几乎是高位横盘整理。在高位震荡过程中，在A处出现上升三部曲看涨信号，交易者一定要明白，当前期价已在高位，并且在震荡，所以，这里做多要特别小心，一旦有不好的信号，就要及时出局。

从其后的走势可以看出，如果在A处做多，很难有盈利的机会。期价在高位震荡之后，开始下跌，最终出现一波明显的大幅下跌行情。

在明显的下跌行情中，出现上升三部曲看涨信号，最好不要轻易进场做多，因为逆势交易，往往很难盈利，并且不及时出局，很可能被套在半山腰上，从而损失惨重。

图6.12显示的是豆二主力合约（b9999）2019年9月30日至2020年2月3日的日K线图。

豆二主力合约（b9999）的价格经过一波反弹上涨，创出3 470元高点。随后期价开始震荡下跌，经过较长时间的下跌之后，期价开始反弹上涨。

在反弹上涨过程中，出现上升三部曲看涨信号，即A处。需要注意的是，当前只是反弹，仍在下跌行情之中，所以，在这里做多要十分小心，谨防主力通过诱多，把交易者套在高位。

从其后的走势可以看出，期价在A处诱多后，在高位略震荡，就开始新的一波下跌，不及时卖出手中多单的交易者就会损失惨重。

图6.12　豆二主力合约（b9999）2019年9月30日至2020年2月3日的日K线图

6.2.4　红三兵量化实战技巧

如果期价经过长时间的大幅下跌之后，然后探明底部区域，开始震荡上升，这时出现红三兵看涨信号，预示着后市还会上涨，这时可以顺势加仓，将止损位放在红三兵的最低点即可。

图6.13显示的是棕榈主力合约（p9999）2020年4月10日至2020年11月19日的日K线图。

棕榈主力合约（p9999）的价格经过长时间、大幅度的下跌之后，创下4 274元低点。然后期价在低位震荡几个交易日后，就开始上涨，先是站上5日和10日均线，然后又站上30日均线。

期价站上30日均线之后，出现回调，正好回调到30日均线附近，期价企稳，然后开始上涨，这时出现红三兵看涨信号，即A处。

在A处，交易者可以看多、做多，沿着5日均线做多，将止损位放在红三兵的最低处即可。从其后的走势可以看出，红三兵出现后，期价迎来一波明显的上涨行情，及时做多的交易者，就会有不错的投资收益。

在B处，期价在30日均线附近充分震荡之后，又出现红三兵看涨信号，这里也要坚决看多、做多，将止损位放在红三兵的最低处即可。从其后的走势可以看出，及时做多的交易者，也会有不错的投资收益。

同理，在C和D处，出现红三兵看涨信号后，可以介入多单，就会有不错的投资收益。

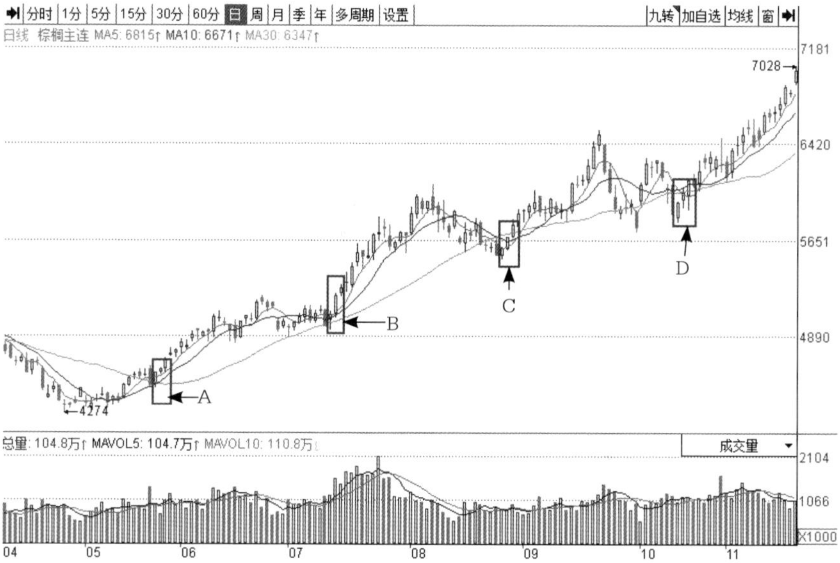

图6.13　棕榈主力合约（p9999）2020年4月10日至2020年11月19日的日K线图

如果期价经过长时间的上涨之后，进入高位区域，然后在高位震荡，这时出现红三兵看涨信号，短线多单可以轻仓跟随，但要时时警惕，以防被主力套在高位。

图6.14显示的是PP主力合约（pp9999）2021年1月12日至2021年6月7日的日K线图。

PP主力合约（pp9999）的价格先是缓慢上涨，又快速拉涨，接着在高位震荡。在高位震荡的过程中出现红三兵看涨信号，即A处。交易者一定要明白，当前期价在高位，最好不要进场做多，如果做多，一旦不能及时出局，多单就会被套在高位上，从而造成较大的损失。

从其后的走势可以看出，A处出现红三兵看涨信号后，期价就开始下跌，并且跌破了震荡平台，从而开始一波新的下跌行情。如果交易者在A处做多，不及时出局，损失就会惨重。

图6.14　PP主力合约（pp9999）2021年1月12日至2021年6月7日的日K线图

如果在明显的下跌趋势中出现红三兵看涨信号，交易者最好不要进场做多，因为这很可能是主力在反技术进行诱多操作。实际上，在明显的下跌行情中，顺势做空是最好的策略，即当期价反弹时，耐心等反弹结束做空最好。

图6.15显示的是玉米主力合约（c9999）2021年4月13日至2021年9月16日的日K线图。

玉米主力合约（c9999）的价格经过一波明显的上涨之后，创出2 887元高点。随后期价就开始下跌，先是跌破5日均线、10日均线，最后又跌破30日均线。

期价跌破30日均线之后，又继续下跌，需要注意的是，大阴线杀跌之后就开始震荡反弹，并且在A处出现红三兵看涨信号。当前已处在下跌的行情中，在A处做多，要严格止损于红三兵的最低处。

从其后的走势可以看出，在A处做多还有盈利机会，但盈利空间不大。但如果在B处的红三兵处做多，就会被套在高位。

期价在B处反弹结束后，又开始下跌，经过一波明显的下跌之后，再度反弹，并且在C处出现红三兵看涨信号，在这里做多，也很难有盈利的机会，并且不及时卖出，也很容易被套。

图6.15 玉米主力合约（c9999）2021年4月13日至2021年9月16日的日K线图

在D处的红三兵处做多, 有较小的盈利空间, 但如果在E处的红三兵做多, 就很难盈利。在F处的红三兵处做多, 就会被套在高位。

6.3 下探上涨形和上涨两颗星量化实战技巧

下面讲解一下下探上涨形和上涨两颗星的基础知识和量化实战应用。

6.3.1 下探上涨形

下探上涨形的特征是: 在上涨行情中, 某日期价突然大幅低开, 但当日却收出一根大阳线, 从而在K线图中拉出一根低开高走的大阳线。这就构成了先下跌后上涨的形态, 故命名为"下探上涨形"。下探上涨形的图形如图6.16所示。

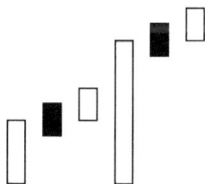

图6.16 下探上涨形

下探上涨形是一个强烈的做多信号,特别是期价刚刚开启时出现。出现该K线组合,期价十有八九会涨,因此,有人把下探上涨形中的那根从底部崛起的长阳线形象地称为"擎天柱"。擎天柱一旦出现,后市的前景就相当光明了。期市实战高手相当看重该K线组合,因为期价从低位开盘拉起,最后拉到高位收盘,这样的力度有多大,即拉升的主力实力肯定不小。

6.3.2　上涨两颗星

上涨两颗星,在上涨初期、中期出现,由一大两小三根K线组成。在上涨时,先出现一根大阳线或中阳线,随后就在这根阳线的上方出现两根小K线,既可以是小十字线,也可以是很小的阳线或阴线。上涨两颗星的图形如图6.17所示。

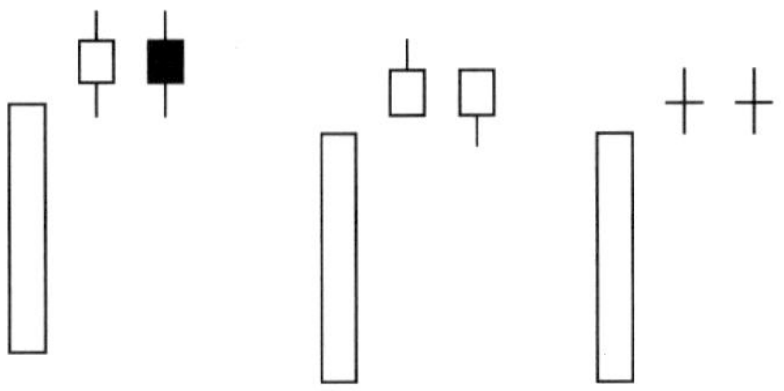

图6.17　上涨两颗星

上涨两颗星的出现,表明涨势仍会继续,即期价很可能在短期内展开新一轮的升势。交易者看到该K线组合,可以适量增加多单仓位,持筹待涨。

6.3.3　下探上涨形量化实战技巧

如果期价处在明显的上升行情中,并且上涨幅度不大,这时出现下探上涨形看涨信号,表明期价上涨动力仍在,可以继续买进做多,将止损位放在低开高走的大阳线的最低点即可。

图6.18显示的是沪铅主力合约(pb9999)2020年3月11日至2020年8月6日的日K线图。

沪铅主力合约(pb9999)的价格经过长时间、大幅度的下跌之后,创下12 620元低点。随后期价开始上涨,先是站上5日均线,然后又站上10日均线,最后经过震荡,最终站上30日均线,这样均线就呈多头排列,即期价进入上涨行情之中。

在上涨行情初期,在A处,期价出现下探上涨形看涨K线组合。所以,手中已有多单的交易者, 可以耐心持有; 若是手中还有空单的交易者, 要及时果断卖出; 而想做多的交易者, 则可以下探上涨形的大阳线的最低点为止损位, 逢低做多。

期价在A处见底后, 就开始一波震荡上涨行情。这一波上涨结束后, 出现回调, 正好回调到30日均线附近, 期价再度出现下探上涨形看涨K线组合, 即B处, 这里操作策略与A处相同。

同理, 在C处, 期价也是在30日均线附近出现下探上涨形看涨K线组合, 做多的交易者以下探上涨形的大阳线的最低点为止损位即可。

图6.18　沪铅主力合约 (pb9999) 2020年3月11日至2020年8月6日的日K线图

如果期价经过长时间、大幅度的上涨之后, 然后在高位震荡, 这时出现下探上涨形看涨信号, 交易者如果想做多, 就要小心, 因为这里很可能是主力在诱多, 不及时出局就会被套在高位。

图6.19显示的是硅铁主力合约 (sf9999) 2021年2月8日至2021年3月30日的日K线图。

硅铁主力合约 (sf9999) 的价格经过一波明显的上涨之后, 然后在高位震荡。在高位震荡过程中出现下探上涨形看涨信号, 即A处。交易者一定要明白, 当前期价已在高位, 虽然遇到看涨信号, 可以看多、做多, 但要特别小心, 因为主力往往会在高位诱多, 把不明真相的交易者的多单套在高位。

从其后的走势可以看出, 期价出现下探上涨形后, 虽然创出新高, 但很快就跌了下去，并且开启了一波新的下跌行情，不及时出局的多单，就会被套在高位，最终损失惨重。

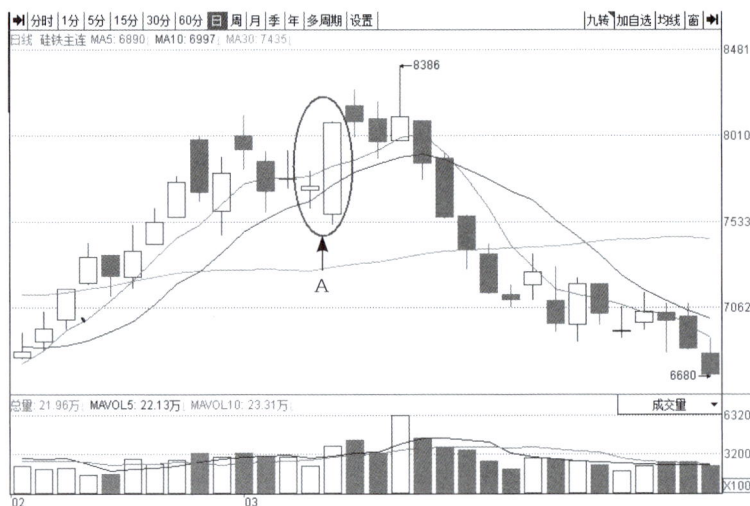

图6.19　硅铁主力合约（sf9999）2021年2月8日至2021年3月30日的日K线图

如果在明显的下跌趋势中出现下探上涨形看涨信号，交易者最好不要进场做多，因为下跌行情做多，就是逆势操作。逆势操作的盈利空间很小，甚至没有，一旦被套，就会损失惨重。所以，在下跌行情中，尽量找逢高做空的机会。

图6.20显示的是花生主力合约（pk9999）2021年2月2日至2021年6月18日的日K线图。

图 6.20　花生主力合约（pk9999）2021 年 2 月 2 日至 2021 年 6 月 18 日的日 K 线图

花生主力合约（pk9999）的价格经过长时间、大幅度的上涨之后，创出 11 300元高点。随后期价在高位略震荡之后，开始沿着均线震荡下跌，然后在A 处出现下探上涨形看涨信号，如果交易者在这里做多，从其后的走势可以看出，有 很小的盈利机会，但如果不及时出局，就会被套。所以，在下跌行情中，应寻找逢 高做空的机会。即当期价反弹到30日均线附近或下降趋势线附近做空，是最好的 策略。

6.3.4　上涨两颗星量化实战技巧

如果期价经过长时间、大幅度的下跌之后，探明了底部区域，开始震荡上升， 这时出现上涨两颗星看涨信号，预示着后市还会上涨，可以顺势加仓做多，止损位 设在第一根阳线的最低点即可。

图6.21显示的是玉米主力合约（c9999）2020年4月29日至2020年9月18日的 日K线图。

图6.21　玉米主力合约（c9999）2020年4月29日至2020年9月18日的日K线图

玉米主力合约（c9999）的价格经过一波明显的下跌回调之后，创下2 013元 低点。随后期价开始震荡上涨，先是站上5日和10日均线，然后又站上30日均线， 这样均线就呈多头排列，即行情进入震荡上涨行情。

在震荡上涨行情中，期价在A处出现上涨两颗星看涨信号，手中有多单的交易者可以耐心持有，手中有空单的交易者要注意止损出局，想做空的交易者可以以5日均线为止损位，逢低做多。

随后期价就开始了一波明显的上涨行情，在高位震荡之后，再度下跌回调，但期价始终在30日均线上方，充分震荡调整后，再度上涨，然后在B处出现上涨两颗星看涨信号，在这里操作策略与A处相同。

如果期价已经过较长时间的上涨，然后在高位震荡，这时出现上涨两颗星K线看涨信号，可不要想当然地买进，实在想做多也要轻仓操作，一有不好信号就要及时出局，毕竟期价现在仍在高位。注意：上涨两颗星的止损位为第一根阳线的最低点。

图6.22显示的是棕榈主力合约（p9999）2021年2月4日至2021年3月31日的日K线图。

图6.22　棕榈主力合约（p9999）2021年2月4日至2021年3月31日的日K线图

棕榈主力合约（p9999）的价格经过一波明显的上涨行情之后，在高位震荡，这时在A处出现上涨两颗星K线看涨信号。在这里交易者一定要清楚，当前期价在高位，如果进场做多，一定要小心，因为主力常常在高位诱多，把不明真相的交易者套在高位。

从其后的走势可以看出，两颗星之后，期价没有上涨，而大阴线杀跌，并且同时跌破5日、10日和30日均线，然后沿着均线下跌，所以，在A处做多的交易者，不及时出局，就会有较大的损失。

如果在下跌趋势中出现上涨两颗星看涨信号,交易者最好不要进场做多,因为这很可能是主力在反技术进行诱多操作。特别想操作的交易者,止损位一定要设置在第一根阳线的最低点。

图6.23显示的是苹果主力合约(ap9999)2020年4月22日至2020年9月3日的日K线图。

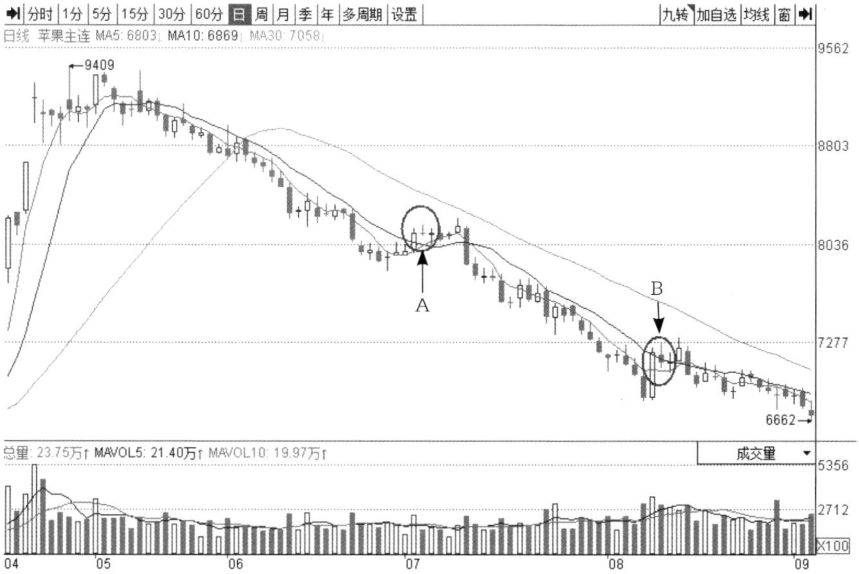

图6.23　苹果主力合约(ap9999)2020年4月22日至2020年9月3日的日K线图

苹果主力合约(ap9999)的价格经过一波明显的上涨之后,创出9 409元高点,然后在高位震荡。在高位震荡几个交易日后,就开始沿着10日均线下跌。经过一波明显的下跌之后,然后开始反弹。

在反弹过程中,出现了上涨两颗星看涨信号,即A处。注意:当前是下跌趋势中的反弹行情,最好的策略是反弹结束后做空。如果交易者特别想做多,在A处可以轻仓做多,一旦发现涨不动,就要及时卖出。

从其后的走势可以看出,在A处出现上涨两颗星后,期价又小阴、小阳震荡三个交易日,随即上涨无力,这时就要及时卖出手中的多单。如果不卖出,就是一根大阴线杀跌,从而开始一波明显的下跌行情,这样多单就会损失惨重。

在B处,也是反弹中出现上涨两颗星看涨信号,如果在这里做多,不及时卖出,也会被套。

6.4 冉冉上升形和稳步上涨形量化实战技巧

下面讲解一下冉冉上升形和稳步上涨形的基础知识和量化实战应用。

6.4.1 冉冉上升形

冉冉上升形的特征是：期价经过一段时间的横盘后，出现向上倾斜的一组小K线，一般不少于8根，其中小阳线居多。这种不起眼的小幅上升走势就如冉冉上升的旭日，故名为冉冉上升形。冉冉上升形的图形如图6.24所示。

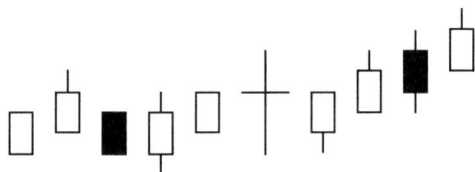

图6.24　冉冉上升形

冉冉上升形往往是期价日后大涨的前兆，如果再有成交量的温和放大配合，这种可能性就会更大。所以，交易者见此K线组合，可以先试着做多，如若日后期价出现拉升，再继续加仓做多买进。

6.4.2 稳步上涨形

稳步上涨形的特征是：在上涨过程中，众多阳线中夹着较少的小阴线，期价一路上扬。后面的阳线对插入的阴线覆盖速度越快、越有力，则上升的潜力就越大。稳步上涨形的图形如图6.25所示。

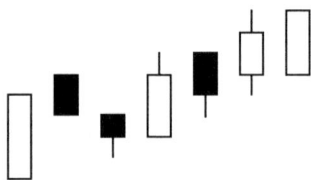

图6.25　稳步上涨形

稳步上涨形的出现，表明期价仍会继续上涨，这是一个做多信号。交易者见到该K线组合，应以持有多单为主，不要轻易卖出手中的多单筹码。

6.4.3 冉冉上升形量化实战技巧

如果期价经过长时间、大幅度的下跌之后，探明了底部区域，开始震荡上升，这时出现冉冉上升形看涨信号，预示着后市还会上涨，这时可以顺势加仓做多，止损位设在冉冉上升形的最低点即可。

图6.26显示的是玻璃主力合约（fg9999）2020年3月13日至2020年8月7日的日K线图。

图6.26 玻璃主力合约（fg9999）2020年3月13日至2020年8月7日的日K线图

玻璃主力合约（fg9999）的价格经过长时间、大幅度的下跌之后，创下1 177元低点。随后期价开始震荡上涨，先是站上5日均线，然后又站上10日均线，最后站上30日均线，这样均线开始多头排列，即期价进入上涨行情中。

随后期价沿着5日和10日均线出现一波明显的上涨行情。明显的上涨行情结束后，再度小幅震荡，在震荡过程中出现冉冉上升形看涨信号，即A处。手中有多单的交易者，耐心持有即可。手中有空单的交易者，一定要及时卖出。想做多的交易者，可以以冉冉上升形最低点为止损位，逢低做多。

从其后的走势可以看出，及时做多或持有多单的交易者，就会有相当丰厚的投资收益。

如果在明显下跌趋势中出现冉冉上升形看涨K线组合,交易者最好不要轻易进场做多,因为这很可能是主力在反技术进行诱多操作。如果特别想操作,一定要严格止损,将止损位设在冉冉上升形的最低点处即可。

图6.27显示的是苹果主力合约(ap9999)2020年9月30日至2021年3月22日的日K线图。

图6.27 苹果主力合约(ap9999)2020年9月30日至2021年3月22日的日K线图

苹果主力合约(ap9999)的价格经过一波明显的上涨之后,创出8 412元高点。然后在高位震荡,震荡六个交易日后,开始下跌。先是跌破5日和10日均线,然后又跌破30日均线,这样均线就变成空头排列,即期价进入下跌行情。

在下跌行情中,期价也会有反弹,如果反弹出现冉冉上升形看涨K线组合,即A和B处,交易者都不要想当然地进场做多,因为下跌行情做多是逆势操作,很难赚钱,但赔钱却很容易。

在这里可以看到,无论是A处,还是B处,进场做多,都没有盈利空间,并且不果断卖出,就会被套。被套后不止损出局,就会越套越深,最终损失惨重。

6.4.4 稳步上涨形量化实战技巧

如果期价处在明显的上升行情中,并且上涨幅度不大,这时出现稳步上涨形看涨信号, 表明上涨动力仍在, 可以继续看涨, 还可以逢低再加仓, 将止损位设在稳步上涨形的最低点即可。

图6.28显示的是沪铜主力合约（cu9999）2020年3月6日至2020年7月13日的日K线图。

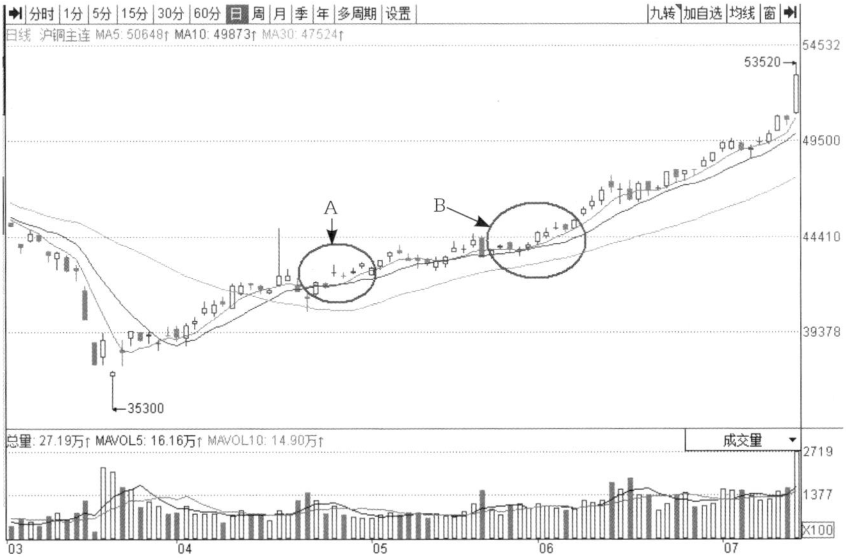

图6.28　沪铜主力合约（cu9999）2020年3月6日至2020年7月13日的日K线图

沪铜主力合约（cu9999）的价格经过长时间、大幅度的下跌之后, 创下35 300元低点。需要注意的是, 在创出低点这一天, 期价收出一根锤头线见底K线。随后期价就开始震荡上涨, 先是站上5日均线, 然后又站上10日均线, 最后站上30日均线, 这样均线就慢慢呈多头排列, 即期价进入上涨行情中。

在上涨行情的初期, 期价在A处, 出现稳步上涨形看涨信号。所以, 手中有多单的交易者, 可以耐心持有; 手中有空单的交易者, 要及时果断卖出, 否则会损失越来越大; 想做多的交易者, 可以以稳步上涨形的最低点为止损位, 进场做多。

同理, B处的稳步上涨形看涨信号, 操作策略与A处相同。

从其后的走势可以看出, 无论是在A处, 还是B处, 介入多单, 只要沿着均线耐心持有, 就会有不错的投资收益。

如果期价已处在明显的高位, 这时出现稳步上涨形看涨信号, 不要轻易进场做多, 因为很可能是市场主力在诱多, 一不小心多单就会被套在高位。如果特别想操作, 要严格以稳步上涨形的最低点为止损位。

图6.29显示的是铁矿石主力合约（i9999）2021年4月1日至2021年8月19日的日K线图。

图6.29　铁矿石主力合约（i9999）2021年4月1日至2021年8月19日的日K线图

铁矿石主力合约（i9999）的价格经过长时间、大幅度的上涨之后，创出1358元高点。然后就快速下跌，快速下跌之后，又出现快速反弹，反弹到高位后，就开始窄幅震荡。

期价在高位震荡过程中，在A处出现稳步上涨形看涨信号。交易者一定要明白，当前在高位，很可能是主力利用看涨信号，引诱交易者进场做多，从而把交易者套在高位。所以，这里不要轻易进场做多，如果做多也要轻仓，并且一旦涨不动，就要及时出局。

从其后的走势可以看出，期价在高位震荡后就开始下跌，并且跌破震荡平台的下方支撑，开始了一波新的下跌行情，不及时出局的多单会损失惨重。

如果期价处在明显的下跌趋势中，出现反弹，在反弹过程中出现稳步上涨形看涨信号，这很可能是主力在诱多，要小心，多单要有随时出局观望的思维。如果特别想操作，要严格以稳步上涨形的最低点为止损位。

图6.30显示的是苯乙烯主力合约（eb9999）2019年10月9日至2020年3月30日的日K线图。

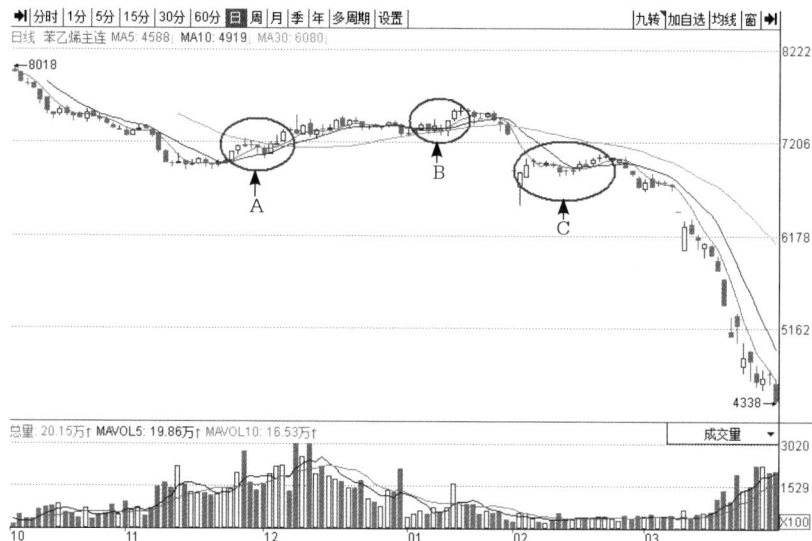

图6.30　苯乙烯主力合约（eb9999）2019年10月9日至2020年3月30日的日K线图

苯乙烯主力合约（eb9999）的价格经过一波明显的下跌行情之后，期价开始反弹上涨。在A处，期价出现稳步上涨形看涨信号，由于短线也开始走强，所以，可以轻仓进场做多。但随后期价并没有上涨，而是窄幅横盘震荡，这表明上涨力量不强，多单还是逢高出局为妙。

在B处，期价再度出现稳步上涨形看涨信号，由于均线良好，可以进场试看做多，但进场后发现期价还是涨不动，最好先出局观望。

💡 提　醒

看涨不涨，往往就会下跌，所以，看多、做多后，连续三天不涨，就要出局观望。

在C处，期价快速下跌之后，再度出现稳步上涨形看涨信号，需要注意的是，期价始终在30日均线下方，这表明期价还处在明显的下跌行情中，所以，这里不宜进场做多。其实，在下跌行情中，以逢高做空为主。所以，这里应该是以30日均线为止损位，逢高做空。

6.5　徐缓上升形和上升抵抗形量化实战技巧

下面讲解一下徐缓上升形和上升抵抗形的基础知识和量化实战应用。

6.5.1　徐缓上升形

徐缓上升形的特征是：在上涨行情的初期，连续出现几根小阳线，随后出现一两根中、大阳线。徐缓上升形的图形如图6.31所示。

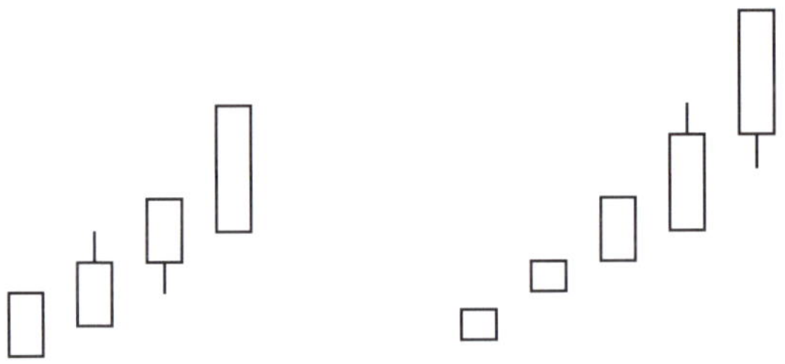

图6.31　徐缓上升形

在期价刚启动或横盘后，期价往上抬升时，出现徐缓上升形K线组合，表明多方力量正在逐步壮大，后市虽有波折，但总趋势向上的格局已初步奠定。交易者看到该K线组合，可以适量跟进做多。

💡 **提　醒**

　　如果在连续大幅上涨后，出现该K线组合，表示升势可能接近尾声，交易者要随时注意见顶信号的出现，然后再结合均线进行抛售。

6.5.2　上升抵抗形

上升抵抗形的特征是：在期价上升的过程中，连续跳高开盘，收出众多阳线，其中夹杂着少量阴线，但这些阴线的收盘价均比前一根K线的收盘价高。上升抵抗形的图形如图6.32所示。

期价上升时出现上升抵抗形，是买方力量逐渐增强的一种表现，显示日后期价仍会继续上涨，在少数情况下，还可能出现加速上涨态势。交易者见到该K线组合，可以考虑适量买进。

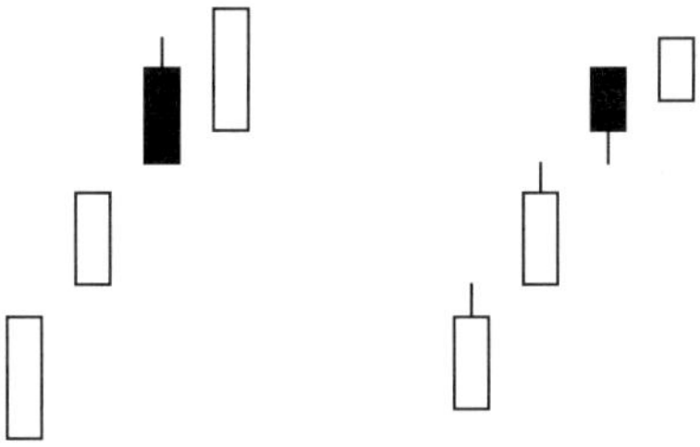

图6.32　上升抵抗形

> **提　醒**
>
> 　　从推动期价上涨的短期作用来说，力量最强的是上升抵抗形，其次是徐缓上升形，再次是稳步上升形，最后是冉冉上升形。但这仅对短线操作有参考价值，对中、长线操作而言，不紧不慢的上升走势反而更让人放心。

6.5.3　徐缓上升形量化实战技巧

　　如果期价处在明显的上升行情中，并且上涨幅度不大，这时出现徐缓上升形看涨信号，表明上涨动力仍在，可以继续看涨，还可以逢低再加仓。将止损位设在徐缓上升形的最低点即可。

　　图6.33显示的是玉米主力合约（c9999）2020年4月30日至2020年7月27日的日K线图。

图6.33　玉米主力合约（c9999）2020年4月30日至2020年7月27日的日K线图

玉米主力合约（c9999）的价格经过一波下跌回调，创下2 013元低点，然后期价开始上涨，先是站上5日和10日均线，然后连续拉阳线，并站上30日均线，即A处出现徐缓上升形看涨信号，这表明期价要开始新的一波上涨行情了。手中有多单的交易者，可以耐心持有；手中还有空单的交易者，要及时止损卖出；想做多的交易者，可以以30日均线为止损位或以徐缓上升形的最低点为止损位，逢低做多。

从其后的走势可以看出，期价出现徐缓上升形之后，出现六个交易日的横盘整理，但期价始终在30日均线上方，这表明期价始终处在多头行情之中。期价震荡结束后，就开始一波明显的上涨行情，交易者只要耐心持有，就可以有不错的投资收益。

在B处，期价再度出现徐缓上升形看涨信号，这里仍可以介入多单，将止损位放在10日均线附近即可。从其后的走势可以看出，期价徐缓上升形之后，有两个交易日略震荡，然后就开始快速拉涨，短时间内交易者就会有不错的投资收益。

期价经过长时间的上涨之后，进入高位区域，然后在高位震荡，这时出现徐缓上升形看涨信号，最好是观望，不要轻易进场做多，以防被主力套在高位。如果特别想操作，要严格以徐缓上升形的最低点为止损位。

图6.34显示的是沪锌主力合约（zn9999）2020年10月19日至2021年1月29日的日K线图。

图6.34　沪锌主力合约（zn9999）2020年10月19日至2021年1月29日的日K线图

沪锌主力合约（zn9999）的价格经过长时间、大幅度的上涨之后，创出22 305元高点。需要注意的是，在创出高点之前，期价已连续上涨，并且出现徐缓上升形，即A处。从理论上来说，徐缓上升形是看涨信号，但这里已是高位，多单以保护盈利为主，而不是继续介入多单。

A处出现徐缓上升形之后，期价没有继续上涨，而是低开低走收出一根大阴线，这表明期价上涨受阻，很可能要在高位震荡或震荡下跌。

期价在A处见顶后就开始震荡下跌，跌破30日均线后，出现一波较强的反弹行情，并且在B处出现徐缓上升形看涨信号。需要注意的是，当前行情要么是高位震荡，要么是震荡下跌，所以，B处的徐缓上升形是多单卖出的好位置，绝对不是多单进场的位置。

从其后的走势可以看出，期价反弹结束后，就开始新的一波下跌行情。

如果期价处在明显的下跌趋势中，出现反弹，在反弹过程中出现徐缓上升形看涨信号，这很可能是主力在诱多，多单要小心，交易者要有随时出局观望的思维。如果特别想操作，要严格以徐缓上升形的最低点为止损位。

图6.35显示的是菜粕主力合约（rm9999）2019年5月20日至2019年11月11日的日K线图。

图6.35　菜粕主力合约（rm9999）2019年5月20日至2019年11月11日的日K线图

菜粕主力合约（rm9999）的价格经过一波明显的上涨之后，创出2629元高点。随后期价在高位震荡，接着开始震荡下跌。

在震荡下跌过程中，在A处出现徐缓上升形看涨信号。需要注意当前是震荡下跌行情，在反弹的末端不是想着做多，而是关注反弹不动做空的机会。所以，在A处不要轻易进场做多，从其后的走势可以看出，在A处做多，很容易被套。

6.5.4 上升抵抗形量化实战技巧

如果期价处在明显的上升行情中，并且上涨幅度不大，这时出现上升抵抗形看涨信号，表明上涨动力仍在，可以继续看涨，还可以逢低再加仓，将止损位设在上升抵抗形的最低点即可。

图6.36显示的是纸浆主力合约（sp9999）2020年10月21日至2021年3月1日的日K线图。

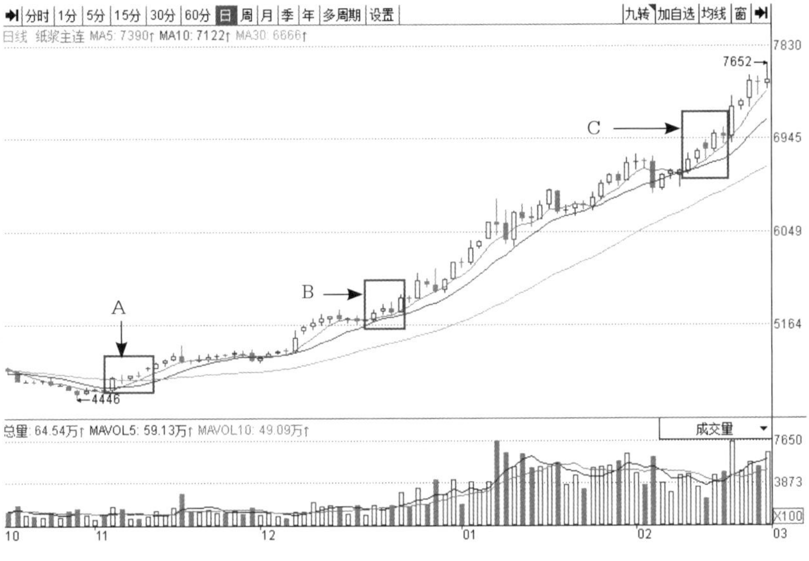

图6.36　纸浆主力合约（sp9999）2020年10月21日至2021年3月1日的日K线图

纸浆主力合约（sp9999）的价格经过一波明显的下跌回调之后，创下4446元低点。然后期价开始震荡上涨，先是站上5日均线，然后一根大阳线同时站上10日和30日均线。接着期价继续上涨，在A处出现上升抵抗形看涨信号。由于这里刚刚由空头行情转为多头行情，所以，这里可以继续做多，可以以5日均线或10日均线为止损位。

　　从其后的走势可以看出,在 A 处介入多单的交易者,如果能耐心持有,就会获利翻几倍的投资收益。

　　在 B 处,期价再度出现上升抵抗形看涨信号,由于这里涨幅并不大,所以,这里仍可以继续介入多单,将止损位放在 10 日均线即可。

　　在 C 处,期价经过较大幅度的上涨之后,再度出现上升抵抗形看涨信号。虽然涨幅较大,但均线系统良好,所以,仍然可以短线轻仓介入多单。

　　期价经过长时间的上涨之后,进入高位区域,然后在高位震荡,这时出现上升抵抗形看涨信号,最好是观望,不要轻易进场做多,以防被主力套在高位。如果特别想操作,要严格以上升抵抗形的最低点为止损点。

　　图 6.37 显示的是白糖主力合约(sr9999)2019 年 12 月 26 日至 2020 年 4 月 28 日的日 K 线图。

图 6.37　白糖主力合约(sr9999)2019 年 12 月 26 日至 2020 年 4 月 28 日的日 K 线图

　　白糖主力合约(sr9999)的价格经过一波明显的上涨之后,创出 5 921 元高点。然后在高位震荡四个交易日后,出现快速下跌,先是跌破 5 日和 10 日均线,然后又跌破 30 日均线。

　　需要注意的是,期价跌破 30 日均线后,收出一根带有长长下影线的十字线,这是转势见底信号。随后期价开始反弹上涨,即在 A 处出现上升抵抗形看涨信号。需要注意的是,这是一个反弹行情,并且期价在高位,所以,在 A 处做多,只能轻仓。

随后期价陷入了震荡,这样介入的多单很难有盈利,所以,要及时出局观望,毕竟期价在高位。高位震荡结束后,往往都是下跌行情。

如果期价处在明显的下跌趋势中,出现反弹,在反弹过程中出现上升抵抗形看涨信号,这很可能是主力在诱多,多单要小心,交易者要有随时出局观望的思维。如果特别想操作,要严格以上升抵抗形的最低点为止损位。

图6.38显示的是尿素主力合约(ur9999)2020年2月3日至2020年4月28日的日K线图。

图6.38　尿素主力合约(ur9999)2020年2月3日至2020年4月28日的日K线图

尿素主力合约(ur9999)的价格经过一波明显的上涨之后,创出1 834元高点。随后期价就开始下跌,先是跌破5日和10日均线,然后继续沿着均线下跌,最后又跌破30日均线。

期价跌破30日均线后,继续沿着均线下跌。期价经过十几个交易日的下跌之后,开始反弹。在反弹过程中,出现上升抵抗形看涨信号,即A处。

需要注意的是,在明显的下跌行情中,在反弹的末端不是想着做多,而是关注反弹不动做空的机会。所以在A处,不要轻易进场做多,从其后的走势可以看出,在A处做多,就会被套在半山腰上。

6.6　蛟龙出海形量化实战技巧

下面讲解一下蛟龙出海的基础知识和量化实战应用。

6.6.1　蛟龙出海

蛟龙出海的意思是像一条久卧海中的长龙，一下子冲天而起，其特征是：拉出大阳线，一下子把短期、中期和长期均线全部吞吃，有种过五关、斩六将的气势。蛟龙出海的图形如图6.39所示。

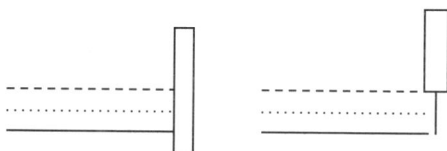

图6.39　蛟龙出海

蛟龙出海是明显的见底信号，如果成交量随之放大，说明主力已吸足筹码，现在就要直拉价格了。这时交易者可以买进，但要警惕主力用来诱多，所以，交易者最好在拉出大阳线后，多观察几日，如果重心上移，可以再加码跟进。

注意：用实线"＿＿＿"表示短期移动平均线（如5日均线）；用点线"……"表示中期移动平均线（如10日均线）；用虚线"＿＿＿＿"表示长期移动平均线（如30日均线）。

💡 **提　醒**

　当然，标准的蛟龙出海是很少见的，但变形的蛟龙出海却不少，交易者要学会认真辨别。

6.6.2　蛟龙出海形量化实战技巧

如果期价经过长时间的大幅下跌之后，探明了底部区域，开始震荡上升，这时出现蛟龙出海看涨信号，预示着后市还会上涨，这时可以顺势加仓，将止损位设在蛟龙出海的大阳线的最低点即可。

图6.40显示的是热轧卷板主力合约（hc9999）2020年3月16日至2020年8月3日的日K线图。

图6.40 热轧卷板主力合约（hc9999）2020年3月16日至2020年8月3日的日K线图

热轧卷板主力合约（hc9999）的价格经过长时间、大幅度的下跌之后，创下2933元低点。随后期价开始震荡上涨，先是站上5日均线，然后又站上10日均线，上涨到30日均线附近，期价主动回调。回调近十个交易日后，一根向上跳空大阳线同时站上5日、10日和30日均线，即在A处出现蛟龙出海看涨信号。这是低位发现的买入信号，手中持有多单的交易者，耐心持有即可；手中有空单的交易者，要及时果断止损卖出；想做多的交易者，可以以蛟龙出海这根大阳线的最低点为止损位，逢低做多。

从其后的走势可以看出，期价出现蛟龙出海后，就开始沿着均线一路上涨，及时介入多单的交易者，会盈利丰厚。

期价经过长时间的上涨之后，进入高位区域，然后在高位震荡，这时出现蛟龙出海看涨信号，最好是观望，不要轻易进场做多，以防被主力套在高位。如果特别想操作，要严格以蛟龙出海的最低点为止损位。

图6.41显示的是沪锌主力合约（zn9999）2021年2月2日至2021年6月21日的日K线图。

沪锌主力合约（zn9999）的价格经过长时间、大幅度的上涨之后，然后在高位震荡。在高位震荡过程中,出现蛟龙出海看涨信号,可以轻仓做多,但一定要注意,当前期价已在高位,小心主力诱多。

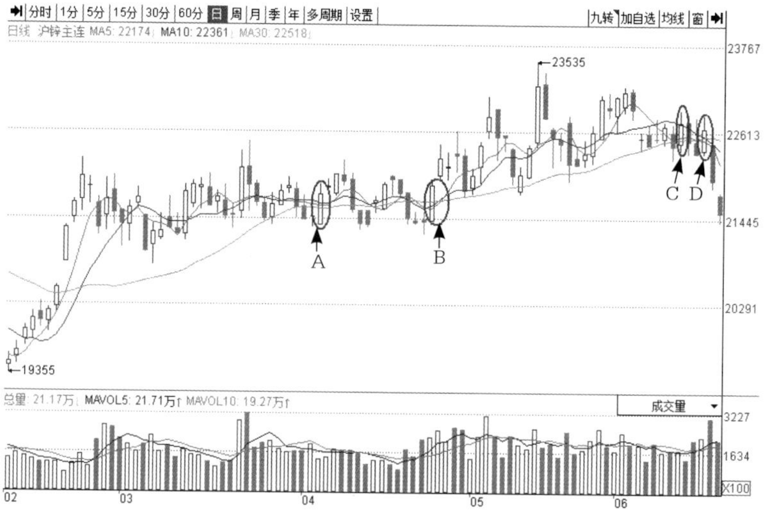

图6.41 沪锌主力合约(zn9999)2021年2月2日至2021年6月21日的日K线图

在A处,期价反复震荡之后,出现蛟龙出海看涨信号,这里可以进场做多,但如果向上不能突破平台压力,要注意卖出,将止损位放在蛟龙出海的最低处即可。

从其后的走势可以看出,期价没有突破上方压力,仍在震荡,所以,多单应注意先出局。

在B处,期价再度出现蛟龙出海看涨信号,仍然可以轻仓做多。从其后的走势可以看出,仍然难有较大的盈利空间。

在C处,期价又出现蛟龙出海看涨信号,如果在这里做多,就会被套。

在D处,期价再度出现蛟龙出海看涨信号,如果在这里做多,不及时出局,可能会被深套。

如果期价处在明显的下跌趋势中,出现反弹,在反弹过程中出现蛟龙出海看涨信号,这很可能是主力在诱多,多单要小心,交易者要有随时出局观望的思维。如果特别想操作,要严格以蛟龙出海的最低点为止损位。

图6.42显示的是动力煤主力合约(zc9999)2019年9月2日至2020年4月1日的日K线图。

动力煤主力合约(zc9999)的价格经过一波反弹上涨,创出597.4元高点。随后期价就开始震荡下跌,先是跌破5日均线,然后又跌破10日均线,最后跌破30日均线, 这样均线就呈空头排列, 即期价重新进入下跌行情中。

图6.42　动力煤主力合约（zc9999）2019年9月2日至2020年4月1日的日K线图

在明显的下跌行情中, 期价沿着均线下跌。经过一波明显的下跌之后, 开始震荡反弹, 反弹力量不强, 几乎是横盘震荡。在反弹行情的末端, 主力来了一个诱多。即在A处, 一根大阳线同时站上5日、10日、30日均线, 即出现蛟龙出海看涨信号。但交易者要明白, 当前是震荡下跌行情, 能否转势, 仍要谨慎。

从其后的走势可以看出, 期价出现蛟龙出海后, 虽然继续沿着均线上涨几天, 但上涨无力, 上涨结束后, 就开始了新的一波下跌行情。所以, 在A处做多的交易者, 不及时卖出, 就会被套。如果死扛下跌行情, 最终一定会损失惨重。

第 7 章

看跌K线组合量化实战技巧

在下跌初期或下跌途中，交易者如果能够清楚、透彻地了解看跌K线组合的含义，那么，多单就不会再抱有幻想，从而及时出局，减少损失。另外，交易者要及时转变思维，由前期的逢低做多，改为逢高做空，这样就不会错过大好的做空盈利机会。

本章主要内容包括：

- ✓ 空方尖兵量化实战技巧
- ✓ 降势三鹤量化实战技巧
- ✓ 黑三兵量化实战技巧
- ✓ 高位出逃形量化实战技巧
- ✓ 绵绵阴跌形量化实战技巧
- ✓ 徐缓下跌形量化实战技巧
- ✓ 下降抵抗形量化实战技巧
- ✓ 卜跌不止形量化实战技巧
- ✓ 两黑夹一红量化实战技巧
- ✓ 断头铡刀量化实战技巧

7.1　空方尖兵和降势三鹤量化实战技巧

下面讲解一下空方尖兵和降势三鹤的基础知识和量化实战应用。

7.1.1　空方尖兵

空方尖兵的特征是：期价在下跌过程中，遇到多方反抗，出现一根下影线，期价随之反弹，但空方很快又发动一次攻势，期价就穿越了前面的下影线。空方尖兵的图形如图7.1所示。

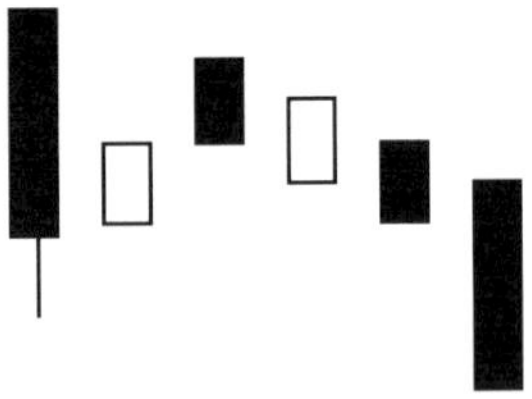

图7.1　空方尖兵

空方尖兵的技术含义是：空方在杀跌前曾做过一次试探性进攻，在K线上留下了一根较长的下影线，有人把它视作深入多方阵地的尖兵，这就是空方尖兵的由来。空方尖兵的出现，表示期价还会下跌。交易者见到该K线组合，要及时看空、做空。

7.1.2　降势三鹤

降势三鹤，又称下降三部曲，其特征是：期价在下跌时出现一根实体较长的阴线，随后连拉出三根向上攀升的实体较为短小的阳线，但最后一根阳线的收盘价仍比前一根大阴线的开盘价要低，之后又出现了一根大阴线，把前面三根小阳线全部或大部分都吞吃了。降势三鹤的图形如图7.2所示。

降势三鹤的出现，表明多方虽然想反抗，但最终在空方的打击下显得不堪一击，这暗示着期价还会进一步向下滑落。交易者见此K线组合，要顺势而为，逢高看空、做空。

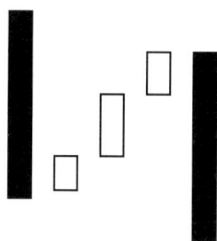

图7.2　降势三鹤

7.1.3　空方尖兵量化实战技巧

如果期价经过长时间的大幅上涨之后，出现见顶信号，多单一定在减仓，但如果期价再出现空方尖兵看跌信号，多单一定要及时清仓出局，然后逢高做空，止损放在空方尖兵的最高点即可。

图7.3显示的是棉纱主力合约（cy9999）2021年2月4日至2021年3月26日的日K线图。

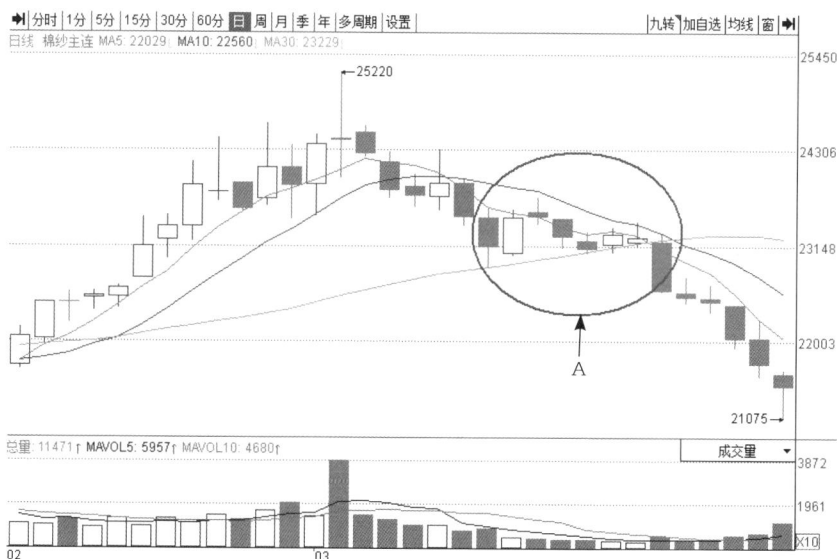

图7.3　棉纱主力合约（cy9999）2021年2月4日至2021年3月26日的日K线图

棉纱主力合约（cy9999）的价格经过一波明显的上涨之后，创出25 220元高点。但需要注意的是，在创出高点这一天，期价收出一根带有长长上下影线的十字线，这是一个见顶转势信号，多单要注意止盈。

随后期价开始下跌，先是跌破5日和10日均线，然后期价继续沿着均线下跌，下跌到30日均线附近，收出一根带有下影线的中阴线。随后期价反弹，然后又震荡下跌，并最终跌破30日均线和创下新低，这样在A处就出现了空方尖兵看空信号。

在A处，手中还有多单的交易者，要及时果断卖出；手中有空单的交易者，可以耐心持有；想做空的交易者，可以逢高做空，将止损位放在空方尖兵的最高点即可。

从其后的走势可以看出，在A处做空的交易者，短时间内就会有不错的投资收益。

如果期价在明显的下降趋势中，出现空方尖兵看跌信号，手中持有空单的交易者，可以耐心持有；手中持有抄底多单的交易者，要及时止损卖出；想做空的交易者，可以以空方尖兵的最高点为止损，逢高做空。

图7.4显示的是粳米主力合约（rr9999）2021年4月8日至2021年10月8日的日K线图。

图7.4　粳米主力合约（rr9999）2021年4月8日至2021年10月8日的日K线图

粳米主力合约（rr9999）的价格经过一波明显的反弹上涨，创出3 700元高点。需要注意的是，期价在创出高点这一天，收出一根带有长长上影线的射击之星见顶信号，这是见顶信号，多单要注意止盈。

随后期价开始沿着均线下跌，先是跌破30日均线，然后继续沿着均线下跌。在明显的下跌行情中，在A处出现空方尖兵看跌信号。手中有空单的交易者，可以耐心持有；手中有抄底多单的交易者，要注意果断止损出局；想做空的交易者，可以以空方尖兵的最高点为止损位，逢高做空。

从其后的走势可以看出，中线持有空单的交易者，就会有丰厚的投资收益。

如果期价经过长时间、大幅度的下跌之后，探明了底部区域，然后震荡上升，这时出现空方尖兵看跌信号，手中持有多单的交易者短线可以减仓，中线多单则可以持仓不动。

图7.5显示的是沪铝主力合约（al9999）2020年12月11日至2021年9月13日的日K线图。

图7.5　沪铝主力合约（al9999）2020年12月11日至2021年9月13日的日K线图

沪铝主力合约（al9999）的价格经过一波明显的下跌之后，期价创下14 600元低点。随后期价在低位区域反复震荡，震荡后，期价开始上涨，即期价沿着均线上涨。

期价经过两波明显的上涨之后，出现明显的回调。在回调的过程中，在A处出现空方尖兵看跌信号。由于当前上涨趋势良好，所以，手中持有多单的短线交易者，可以减仓以应对风险，中线看好其后走势的交易者，则可以耐心持有。

7.1.4　降势三鹤量化实战技巧

如果期价经过长时间、大幅度的上涨之后，出现降势三鹤看跌信号，这表明多方力量已经衰竭，空方力量开始聚集反攻，所以，这时多单要及时清仓出局观望，否则会把获得的收益回吐，甚至不及时出局，还会被套。想做空的交易者，可以以降势三鹤的最高点为止损位，逢高做空。

图7.6显示的是沪铅主力合约（pb9999）2020年7月24日至2020年10月26日的日K线图。

图7.6　沪铅主力合约（pb9999）2020年7月24日至2020年10月26日的日K线图

沪铅主力合约（pb9999）的价格经过长时间、大幅度的上涨之后，创出16 585元高点。需要注意的是，在收出最高点的这一天，却收出一根带有上影线的小阴线，这表明上方已有压力。然后期价开始下跌，在A处出现降势三鹤，这是明显的看跌信号，所以，手中持有多单的交易者，一定要及时卖出，否则会越套越深。想做空的交易者，可以以16 585元高点为止损位，逢高做空。

从其后的走势可以看出，期价开始震荡下跌，中线持有空单的交易者就会有较大投资收益。

如果期价在明显的下降趋势中，出现降势三鹤看跌信号，手中持有空单的交易者，可以耐心持有；手中持有抄底多单的交易者，要及时止损卖出；想做空的交易者，可以以降势三鹤的最高点为止损位，逢高做空。

图7.7显示的是PTA主力合约（ta9999）2018年8月8日至2019年1月2日的日K线图。

图7.7　PTA主力合约(ta9999)2018年8月8日至2019年1月2日的日K线图

PTA主力合约(ta9999)的价格经过一波明显的上涨之后,创出8 062元高点。随后期价开始震荡下跌,经过一波明显的下跌之后,期价开始反弹,正好反弹到30日均线,期价再度下跌。

期价在明显的下跌行情中,出现降势三鹤看跌信号,即A和B处,手中持有空单的交易者,可以耐心持有;持有抄底多单的交易者,要及时卖出;想做空的交易者,可以以降势三鹤最高点为止损位,逢高做空。

期价经过快速下跌之后,出现反弹,在反弹末端出现降势三鹤看跌信号,即C处,这是新的做空位置。

如果期价已经过长时间、大幅度的下跌并且探明了底部,然后开始震荡上升,在上涨初期或上涨途中出现降势三鹤K线组合,持有多单的交易者不必恐慌,很可能是主力在诱空。

图7.8显示的是沪铅主力合约(pb9999)2020年3月11日至2020年8月6日的日K线图。

沪铅主力合约(pb9999)的价格经过长时间、大幅度的下跌之后,创下12 620元低点,然后期价开始震荡上涨,先是站上5日均线,接着又站上10日均线,最后又站上30日均线,这样均线就呈多头排列,即期价进入上涨趋势中。

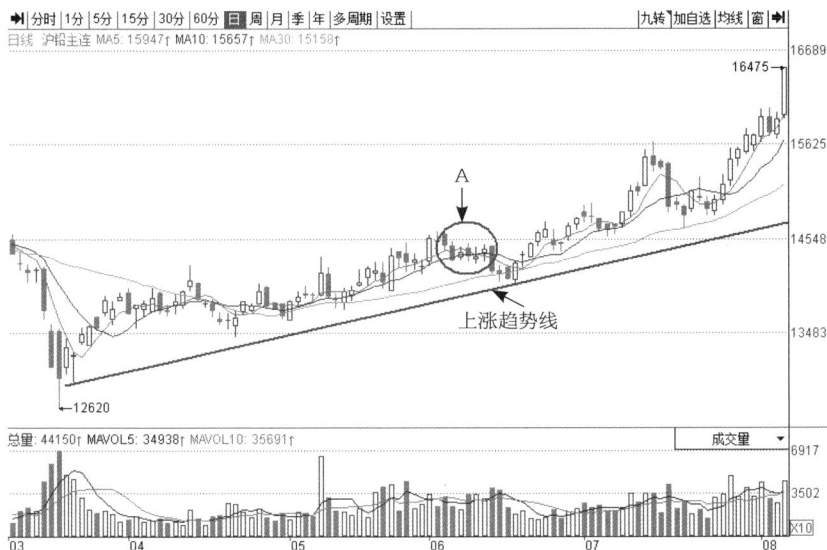

图7.8 沪铅主力合约(pb9999)2020年3月11日至2020年8月6日的日K线图

经过近一个月时间的上涨之后,期价出现回调,如果回调出现降势三鹤看跌信号,即A处。手中持有多单的短线交易者可以减仓以应对风险,中线交易者可以耐心持有多单。

从其后的走势可以看出,耐心持有多单的交易者,就会有丰厚的投资收益。

7.2 黑三兵和高位出逃形量化实战技巧

下面讲解一下黑三兵和高位出逃形的基础知识和量化实战应用。

7.2.1 黑三兵

黑三兵的特征是:连续出现三根小阴线,其中最低价一根比一根低。因为这三根小阴线像三个穿着黑色服装的卫兵在列队,故名为"黑三兵"。黑三兵的图形如图7.9所示。

黑三兵在上升行情中出现,特别是期价有了较大升幅之后出现,暗示着行情快要转为跌势;黑三兵如果在下跌行情后期出现,特别是期价已有一段较大的跌幅或连续急跌后出现，暗示探底行情短期内即将结束，并可能转为一轮升势。所以，交易者见到该 K 线组合，可以根据其所在位置，决定投资策略，即在上升行情中出现，要适量看空、做空；在下跌行情中出现，要适量看多、做多。

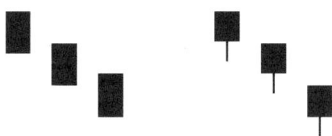

图7.9　黑三兵

7.2.2　高位出逃形

高位出逃形的特征是：在跌势中，期价某天突然大幅高开，有的以涨停板开盘，但当天就被空方一路打压，收出一根大阴线，有的可能以跌停板收盘。高位出逃形的图形如图7.10所示。

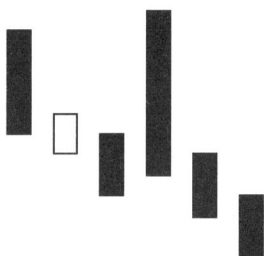

图7.10　高位出逃形

高位出逃形多数是被套庄家利用朦胧消息拉高出货所致，一般情况下，在这根大阴线之后，期价将有一段较大的跌势。交易者看到该 K 线组合，唯一的选择就是快速卖出手中的多单。

💡 提　醒

当期价趋势向下时，一些在高位没有出完货的主力，会设置许多诱多陷阱，目的是诱导不明真相的交易者盲目跟进，趁机将多单筹码抛售给他们。据多年实战经验，高位出逃形是相当常用的诱多陷阱，也是主力多单大逃亡的一种非常重要的手段。

7.2.3 黑三兵量化实战技巧

如果期价经过长时间、大幅度的上涨之后，出现见顶信号，多单一定要减仓，但如果再出现黑三兵看跌信号，多单一定要及时清仓出局观望。想做空的交易者，可以以黑三兵的最高点为止损位，逢高做空。

图7.11显示的是苹果主力合约（ap9999）2020年4月22日至2020年9月3日的日K线图。

图7.11　苹果主力合约（ap9999）2020年4月22日至2020年9月3日的日K线图

苹果主力合约（ap9999）的价格经过一波明显的上涨之后，创出9 409元高点。但需要注意的是，期价在创出高点这一天，收出一根带有长长上影线的小阴线，这表明上方已有压力。

随后期价在高位震荡两个交易日后，又来了一根大阳线诱多，接着期价开始连续三个交易日下跌，即在A处出现黑三兵看跌信号。这是高位看跌信号，所以，手中还有多单的交易者，要及时果断卖出；手中持有空单的交易者，可以耐心持有；想做空的交易者，可以以黑三兵的最高点为止损位，逢高做空。

从其后的走势可以看出，期价在高位震荡后，就开始了一波明显的下跌行情，中线持有空单的交易者，就会有相当丰厚的投资收益。

如果期价在明显的下降趋势中，出现较大幅度的反弹上涨，在反弹末期出现黑三兵看跌信号，手中持有空单的交易者，可以耐心持有；手中持有抄底多单的交易者，要及时止损卖出；想做空的交易者，可以以黑三兵的最高点为止损位，逢高做空。

图7.12显示的是豆油主力合约（y9999）2019年12月12日至2020年3月12日的日K线图。

图7.12 豆油主力合约（y9999）2019年12月12日至2020年3月12日的日K线图

豆油主力合约（y9999）的价格经过一波明显的上涨之后，创出6950元高点。需要注意的是，在创出高点这一天，期价收出一根带有较长下影线的吊颈线，这是一个转势信号，所以，多单要注意减仓或清仓以应对风险。

期价创出6950元高点后，开始下跌，并且连续收出三根阴线，即在A处出现黑三兵看跌信号。这表明期价要开始进入下跌行情，所以，手中还有多单的交易者，要及时卖出；想做空的交易者，可以以黑三兵的最高点为止损位，逢高做空。

随后期价跌破30日均线，在30日均线震荡后，继续下跌，并且是快速下跌。期价快速下跌之后，开始反弹，正好反弹到10日均线附近，就反弹无力了。随后在B处出现黑三兵K线组合，这是明显的看跌信号，预示着新的下跌行情开始，所以，手中有抄底多单的交易者，一定要果断及时卖出；想做空的交易者，可以以黑三兵的最高点为止损位，逢高做空。

从其后的走势可以看出，在B处做空的交易者，只要耐心持有，也会有丰厚的投资回报。

如果期价已经过长时间、大幅度的下跌并且探明了底部，然后开始震荡上升，在上涨初期或上涨途中出现黑三兵K线组合，持有多单的交易者不必恐慌，很可能是主力在诱空。

图7.13显示的是豆二主力合约（b9999）2019年4月13日至2019年9月21日的日K线图。

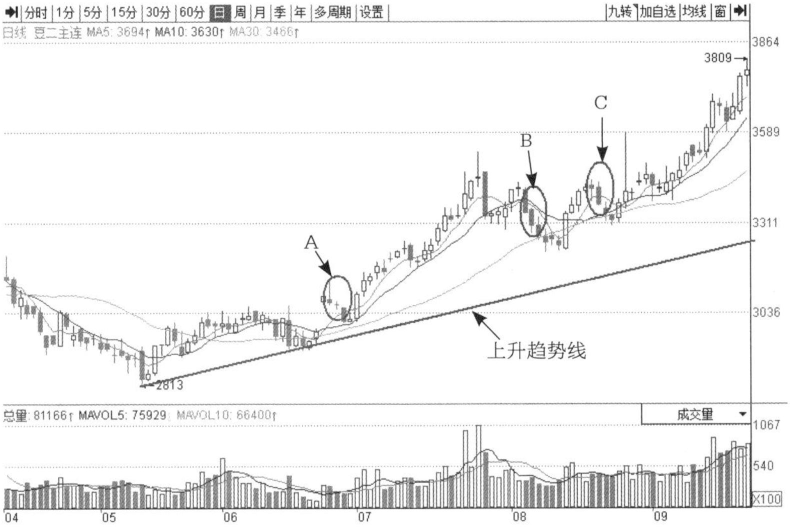

图7.13　豆二主力合约（b9999）2019年4月13日至2019年9月21日的日K线图

豆二主力合约（b9999）的价格经过长时间、大幅度的下跌之后，创下2 813元低点。随后期价开始上涨，先是一根大阳线同时站上5日和10日均线，然后继续上涨，最后站上30日均线。

期价站上30日均线后，开始震荡，低位区域反复震荡之后，期价跳空高开上涨。期价跳空高开上涨后，就出现三连阴走势，即在A处出现黑三兵K线组合。虽然黑三兵是看跌信号，但这里刚刚上涨，并且期价正好回调到10日均线附近，所以，可以以10日均线或30日均线为止损位，逢低做多。

期价在A处企稳后，就出现一波明显的上涨行情。期价这一波上涨行情结束后，出现回调。在回调过程中，于B处出现黑三兵K线组合。虽然黑三兵是看跌信号，但当前上涨趋势良好，所以，短线交易者可以减仓以应对风险；看好该期货合约后期走势的交易者，可以耐心持有。

从其后的走势可以看出，期价出现黑三兵后，并没有出现较大幅度的下跌，而是在低位震荡后，再度大阳线拉涨，重新站上所有均线，所以，短线减仓多单的交易者,很难再把多单补回来。

同理,在C处也出现黑三兵看跌信号,这也是主力在诱空,所以,最好的方式是持有多单不动,中线持有,往往会有较大的投资回报。

7.2.4　高位出逃形量化实战技巧

如果期价经过长时间、大幅度的上涨之后,出现高位出逃形,多单一定要及时清仓出局观望。想做空的交易者,可以以高位出逃形的最高点为止损位,逢高做空。

图7.14显示的是沪铅主力合约(pb9999)2021年6月21日至2021年9月22日的日K线图。

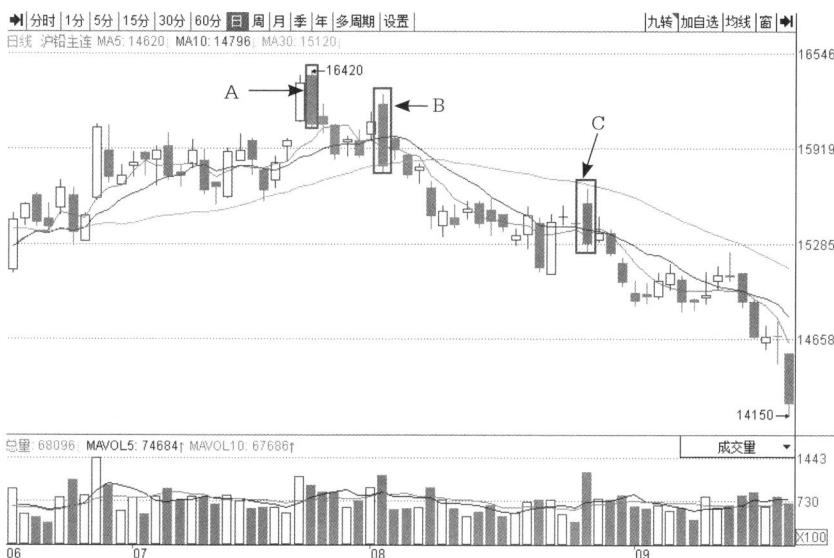

图7.14　沪铅主力合约(pb9999)2021年6月21日至2021年9月22日的日K线图

沪铅主力合约(pb9999)的价格经过长时间的上涨之后,在高位震荡,经过近二十个交易日的震荡之后,迎来一根高开高走的大阳线,很多交易者认为这是一根向上突破大阳线,期价要开始新的一波上涨行情了,纷纷进场做多。但随后就是一根高开低走的大阴线,即在A处出现高位出逃形大阴线。这表明上涨为假,下跌为真,所以,多单要及时卖出,想做空的交易者,可以以16 420元为止损位,逢高做空。

A处大阴线下跌之后,期价在30日均线上方继续震荡,震荡几个交易日后,又迎来一根高开低走的大阴线，即在B处又出现高位出逃形大阴线，这表明期价要开始下跌，如果手中还有多单的交易者，应及时果断止损卖出。手中有空单的交易者，耐心持有。想继续做空的交易者，可以以B处大阴线的最高点为止损位，逢高做空。

随后期价就开始下跌，跌破30日均线后，继续下跌。经过一波下跌之后，又开始震荡反弹，注意这一波反弹很弱，几乎是横盘震荡，反弹的末端，又在C处出现高开低走大阴线，即在C处出现高位出逃形大阴线。这也是明显的做空信号，所以，手中有抄底多单的交易者应及时卖出，可以逢高做空，将止损位放在C处大阴线的最高点即可。

如果期价在明显的下降趋势中，出现较大幅度的反弹上涨，在反弹末期出现高位出逃形看跌信号，手中持有空单的交易者，可以耐心持有；手中持有抄底多单的交易者，要及时止损卖出；想做空的交易者，可以以高位出逃形的最高点为止损位，逢高做空。

图7.15显示的是沪银主力合约（ag9999）2021年5月6日至2021年9月30日的日K线图。

图7.15　沪银主力合约（ag9999）2021年5月6日至2021年9月30日的日K线图

沪银主力合约（ag9999）的价格经过一波明显的上涨之后，创出5992元高点。然后期价在高位震荡，在震荡过程中，在A处出现高位出逃形，这表明期价可能要下跌，所以，多单要注意卖出，想做空的交易者，可以以A处的大阴线最高点为止损位，逢高做空。

随后期价开始震荡下跌, 在 B 处, 期价正好反弹到 30 日均线附近, 出现高位出逃形大阴线, 这表明反弹结束, 又要开始新的一波下跌了, 所以在 B 处, 有抄底多单的交易者, 要及时卖出; 想做空的交易者, 以 B 处大阴线的最高点为止损位, 逢高做空。

如果期价已经过长时间、大幅度的下跌并且探明了底部, 然后开始震荡上升, 在上涨初期或上涨途中出现高位出逃形 K 线组合, 持有多单的交易者不必恐慌, 很可能是主力在诱空。短线交易者可以减仓或清仓以应对风险, 中线交易者可以耐心持有。

图 7.16 显示的是棉花主力合约 (cf9999) 2020 年 3 月 12 日至 2020 年 6 月 9 日的日 K 线图。

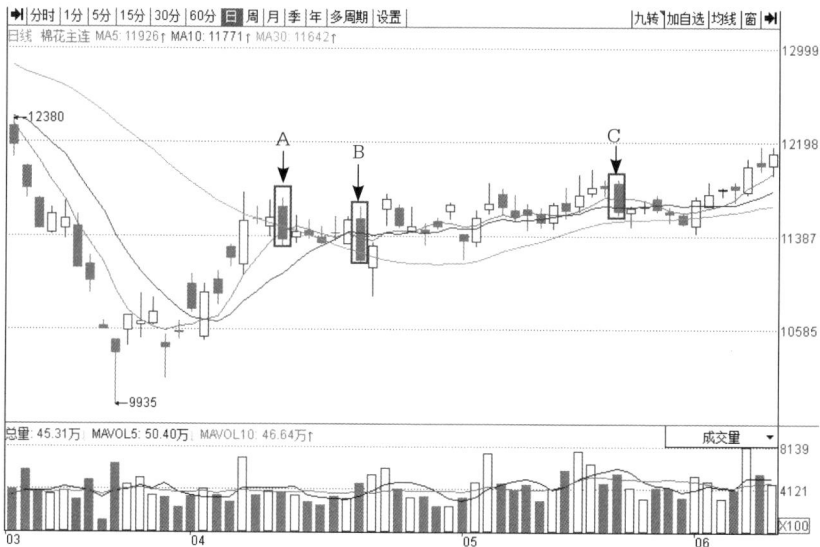

图 7.16　棉花主力合约 (cf9999) 2020 年 3 月 12 日至 2020 年 6 月 9 日的日 K 线图

棉花主力合约 (cf9999) 的价格经过长时间、大幅度的下跌之后, 创下 9 935 元低点。随后期价在低位震荡, 经过几个交易日的震荡之后, 期价开始上涨, 先是一根大阳线同时站上 5 日和 10 日均线, 然后期价继续沿着均线上涨, 上涨到 30 日均线附近, 再度出现震荡。

在 30 日均线附近, 出现高开低走的大阴线, 即在 A 处出现高位出逃形。需要注意的是, 期价刚刚上涨, 并且涨幅不大, 所以, 短线交易者, 可以减仓以应对风险, 中线交易者耐心持有即可。从其后的走势可以看出, 期价继续震荡, 并没有出现下跌。

同理，在B处出现的高位出逃形，操作策略同A处，在B处减仓后，也很难有较好的多单介入位置。

在C处，再度出现高位出逃形，操作策略同A处。

从其后的走势可以看出，期价在30日均线附近反复震荡后，开始一波明显的上涨行情，中线持有多单的交易者，往往会有较大的投资收益。

7.3 绵绵阴跌形和徐缓下跌形量化实战技巧

下面讲解一下绵绵阴跌形和徐缓下跌形的基础知识和量化实战应用。

7.3.1 绵绵阴跌形

绵绵阴跌形，经常在盘整后期出现，由若干根小K线组成，一般不少于八根，其中小阴线居多，中间也可夹杂着一些小阳线、十字线，但这些K线排列呈略微向下倾斜状。绵绵阴跌形的图形如图7.17所示。

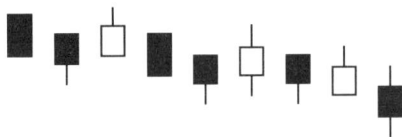

图7.17　绵绵阴跌形

绵绵阴跌，虽然跌幅不大，但犹如黄梅天的阴雨下个不停，从而延长了下跌的时间和拓展了下跌的空间，期价很可能长期走弱。期市中有一句俗语，"急跌不怕，最怕阴跌。"因为有经验的交易者知道，期价急跌后恢复得也很快，但阴跌就不同，往往下跌无期，对多方杀伤相当厉害。交易者见此K线组合，多单应及早做出止损离场的决定。

7.3.2 徐缓下跌形

徐缓下跌形的特征是：在下跌行情的初期，连续出现几根小阴线，随后出现一根或两根中阴线或大阴线。徐缓下跌形的图形如图7.18所示。

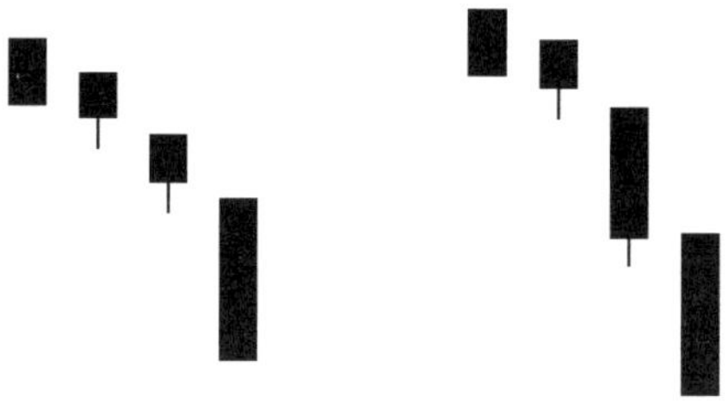

图7.18　徐缓下跌形

徐缓下跌形是一个明显的卖出信号，因为该K线组合中的最后的大阴线表明空方力量正在逐步壮大，后市虽有波折，但总趋势向下的格局已经初步奠定。交易者见此K线组合，应该以看空、做空为主。

7.3.3　绵绵阴跌形量化实战技巧

如果期价在明显的下降趋势中出现反弹，在反弹末期出现绵绵阴跌形看跌信号，手中持有空单的交易者，可以耐心持有；手中持有抄底多单的交易者，要及时止损卖出；想做空的交易者，可以以绵绵阴跌形的最高点为止损位，逢高做空。

图7.19显示的是生猪主力合约（lh9999）2021年2月5日至2021年9月23日的日K线图。

图7.19　生猪主力合约（lh9999）2021年2月5日至2021年9月23日的日K线图

生猪主力合约（lh9999）的价格经过一波明显的上涨行情之后，创出29 805元高点。需要注意的是,在创出高点这一天,期价收出一根高开低走的大阴线,即高位出逃形。随后期价在高位震荡,在震荡末端出现绵绵阴跌形,即A处,这是明显的看空信号,并且一旦跌下来,就会下跌很长时间,所以,在A处,手中有多单的交易者要及时卖出,想做空的交易者,可以以绵绵阴跌形的最高点为止损位,逢高做空。

期价经过一波下跌之后,再度震荡,需要注意的是,这一波震荡行情,期价处在30日均线之下,即期价在下跌趋势中。在震荡末端再度出现绵绵阴跌形,即B处。这是一个明显的看跌信号,有抄底多单的交易者,一定要及时卖出。想做空的交易者,以绵绵阴跌形的最高点为止损位,逢高做空。

同理,在C和D处,都是在反弹末端出现绵绵阴跌形,这些都是看空信号,所以,有抄底多单的交易者,一定要及时卖出。想做空的交易者,可以以绵绵阴跌形的最高点为止损位,逢高做空。

如果期价已经过长时间、大幅度的下跌并且探明了底部,然后开始震荡上升,在上涨初期或上涨途中出现绵绵阴跌形K线组合,持有多单的交易者不必恐慌,很可能是主力在诱空。短线交易者可以减仓或清仓以应对风险,中线交易者可以耐心持有。

图7.20显示的是豆粕主力合约(m9999)2019年1月8日至2019年6月4日的日K线图。

图7.20　豆粕主力合约(m9999)2019年1月8日至2019年6月4日的日K线图

豆粕主力合约（m9999）的价格经过长时间、大幅度的下跌之后，创下2467元低点。随后期价开始震荡上涨，先是站上5日均线，然后又站上10日均线，最后站上30日均线。这样均线就慢慢呈多头排列，即行情进入上涨趋势中。

期价一根大阳线上涨之后，开始震荡，在震荡过程中出现绵绵阴跌形，即A处。这是一个明显的看空信号，但交易者一定要明白，当前期价刚刚转为上涨行情，并且上涨幅度较小，所以，多单不用过分担心，短线交易者可以减仓以应对风险，中线交易者可以耐心持有多单。

从其后的走势可以看出，A处绵绵阴跌形后，期价就在低位震荡，正好在上升趋势线附近企稳，即在上升趋势线附近收出一根带有长长下影线的锤头钱，这是一个见底K线，所以，前期减仓的交易者，可以在这里把多单仓位补回来。

随后期价开始震荡上涨，期价站上5日、10日、30日均线后，沿着5日和10日均线出现一波明显的上涨行情。中线持有多单的交易者，就会有丰厚的投资回报。

7.3.4　徐缓下跌形量化实战技巧

如果期价经过长时间、大幅度的上涨之后，出现见顶信号，多单一定要减仓，但如果再出现徐缓下跌形看跌信号，多单一定要及时清仓出局观望。想做空的交易者，可以以徐缓下跌形的最高点为止损位，逢高做空。

图7.21显示的是纸浆主力合约（sp9999）2020年12月30日至2021年6月4日的日K线图。

纸浆主力合约（sp9999）的价格经过长时间、大幅度的上涨之后，创出7652元高点。随后期价在高位震荡，震荡近一个月时间后，出现快速下跌。

快速下跌后，又出现快速反弹，然后在高位震荡。在高位震荡的末端，先出现一根十字线，这是一个转势信号。随后期价就在A处出现徐缓下跌形K线组合，这是一个明显的看空信号，所以，手中还有多单的交易者，要第一时间卖出。手中有空单的交易者可以耐心持有。想做空的交易者，可以以徐缓下跌形的最高点为止损位，逢高做空。

从其后的走势可以看出，徐缓下跌形出现后，期价就开始沿着5日均线出现一波明显的下跌行情，做空的交易者，只要耐心持有，就会有相当丰厚的投资收益。

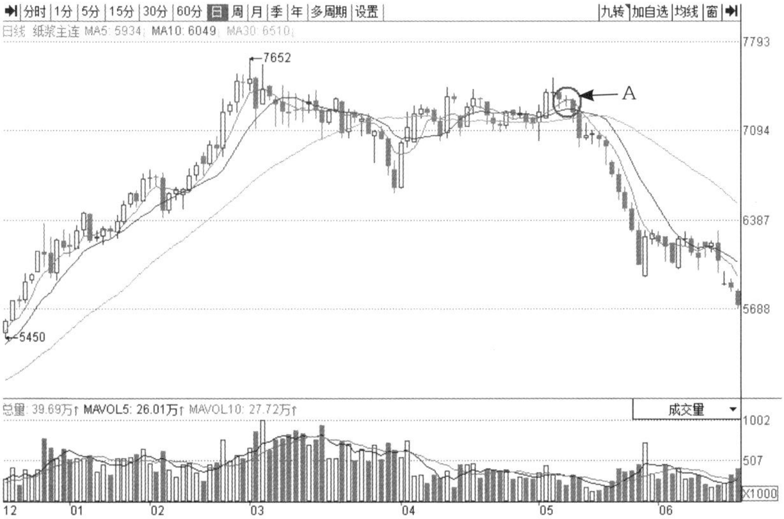

图7.21　纸浆主力合约（sp9999）2020年12月30日至2021年6月4日的日K线图

如果期价在明显的下降趋势中，出现较大幅度的反弹上涨，在反弹末期出现徐缓下跌形看跌信号，手中持有空单的交易者，可以耐心持有；手中持有抄底多单的交易者，要及时止损卖出；想做空的交易者，可以以徐缓下跌形的最高点为止损位，逢高做空。

图7.22显示的是玉米主力合约（c9999）2021年4月13日至2021年9月17日的日K线图。

图7.22　玉米主力合约（c9999）2021年4月13日至2021年9月17日的日K线图

玉米主力合约（c9999）的价格经过一波明显的反弹上涨之后，创出2 887元高点。随后期价开始震荡下跌走势。在明显的震荡下跌行情中，期价每次快速下跌后都会有反弹，在反弹结束后就会开始新的一波下跌。

在A处，期价反弹末端，出现徐缓下跌形K线组合，这是一个明显的看空信号，有抄底多单的交易者，要及时卖出。手中已有空单的交易者，耐心持有即可。想做空的交易者，可以以徐缓下跌形的最高点为止损位，逢高做空。

从其后的走势可以看出，在A处做空的交易者，只要耐心持有，就会有不错的投资收益。当然，如果交易者手中的多单没有在A处出局，在这一波下跌行情中，会损失惨重。

如果期价已经过长时间、大幅度的下跌并且探明了底部，然后开始震荡上升，在上涨初期或上涨途中出现徐缓下跌形K线组合，持有多单的交易者不必恐慌，很可能是主力在诱空。短线交易者可以减仓或清仓以应对风险，中线交易者可以耐心持有。

图7.23显示的是沪铅主力合约（pb9999）2020年3月3日至2020年8月6日的日K线图。

图7.23　沪铅主力合约（pb9999）2020年3月3日至2020年8月6日的日K线图

沪铅主力合约（pb9999）的价格经过长时间、大幅度的下跌之后，创下12 620元低点。随后期价开始震荡上涨，先是站上5日均线，然后又站上10日均线，最后又站稳30日均线，这样均线就慢慢变成多头排列，即期价进入震荡上涨行情中。

期价在震荡上涨过程中，几乎每次回调到30日均线，期价就会得到支撑，重新上涨，所以，30日均线附近可以作为交易者做多的止损位置。

期价经过一波拉涨之后，然后在A处出现徐缓下跌形K线组合，这是一个看跌信号。但交易者要明白，当前上涨趋势良好，30日均线不跌破，多单就不用过分害怕。所以，在A处，短线交易者可以减仓以应对风险，中线交易者可以耐心持有。

从其后的走势可以看出，期价又在30日均线附近企稳，然后开始新的一波上涨行情，中线持有多单的交易者，往往会有丰厚的投资回报。

7.4　下降抵抗形和下跌不止形量化实战技巧

下面讲解一下下降抵抗形和下跌不止形的基础知识和量化实战应用技巧。

7.4.1　下降抵抗形

下跌抵抗形的特征是：在期价下降过程中，连续跳空低开，并收出众多阴线，其中夹杂着少量阳线，但这些阳线收盘价均比前一根K线的收盘价要低。下降抵抗形的图形如图7.24所示。

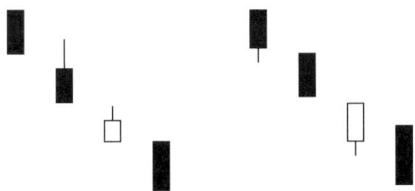

图7.24　下降抵抗形

下降抵抗形K线组合，反映多方不甘心束手就擒，不时地组织力量进行反抗，但终因大势所趋，无力回天，在空方的打击下，期价又出现惯性下滑。交易者见此K线组合，应以看空、做空为主，不要轻易去抢反弹。

7.4.2　下跌不止形

下跌不止形的特征是：在下跌过程中，众多阴线中夹杂着较少的小阳线，期价一路下滑。下跌不止形的图形如图7.25所示。

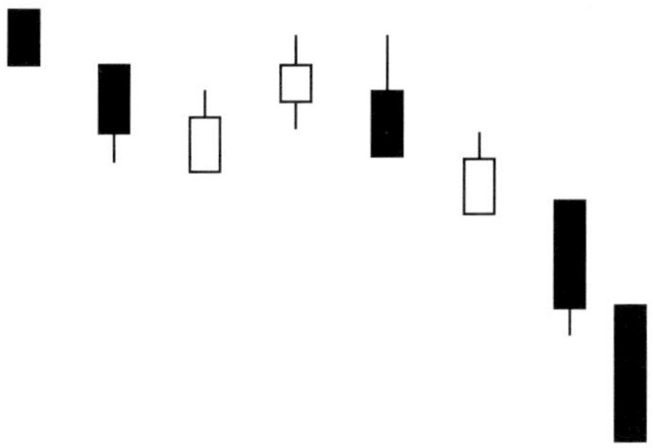

图7.25　下跌不止形

下跌不止形的出现，表明期价仍会继续下跌。交易者见此K线组合后，要认清方向，手中还有多单的交易者，越早止损，损失越少。

下跌不止形和绵绵阴跌形、徐缓下跌形、下降抵抗形的区别是：下跌不止形形成于下跌过程中，虽然出现少量上涨的K线，但仍然止不住下跌的趋势，这表明空方的力量占据上风；绵绵阴跌形出现在期价经过一段盘整的后期，反映空方力量在悄悄地积累；徐缓下跌形是先小阴线下跌，然后拉出中、大阴线，反映空方势力日益强大；下降抵抗形是连续低开，说明盘中空方力量十分强大。

从推动期价下滑的短期作用来说，力量最强的是下降抵抗形，其次是徐缓下跌形，再次是下跌不止形，最后一位是绵绵阴跌形。但这只对短线操作有参考价值，对中长线操作而言，绵绵阴跌形走势最让人担心。

7.4.3　下降抵抗形量化实战技巧

如果期价经过长时间、大幅度的上涨之后，出现见顶信号，多单一定要减仓，但如果再出现下降抵抗形看跌信号，多单一定要及时清仓出局观望。想做空的交易者，可以以下降抵抗形的最高点为止损位，逢高做空。

图7.26显示的是苹果主力合约（ap9999）2020年4月22日至2020年9月3日的日K线图。

苹果主力合约（ap9999）的价格经过一波明显的上涨之后，创出9409元高点。需要注意的是，在创出高点这一天，期价收出一根带有长长上影线的小阴线，这表明上方已有压力。随后几天，期价继续在高位震荡，迎来一根诱多大阳线，随后三连阴下跌，表明下方已无力，主力在诱多出货，所以，多单要注意止盈卖出。

期价在高位反复震荡之后开始下跌。在下跌初期阴阳交错，即在A处出现下降抵抗形K线组合,这是看空信号,所以,手中还有多单的交易者要及时卖出。手中已有空单的交易者,耐心持有即可。想做空的交易者,可以以下降抵抗形的最高点为止损位,逢高做空。

期价沿着均线不断下跌之后,出现反弹,在反弹末端出现倾盆大雨见顶信号,即B处。所以,在B处,有抄底多单的交易者,及时果断止损出局;持有空单的交易者耐心持有即可;想做空的交易者,以B处的最高点为止损位即可。

在沿着均线下跌的过程中,期价在C处再度出现下降抵抗形K线组合,这是看空信号,其操作策略同A处。

从其后的走势可以看出,中线持有空单的交易者,往往会获得意想不到的丰厚投资回报。

图7.26　苹果主力合约(ap9999)2020年4月22日至2020年9月3日的日K线图

如果期价在明显的下降趋势中出现较大幅度的反弹上涨,在反弹末期出现下降抵抗形看跌信号,手中持有空单的交易者,可以耐心持有;手中持有抄底多单的交易者,要及时止损卖出;想做空的交易者,可以以下降抵抗形的最高点为止损位,逢高做空。

图7.27显示的是玻璃主力合约(fg9999)2021年3月17日至2021年9月16日的日K线图。

玻璃主力合约(fg9999)的价格经过长时间、大幅度的上涨之后,创出3 163

元高点。需要注意的是,在创出高点这一天,期价收出一根带有长长上影线的中阴线,这表明上方已有压力。

随后期价在高位震荡四个交易日后,开始快速下跌。快速下跌之后,就开始震荡下跌。在A处,期价反弹到30日均线附近就开始下跌,这时出现下降抵抗形K线组合,这是明显的看空信号,手中有抄底多单的交易者要及时卖出,手中有空单的交易者应耐心持有。想做空的交易者,可以以下降抵抗形的最高点为止损位,逢高做空。

从其后的走势可以看出,在A处做空的交易者,短短几个交易日,就会有不错的投资收益。

图7.27　玻璃主力合约（fg9999）2021年3月17日至2021年9月16日的日K线图

如果期价已经过长时间、大幅度的下跌并且探明了底部,然后开始震荡上升,在上涨初期或上涨途中出现下降抵抗形K线组合,持有多单的交易者不必恐慌,很可能是主力在诱空。短线交易者可以减仓或清仓以应对风险,中线交易者可以耐心持有。

图7.28显示的是沪银主力合约（ag9999）2020年3月12日至2020年8月6日的日K线图。

沪银主力合约（ag9999）的价格经过连续快速的大幅下跌之后,创下2 857元低点。需要注意的是,在创出低点这一天,期价收出一根十字线,这是一根转势K线,所以,手中有空单的交易者要特别注意。

图7.28　沪银主力合约（ag9999）2020年3月12日至2020年8月6日的日K线图

随后期价开始上涨，拉出一根大阳线，这表明大幅下跌之后，期价要开始反弹，所以，空单最好果断止盈。接着期价开始大幅反弹，先是站上5日均线，然后又站上10日均线，最后站上30日均线，这样慢慢地均线就呈多头排列，即期价进入上涨行情中。

期价站上30日均线之后，出现调整，即在A处出现下降抵抗形K线组合，虽然这是一个看空信号，但交易者要注意的是，期价刚刚转为上涨行情，并且期价始终在30日均线上方，所以，短线交易者可以减仓以应对风险，中线交易者耐心持有即可。

从其后的走势可以看出，期价正好回调到30日均线附近企稳，然后继续震荡，充分震荡后，开启了一波明显的上涨行情，中线持有多单的交易者，就会获得相当丰厚的投资回报。

7.4.4　下跌不止形量化实战技巧

如果期价经过长时间、大幅度的上涨之后，出现见顶信号，多单一定要减仓，但如果再出现下跌不止形看跌信号，多单一定要及时清仓出局观望。想做空的交易者，可以以下跌不止形的最高点为止损位，逢高做空。

图7.29显示的是PVC主力合约（v9999）2019年10月31日至2020年3月31日的日K线图。

图7.29　PVC主力合约（v9999）2019年10月31日至2020年3月31日的日K线图

　　PVC主力合约（v9999）的价格经过长时间、大幅度的上涨之后，创出6930元高点。需要注意的是，期价在创出高点这一天，期价收出一根带有较长下影线的小阳线，这表明多空已有分歧，多单要注意保护盈利了。

　　随后期价就开始大阴线杀跌，连续两个交易日的大阴线下跌之后，出现连续五天的小幅反弹，随后期价再度跳空大跌，即在A处出现下跌不止形K线组合，这是一个明显的看空信号，如果这时交易者手中还有多单，就要果断及时卖出。手中有空单的交易者，可以耐心持有。想做空的交易者，可以以下跌不止形的最高点为止损位，逢高做空。

　　从其后的走势可以看出，期价随后震荡下跌，虽然前期跌幅不大，但只要耐心持有，就会有相当丰厚的投资回报。

　　如果期价在明显的下降趋势中出现较大幅度的反弹上涨，在反弹末期出现下跌不止形看跌信号，手中持有空单的交易者，可以耐心持有；手中持有抄底多单的交易者，要及时止损卖出；想做空的交易者，可以以下跌不止形的最高点为止损位，逢高做空。

　　图7.30显示的是焦炭主力合约（j9999）2020年10月30日至2021年3月22日的日K线图。

图7.30　焦炭主力合约（j9999）2020年10月30日至2021年3月22日的日K线图

焦炭主力合约（j9999）的价格经过长时间、大幅度的上涨之后，创出3 036元高点。在创出高点这一天，期价收出一根十字线，这是转势K线，所以，多单要注意止盈。随后期价在高位仅震荡一天，就开始大幅下跌，先是跌破5日均线，然后又跌破10日均线，最后跌至30日均线附近，价格略有企稳。

期价在30日均线附近震荡几个交易日后，开始新的一波下跌。经过八个交易日的下跌之后，期价开始反弹，正好反弹到30日均线附近，期价再度下跌，即在A处出现下跌不止形K线组合，这是一个看跌信号。所以，在A处，手中有抄底多单的交易者，要第一时间卖出；手中有空单的交易者，可以耐心持有；想做空的交易者，可以以下跌不止形的最高点为止损位，逢高做空。

如果期价已经过长时间、大幅度的下跌并且探明了底部，然后开始震荡上升，在上涨初期或上涨途中出现下跌不止形K线组合，持有多单的交易者不必恐慌，很可能是主力在诱空。短线交易者可以减仓或清仓以应对风险，中线交易者可以耐心持有。

图7.31显示的是LPG主力合约（pg9999）2021年3月15日至2021年10月8日的日K线图。

图7.31　LPG主力合约（pg9999）2021年3月15日至2021年10月8日的日K线图

LPG主力合约（pg9999）的价格经过一波明显的下跌，创下3633元低点。随后期价开始上涨，一根大阳线同时站上5日和10日均线，然后继续上涨，期价站上30日均线，这样均线就慢慢呈多头排列，即期价进入震荡上涨行情中。

在上涨行情中，期价沿着5日和10日均线出现一波明显的上涨行情。经过较长时间的上涨之后，期价在开始窄幅震荡，在震荡的末端出现下跌不止形K线组合，即A处。下跌不止形是一种明显的看跌信号，但当前上涨行情保持良好，所以，多单不用过分担心，短线交易者可以减仓多单以应对风险，中线交易者则可以耐心持有。

从其后的走势可以看出，期价充分震荡后，就开始了一波明显的上涨行情，这样中线持有的交易者，就会有丰厚的投资收益。

7.5　两黑夹一红和断头铡刀量化实战技巧

下面讲解一下两黑夹一红和断头铡刀的基础知识和量化实战应用。

7.5.1 两黑夹一红

两黑夹一红的特征是：左右两边是阴线，中间是阳线，两根阴线的实体一般要比阳线实体长。两黑夹一红的图形如图7.32所示。

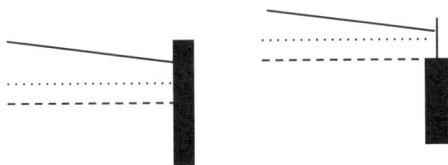

图7.32 两黑夹一红

在下跌行情中，尤其是在下跌的初期阶段，出现两黑夹一红K线组合，表明期价经过短暂整理后，仍会继续下跌。在上涨行情中，出现两黑夹一红K线组合，表明期价升势已尽，很有可能会见顶回落。交易者无论是在升势或跌势中见此K线组合，都要保持高度警惕，多单要有减仓或清仓离场的准备。

7.5.2 断头铡刀

断头铡刀出现在上涨后期或高位盘整期，一根大阴线如一把刀，一下子把短期、中期和长期均线切断，收盘价已在所有均线下方。断头铡刀的图形如图7.33所示。

图7.33 断头铡刀

断头铡刀是一个明显的看跌信号，一般都会引起一轮大的跌势，对多方造成很大的伤害。所以，短线交易者见此信号，多单要及时卖出。

注意：用实线"_____"表示短期移动平均线；用点线"..........."表示中期移动平均线；用虚线"_ _ _ _ _"表示长期移动平均线。

> 💡 **提醒**
>
> 当然标准的断头铡刀是很少见的，但变形的断头铡刀却不少，投资者要学会认真辨别。

7.5.3　两黑夹一红量化实战技巧

如果期价经过长时间、大幅度的上涨之后，出现见顶信号，多单一定要减仓，但如果再出现两黑夹一红看跌信号，多单一定要及时清仓出局观望。想做空的交易者，可以以两黑夹一红的最高点为止损位，逢高做空。

图7.34显示的是苹果主力合约（ap9999）2020年4月22日至2020年8月7日的日K线图。

图7.34　苹果主力合约（ap9999）2020年4月22日至2020年8月7日的日K线图

苹果主力合约（ap9999）的价格经过一波明显的上涨之后，创出9 409元高点。需要注意的是，在创出高点这一天，期价收出一根带有长长上影线的小阴线，这表明上方已有压力。随后几天，期价继续在高位震荡，迎来一根诱多大阳线，随后三连阴下跌，这表明下方已无力，主力在诱多出货，所以，多单要注意止盈卖出。

随后期价在A处出现两黑夹一红K线组合，这是一个看空信号，所以，手中还有多单的交易者，要及时卖出。手中已有空单的交易者，可以耐心持有。想做空的交易者，可以以两黑夹一红的最高点为止损位，逢高做空。

随后期价沿着10日均线震荡下跌，下跌到30日均线附近，再度出现两黑夹一红K线组合，即B处。两黑夹一红是明显的看空信号，所以，B处的操作策略与A处相同。

在明显的下跌行情中,如果出现两黑夹一红K线组合,即C处,表明期价仍有下跌空间,所以,手中的空单仍然可以继续持有。想做空的交易者,仍然可以以C处两黑夹一红的最高点为止损位,逢高做空。

如果期价在明显的下降趋势中,出现较大幅度的反弹上涨,在反弹末期出现两黑夹一红看跌信号,手中持有空单的交易者,可以耐心持有;手中持有抄底多单的交易者,要及时止损卖出;想做空的交易者,可以以两黑夹一红的最高点为止损位,逢高做空。

图7.35显示的是生猪主力合约(lh9999)2021年5月10日至2021年9月15日的日K线图。

图7.35　生猪主力合约(lh9999)2021年5月10日至2021年9月15日的日K线图

生猪主力合约(lh9999)的价格经过一波明显的下跌行情之后,出现反弹,反弹几个交易日后,在A处出现两黑夹一红K线组合,这是一个看跌信号,所以,手中有抄底多单的交易者,要注意止盈。想做空的交易者,可以以两黑夹一红最高点为止损位,逢高做空。

期价在A处反弹见顶后,然后开始横盘震荡,但期价几乎都在30日均线之下。经过较长时间的窄幅震荡之后,期价出现一波明显的下跌行情。

期价经过一波明显的下跌之后,再度反弹,反弹末端再度出现两黑夹一红看跌信号,即B处。B处的操作策略与A处相同。

如果期价已经过长时间、大幅度的下跌并且探明了底部,然后开始震荡上升,然后在上涨初期或上涨途中出现两黑夹一红 K 线组合,持有多单的交易者不必恐慌,很可能是主力在诱空。短线交易者可以减仓或清仓以应对风险,中线交易者可以耐心持有。

图7.36显示的是塑料主力合约(19999)2020年3月11日至2020年7月7日的日 K 线图。

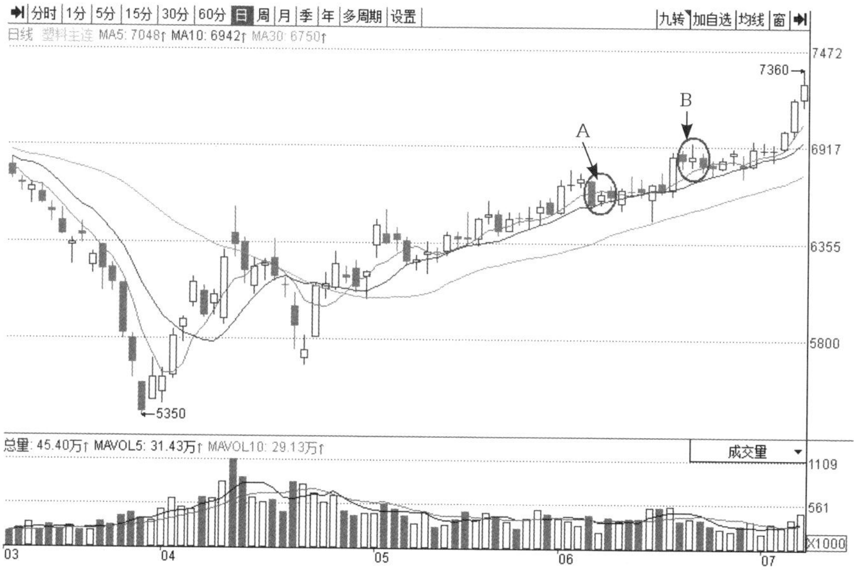

图7.36　塑料主力合约(19999)2020年3月11日至2020年7月7日的日K线图

塑料主力合约(19999)的价格经过长时间、大幅度的下跌之后,创下5 350元低点。随后期价开始震荡上涨,先是站上5日均线,然后又站上10日均线,最后,在30日均线震荡后,站稳30日均线。这样均线就慢慢变成多头排列,即期价进入震荡上涨行情中。

随后期价沿着10日均线震荡上涨,在上涨过程中,在A和B处都出现两黑夹一红 K 线组合。虽然两黑夹一红是看跌信号,但由于当前上涨行情良好,所以,短线交易者可以减仓以应对风险,中线交易者可以耐心持有。

从其后的走势可以看山,A处的两黑夹一红后,期价并没有下跌。B处出现两黑夹一红后,略有下跌,就开始了一波明显的上涨行情。所以,中线持有多单,往往会有较大的投资收益。

7.5.4　断头铡刀量化实战技巧

如果期价经过长时间、大幅度的上涨之后,出现见顶信号,多单一定要减仓,但如果再出现断头铡刀看跌信号,多单一定要及时清仓出局观望。想做空的交易者,可以以断头铡刀的最高点为止损位,逢高做空。

图7.37显示的是沪银主力合约(ag9999)2020年7月8日至2020年9月24日的日K线图。

图7.37　沪银主力合约(ag9999)2020年7月8日至2020年9月24日的日K线图

沪银主力合约(ag9999)的价格经过长时间、大幅度的上涨之后,创出6877元高点。需要注意的是,期价在创出高点这一天,收出一根带有较长上影线的中阴线,这表明上方已有压力,所以,多单要注意止盈。

随后期价在高位震荡盘整,在高位充分震荡之后,在A处,一根大阴线同时跌破5日、10日、30日均线,即在A处出现断头铡刀看跌信号,这意味着期价震荡结束,要开始新的一波下跌行情了。所以,在A处,手中还有多单的交易者,要及时果断卖出;手中有空单的交易者,可以耐心持有。想做空的交易者,可以以断头铡刀这根大阴线的最高点为止损位,逢高做空。

从其后的走势可以看出,A处断头铡刀之后,期价沿着5日均线震荡下跌,最后又迎来一波急跌,这样,中线持有空单的交易者,就会实现丰厚的投资收益。

如果期价在明显的下降趋势中,出现较大幅度的反弹上涨,在反弹末期出现断头铡刀看跌信号,手中持有空单的交易者,可以耐心持有;手中持有抄底多单的交易者,要及时止损卖出;想做空的交易者,可以以两黑夹一红的最高点为止损位,逢高做空。

图7.38显示的是沥青主力合约(bu9999)2020年6月29日至2020年11月6日的日K线图。

图7.38　沥青主力合约(bu9999)2020年6月29日至2020年11月6日的日K线图

沥青主力合约(bu9999)的价格经过一波明显的上涨行情之后,创出2928元高点。随后期价继续在高位震荡,充分震荡之后,在A处,一根中阴线同时跌破5日、10日和30日均线,即A处出现断头铡刀看跌信号,这意味着震荡行情就要结束了,要开始进入新的下跌行情。所以,手中还有多单的交易者,要及时果断卖出;手中有空单的交易者,耐心持有即可;想做空的交易者,可以以断头铡刀的最高点为止损位,逢高做空。

随后期价开始沿着5日均线下跌,经过一波下跌之后,期价开始反弹,但反弹很弱,几乎是横盘整理。经过近二十个交易日的震荡,正好反弹到30日均线附近,期价再度大阴线杀跌,即B处,所以,B处是新的做空位置。

期价经过一波下跌之后,再度反弹,反弹到30日均线附近,再度震荡。充分震荡后,一根阴线同时跌破5日、10日和30日均线,即C处出现断头铡刀看跌信号。所以,在C处,手中还有多单的交易者,要及时果断卖出;手中有空单的交易者,耐心持有即可；想做空的交易者，可以以断头铡刀的最高点为止损位，逢高做空。

如果期价已经过长时间、大幅度的下跌并且探明了底部，然后开始震荡上升，在上涨初期或上涨途中出现断头铡刀看跌信号，持有多单的交易者不必恐慌，很可能是主力在诱空。短线交易者可以减仓或清仓以应对风险，中线交易者可以耐心持有。

图7.39显示的是20号胶主力合约（nr9999）2020年3月18日至2020年10月27日的日K线图。

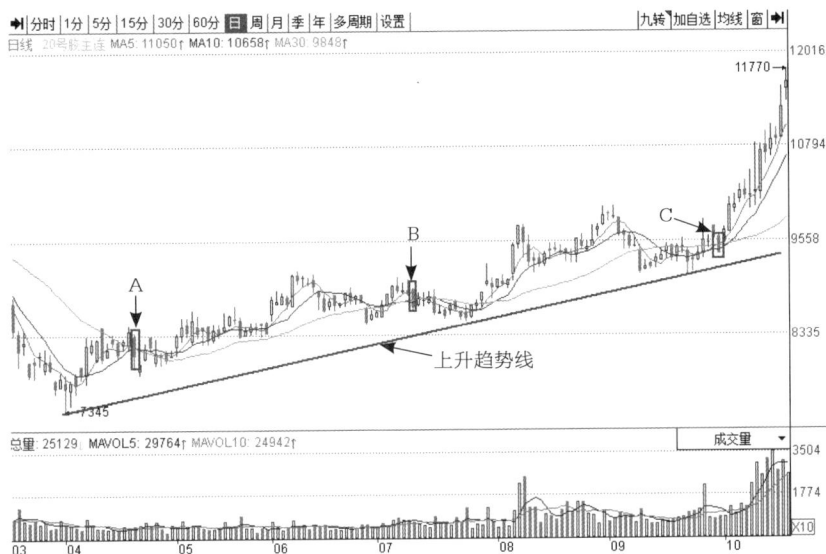

图7.39　20号胶主力合约（nr9999）2020年3月18日至2020年10月27日的日K线图

20号胶主力合约（nr9999）的价格经过长时间、大幅度的下跌之后，创下7345元低点。随后期价开始震荡上涨，先是站上5日均线，然后又站上10日均线，最后期价上涨到30日均线附近。期价在30日均线附近震荡，在A处，一根中阴线同时跌破5日、10日和30日均线，即出现断头铡刀看跌信号。从其后的走势可以看出，这根断头铡刀是多头主力在恐吓交易者，让交易者交出手中低位多单筹码。

期价在30日均线附近充分震荡之后，站稳30日均线，这样均线慢慢变成多头排列，即期价进入震荡上涨行情中。

在B处，期价再度出现断头铡刀看跌信号，但需要注意的是，期价上涨幅度不大，并且期价始终在上升趋势线之上，即上涨趋势良好。所以在B处，持有多单的交易者不必恐慌，短线交易者可以减仓或清仓以应对风险，中线交易者可以耐心持有。

同理，在C处，再度出现断头铡刀看跌信号，其操作策略与B处相同。

第 8 章

其他重要K线量化实战技巧

在运用K线技术时，不能只看其形，重在研究其后的多空力量对比，即要结合K线的位置、时间来看，因为在不同的位置和不同的时间段所表达的信息是不同的。所以，在学习K线时，要多站在主力的角度去思考K线背后的意义，即多空力量的对比情况。

本章主要内容包括：

✓ 大阴线量化实战技巧

✓ 长十字线量化实战技巧

✓ 螺旋桨量化实战技巧

8.1 大阴线量化实战技巧

按实体和影线特征，大阴线一般可分为光头光脚大阴线、光头大阴线、光脚大阴线、穿头破脚大阴线。大阴线的图形如图8.1所示。

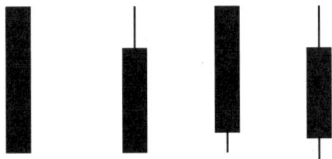

图8.1 大阴线

8.1.1 大阴线的图形概述

某个交易日期价大幅下跌，收盘价明显低于开盘价，就会收出一根大阴线。通常单日大阴线的实体波动幅度为3%以上，它的实体非常长，而上下影线很短或者根本没有。它的出现一般表示卖盘强劲，空方始终占据优势。

8.1.2 大阴线的技术意义

大阴线的力度大小，与其实体长短成正比，即阴线实体越长，力度越大。大阴线的出现，对多方来说是一种不祥的预兆。但事情又不是那么简单，交易者不能把所有的大阴线都看成是后市向淡的信号，有时大阴线出现后，期价不跌反涨。

如何对大阴线进行判断呢？如果期价经过大幅拉升后出现大阴线，这表示期价回调或做头部，应该卖出手中的多单筹码。如果期价经过大幅下跌后出现大阴线，暗示做空能量已经释放得差不多了，根据"物极必反"的原理，此时要弃卖而买，考虑做多。

8.1.3 大阴线的实战操作注意事项

大阴线的实战操作注意事项，具体如下：

第一，期价经过长时间、大幅度的上涨之后，出现大阴线，这表明多方力量已经衰竭，空方力量开始聚集反攻，所以，多单要及时减仓或清仓出局，观望为好。

第二，期价探明高点之后，然后开始震荡下跌，在下跌过程中出现反弹，在反弹末端出现大阴线，这表明市场多方主力出货完毕，抄底多单要及时出局观望。

第三，期价经过长时间、大幅度的下跌之后，又开始加速下跌赶底，这时连续出现大阴线，表明主力在利用大阴线恐吓散户，这里不是卖出多单的位置，反而是等待期价企稳的信号，然后开始进场做多。

第四，如果期价已经过长时间、大幅度的下跌，然后探明了底部，开始震荡上升，在上升初期，如果出现大阴线，短线交易者可以减仓回避风险，中线交易者可以持仓不动。

8.1.4　大阴线量化实战技巧

图8.2显示的是动力煤主力合约（zc9999）2021年2月23日至2021年5月21日的日K线图。

图8.2　动力煤主力合约（zc9999）2021年2月23日至2021年5月21日的日K线图

动力煤主力合约（zc9999）的价格从588.2元一路上涨到944.2元，仅用了两个多月的时间，上涨幅度高达60.5%。手中持有多单的中线交易者，就会有翻六倍多的收益（期货合约有十倍杠杆），所以，盈利相当丰厚，投资回报是极高的。

但需要注意的是，在创出944.2元高点这一天，期价收出一根大阳线，即上涨力量很强，但大阳线后，就是一根低开低走的大阴线，即A处。这表明大阳线上涨是多方主力在诱多，而大阴线杀跌才是真。所以，手中持有多单的交易者，要及时卖出，否则就会由大盈利变成小盈利，甚至有可能会亏损。

想做空的交易者，可以以944.2元为止损位，或以大阴线的最高点为止损位，逢高做空。及时转变思维的交易者，做空也会有不错的投资收益。

图8.3显示的是铁矿石主力合约（i9999）2021年4月1日至2021年9月17日的日K线图。

图8.3　铁矿石主力合约（i9999）2021年4月1日至2021年9月17日的日K线图

铁矿石主力合约（i9999）的价格经过长时间、大幅度的上涨之后，创出1358元高点。随后期价就是一根大阴线杀跌，即A处，这表明期价大幅上涨之后，多单获利丰厚，多方主力开始卖出止盈。

所以，在A处，手中有多单的交易者，要注意止盈。想做空的交易者，可以以最高点1358元为止损位，或以大阴线的最高点为止损位，逢高做空。

随后期价跌破10日均线，然后反弹两天，正好反弹不过10日均线，然后期价继续下跌，跌破30日均线后，又连续大阴线杀跌三个交易日。

三个交易日快速下跌之后，期价低开高走收出一根大阳线，即在B处出现曙光初现见底信号，所以，这里的空单要注意止盈。想做多的交易者，可以以大阳线的最低点为止损位，逢低做多。

期价在B处短线见底后，开始快速反弹，反弹到30日均线附近时，再度震荡，这样抄底多单要注意先止盈。

随后期价在高位窄幅震荡，不断出现大阴线，即C、D和E处，这表明主力是在真出货，假反弹上涨。期价在高位充分震荡后，多方主力出完货后，就开始沿着均线震荡下跌，即开启了一波趋势性下跌行情，及时跟进做空的交易者，又有一次获利机会。

图8.4显示的是苹果主力合约（ap9999）2020年9月29日至2021年3月22日的日K线图。

图8.4　苹果主力合约（ap9999）2020年9月29日至2021年3月22日的日K线图

苹果主力合约（ap9999）的价格经过一波明显的上涨之后，创出8 412元高点。随后期价在高位震荡，经过六个交易日的震荡之后，一根大阴线杀跌，即A处。这根大阴线跌破高位震荡平台，意味着下跌行情要开始了，所以，手中还有多单的交易者，要及时卖出。想做空的交易者，可以以8 412元为止损位，或以A处大阴线的最高点为止损位，逢高做空。

随后期价开始大幅下跌，先是跌破30日均线，然后沿着均线继续下跌。一波明显的下跌结束后，期价开始反弹，但仅反弹三个交易日，又开始震荡，在震荡末端出现大阴线杀跌，即B处，这意味着反弹结束，新的下跌又开始了。所以，在B处，有抄底多单的交易者，一定要果断卖出。想做空的交易者，可以以B处大阴线的最高点为止损位，逢高做空。

一波明显的下跌行情结束后，期价再度反弹，正好反弹到30日均线附近，又出现大阴线，即C处，这表明反弹结束，所以，抄底多单要注意卖出。随后期价又震荡两个交易日，再度出现大阴线杀跌，即D处，这是新的一波下跌的开始，所以，在这里仍可以介入空单，止损放在30日均线即可。

同理，E处也是反弹到30日均线附近的大阴线，这表明反弹结束，抄底多单要注意止盈。F处大阴线是下跌的开始，所以，这里可以继续介入空单，止损放在大阴线的最高点即可。

图8.5显示的是沪铝主力合约（al9999）2020年2月12日至2020年5月6日的日K线图。

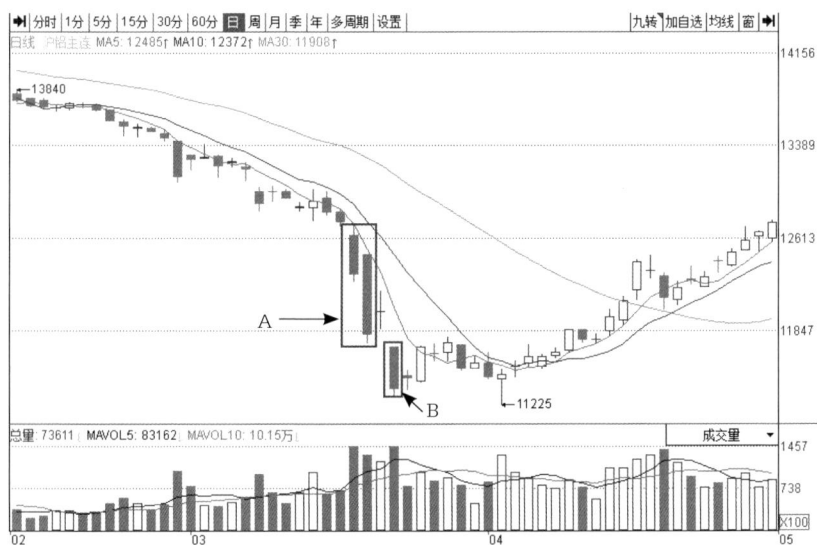

图8.5　沪铝主力合约（al9999）2020年2月12日至2020年5月6日的日K线图

沪铝主力合约（al9999）的价格先是沿着5日均线小阴、小阳下跌，最后就是连续大阴线杀跌，即A处。最后的大阴线杀跌，是市场主力在恐吓散户，让散户交出低廉的多头筹码。主力一旦多单吸货完毕，就会大幅拉升。

A处大阴线杀跌之后，在B处又是一根大阴线，这是最后一跌，认不清形势的散户估计会在最后卖出的多头筹码。B处大阴线后，期价虽有反弹，但仍在低位震荡，充分震荡后，就开始了一波明显的上涨行情。

图8.6显示的是沪锡主力合约（sn9999）2020年3月12日至2020年7月27日的日K线图。

图8.6　沪锡主力合约（sn9999）2020年3月12日至2020年7月27日的日K线图

沪锡主力合约（sn9999）的价格经过长时间、大幅度的下跌之后，创下103 200元低点。需要注意的是，期价最后的连续大阴线杀跌，是在加速探底，所以，这时出现的底部，往往是真正的底部，因为高位多单最后要么被动清仓，要么被强平。

期价见底后，就开始震荡上涨，先是站上5日均线，然后又站上10日均线，最后又站上30日均线，这样均线就慢慢呈多头排列，即期价进入上涨趋势行情中。

在明显的上涨行情中，如果出现大阴线，即A、B、C和D处，交易者不要恐慌，这是主力在洗盘，即清除短线获利筹码。短线交易者可以减仓以应对风险，中长线交易者可以不理会这种大阴线，耐心持有即可。

8.2　长十字线量化实战技巧

长十字线的特征是：开盘价和收盘价相同或基本相同，而上影线和下影线特别长。长十字线的图形如图8.7所示。

图8.7　长十字线

8.2.1　长十字线的技术意义

长十字线的开盘价和收盘价相同或几乎相同,但有很长的上下影线,这表明该交易日多空双方进行了一场激战。前期低位买进的人在向外卖,而看好该期货合约的交易者在拼命地买,这样在开盘价上方就会出现抛压,所以期价上不去,在开盘价下方又有人在买进,期价下不来,就打成一个平手。

长十字线是一种不同凡响的趋势反转信号,特别是当市场处在一个重要的转折点,或正处在牛市或熊市的晚期阶段,或当时已有其他技术指标出现警告信号,这时宁可错,也不能漏过,因为遇上一个虚假的警告信号,总比漏过一个真正的危险信号强得多。

在上升趋势中出现长十字线,特别是期价有了一段较大涨幅之后出现,暗示期价见顶回落的可能性大。在下跌趋势中出现长十字线,特别是期价有了一段较大跌幅之后出现,暗示期价见底回升的可能性放大。

8.2.2　长十字线的实战操作注意事项

长十字线的实战操作注意事项,具体如下:

第一,期价经过长时间、大幅度的下跌之后,出现长十字线,这表明空方力量已经衰竭,多方力量开始聚集反攻,可以轻仓介入多单,然后再顺势加仓做多。

第二,期价探明底部区域之后,开始震荡上升,在上涨过程中出现回调,在回调过程中出现长十字线,表明短线获利筹码已被清洗完毕,主力重新入场做多,这里是重仓买进做多的最好时机。

第三,期价经过长时间、大幅度的上涨之后,进入高位区域,然后又进行最后的疯狂拉升,在其末端出现长十字线,这表明上涨行情很可能要结束,多单要及时获利出局观望。

第四，期价在高位震荡过程中出现长十字线，如果手中还有多单筹码，也要及时出局观望。

第五，期价在高位区域震荡后，开始下跌，特别是在下跌初期，出现长十字线，不要轻易进场做多抢反弹，最好的策略是逢高做空。

8.2.3　长十字线量化实战案例

图8.8显示的是焦煤主力合约（jm9999）2020年4月20日至2020年7月21日的日K线图。

图8.8　焦煤主力合约（jm9999）2020年4月20日至2020年7月21日的日K线图

焦煤主力合约（jm9999）的价格经过长时间、大幅度的下跌之后，创下1027.5元低点。需要注意的是，在创下低点之前，期价出现大阴线杀跌，即加速赶底。在创下低点这一天，期价收出一根带有长长上下影线的长十字线，即A处。这是一根转势K线，即由下跌趋势转为上涨趋势的K线，所以，这里可以进场做多，将止损位放在1027.5元即可。

从其后的走势可以看出，期价创出1027.5元低点后，就开始震荡上涨，先是站上5日均线，然后又站上10日均线，最后站上30日均线，这样均线慢慢呈多头排列，即期价进入上涨趋势行情中。这样多单耐心持有，就会有相当大的投资回报。

图8.9显示的是螺纹主力合约（rb9999）2020年9月8日至2020年12月21日的日K线图。

图8.9 螺纹主力合约（rb9999）2020年9月8日至2020年12月21日的日K线图

螺纹主力合约（rb9999）的价格经过一波明显的下跌，创下3 499元低点。随后期价开始震荡上涨，先是站上5日均线，然后又站上10日均线，最后又站上30日均线，这样均线慢慢就呈多头排列，即期价进入上涨趋势行情中。

随后期价开始沿着5日均线上涨，经过一波明显的上涨之后，出现回调，正好回调到30日均线附近，期价企稳，然后又开始新的一波上涨行情。需要注意的是，在上涨过程中，在A处出现长十字线，这是一个转势K线，会不会由上涨行情转为下跌行情呢？

首先，期价还没有出现快速拉涨，并且上涨幅度不大，所以，这里短线交易者可以减仓以应对风险，中线交易者则可以耐心持有。从其后的走势可以看出，期价仅回调一个交易日，回调到10日均线附近，期价再度企稳，从而开启新的快速上涨行情。所以，中线持有多单的交易者，往往会有不错的投资收益。

图8.10显示的是玉米主力合约（c9999）2020年9月4日至2021年4月2日的日K线图。

玉米主力合约（c9999）的价格经过长时间、大幅度的上涨之后，在A处出现长十字线，这是一个转势信号，所以，多单要注意止盈。

图8.10　玉米主力合约（c9999）2020年9月4日至2021年4月2日的日K线图

从其后的走势可以看出，A处出现长十字线之后，期价继续上涨，但在创出2930元高点时，收出一根带有长长上影线的射击之星，即B处，这也是一个非常明显的转势信号，所以，手中有多单的交易者，一定要注意逢高卖出手中的多单。想做空的交易者，可以以2930元为止损位，逢高做空。

从其后的走势可以看出，期价在高位震荡后就开始下跌，不及时卖出的多单，有可能由盈利变为亏损。

图8.11显示的是花生主力合约（pk9999）2021年2月22日至2021年9月17日的日K线图。

花生主力合约（pk9999）的价格经过一波明显的上涨之后，创出11 300元高点。随后期价在高位震荡，高位震荡几个交易日后，就开始震荡下跌。经过一波明显的下跌之后，出现反弹，在反弹的末端出现十字线，即A处，这是一根转势K线。随后出现一根高开低走的大阴线，这表明反弹见顶，即B处。所以，手中有抄底多单的交易者，要及时卖出。想做空的交易者，可以以大阴线的最高点为止损位，逢高做空。

随后期价继续震荡，震荡后出现一波明显的下跌。期价经过一波下跌之后，开始反弹，反弹三个交易日后，出现十字线，即C处。所以，手中有抄底多单的交易者，要及时卖出。想做空的交易者，可以以十字线的最高点为止损位，逢高做空。

图8.11 花生主力合约（pk9999）2021年2月22日至2021年9月17日的日K线图

8.3 螺旋桨量化实战技巧

螺旋桨的开盘价、收盘价相近，其实体可以为小阳线，也可以为小阴线。螺旋桨的上影线和下影线都很长，看起来就像飞机的螺旋桨，故命名为"螺旋桨"，如图8.12所示。

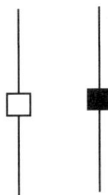

图8.12 螺旋桨

8.3.1 螺旋桨的技术意义

螺旋桨是一种转势信号。在上升行情中，特别是期价有了一段较大涨幅之后，螺旋桨所起的作用是领跌。反之，在下跌行情中，特别是期价有了一段较大的跌幅之后，螺旋桨所起的作用是领涨。螺旋桨的实体是阳线或是阴线，实际上没有本质区别，但在上涨行情中，阳线比阴线力量要大；在下跌行情中，情形正好相反。

8.3.2　螺旋桨的实战操作注意事项

螺旋桨的实战操作注意事项，具体如下：

第一，期价经过长时间、大幅度的下跌之后，然后出现螺旋桨，这表明空方力量已经衰竭，多方力量开始聚集反攻，可以轻仓介入多单，然后再顺势加仓做多。

第二，期价探明底部区域之后，开始震荡上升，在上涨过程中出现回调，在回调过程中出现螺旋桨，这表明短线获利筹码已经被清洗完毕，主力重新入场做多，这里是重仓买进做多的最好时机。

第三，期价经过长时间、大幅度的上涨之后，进入高位区域，然后又进行最后的疯狂拉升，在其末端出现螺旋桨，这表明上涨行情很可能要结束，多单要及时获利出局观望。

第四，期价在高位震荡过程中出现螺旋桨，如果手中还有多单筹码，要及时果断出局观望。

第五，期价在高位区域震荡后，开始下跌，特别是在下跌初期，出现螺旋桨，不要轻易进场做多抢反弹，最好的策略是逢高做空。

8.3.3　螺旋桨量化实战技巧

图8.13显示的是苯乙烯主力合约（eb9999）2020年12月30日至2021年3月19日的日K线图。

苯乙烯主力合约（eb9999）的价格经过长时间、大幅度的上涨之后，创出10 090元高点。需要注意的是，在创出高点之前，期价经过快速拉升，并且在创出高点这一天，期价收出一根带有长长上下影线的螺旋桨K线，即A处，这是一根转势K线，意味着期价要下跌了。所以，在A处，手中持有多单的交易者，要注意止盈。

随后期价开始下跌，下跌两个交易日后，再度反弹，但反弹力量不强，反弹第三个交易日收出一根带有较长上影线的射击之星，即B处，这也是见顶信号，所以，多单要注意清仓。想做空的交易者，可以以最高点10 090元为止损位，也可以以B处射击之星的最高点为止损位，逢高做空。

图8.13　苯乙烯主力合约（eb9999）2020年12月30日至2021年3月19日的日K线图

从其后的走势可以看出，期价在B处反弹结束后就开始下跌，并且是沿着10日均线下跌，这样及时做空的交易者，就会有不错的投资收益。

图8.14显示的是动力煤主力合约（zc9999）2020年10月23日至2021年2月2日的日K线图。

图8.14　动力煤主力合约（zc9999）2020年10月23日至2021年2月2日的日K线图

动力煤主力合约（zc9999）的价格经过长时间、大幅度的上涨之后，创出777.2元高点。需要注意的是，在创出高点之前，期价已出现连续拉涨和快速拉涨，并且创出高点这一天，期价收出一根带有长长上下影线的螺旋桨K线，即A处，这是一根转势K线，意味着期价就要下跌了。所以，在A处，手中持有多单的交易者，要注意止盈。

随后期价就开始连续下跌，下跌到30日均线附近，期价出现反弹，正好反弹到10日均线附近，再度出现螺旋桨K线，即B处，这意味着短线反弹结束，有抄底多单的交易者，要注意止盈出局。

接着，期价再度下跌到30日均线附近，然后开始震荡，震荡后又出现一波上涨，然后期价在高位震荡。在震荡的末端，期价再度出现螺旋桨K线，即C处。需要注意的是，期价在高位震荡后，如果向下突破，往往会有一波明显的下跌行情。所以，在C处，交易者可以做空，以C处螺旋桨的最高点为止损位即可。

从其后的走势可以看出，期价在C处出现螺旋桨后，一根大阴线杀跌，同时跌破5日、10日和30日均线，然后沿着均线下跌，及时做空的交易者就会有不错的投资收益。

图8.15显示的是粳米主力合约（rr9999）2021年4月8日至2021年7月9日的日K线图。

图8.15　粳米主力合约（rr9999）2021年4月8日至2021年7月9日的日K线图

粳米主力合约（rr9999）的价格经过一波明显的上涨之后，创出3 700元高点。但需要注意的是，在创出3 700元高点这一天，期价收出一根带有长长上影线的射击之星见顶K线。

随后期价开始震荡下跌，经过一波明显的下跌之后，期价开始反弹，在反弹的末端出现螺旋桨K线，即A处，这是反弹见顶的信号。所以，持有抄底多单的交易者，一定要及时卖出；持有空单的交易者，可以耐心持有；想做空的交易者，可以以螺旋桨的最高点为止损位，逢高做空。

从其后的走势可以看出，在A处做空的交易者，或中线持有空单的交易者，会有不错的投资回报。

图8.16显示的是豆油主力合约（y9999）2020年2月11日至2020年9月3日的日K线图。

图 8.16　豆油主力合约（y9999）2020 年 2 月 11 日至 2020 年 9 月 3 日的日 K 线图

豆油主力合约（y9999）的价格经过长时间、大幅度的下跌之后，创下5 114元低点。随后期价在低位震荡三个交易日，在A处出现螺旋桨K线，这是一根转势K线，即由下跌趋势转为上涨趋势。所以，在A处，手中有空单的交易者要有及时止盈出局的思维；想做多的交易者，可以以A处螺旋桨的最低点为止损位，或以5 114元为止损位，逢低做多。

从其后的走势可以看出，期价先是站上5日均线，然后又站上10日均线，最后反复震荡之后站稳30日均线，这样均线慢慢呈多头排列，即期价进入震荡上涨行情中。

随后期价开始沿着30日均线一路上涨，中线持有多单的交易者，就会有相当丰厚的投资回报。

图8.17显示的是沪镍主力合约（ni9999）2021年4月23日至2021年9月10日的日K线图。

图8.17　沪镍主力合约（ni9999）2021年4月23日至2021年9月10日的日K线图

沪镍主力合约（ni9999）的价格经过一波明显的上涨之后，在A处出现螺旋桨K线，这是短线见顶的信号，所以，手中持有多单的短线交易者，要注意减仓应对风险，中线交易者耐心持有即可。

随后期价回调，正好回调到30日均线附近，出现螺旋桨K线，即B处，这表明期价在30日均线附近企稳，所以，短线交易者可以把减去的多单仓位补回来。

接着期价继续上涨，上涨到前期高点附近，期价反弹不动，短线交易者要注意减仓。随后期价出现回调，连续下跌四个交易日，但随后期价先收出一根十字线，然后又收出一根螺旋桨K线，即C处，这表明期价企稳。所以，在C处，短线交易者可以把减去的多单仓位补回来。

期价在C处企稳后，再度上涨到前期高点附近，上涨无力，所以，短线交易者仍可以减仓以应对风险。

随后期价震荡回调，在D处，期价连续三个交易日收出三根螺旋桨K线，这表明期价在D处企稳，可以把减去的多单仓位补回来。

期价在D处企稳后，出现一波明显的上涨行情，然后在E处，再度出现螺旋桨K线，这表明期价又要回调，所以，短线交易者要减仓以应对风险，中线交易者以耐心持有多单为主。

随后期价继续震荡上涨，在高点出现螺旋桨，短线交易者可以减仓以应对风险，在低位企稳后，即在低位出现螺旋桨，就把多单仓位补回来。所以，G和J处，多单要减仓；F和H处，要把减去的多单仓位补回来。

总之，在震荡上涨行情中，中线交易者不要过分在意盘面的波动，耐心持有多单即可。短线交易者可以高抛低吸，实现更大的盈利。但需要注意的是，短线交易者一定要踏准节奏，否则很可能在上涨行情中看多、做多，却赚不到钱。

第9章

K线形态量化实战技巧

根据多年实战经验可知，利用K线和K线组合技术，可以预测期价1~3天的未来行情，即可以利用K线和K线组合技术做短线操作；利用趋势分析技术可以做长线投资；一般情况下，中线交易才是最重要的，即抓住三周到三个月的中期趋势行情（这是波段操作的核心，也是最大的利润空间），要做好这段操作，就要好好学习和训练K线形态技术，因为利用K线形态技术可以预测期价未来一个月左右的行情。

本章主要内容包括：

➢ 反转形态和整理形态

➢ 头肩底量化实战技巧

➢ 双底量化实战技巧

➢ V形底量化实战技巧

➢ 圆底量化实战技巧

➢ 潜伏底量化实战技巧

➢ 双顶量化实战技巧

➢ 头肩顶量化实战技巧

➢ 尖顶量化实战技巧

➢ 圆顶量化实战技巧

➢ 上升三角形量化实战技巧

➢ 上升旗形量化实战技巧

➢ 下降楔形量化实战技巧

➢ 下降三角形量化实战技巧

➢ 喇叭形量化实战技巧

➢ 下降旗形量化实战技巧

➢ 上升楔形量化实战技巧

➢ 矩形量化实战技巧

➢ 收敛三角形量化实战技巧

9.1 初识K线形态

交易者都知道，K线图是记录期货价格的一种方式，在期价起起落落的时候，它们都会在图表中揭示一些交易者购买或抛售的预兆。K线形态分析就是根据图表中过去所形成的特定价格形态来预测价格未来发展趋势的一种方法。当然，这是一种纯粹的经验性统计，因为在期货合约购买或抛售的过程中，K线图常常会表现出一些可以理解的、重复的价格形态，如M顶、W底等。

趋势，即一段时间内价格波动的明确方向，不会突然而来，在发生重要的变化之前，往往需要酝酿一段时间。酝酿的时候，趋势可能会发生反转，也可能会小幅盘整后再继续前进。趋势如果转换成功，就是反转形态，如果转换不成功，即还按原来的趋势运行，就是整理形态。

在这些形态形成的过程中，如果价格波动的范围越大，或其形成时所用的时间越长，或伴随的成交量越大，那么所具有的意义就越重大。因为其间消耗了大量的多头或空头的力量，使价格、成交量、时间三者呈现出较为明显的因果关系。

所以，在讨论形态时，除了由价格变化所呈现出的形态需要被重点观察外，还有两个重要的参考因素，分别是时间和测量目标。形态形成所需的时间越长，则形态完成后爆发的力量越强、越持久；另外，绝大多数价格形态都有具体的测量技术，可以确定出最小的价格运动目标（空间），这些价格目标有助于交易者对市场下一步的运行空间进行大致估算，避免交易者出现过早退出的失误。

9.1.1 反转形态

反转形态，意味着趋势正在发生重要反转，期价运行方向就会改变，由原来的上升趋势转换为下降趋势；或由原来的下降趋势转换为上升趋势。

反转形态的形成起因于多空双方力量对比失去平衡，变化的趋势中一方的能量逐渐被耗尽，另一方转为相对优势。它预示着趋势方向的反转，期价在多空双方力量平衡被打破之后探寻新的平衡。在期市中，反转形态是重要的买入或卖出信号，所以，交易者要掌握并灵活运用反转形态。

　　反转形态可以分为两类，分别是底部反转形态和顶部反转形态。底部反转形态共五种，分别是头肩底、双底、V 形底、圆底、潜伏底。顶部反转形态共四种，分别是双顶、头肩顶、尖顶、圆顶。

9.1.2　整理形态

　　所谓整理形态，是指期价维持原有的运动轨迹。市场事先的确有趋势存在，是整理形态成立的前提。下面来看一下整理形态的市场含义。

　　市场经过一段趋势运动后，积累了大量的获利筹码，随着获利盘纷纷"套现"，价格出现回落，但同时对后市继续看好的交易者大量入场，对市场价格构成支撑，因而价格在高价区小幅震荡，市场采用横向运动的方式消化获利筹码，重新积聚能量，然后又恢复原先的趋势。整理形态即为市场的横向运动，它是市场原有趋势的暂时休止。

　　与反转形态相比，整理形态形成的时间较短，这可能是市场惯性的作用，保持原有趋势比扭转趋势更容易。在整理形态形成的过程中，价格震荡幅度应当逐步收敛，同时，成交量也应逐步萎缩。最后，在价格顺着原趋势方向突破时，应当伴随大的成交量。

　　K 线整理形态主要有九种，分别是上升三角形、上升旗形、下降楔形、下降三角形、喇叭形、下降旗形、上升楔形、矩形、收敛三角形。

9.2　底部反转形态量化实战技巧

　　期市每次大跌后都会有一个底部，即一个适于投资和投机的区域，所以，底部是一个区域，又称底部区域。期市底部可分为三人类，分别是长期底部、中期底部和短期底部。底部反转形态，即由原来的下降趋势转换为上升趋势，共有五种，分别是头肩底、双底、V 形底、圆底、潜伏底，下面来具体讲解一下。

9.2.1　头肩底量化实战技巧

　　头肩底是常见的经典的底部反转形态，当期价中出现这种 K 线形态时，上涨的概率很大。

1. 头肩底的特点

头肩底的特点共有四项，具体如下：

第一，急速下跌，随后止跌反弹，形成第一个波谷，就是通常所说的"左肩"。

第二，从左肩底回升受阻，期价再次下跌，并跌破左肩低点，随后止跌反弹，这就是通常所说的"头部"。

第三，从头部底回升，并在左肩顶受阻，然后第三次回落，并且在左肩底相同或相近的位置止跌，这就是通常所说的"右肩"。

第四，左肩高点和右肩高点用直线连接起来，就是一根阻碍期价上涨的颈线，但右肩反弹时，会在成交量放大的同时，冲破该颈线，并且期价站到颈线上方。

头肩底图形如图9.1所示。

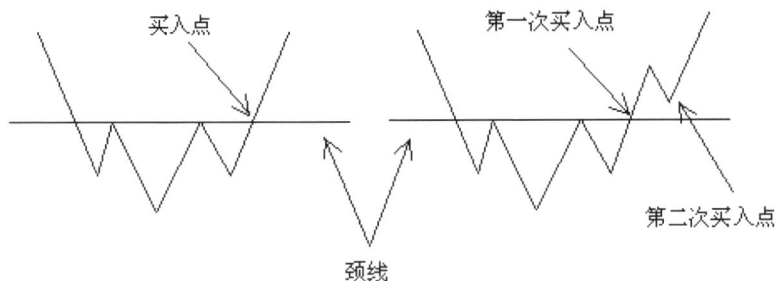

图9.1 头肩底

> **提醒**
>
> 头肩底是很常见的底部形态，交易者要认真学习和分析，并能灵活应用。还要注意，若期价向上突破颈线时，成交量没有显著增加，很可能是一个"假突破"，这时交易者应逢高卖出，退出观望。

2. 头肩底形态的注意事项

在形成头肩底形态的"左肩部分"时，成交量在下跌过程中出现放大迹象，在左肩最低点出现见底K线组合，从最低点回升时成交量有减少倾向，这表明多头主力开始吃货。

在形成头肩底形态的"头部部分"时，成交量会有所增加，这表明多头主力为得到更多的廉价筹码，就借利空消息和先以向下破位的方式，制造市场恐慌情绪，让一些长期深套者觉得极度失望，向外大量出逃，这样主力就可以趁机把交易者低位割肉的筹码照单全收。

在形成头肩底形态的"右肩部分"时，成交量在下跌过程中极度萎缩，而在反弹时成交量明显增加。这表明在下跌时已很少有人抛货，而在上升时，主力在抢筹。

💡 **提　醒**

> 判断形态，重点看形态的图形，成交量可以配合，也可以不配合，但成交量配合表示主力操作成功，以后升幅可能较大。

头肩底的底部转势信号要比双底强，因为双底形态只经过两次探底，对盘面的清理不如头肩底那么彻底，这也是双底冲破颈线后，一般要回调确认的原因。

3. 头肩底形成过程中的操作要点

交易者一定要明白，前面讲解的头肩底是一个标准图形，而在实战中标准的头肩底图形几乎是不存在的，在具体操作中，交易者要注意技术含义的相似，而不能死套图形。

头肩底与双底反转形态相同，必须有一个主要条件，即期价在下跌趋势中，如果期价已经过大幅下跌，并且头肩底形成的时间较长，一般会带来一轮幅度较大的上涨行情；如果期价下跌幅度很小或只是在震荡整理，并且头肩底形成的时间较短，一般只能带来一轮幅度较小的上涨行情，当然也可能是主力在反技术操作，在进行诱多散户，这一点交易者一定要注意。

头肩底操作要点共有三项，具体如下：

第一，有依据的入场点。在头肩底走势中，最有依据的买入机会在向上突破颈线后，以及突破颈线后的回抽确认机会，是否能够入场或者说是否能按照头肩底来入场，需要更多局部走势与指标的配合来进一步判断。

第二，合理的止损位置。作为最有依据的止损价位，应该是头肩底形态的头部，只有头部被向下突破才能确认头肩底形态的失败；而在实际走势中，可能头肩底的幅度较大，而导致直接以下破最低位作为止损设置的幅度偏大，盈亏比并不合适，所以，一般都以颈线为止损位置，即有效向下突破颈线，就止损出局。

第三，理论最小目标的计算。理论最小目标为头肩底形态幅度向上直接翻一倍的距离，但这只是最小距离，实际走势中的幅度计算应该不只限于此，应该更多地参考大形态上的走势，主要看期价所处的大形态运行阶段和节奏。

4. 头肩底量化实战案例

下面通过具体实例来讲解一下头肩底量化实战应用。

图9.2显示的是沪锌主力合约（zn9999）2020年2月18日至2020年8月19日的日K线图。

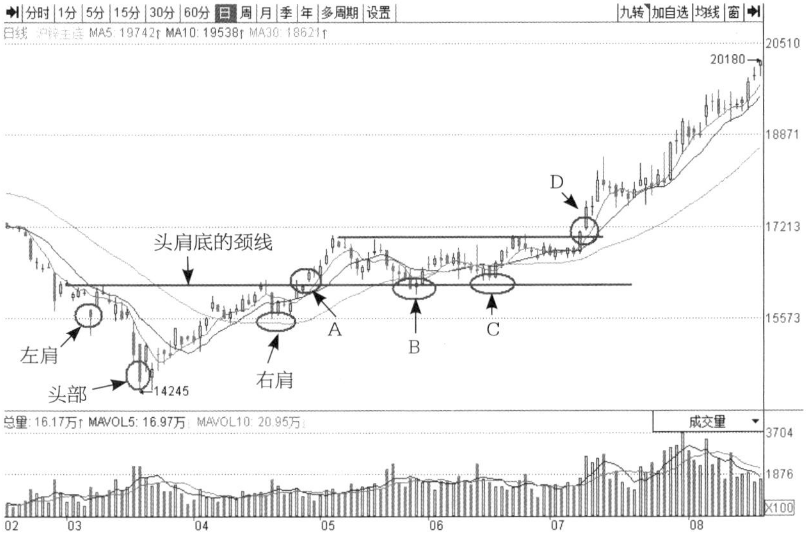

图9.2　沪锌主力合约（zn9999）2020年2月18日至2020年8月19日的日K线图

沪锌主力合约（zn9999）的价格经过长时间、大幅度的下跌之后，在左肩处，做多主力开始建立多单仓位；做多主力为得到更多的廉价筹码，就借利空消息和先以向下破位的方式，制造市场恐慌情绪，让一些长期深套者觉得极端失望后向外大量出逃，这样主力就可以趁机把交易者低位割肉的多单筹码照单全收，即头部形成；然后为了清除短线客的浮动筹码，又开始向下跌，即形成右肩，注意：形成右肩时，成交量很小，因为主力怕筹码砸出去后买不回来，然后放量突破颈线，即A处，需要注意的是，A处的放量不大，这意味着期价突破头肩底颈线后，还会有反复。

从其后的走势可以看出，期价在A处向上突破后，沿着均线上涨几个交易日后，开始震荡。需要注意的是，这时横盘震荡的时间很长，但期价始终在头肩底颈线之上，表明头肩底是成立的，所以，在B和C处，交易者可以重仓买进做多该期货合约，将止损位放在右肩处即可。

期价反复震荡之后，在D处，期价开始向上突破，注意：这里的成交量很配合，放得比较大，这意味着新的上涨行情开始，所以，D处也是比较好的介入多单的位置。

下面算一下这一波上涨行情的最低上涨幅度。

从颈线到头部低点的距离为：16 160 − 14 245 = 1 915（元），那么，理论最小目标是：16 160 + 1 915 =18 075（元）。通过其后的走势可以看出，涨幅可不仅仅是这么一点，所以，这里及时跟进，就可以获利丰厚。

在下跌行情的初期或下跌过程中，期价出现反弹，反弹出现假头肩底形态，对于这一点交易者也要特别注意。

图9.3显示的是不锈钢主力合约（ss9999）2019年9月25日至2020年3月19日的日K线图。

图9.3　不锈钢主力合约（ss9999）2019年9月25日至2020年3月19日的日K线图

不锈钢主力合约（ss9999）刚上市交易，就出现震荡走势，连续震荡九个交易日后，一根大阴线开始杀跌，随后期价沿着均线开始震荡下跌。经过一段时间的下跌之后，期价开始震荡反弹，反弹出现假的头肩底形态，所以，交易者一定要看清楚，不要上主力的当，否则盲目抄底做多就会损失惨重。

提　醒

　　在期市中，不要去猜底、猜顶，而是要学会根据情况去分析，站在主力的角度，进行K线分析，实现与主力对话，从而进一步了解主力动向，获得较好的收益。另外，期市中没有绝对的事，主力有时也要根据情况改变作战计划，散户要灵活应变。

9.2.2 双底量化实战技巧

双底,因为其形状像英文字母"W",所以又称"W底",是很多交易者所熟知的底部反转形态之一,但往往由于了解尚浅,只要见到W形状的都认为是双底,而按照双底的操作方法入场,最终的结果可想而知。

1. 双底的特点

双底在构成前后有四个显著的要素,可以作为交易者判定某期货合约在某阶段走势是否为双底的依据,具体如下:

(1)原有趋势为下跌趋势;

(2)有两个显著的低点并且价位基本接近;

(3)有跨度(即两个点要相互呼应);

(4)第二次探底的节奏和力度要有放缓迹象并有效向上突破颈线确认。

双底图形如图9.4所示。

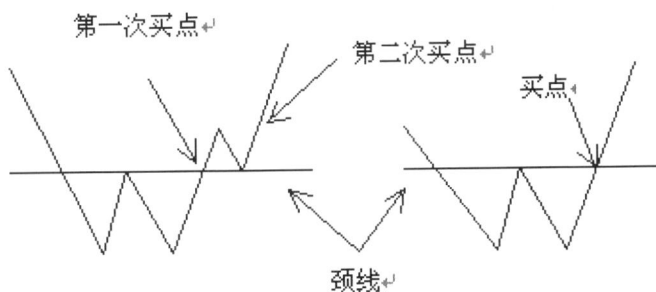

图9.4 双底

在实际判断中,很多交易者最容易遗漏的是第一点,其实也是最关键的一个点:原来为下跌趋势。

2. 双底形态的注意事项

在形成双底的第一个底部后的反弹,幅度一般在10%左右,而在第二个底形成时,成交量经常较少,且市况沉闷,因此,很容易形成圆形的形态,而上破颈线之时成交量必须迅速放大,双底突破后常常会有回抽,在颈线附近自然止跌回升,从而确认向上突破有效。

在双底形态中,第二个底点一般比第一个底点高,但也可能比第一个底点低,因为对于做多主力而言,探底必须要彻底,必须要跌到多头恐慌、害怕,不敢持有多单,这样才能达到低位建仓的目的。第一个底点与第二个底点之间的时间跨度不应少于一个月, 如果时间太短, 形成的双底可靠性就不强, 很可能是主力在诱多, 交易者要注意。

另外, 突破颈线成交量必须放大, 但也不是越大越好, 即要有明显放量, 这是因为在关键阻力位, 多空双方都有大战, 即空方认为不能突破颈线, 而多方认为可以突破颈线, 双方在这里大战就必须放量, 但放量太大, 很可能是主力利用对倒进行诱多, 即自己拉高出货, 让看多的散户接盘。

在回抽时, 成交量不能放大, 要缩量, 但成交量也不能太小。因为回抽是主力在清洗短线获利筹码, 不是主力在出货, 所以, 成交量不能放大, 而是缩量, 但也不能没有成交量, 没有成交量表明主力清洗获利筹码不成功, 主力还有可能进一步洗盘。

> **提　醒**
>
> 　　在期市中, 主力想放大成交量很容易, 因为只要对倒就行; 但要想缩量就办不到了, 缩量是一种自然交易现象。在双底的第一买点买入, 风险很大, 一旦双底失败, 就会被牢牢套住。

3. 双底形态形成过程中的操作要点

交易者首先要明白, 前面讲解的双底是一个标准图形, 而在实战中, 标准的双底图形几乎是不存在的, 在具体操作中, 交易者要注意技术含义的相似, 而不能死套图形。

双底反转形态形成必须有一个重要条件, 即期价在下跌趋势中, 如果期价已经过大幅下跌, 并且双底形成的时间较长, 一般会带来一轮幅度较大的上涨行情; 如果期价下跌幅度很小或只是在震荡整理, 并且双底形成的时间较短, 一般只能带来一轮幅度较小的上涨行情, 当然也可能是主力在反技术操作, 在进行诱多散户, 这一点交易者要注意。

双底操作要点共有三项, 具体如下:

第一, 有依据的入场点。在双底走势中, 最有依据的买入机会在向上突破颈线后, 以及突破颈线后的回抽确认机会, 是否能够入场或者说是否能按照双底来入场, 需要更多局部走势与指标的配合来进一步判断。

第二, 合理的止损位置。作为最有依据的止损价位, 应该是双底形态的底部, 只有底部被向下突破才能确认双底形态的失败。而在实际走势中, 可能双底的幅度较大，而导致直接以下破最低位作为止损设置的幅度偏大，盈亏比并不合适，所以，一般都以颈线为止损位置，即有效向下突破颈线，就止损出局。

第三，理论最小目标的计算。理论最小目标为双底形态幅度向上直接翻一倍的距离，但这只是最小距离，实际走势中的幅度计算应该不只限于此，应该更多地参考大形态上的走势，主要看期价所处的大形态运行阶段和节奏。

> **提醒**
>
> 在某些大型双底形态中，由于整个双底的运行时间很长，如果我们简单地按照小型双底的操作方式等待突破，则可能需要等待很长的时间，这个时候要求交易者通过局部走势对接下来的行情有一个预判。

4. 双底量化实战案例

下面通过具体实例来讲解一下双底量化实战应用。

图9.5显示的是沪铝主力合约（al9999）2020年2月20日至2020年7月13日的日K线图。

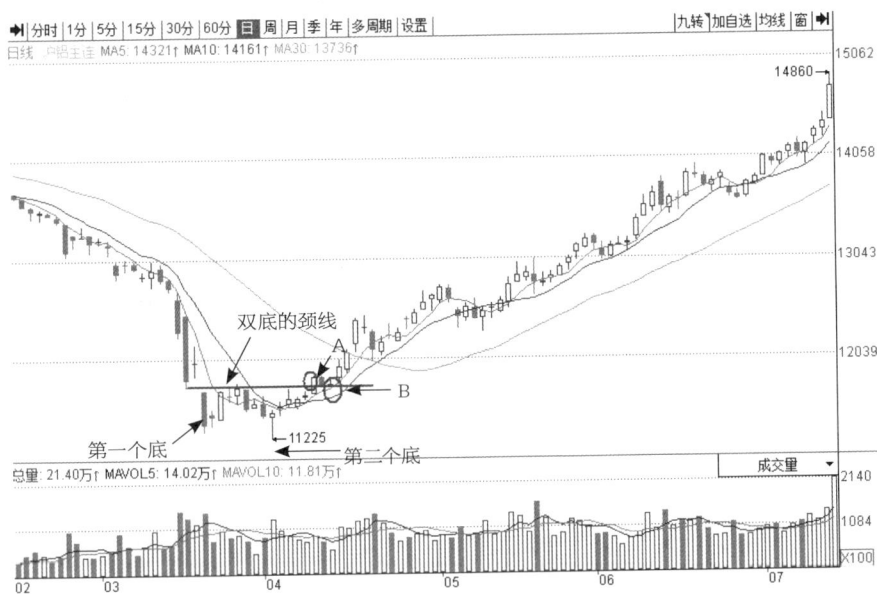

图9.5 沪铝主力合约（al9999）2020年2月20日至2020年7月13日的日K线图

沪铝主力合约（al9999）的价格经过大幅度、长时间的下跌之后，然后在低位震荡。在低位横盘震荡过程中出现双底形态，在A处，一根大阳线向上突破双底的颈线，这是第一个买点。

随后期价出现回调，在这里可以看到，仅回调两个交易日，正好回调到双底的颈线附近，即B处，所以，B处是第二个买点，也是最佳的买点。

在B处做多买进的交易者，只要耐心持有，就会获得相当丰厚的投资收益。

下面算一下这一波上涨行情的最低上涨幅度。

从颈线到头部低点的距离为：11 780 − 11 225 = 555（元），那么理论最小目标是：11 780 + 555 =12 335（元）。通过其走势可以看出，涨幅可不仅仅是这么一点，所以，在这里及时跟进，就可以获利丰厚。

在下跌行情的初期或下跌过程中，期价出现反弹，反弹出现假双底形态，对于这一点交易者也要特别注意。

图9.6显示的是沪金主力合约（au9999）2020年7月20日至2020年11月30日的日K线图。

图9.6　沪金主力合约（au9999）2020年7月20日至2020年11月30日的日K线图

沪金主力合约（au9999）的价格经过长时间、大幅度的上涨之后，创出454.08元高点。需要注意的是，在创出高点这一天，期价收出一根带有上影线的小阳线，这表明上方已有压力。

随后期价就开始下跌，先是跌破5日均线，然后又跌破10日均线，在30日均线附近期价企稳，开始反弹。期价反弹到10日均线附近，再度下跌，这一次跌破30日均线，这样均线慢慢就变成空头排列，即期价进入震荡下跌行情中。

期价经过一段时间的下跌之后，开始反弹，反弹出现假的双底形态，所以，交易者一定要看清楚，不要上主力的当，否则盲目抄底做多就会损失惨重。

9.2.3　V形底量化实战技巧

V形底是常见的底部反转形态，当期价中出现这种K线形态时，上涨的概率很大。

1.V形底的特点

V形底的特点是：期价在下跌趋势中，下挫的速度越来越快，最后在期价下跌最猛烈的时候，出现戏剧性的变化，期价触底反弹，然后一跌上扬。其走势像英文字母"V"，故命名为"V形底"。V形底的图形如图9.7所示。

图9.7　V形底

V形底要满足三点，具体如下：

第一，呈现加速下跌状态；

第二，突然出现戏剧性变化，拉出大阳线；

第三，转势时成交量特别大。

V形底比较难把握，但交易者要明白，期价在连续急跌时，特别是急跌的后期，不要轻易卖出手中的多单，有急跌，必有反弹，然后根据反弹力度，决定进一步的操作。所以，对V形底而言，持有多单者应拿好手中的筹码，不轻易相信他人，特别是不要涨了一点就逢高派发；激进型投资者，可以在拉出第一根大阳线并放出巨量时，先少量参与，几日后，V形走势明朗后再继续追加买进；而稳健型投资者，可以在V形走势形成后买入，这样获益会少一些，但风险也小一些。

2.V形底量化实战案例

下面通过具体实例来讲解一下V形底量化实战应用。

图9.8显示的是焦煤主力合约（jm9999）2020年4月20日至2020年10月12日的日K线图。

图9.8 焦煤主力合约（jm9999）2020年4月20日至2020年10月12日的日K线图

　　焦煤主力合约（jm9999）的价格经过长时间、大幅度的下跌之后，又开始快速下跌，并且最后跌幅越来越大，期价触底后，放量上涨，这是标准的V形底走势。

　　需要注意的是，对于V形底，一般交易者很难参与。但如果您对K线及K线组合技术应用熟练的话，则可以吃到V形底的快涨行情。因为在创下1 027.5元低点这一天，期价收出一根十字线，这是转势K线，随后来一根大阳线，这样，该大阳线与十字线、前一个交易日的大阴线，组成早晨十字星见底K线组合，所以，这里是可以做多买进的，止损放在1 027.5元即可。

> **提 醒**
>
> 　　对于底部反转形态，投资者要熟记这些经典图形，然后了解它们的技术含义，再根据期价所在的位置，即高位、中位或低位进行详细分析，通过K线与主力进行对话，从而了解主力的意图及下一步的动向，从而提前防范，这样就可以在期市中做到小输而大赢，从而成为期市中真正的赢家。

9.2.4 圆底量化实战技巧

　　圆底，又称浅碟形，也是常见的、经典的底部反转形态，当期价中出现这种K线形态时，上涨的概率很大。

1. 圆底的特点

圆底的特点是：期价先是在成交量逐渐减少的情况下，下跌速度越来越缓慢，直到成交量出现极度萎缩，期价才停止下跌，然后在多方主力有计划的推动下，成交量温和放大，期价由缓慢上升逐渐转为加速上升，从而形成圆弧形态。在圆弧形成过程中，成交量也常常是圆弧形的。圆底的图形如图9.9所示。

图9.9　圆底

💡 **提醒**

期市中标准的圆底很少见到，大多数是不太标准的圆底。

圆底形成时间比较漫长，这样在底部换手极为充分，所以一旦突破，常常会有一轮可观的上涨行情。但圆底没有明显的买入信号，入市过早，则陷入漫长的筑底行情中，这时期价不涨而略有下挫，几个星期甚至几个月都看不到希望，投资者很可能受不了这种时间折磨，在期价向上攻击之前一抛了之，这样就错过了一段很好的行情。交易者在具体操作时，要多观察成交量，因为它们都是圆弧形，当期价上冲时，并且成交量也在放大，要敢于买进。如果成交量萎缩，期价上冲也不能参与。

判断圆底形态是否完成得标准：是看期价是否带量突破右边的碗沿，从而与碗柄彻底脱离。通常圆弧底形成的时间越长，其后期价上涨的空间越大。

💡 **提醒**

圆底是能从其形成的时间和前面趋势的大小来判断期价未来的上涨空间，没有什么其他的度量方法可以用来测量其最终价格目标。

2. 圆底量化实战案例

下面通过具体实例来讲解一下圆底量化实战应用。

图9.10显示的是热轧卷板主力合约（hc9999）2020年9月7日至2020年12月21日的日K线图。

图 9.10　热轧卷板主力合约（hc9999）2020 年 9 月 7 日至 2020 年 12 月 21 日的日 K 线图

热轧卷板主力合约（hc9999）的价格经过一波明显的下跌回调之后，成交量越来越少，期价下跌越来越慢，最后在成交量萎缩的情况下，创下 3 616 元的低点，然后慢慢放量回升，反弹到 30 日均线附近，这是一个圆底反转形态，即 A 处。

需要注意的是，在圆底右侧形成的过程中，成交量没有放大，所以，当期价上涨到圆底形态的碗沿时，期价再度回调，然后在 B 处出现一个小圆底形态。

B 处圆底形态形成之时，均线已呈多头排列，即期价进入多头行情中，所以，当期价突破圆底形态的碗沿，是进场做多最佳时机。因为这时进场，往往会有丰厚的投资收益。

从其后的走势可以看出，B 处圆底形态形成后，期价就开始沿着 5 日和 10 日均线一路上涨，中线持有多单的交易者，就会有相当丰厚的投资回报。

9.2.5　潜伏底量化实战技巧

潜伏底是常见的底部反转形态，当期价中出现这种 K 线形态时，上涨的概率很大。

1. 潜伏底的特点

潜伏底就是期价经过一段跌势后，长期在一个狭窄的区间内波动，交易十分清淡，期价和成交量都形成一条带状。潜伏底的图形如图 9.22 所示。

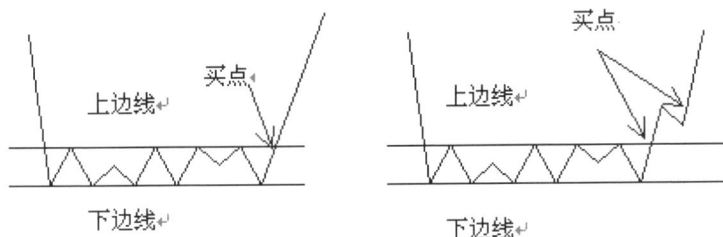

图9.11　潜伏底

潜伏底一般横盘时间很长，换手相当充分，一旦突破，期价会一路向上，很少出现回调，并且涨幅巨大。但真正抄到潜伏底，享受到期价向上飙升带来的丰厚投资回报的人却很少，原因有两点，具体如下：

第一，入市时间不好，因为潜伏底成交量几乎处于停滞状态，而且历时很长，有的几个月，有的则长达一年之久，入市时间早了，就忍受不了这种不死不活的长时间的折磨，即在期价发动上攻之前离开。

第二，不敢追涨，潜伏底一旦爆发，上攻势头十分猛烈，常常会走出连续逼空的行情，交易者看到一根根大阳线，就是不调整，所以，不敢做多买进。

潜伏底的特点是：在上涨时往往拉出大阳线后再拉大阳线，超涨后再超涨，升幅高达好几倍。

💡 提　醒

　　潜伏底向上发动时，只要期价不超过50%的涨幅，成交量保持价升量增，就可以追涨；超过50%，回调可以逢低吸纳。

2. 潜伏底量化实战案例

下面通过具体实例来讲解一下潜伏底量化实战应用。

图9.12显示的是沪铝主力合约（al9999）2020年6月8日至2020年12月2日的日K线图。

沪铝主力合约（al9999）的价格经过一波明显的上涨之后，然后开始长时间的窄幅震荡。经过长达四个月时间的震荡之后，在A处向上突破，这表明潜伏底形态成立，所以，A处是极佳的做多位置，在这里做多，短时间内就会有较大的盈利空间。当然，在A处，手中持有空单的交易者，要第一时间卖出，否则就会损失惨重。

图9.12　沪铝主力合约（al9999）2020年6月8日至2020年12月2日的日K线图

在周K线图中，期价经过长时间、大幅度的下跌后出现潜伏底，当向上突破时，如果及时跟进做多，则可以获得不错的投资收益。

图9.13显示的是纸浆主力合约（sp9999）2019年3月1日至2021年2月26日的周K线图。

图9.13　纸浆主力合约（sp9999）2019年3月1日至2021年2月26日的周K线图

　　纸浆主力合约（sp9999）的价格经过长时间、大幅度的下跌之后，在低位开始窄幅震荡，盘整区间为4 350～4 870元。经过六个多月时间的窄幅震荡，形成潜伏底形态，一旦期价放量向上突破，就是极好的盈利机会。在A处，期价向上突破，手中持有空单的交易者，要第一时间止损出局；手中持有多单的交易者，可以耐心持有；空仓的交易者，则可以在A处重仓买进做多。

　　从其后的走势可以看出，在A处及时买进做多的交易者，都会有不错的投资盈利。

💡 **提　醒**

　　如果期价已有较大升幅，然后在高位反复震荡盘整，投资者可不能把高位的小幅度长期盘整看成是潜伏底，如果是这样，很可能会损失惨重。

9.3　顶部反转形态量化实战技巧

　　"底部三月，顶部三天"，这是期市描述顶底的谚语，充分说明了"底部运行时间长，顶部运行时间短"的市场特征。一个交易者要想成为高手，必须熟知期市顶部形态，这样才能准确判断顶部。顶部反转形态，即由原来的上升趋势转换为下降趋势，共有四种，分别是双顶、头肩顶、尖顶、圆顶。下面来具体讲解一下。

9.3.1　双顶量化实战技巧

　　双顶，因其形状像英文的"M"，所以又称"M头"，是很多交易者熟知的顶部反转形态之一，但往往由于了解尚浅，只要见到M形状都认为是双顶，而按照双顶的操作方法出逃，结果可想而知。

1. 双顶的特点

　　双顶的特点是：在上升趋势中出现两个比较明显的峰，并且两个峰顶的价位也大致相同，当期价在第二次碰顶回落时跌破前次回落的低位，即颈线突破有效，有可能跌破颈线后回抽，但回抽时成交量明显萎缩并受阻于颈线，这时就正式宣告双顶成立。双顶的图形如图9.14所示。

颈线↵

图9.14 双顶

在双顶形成过程中，期价第一次上冲到峰顶时成交量比较大，第二次上冲到峰顶时成交量略小一些。双顶是一个明显的见顶转势信号，清醒的交易者在双顶成立后，多单要第一时间清仓出局。

2. 双顶形成过程中的操作要点

交易者首先要明白，前面讲解的双顶是一个标准图形，而在实战中标准的双顶图形几乎是不存在的，在具体操作中，投资者要注意技术含义的相似，而不能死套图形。

如果期价已经过大幅上涨，然后在高位形成双顶，那么交易者一定要小心，接下来很可能是一轮漫长的下跌；如果期价上涨幅度较小或只是在震荡整理，然后形成双顶，一般只能带来一轮幅度较小的下跌行情，当然也可能是主力在反技术操作，在进行诱空散户，这一点交易者要注意。

双顶操作要点共有两项，具体如下：

第一，有依据的出场点。期价在上涨过程中，当两次上涨到几乎同一高度而回调时，交易者就可以感受到那里有较强的卖压；而期价一旦回到前一次回调低点以下时，即向下突破颈线，就基本上可以确定双顶的成立，这里果断卖出多单是最好的选择。有些期货合约的价格在向下突破颈线后还会回抽，但一般不会突破颈线，在回抽到颈线附近时，是一个比较好的多单卖出点，当然也是一个较好的做空位置。

第二，理论最小目标的计算。双顶形成后，期价下跌的理论目标为从顶部到颈线垂直距离的1~3倍。实际走势中的幅度计算应该不只限于此，应该更多地参考大形态上的走势，主要看期价所处的大形态运行阶段和节奏。

交易者还要注意，双顶反转形态出现后，并不一定意味着期价趋势必定反转，期价如果回落到颈线附近获得支撑，则有可能再创新高，继续上涨或形成三重顶、多重顶、矩形等多种形态。判断双顶是否成立有三个标准，具体如下：

第一,是否有效突破颈线;

第二,看双顶之间的时间间隔,如果双顶形成的时间较长,如一个月,那么反转的可能性较大,这是因为消耗了大量的多头热情而期价却得不到迅速上升,即做多主力在出货;

第三,双顶的高度,一般是前一上涨幅度的20%~30%。

💡 **提 醒** ─────────────────────

双顶形态的两个峰之间的距离越远,形成双顶的可能性越大。

3. 双顶量化实战案例

下面通过具体实例来讲解一下双顶量化实战应用。

图9.15显示的是乙二醇主力合约(eg9999)2020年12月30日至2021年4月21日的日K线图。

图9.15　乙二醇主力合约(eg9999)2020年12月30日至2021年4月21日的日K线图

乙二醇主力合约(eg9999)的价格经过长时间、大幅度的上涨之后,创出6280元高点。需要注意的是,在创出高点这一天,期价收出一根带有长上影线的阳线,这表明上方已有压力。随后期价出现大阴线杀跌,接着一根十字线在10日均线上方企稳,然后期价就开始反弹,反弹三个交易日,一根大阴线再度杀跌,同时跌破5日和10日均线,并且跌破了前期回调的低点,这样双顶的颈线就跌破了,即A处。

期价跌破双顶的颈线，往往意味着期价要开始走入下跌行情了，所以，在A处，手中还有多单的交易者，要第一时间卖出；手中持有空单的交易者，可以耐心持有；想做空的交易者，可以以双顶的颈线，或双顶的最高点为止损位，逢高做空。

从其后的走势可以看出，期价跌破双顶的颈线后，继续沿着5日均线下跌。连续下跌之后，虽有反弹，但反弹很弱，连30日均线都没有站上，这意味着反弹后还会下跌，所以，手中持有空单的交易者，可以耐心持有，这样中线持有就会有丰厚的投资回报。

💡 **提 醒**

> 双顶也是一个明显的见顶转势信号，突破其颈线后往往会大幅下跌，所以，交易者手中的多单一定要及时清仓。

9.3.2 头肩顶量化实战技巧

头肩顶是常见的、经典的顶部反转形态，当期价中出现这种K线形态时，下跌的概率很大。

1. 头肩顶的特点

头肩顶的特点是：在上升趋势中出现三个峰顶，这三个峰顶分别是左肩、头部和右肩，左肩和右肩的最高点基本相同，而头部最高点比左右两个肩的最高点都要高。另外，期价在上冲失败向下回落时形成的两个低点又基本处在同一水平线上，这条水平线就叫颈线。当期价第三次上冲失败回落后，颈线被有效突破，这时就正式宣告头肩顶成立。头肩顶的图形如图9.16所示。

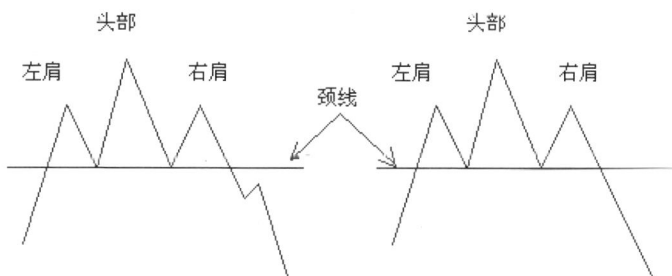

图9.16 头肩顶

在头肩顶的形成过程中，左肩的成交量最大，头部成交量略小一些，右肩成交量最小。成交量呈递减状态，说明期价上升时追涨力量越来越弱，期价就涨到头了。所以，头肩顶是一种明显的见顶信号。一旦头肩顶形成，期价下跌已成定局，交易者应抛出所有的多单筹码，离场观望。想做空的交易者，可以以头肩顶的颈线为止损位，或以头肩底的右肩为止损位，逢高做空。

2. 头肩顶的操作要点

交易者首先要明白，前面讲解的头肩顶是一个标准图形，而在实战中标准的头肩顶图形几乎是不存在的，在具体操作中，交易者要注意技术含义的相似，而不能死套图形。

另外，头肩顶与头肩底形态相反，它们的区别具体如下：

第一，头肩底形成的时间较长且形态较为平缓，不像头肩顶那样剧烈。因为底部需要聚集人气，而顶部处于疯狂状态。

第二，头肩底形态的总成交量比头肩顶的总成交量要少，是底部供货不足，而顶部恐慌抛售所致。

第三，头肩底形态突破颈线时必须要有大成交量才算有效，而头肩顶形态突破颈线时可以是无量下跌。

在实战操作中，还要注意头肩顶颈线的倾斜方向，一般情况下，颈线是水平的，但在很多情况下，颈线可能从左至右向上或向下倾斜。向下倾斜的颈线往往意味着行情更加疲软，处于颈线位的价格反抽不一定会发生。

头肩顶形成后，期价下跌的理论目标为从顶部到颈线垂直距离的1～3倍。实际走势中的幅度计算不只限于此，应该更多地参考大形态上的走势，主要看期价所处的大形态运行阶段和节奏。

提 醒

头肩顶左肩的成交量最大，头部次之，右肩成交量明显减少，突破颈线时成交量增加，价格反抽时成交量减少，反抽结束后成交量再度放大，期价加速下跌。

3. 头肩顶量化实战案例

下面通过具体实例来讲解一下头肩顶量化实战应用。

图9.17显示的是PTA主力合约（ta9999）2019年1月3日至2019年6月3日的日K线图。

图9.17　PTA主力合约（ta9999）2019年1月3日至2019年6月3日的日K线图

PTA主力合约（ta9999）的价格经过连续上涨之后，然后在高位震荡，在震荡盘整过程中出现头肩顶形态。

左肩高点是塔形顶，即一根大阳线拉起后，随后三根小阳线，接着一根大阴线杀跌。期价在左肩出现塔形顶见顶信号后，并没有出现大跌，而是在高位震荡，震荡近十个交易日后，在30日均线附近企稳。

期价在30日均线企稳后，再度上涨，创出6 848元高点，即头肩顶形态的头部。但需要注意的是，在创出高点这一天，期价收出一根带有长上影线的阴线，这表明上方已有压力。随后期价开始下跌，连续跌破5日、10日和30日均线。期价跌破30日均线后，继续下跌，下跌到前期震荡平台低点附近时企稳。

期价在前期震荡平台的低点附近企稳后，再度上涨，并且出现一根大阳线同时站上5日、10日和30日均线。但需要注意的是，随后期价没有上涨，而是继续震荡，最后跳空高开收出一根高开低走阴线，即头肩顶的右肩。

随后期价跳空低开，在前期低点附近震荡。经过七个交易日的震荡之后，一根跳空大阴线杀跌，跌破头肩顶形态的颈线，即A处。这意味着高位震荡结束，下跌行情开始。所以，在A处，手中还有多单的交易者，要第一时间卖出出局；手中持有空单的交易者，耐心持有即可；想做空的交易者，可以以头肩顶的颈线或右肩为止损位，逢高做空。

从其后的走势可以看出,在A处做空的交易者或中线持有高位空单的交易者,就会有丰厚的投资收益。不及时卖出多单的交易者,则会损失惨重。

9.3.3 尖顶量化实战技巧

尖顶是常见的顶部反转形态,当期价中出现这种K线形态时,下跌的概率很大。

1. 尖顶的特点

尖顶,又称倒V形顶,其特点是:先是期价快速上扬,随后期价快速下跌,头部为尖顶,就像倒写的英文字母"V"。尖顶的图形如图9.18所示。

图9.18　尖顶

尖顶的走势十分尖锐,常在几个交易日之内形成,而且在转势时有较大的成交量。交易者见此形态,多单要第一时间止损出局。

> **提醒**
>
> 尖顶形态的涨势很凶猛,往往会出现多次的价格跳空的缺口,当局势突破不利时,期价就会猛烈下跌,所以,尖顶体现出暴涨暴跌的特点。

2. 尖顶量化实战案例

下面通过具体实例来讲解一下尖顶量化实战应用。

图9.19显示的是沪金主力合约(au9999)2020年6月9日至2021年3月5日的日K线图。

沪金主力合约(au9999)的价格经过长时间、大幅度的上涨之后,创出454.08元高点。但需要注意的是,在创出高点这一天,期价收出一根带有上影线的射击之星,这是转势K线,所以,多单要注意止盈。随后期价就开始下跌,并且越跌越快,从而在A处形成尖顶。尖顶由于速度太快,交易者很难反应过来,所以,当期价反弹时,多单要及时卖出,并且可以关注逢高做空机会。

图9.19　沪金主力合约（au9999）2020年6月9日至2021年3月5日的日K线图

从其后的走势可以看出，期价尖顶成立后，期价就开始震荡下跌，中线持有空单的交易者，就会实现较大的投资收益。但如果持有多单，死扛就会损失惨重。

9.3.4　圆顶量化实战技巧

圆顶是常见的顶部反转形态，当期价中出现这种K线形态时，下跌的概率很大。

1. 圆顶的特点

圆顶的特点是：期价经过一段时间的上涨后，虽然升势仍然维持，但上升势头已经放缓，直至处于停滞状态，后来在不知不觉中，期价又呈现缓慢下滑态势，当发现势头不对时，头部就出现一个明显的圆弧状，这就是圆顶。圆顶的图形如图9.20所示。

图9.20　圆顶

在形成圆顶的过程中，成交量可以是圆顶状，但大多数情况下是无明显特征的。圆顶是一个明显的见顶信号，其形成的时间越长，下跌力度越大。交易者见到圆顶成立后，多单要第一时间清仓出逃，否则就会受深套之苦。想做空的交易者，可以以圆顶的最高点为止损位，逢高做空。

> 💡 **提 醒**
>
> 期市中标准的圆顶很少见到，大多数是不太标准的圆顶。

2. 圆顶量化实战案例

下面通过具体实例来讲解一下圆顶量化实战应用。

图9.21显示的是苹果主力合约（ap9999）2020年4月22日至2020年9月3日的日K线图。

图9.21　苹果主力合约（ap9999）2020年4月22日至2020年9月3日的日K线图

苹果主力合约（ap9999）的价格经过一波明显的上涨之后，创出9 409元高点。需要注意的是，期价在创出高点这一天，收出一根带有长长上影线中阴线，这表明上方已有压力。随后期价在高位震荡，并形成圆顶，即A处。

圆顶是一个明显的见顶信号，一旦形成并开始下跌，则下跌力量就会很强。交易者见到圆顶成立后，多单要第一时间清仓出逃，否则就会受深套之苦。如果手中持有空单,则可以耐心持有。如果想做空,则可以以圆顶的最高点为止损位,即以9 409元为止损位,逢高做空。

9.4　整理形态量化实战技巧

对于整理形态,如果您是中长线交易者,在整个整理形态中可以不进行操作,只有形势明朗后,才去具体操作。但对于短线交易者来说,不可以长达三个月不进行操作,而会以K线的逐日观察为主。也就是说,当期价在这些形态中来回折返的时候,也会产生很多次短线交易机会。因此,短线交易者对长期价格形态并不在意,而仅仅是对某些重要的突破位比较在意。

9.4.1　上升三角形量化实战技巧

上升三角形是常见的K线整理形态,当期价中出现这种K线形态时,继续上涨的概率很大,下面就来具体讲解一下该形态的特点、市场含义及操作注意事项。

1. 上升三角形的特点

上升三角形出现在涨势中,每次上涨的高点基本处于同一水平位置,回落低点却不断上移,这样将每次上涨的高点和回落低点分别用直线连接起来,就构成一个向上倾的三角形,即上升三角形。上升三角形的图形如图9.22所示。

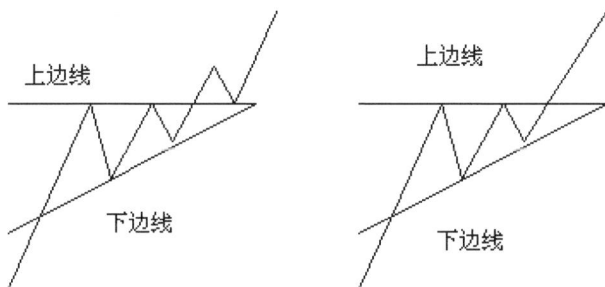

图9.22　上升三角形

上升三角形在形成过程中,成交量不断萎缩,向上突破压力线时要放大量,并且突破后一般会有回抽,在原来高点连接处止跌回升,从而确认突破有效。上升三角形是买进做多信号,为了安全,最好在期价突破压力线后,小幅回调再创新高时买进。

> **提醒**
>
> 上升三角形一般都会向上突破,但少数情况下也有向下突破的,这时交易者应及时卖出手中的多单。

2. 上升三角形的市场含义

上升三角形显示多空双方在该范围内的较量,在较量中多方稍占上风,空方在其特定的期价水平下不断做空,但并不急于出货,也不看好后市,于是期价每升到理想水平便即做空,这样在同一价格的做空形成一条水平的供给线。不过市场的购买力很强,它们不待期价回落到上次的低点,便迫不及待地买进,因此,形成一条向右上方倾斜的需求线。

3. 上升三角形的操作注意事项

上升三角形的操作注意事项,具体如下:

第一,大部分的"上升三角"都在上升的过程中出现,且暗示有向上突破的倾向。

第二,在向上突破"上升三角"顶部水平的供给阻力时(并有成交激增的配合),就是一个短期买入信号。

第三,其"最少升幅"的度量方法具体是,从第一个短期回升高点开始,画出一条和底部平行的线,突破形态后,将会以形态开始前的速度上升到这条线之外,甚至是超越它。

第三,形态在形成期间,可能会出现轻微的错误变动,稍微突破形态之后又重新回到形态之内,这时候我们应根据第三或第四个短期性低点重新修正"上升三角形"形态。有时候形态可能会出现变异,形成另外一些形态。

第四,虽然"上升三角形"暗示往上突破的机会较多,但也有往下跌的可能,所以,我们在形态明显突破后再采取相应的买卖决策。倘若往下跌破3%(收市价计算),投资者宜暂时做空。

第五,上升三角形向上突破阻力,如果没有成交激增的支持,信号可能出错,交易者应放弃指示信号,继续观望期市走势进一步的发展。倘若该形态往下跌破,则不必有成交量的增加。

第六，上升三角形越早突破，越少错误发生。假如价格反复走到形态的尖端后突出形态之外，那么，突破的信号不足为信。

4. 上升三角形量化实战案例

下面通过具体实例来讲解一下上升三角形量化实战应用。

图9.23显示的是沪银主力合约（ag9999）2020年3月6日至2020年8月7日的日K线图。

图9.23　沪银主力合约（ag9999）2020年3月6日至2020年8月7日的日K线图

沪银主力合约（ag9999）经过长时间、大幅度的下跌之后，创下2 857元低点。需要注意的是，在创下2 857元低点之前，期价已经出现快速下跌，即期价出现快速下跌赶底。另外，在创下2 857元低点这一天，期价收出一根十字线转势K线。随后期价开始快速上涨，先是站上5日均线，然后又站上10日均线，最后又站上30日均线，这样均线就慢慢变成多头排列，即期价进入震荡上涨行情中。

期价站稳30日均线之后，开始窄幅横盘整理，在震荡过程中出现上升三角形。在A处，一根大阳线向上突破上升三角形的上边线，这表明期价要开始新的一波上涨，所以，在A处，手中持有空单的交易者，要第一时间卖出；手中持有多单的交易者，耐心持有即可；想做多的交易者，可以以上升三角形的下边线或上边线为止损位，逢低做多。

从其后的走势可以看出，期价在A处向上突破后，出现一波明显的上涨行情，及时介入多单的交易者就会有不错的投资收益。

期价经过一波明显的上涨之后，再度横盘震荡，在震荡过程中再度出现上升三角形形态。在B处，期价向上突破上升三角形的上边线，这表明期价要开始新的一波上涨，所以，在B处的操作策略与A处相同。

在这里可以看到，期价在B处向上突破后，并没有立即快速上涨，而是出现小幅回调，但价格始终在上升三角形的上边线上方，所以，C处也是不错的做多买进位置。期价回调确认突破后，开始了一波明显的上涨行情，持有多单的交易者，就会有相当丰厚的投资回报。

9.4.2　上升旗形量化实战技巧

上升旗形是常见的K线整理形态，当期价中出现这种K线形态时，继续上涨的概率很大，下面就来具体讲解一下该形态的特点、市场含义及操作注意事项。

1. 上升旗形的特点

期价经过一段时间的上涨后，出现回调，如果将其反弹的高点用直线连接起来，再将回调中的低点也用直线连接起来，就可以发现其图形像一面挂在旗杆上迎风飘扬的旗子，这就是上升旗形，如图9.24所示。

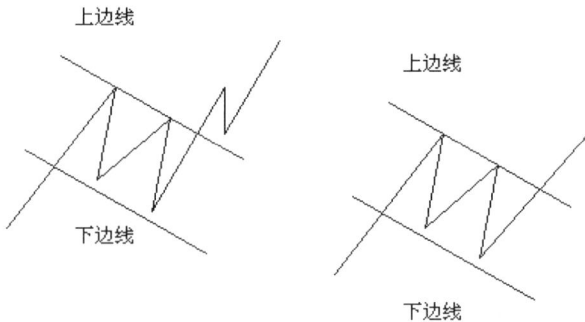

图9.24　上升旗形

上升旗形在向上突破压力线时要放大量，并且突破后一般会有回抽，在原来高点连接处止跌回升，从而确认突破有效。上升旗形是诱空陷阱，是一个买进做多信号，为了安全，最好在期价突破压力线后，小幅回调再创新高时买进。注意：交易者不要被期价下移迷惑，要警惕主力的诱空行为，持有多单的交易者可以静观其变。

2. 上升旗形的市场含义

在上升旗形的形成过程中，成交量逐渐递减，交易者对后市看好普遍存有惜售心理，市场的抛压减轻，新的买盘不断介入，直到形成新的向上突破，完成上升旗形的走势。

成交量伴随着旗形向上突破逐渐放大，与前一波行情一样再度拉出一根旗杆，开始新的多头行情。所以说上升旗形是强势的特点，交易者在调整的末期可以大胆地介入做多，享受新的飙升行情。

3. 上升旗形的操作注意事项

上升旗形的操作注意事项，具体如下：

第一，上升旗形很容易被误解为头部反转。交易者一是可以从量价配合上进行判断，期价经过大幅上扬出现调整，形成类似旗形整理的形态，如果在调整过程中，下跌的成交量是逐渐萎缩的，而上涨的成交量却明显放大，这种走势很可能是旗形；二是从时间上进行判断，如果调整的时间过长，就可能形成顶部。由于旗形是强势的特点，所以，旗形调整的时间一般都比较短，期价很快便突破先前的高点，展开新的行情。三是看行情的幅度，如果期价已经涨了很多或跌了很多，就不能看作是旗形，而应该看作反转形态。下降旗形的道理也是如此。

第二，牛市中的上升旗形一般出现在行情的第一阶段和第二阶段，用波浪理论来说，即第一浪和第三浪，如果在第三阶段即第五浪中出现剧烈下跌就不能看作是旗形调整，期价可能还会上涨，但是，走势往往创出新高后便立刻反转，变成了其他顶部形态。

4. 上升旗形量化实战案例

下面通过具体实例来讲解一下上升旗形量化实战应用。

图9.25显示的是沪铅主力合约（pb9999）2020年3月11日至2020年8月6日的日K线图。

沪铅主力合约（pb9999）的价格经过长时间、大幅度的下跌之后，创下12 620元低点。随后期价开始上涨，先是站上5日均线，然后又站上10日均线，最后经过震荡最终站稳30日均线，这样均线就慢慢变成多头排列，即期价进入震荡上涨行情。

期价在震荡上涨过程中，每上涨一波行情，就会有回调。在回调过程中，出现上升旗形形态，然后在A处一根大阳线向上突破，这表明震荡行情结束，期价又要开始上涨。所以，在A处，手中持有空单的交易者，要第一时间卖出；手中持有多单的交易者,可以耐心持有;想做空的交易者,可以以这一波行情回调的最低点或上升旗形的上边线为止损位,逢低做多。

图9.25 沪铅主力合约(pb9999)2020年3月11日至2020年8月6日的日K线图

从其后的走势可以看出,期价在A处突破后就开始继续震荡上涨,最后迎来一波明显的上涨行情,这样中线持有多单的交易者,就会获得丰厚的投资收益。

> **提 醒**
>
> 怎样才能避免上主力的当呢? 首先我们一定要认识到, 期价已经大幅下跌过了, 现在仅仅是上升趋势的开始, 主力不可能拉这么多就结束行情。所以, 从短线来说, 见到不好K线, 可以减仓, 但不要清仓, 因为这样可以保证心态平和。另外, 当期价在回调过程中, 我们一定要清醒地认识到, 主力是在洗盘, 是为了以后更好地拉升, 所以, 每次回调到一定位置时, 可以分批建仓, 然后耐心持有, 如果能坚持这样, 就很可能成为期市中的赢家。

9.4.3 下降楔形量化实战技巧

下降楔形是常见的K线整理形态,当期价中出现这种K线形态时,继续上涨的概率很大,下面就来具体讲解一下该形态的特点和市场含义。

1.下降楔形的特点

下降楔形出现在涨势中,每次上涨的高点连线与每次回落低点的连线相交于右下方,其形状构成一个向下倾斜的楔形图。最后期价突破压力线,并收于其上方。下降楔形的图形如图9.26所示。

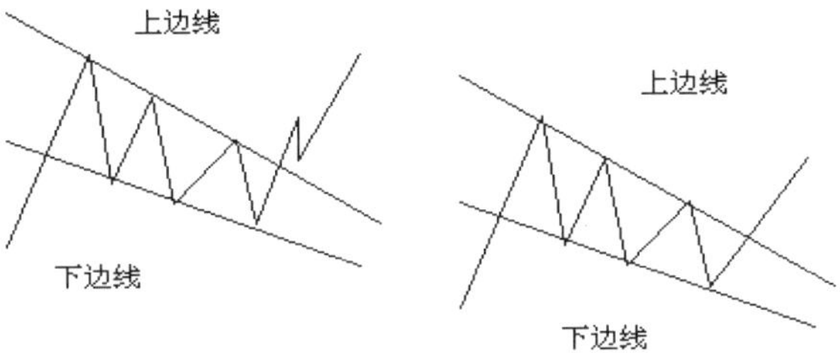

图9.26　下降楔形

2.下降楔形的市场含义

下降楔形在形成过程中,成交量不断减少,向上突破压力线时要放大量,并且突破后一般会有回抽,在原来高点连接处止跌回升,从而确认突破有效。下降楔形是诱空陷阱,是一个做多买进信号,为了安全,最好在期价突破压力线后,小幅回调再创新高时买进。

3.下降楔形量化实战案例

下面通过具体实例来讲解一下下降楔形量化实战应用。

图9.27显示的是原油主力合约(sc9999)2020年10月22日至2021年2月23日的日K线图。

原油主力合约(sc9999)的价格经过长时间、大幅度的下跌之后,创出215元低点。随后期价开始震荡反弹,先是站上5日均线,然后又站上10日均线,最后站上30日均线。这样均线就慢慢变成多头排列,即期价进入震荡上涨行情中。

在期价震荡上涨过程中,每出现一波上涨之后,就会有震荡回调。在震荡回调过程中,出现下降楔形形态。在A处,一根大阳线向上突破,这表明震荡行情结束,期价又要开始上涨。所以,在A处,手中持有空单的交易者,要第一时间卖出;手中持有多单的交易者,可以耐心持有;想做空的交易者,可以以这一波行情回调的最低点或下降楔形的上边线为止损位,逢低做多。

从其后的走势可以看出,期价在A处突破后,就开始了一波明显的上涨行情,这样持有多单的交易者就会获得丰厚的投资收益。

图9.27　原油主力合约（sc9999）2020年10月22日至2021年2月23日的日K线图

9.4.4　下降三角形量化实战技巧

下降三角形是常见的K线整理形态，当期价中出现这种K线形态时，继续下跌的概率很大，下面就来具体讲解一下下降三角形的特点和市场含义。

1. 下降三角形的特点

下降三角形一般出现在跌势中，每次上涨的高点不断下移，但回落的低点基本处于同一水平位置，这样将每次上涨的高点和回落低点分别用直线连接起来，就构成一个向下倾的三角形，即下降三角形。下降三角形的图形如图9.28所示。

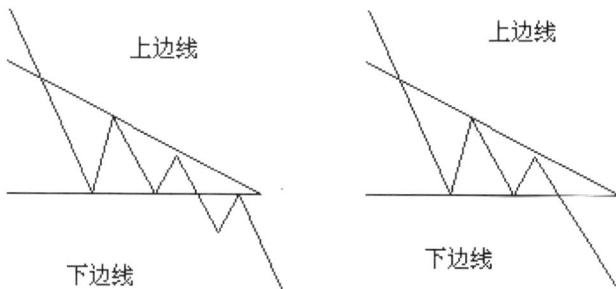

图9.28　下降三角形

下降三角形在形成过程中, 成交量不断放大, 向下突破压力线时可以放量也可以不放量, 并且突破后一般会有回抽, 在原来支撑线附近受阻, 从而确认向下突破有效。下降三角形是卖出信号, 交易者可以在跌破支撑线后, 多单止损离场。想做空的交易者, 可以以下降三角形的下边线或上边线为止损位, 逢高做空。

2. 下降三角形的市场含义

下降三角形是多空双方在某价格区域内的较量表现, 然而多空力量却与上升三角形所显示的情形相反。看淡的一方不断地增强做空压力, 期价还没回升到上次高点便再做空, 而看好的一方坚守着某一价格的防线, 使期价每回落到该水平便获得支持。

从这个角度来看, 此形态的形成亦可能是主力在托价出货, 直到货源卖完为止。目前市场中许多交易者往往持有期价多次触底不破且交投缩小为较佳买入做多时机的观点, 其实在空头市场中, 这种观点相当可怕, 雪上加霜的下降三角形正是说明这一点。

事实上, 下降三角形在多空较量中的形态构成买方的期货合约需求支撑区域, 一旦期价从上回落到这一价位便会产生反弹, 而期价反弹后便又遇卖盘打压, 再度回落至买方支撑区域, 再次反弹高点不会超前一高点, 卖方的抛压一次比一次快地压向买方阵地。这种打压—反弹—再打压的向下蓄势姿态, 逐渐瓦解多方斗志, 产生多杀多的情况, 预示多方阵线的最终崩溃。

3. 下降三角形量化实战案例

下面通过具体实例来讲解一下下降三角形量化实战应用。

图9.29显示的是生猪主力合约 (1h9999) 2021年5月10日至2021年9月15日的日K线图。

生猪主力合约 (1h9999) 的价格在明显的下跌行情中, 经过连续下跌之后, 出现反弹, 反弹到30日均线附近, 就开始横盘震荡整理。在横盘震荡的后期出现下降三角形形态。在A处, 期价跌破下降三角形的下边线, 这意味着震荡结束, 新的一波下跌行情又要开始。所以, 在A处, 手中持有多单的交易者, 一定要及时卖出; 持有空单的交易者, 可以耐心持有; 想做空的交易者, 可以以下降三角形的下边线或上边线为止损位, 逢高做空。

从其后的走势可以看出, 期价跌破下降三角形的下边线后, 继续沿着均线下跌, 虽有反弹, 但正好反弹到下降三角形的下边线时, 再度下跌, 所以, B处也是极佳的做空位置。

图9.29 生猪主力合约(lh9999)2021年5月10日至2021年9月15日的日K线图

B处反弹结束后,期价再度下跌,又沿着均线下跌八个交易日,最后下跌不动了,所以,短线空单可以先止盈,中线空单以耐心持有为主。

期价连续下跌之后,再度反弹,这里是跳空高开,但期价仍然在下降三角形的下边线,意味着下降三角形的下边线仍有明显的压力,所以,C处也是新的做空位置。

从其后的走势可以看出,期价在C处反弹结束后,开始震荡下跌,下跌到10日均线附近,略有震荡,震荡后继续下跌,所以,中线持有空单的交易者,往往会有较大的投资收益。

9.4.5 喇叭形量化实战技巧

喇叭形的正确名称应该是扩大形或增大形,因为这种形态酷似一只喇叭,故得名。喇叭形是常见的K线整理形态,当期价中出现这种K线形态时,继续下跌的概率很大,下面就来具体讲解一下该形态的特点、市场含义及操作注意事项。

1. 喇叭形的特点

喇叭形出现在上涨趋势中,上升的高点越来越高,而下跌的低点越来越低,如将两个高点连成直线,再将两个低点连成直线,就像一只喇叭。喇叭形的图形如图9.30所示。

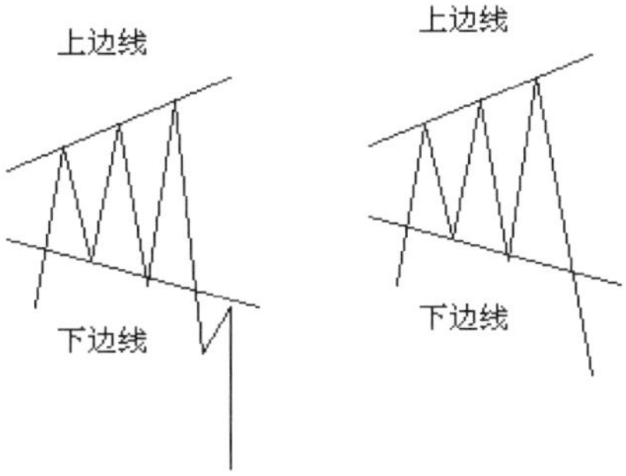

图9.30　喇叭形

喇叭形常常出现在投机性很强的期货合约上,当期价上涨时,交易者受到市场中炽热的"投机"气氛或"流言"的感染,疯狂地追涨,成交量急剧放大;而下跌时,则盲目地杀跌,所以,造成期价大起大落。喇叭形是大跌的前兆,所以,交易者见到此形态后,多单要及时止损退出,否则就会损失惨重。

2. 喇叭形的市场含义

由于期价波动的幅度越来越大,形成越来越高的三个高点,以及越来越低的两个低点。这说明当时的交易异常活跃,成交量日益放大,市场已经失去控制,完全由参与交易的公众的情绪决定。

在目前这个混乱的时候进入期市是很危险的,进行交易也十分困难。在经过剧烈的动荡之后,人们的热情会渐渐散去,远离这个市场,期价将逐步地往下运行。

三个高点和两个低点是喇叭形已经完成的标志。交易者应该在第三峰掉头向下时就抛出手中的多单筹码,这在大多数情况下是正确的。如果期价进一步跌破了第二个低点,则喇叭形完全得到确认,抛出多单筹码更成为必然。

3. 喇叭形的操作注意事项

喇叭形的操作注意事项,具体如下:

第一,标准的喇叭形至少包含三个转折高点,两个转折低点。这三个高点一个比一个高,两个低点可以在同一水平位置,或者右边低点低于左边低点;当期价从第三个高点下跌,其回落的低点较前一个低点为低时,可以假设形态成立。将高点与低点各自连接成颈线后,两条线所组成的区域,外观就像一个喇叭形,由于其属于"五点转向"形态,故较平缓的喇叭形也可视为一个有较高右肩和下倾颈线的头肩顶。

第二，喇叭形在整个形态形成的过程中，成交量保持着高且不规则的波动。喇叭形是交易者冲动和非理性的情绪造成的，绝少在期市的底部出现，因为期价经过一段时间的下跌之后，市场毫无人气，在低沉的市场气氛中，不可能形成这种形态。而不规则的成交波动，反映出交易者激动且不稳定的买卖情绪，这也是大跌市来临前的征兆。因此，喇叭形为下跌形态，暗示升势将到尽头。

第三，喇叭形下跌的幅度无法测量，也就是说，并没有最小跌幅的计算公式估计未来跌势，但一般来说，跌幅都将极深。同时喇叭形右肩的上涨速度虽快，但右肩破位下行的速度更快，但形态却没有明确指出跌市出现的时间。只有当下限跌破时形态便可确定，投资者该马上止盈或止损出局。在喇叭形构筑后，会出现快速下跌。

第四，喇叭形也有可能会失败，即会向上突破，特别在喇叭形的顶部是由两个同一水平位置的高点连接而成，如果期价以高成交量向上突破，那么，显示前面上升的趋势仍会持续。但对于稳健保守的交易者而言，"宁可错过，不能做错"，不必过迷恋这种风险大于收益的行情，毕竟喇叭形的构筑头部概率十分大。

4. 喇叭形量化实战案例

下面通过具体实例来讲解一下喇叭形量化实战应用。

如果期价经过长时间的上涨，并且累计涨幅较大，然后在高位宽幅震荡，形成喇叭形，这很可能是大跌的前兆，所以，投资者见到此形态后，多单要及时止损出局，否则就会损失惨重。

图9.31显示的是淀粉主力合约（cs9999）2020年12月16日至2021年7月19日的日K线图。

淀粉主力合约（cs9999）的价格经过长时间、大幅度的上涨之后，然后在高位震荡。在高位横盘震荡过程中，出现喇叭形，然后在A处跌破下方支撑线，这意味着震荡行情结束，接下来是新的下跌行情。所以，在A处，手中还有多单的交易者，要第一时间卖出；手中有空单的交易者，可以耐心持有；想做空的交易者，可以以喇叭形的下边线为止损位，逢高做空。

从其后的走势可以看出，耐心持有空单的交易者，会有不错的投资收益。

如果期价经过长时间的大幅下跌之后，开始震荡上升，并且涨幅不大，这时出现喇叭形，投资者不要恐慌，这很可能是主力在上升过程中来诱空，获取散户手中的多单低价筹码。

图9.31　淀粉主力合约（cs9999）2020年12月16日至2021年7月19日的日K线图

图9.32显示的是棕榈主力合约（p9999）2019年5月30日至2019年12月27日的日K线图。

图9.32　棕榈主力合约（p9999）2019年5月30日至2019年12月27日的日K线图

棕榈主力合约（p9999）的价格经过长时间、大幅度的下跌之后，创下4 164元低点。随后期价开始震荡上涨，首先站上5日和10日均线，然后又站上30日均线，这样均线就慢慢呈多头排列，即期价进入震荡上涨行情。

期价沿着均线出现一波明显的上涨行情之后，然后又开始横盘震荡整理。在震荡整理过程中出现喇叭形，需要注意这里期价刚刚上涨，所以，喇叭形很可能是主力在诱空，获取散户手中的多单筹码。

从其后的走势可以看出，期价在A处实现了向上突破。期价突破后，虽有回调，但期价始终在喇叭形的上边线之上，所以，A处是可以继续介入多单的。

同理，B和C处也是不错的介入多单的位置，止损位可以放到30日均线附近。

从其后的走势可以看出，在A、B和C处介入多单，只要耐心持有，仍会有不错的投资收益。

9.4.6　下降旗形量化实战技巧

下降旗形是常见的K线整理形态，当期价中出现这种K线形态时，继续下跌的概率很大，下面就来具体讲解一下该形态的特点、市场含义及操作注意事项。

1. 下降旗形的特点

下降旗形一般出现在跌势中，每次反弹的高点连线平行于每次下跌低点的连线，并且向上倾斜，看上去就像迎风飘扬的一面旗子。下降旗形的图形如图9.33所示。

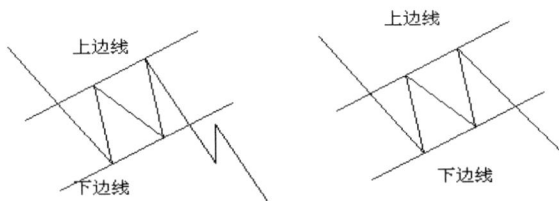

图9.33　下降旗形

下降旗形从表面上来看是很不错的，因为期价高点越来越高，而低点不断抬升，并且期价在上升通道中运行，常常得到成交量的支持，出现价升量增的喜人现象。但交易者一定不能被其表面现象迷惑。因为下降旗形是诱多陷阱，是一个卖出信号，交易者应果断止损离场。注意：交易者不要被期价上移迷惑，要警惕主力的诱多行为，以逢高做空为主。

2.下降旗形的市场含义

在下跌过程中,成交量达到高峰,抛售的力量逐渐减少,在一定的位置有强支撑,于是形成第一次比较强劲的反弹,然后再次下跌,然后再反弹,经过数次反弹,形成一个类似于上升通道的图形,但是每次反弹的力度随着买盘的减少而下降,这个倒置的旗形,往往会被视为看涨,但是经验丰富的交易者根据成交量和形态来判断,排除了反转的可能性,所以,每次反弹都是做空的机会。经过一段时间的调整,某天期价突然跌破旗形的下边线,新的跌势终于形成。

3.下降旗形的操作注意事项

下降旗形的操作注意事项,具体如下:

第一,下降旗形一般出现在熊市的初期,交易者看到这个形态可以大胆做空,后面有猛烈的跌势,甚至出现崩盘式的大幅下跌。因此,在这个阶段中形成的旗形形态大都比较小,时间可能只在5～6个交易日,由于下跌的能量充足,反弹无力,下跌时的成交量无须很大,惯性的作用很快会将期价打下去。

第二,如果在熊市的末期出现下降旗形走势,突破的成交量放大,但是价格下跌的幅度却不大,交易者就要当心了。一般情况下,熊市末期出现的下降旗形,时间比较长,下跌的幅度未能达到目标位,很可能形成空头陷阱。

4.下降旗形量化实战案例

下面通过具体实例来讲解一下下降旗形量化实战应用。

如果期价已经过大幅上涨,并且累计涨幅较大,然后在高位震荡,在震荡中出现下降旗形形态,如果期价跌破下边支撑线,多单就要果断出局,否则是相当危险的。

图9.34显示的是玉米主力合约(c9999)2021年4月13日至2021年9月17日的日K线图。

玉米主力合约(c9999)的价格经过一波明显的上涨之后,创出2 887元高点。随后期价开始下跌,先是跌破5日均线,然后又跌破10日均线,最后跌破30日均线,接着期价继续沿着5日均线下跌,这样均线慢慢呈空头排列,期价进入震荡下跌行情中。

期价经过一波明显的下跌之后,开始反弹,在反弹过程中出现下降旗形形态,即低点不断抬高,高点之后还有高点,从表面上来看是一个相当明显的上升通道。但交易者要明白,期价已处于下跌行情中,当前只是反弹行情,只要上涨形态完好,交易者可以看涨,并且持多单不动,让利润自己向前奔跑。但交易者心中一定要清楚，现在是下跌行情，一旦出现什么风吹草动，期价可能就会大跌，所以，在这里一定要关注不好的K线信号，一旦出现，先减仓或清仓出局再说。

图9.34　玉米主力合约（c9999）2021年4月13日至2021年9月17日的日K线图

在A处，期价以一根大阴线跌破下降旗形的下方支撑线，这表明上涨形态出现明显走坏，持有多单的交易者要及时减仓或清仓观望。想做空的交易者，可以以这一波反弹高点或下降旗形的下边线为止损位，逢高做空。

从其后的走势可以看出，中线耐心持有空单，就会有不错的投资收益。

如果期价经过大幅下跌已经探明底部区域，然后震荡上升，在震荡过程中出现下降旗形形态，即使期价跌破下方支撑线，也不要恐慌，毕竟只是回调，而不是新的下跌行情，所以，短线交易者可以减仓以应对风险，而中线交易者可以持仓不动。

图9.35显示的是棉花主力合约（cf9999）2020年2月24日至2020年10月19日的日K线图。

棉花主力合约（cf9999）的价格经过长时间、大幅度的下跌之后，创下9 935元低点。需要注意的是，期价在创下低点这一天，收出一根带有长长下影线的锤头线，这是一根见底K线。随后期价在低点略震荡后，就开始震荡上涨，先是站上5日和10日均线，然后继续上涨，上涨到30日均线附近，略有震荡后，就站稳了30日均线，这样均线就慢慢呈多头排列，期价进入震荡上涨行情中。

　　在期价上涨初期，震荡上涨速度很快，几乎是上涨三天，回调两天，所以，在这种上涨行情中，出现下降旗形，当期价跌破下降旗形的下边支撑线时，交易者也不要过分担心，上涨初期回调不会太大，回调后仍会上涨。所以，在A处，当期价跌破下降旗形的下边支撑线时，持有多单的短线交易者可以减仓以应对风险，中线交易者可以持仓不动。

图9.35　棉花主力合约（cf9999）2020年2月24日至2020年10月19日的日K线图

提　醒

　　期价刚刚转势，下跌是为了清洗短线多单获利筹码，是为了获取散户手中的低廉筹码，不要轻易上主力的当。

　　在这里可以看到，期价跌破下降旗形的下边支撑线后就跌不动了，然后又开始震荡上涨。

　　同理，在B处，一根大阴线跌破下降旗形的下边支撑线，这里出现大一些的回调，但期价在30日均线充分震荡后，又开启了一波明显的上涨行情，所以，中线持有多单的交易者，往往会有较大的盈利空间和投资回报。

9.4.7　上升楔形量化实战技巧

　　上升楔形是常见的K线整理形态，当期价中出现这种K线形态时，继续上涨的概率很大,下面就来具体讲解一下该形态的特点和市场含义。

1. 上升楔形的特点

上升楔形出现在跌势中,反弹高点的连线与下跌低点的连线相交于右上方,其形状构成一个向上倾斜的楔形图,最后期价跌破支撑线向下滑落。上升楔形的图形如图9.36所示。

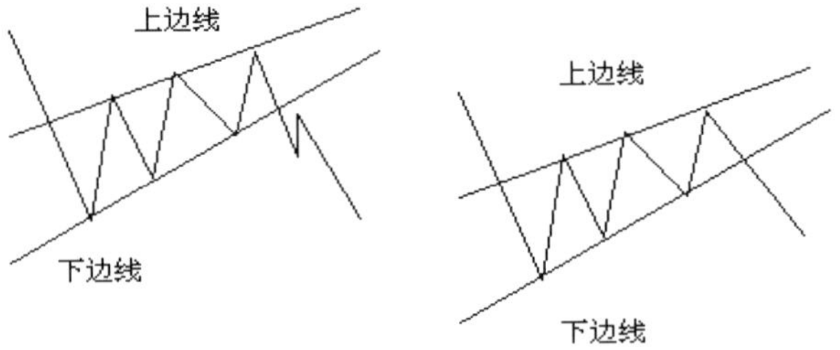

图9.36　上升楔形

2. 上升楔形的市场含义

上升楔形在形成过程中,成交量不断减少,呈现价升量减的反弹特征。上升楔形是诱多陷阱,表示升势已尽,是一个卖出信号。交易者不要被低点上移迷惑,要保持警惕,还是以逢高做空为主。

另外,上升楔形上下两条边线收敛于一点,而期价理想的跌破点是由第一个低点开始,直到上升楔形尖端之间距离的三分之二处。有时候,期价可能会一直移动到楔形的尖端,出了尖端后还稍微上升,然后才大幅下跌。

3. 上升楔形量化实战案例

下面通过具体实例来讲解一下上升楔形量化实战应用。

如果期价已经过大幅上涨,并且累计涨幅较大,然后在高位震荡,在震荡中出现上升楔形形态,如果期价跌破下边支撑线,持有多单的交易者就要果断出局,否则是相当危险的。想做空的交易者,可以以上升楔形的下边线为止损位或以最高点为止损位,逢高做空。

图9.37显示的是焦煤主力合约(jm9999)2020年11月20日至2021年3月1日的日K线图。

焦煤主力合约(jm9999)的价格经过一波明显的上涨之后,然后在高位震荡上升,这时出现上升楔形,即低点不断抬高,高点之后还有高点,从表面上看,是一个相当明显的上升通道。但要明白,期价已有较大幅度的上涨,只要形态完好,交易者可以看涨，并且持有多单不动，让利润自己向前奔跑。但交易者心中一定要清楚，现在是高位，一旦出现什么风吹草动，期价可能就会大跌，所以，在这里一定要关注不好的K线信号，一旦出现，先减仓或清仓出局再说。

图9.37　焦煤主力合约（jm9999）2020年11月20日至2021年3月1日的日K线图

在A处，期价跌破上升楔形的下边线，这表明上涨行情就要结束，所以，多单要注意卖出。随后期价出现反弹，但反弹不过上升楔形的下边线，即B处。所以，B处是比较理想的做空位置，将止损位放在最高点即可。

从其后的走势可以看出，期价在B处反弹不动后，就开始震荡下跌，中线持有空单，就会有较大的盈利空间。但如果持有多单死扛，就会造成盈利回吐，甚至由盈利变成亏损。

如果期价在下跌初期或下跌途中出现上升楔形形态，很多交易者都会认为已到阶段性底部或要大力反弹，所以，很多散户开始买进做多，并且反弹一波高于一波，但交易者一定要清醒，这是下跌趋势，并且要知道这有可能是上升楔形形态，可能是主力在诱多。

图9.38显示的是PP主力合约（pp9999）2019年9月2日至2020年3月27日的日K线图。

PP主力合约（pp9999）的价格经过一波明显的反弹上涨之后，创出8 536元高点。在创出高点这一天，期价收出一根带有上影线的阳线，这表明上方已有压力，随后期价就开始震荡下跌。

在震荡下跌的初期和过程中，不断出现上升楔形，当期价跌破下边线支撑时，即A和B处，这时持有抄底多单的交易者，一定要及时卖出，否则就会被套在半山腰上，将会损失惨重；持有空单的交易者，耐心持有即可；想做空的交易者，可以以这一波反弹的高点为止损位，或以上升楔形的下边线为止损位，逢高做空。

图9.38　PP主力合约（pp9999）2019年9月2日至2020年3月27日的日K线图

从其后的走势可以看出，持有空单的交易者，很容易赚到钱，而抄底做多的交易者，很难赚到钱，并且很容易被套，不止损还会被深套。

如果期价经过大幅下跌已经探明底部区域，然后震荡上升，在震荡过程中出现上升楔形，即使期价跌破下方支撑线，也不要恐慌，毕竟只是回调，而不是新的下跌行情，所以，持有多单的短线交易者可以减仓以应对风险，而中线交易者可以持仓不动。

图9.39显示的是沪铝主力合约（al9999）2020年2月20日至2020年7月13日的日K线图。

沪铝主力合约（al9999）的价格经过长时间、大幅度的下跌之后，创下11 225元低点。随后期价开始上涨，先是站上5日和10日均线，然后继续上涨，最后站稳30日均线，这样均线慢慢就变成多头排列，即期价进入震荡上涨行情中。

期价站稳30日均线之后，继续沿着均线震荡上涨，在震荡上涨过程中，不断出现上升楔形。需要注意的是，期价刚刚上涨，上涨幅度不大，并且均线保持良好，只要30日均线不跌破，耐心持有多单即可。

图9.39　沪铝主力合约（al9999）2020年2月20日至2020年7月13日的日K线图

所以，在震荡上涨行情中，当期价跌破上升楔形的下边线时，即A、B和C处，持有多单的短线交易者可以减仓以应对风险，中线交易者耐心持有多单即可。原因是期价刚刚转势，下跌是为了清洗短线多单获利筹码，是为了获取散户手中的低廉筹码，不要轻易上主力的当。

从其后的走势可以看出，耐心持有多单的中线交易者，往往会有较大的盈利。短线反复操作的交易者，一旦踏不准节奏，就会错过行情。

9.4.8　矩形量化实战技巧

矩形既可以出现在跌势中，也可以出现在涨势中，是常见的K线整理形态，下面就来具体讲解一下该形态的特点和市场含义。

1. 矩形的特点

矩形是期价由一连串在两条水平的上下界线之间的变动而成的形态。期价在其范围之内反复运动，期价上升到某水平线时遇阻力回落，但很快又获得支撑并反弹，但回升到上次同一高点时再次受阻，而在回调到上次低点时又获得支撑。如果将期价的最高点和最低点分别用直线连接起来，就形成一个长方形，最后寻求向下或向上突破。矩形的图形如图9.40所示。

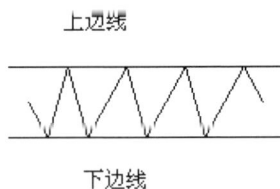

图9.40　矩形

2. 矩形的市场含义

在矩形的形成过程中，成交量不断减少，在上下反反复复运行，直到一方力量耗尽，出现突破方向为止。在矩形盘整的过程中，交易者以不介入为宜，如果向上突破，可采取做多策略；如果向下突破，可以采取做空策略。

3. 矩形量化实战案例

下面通过具体实例来讲解一下矩形量化实战应用。

期价已经过大幅下跌，然后在底部震荡盘整，在这个过程中出现矩形形态，当期价突破矩形上边线时，及时跟进做多，就会有不错的投资收益。

图9.41显示的是棉花主力合约（cf9999）2016年2月3日至2016年7月15日的日K线图。

图9.41　棉花主力合约（cf9999）2016年2月3日至2016年7月15日的日K线图

棉花主力合约（cf9999）的价格经过长时间、大幅度的下跌之后，然后在低位区域窄幅震荡，下方支撑为10 000元附近，上方压力为10 600元附近。在这个窄幅区域中震荡了两个多月，形成矩形形态。

如果交易者长期关注该期货合约，在交易者的潜意识里就要明白，低位横有多长，将来竖有多高，所以，耐心关注何时向上突破。在A处，期价突破矩形的上边线，这表明真正的上涨行情要开始了，所以，手中持有空单的交易者，一定要及时卖出；手中持有多单的交易者，耐心持有即可。想做多的交易者，可以以矩形上边线或30日均线为止损位，逢低做多。

从其后的走势可以看出，及时进场介入多单的交易者，就会获得翻倍的投资收益。

提醒

为了防止是假突破，要怕错过行情，可以分批建仓，可以先建三分之一仓位，然后再根据行情走势，不断加仓。

如果期价已经大幅上涨，然后在高位进行横盘整理，这时出现矩形形态，手中持有多单的交易者就要小心了，特别是突破矩形的下边支撑线后，要果断清仓出局，否则被深套没商量。

图9.42显示的是橡胶主力合约（ru9999）2019年11月18日至2020年3月19日的日K线图。

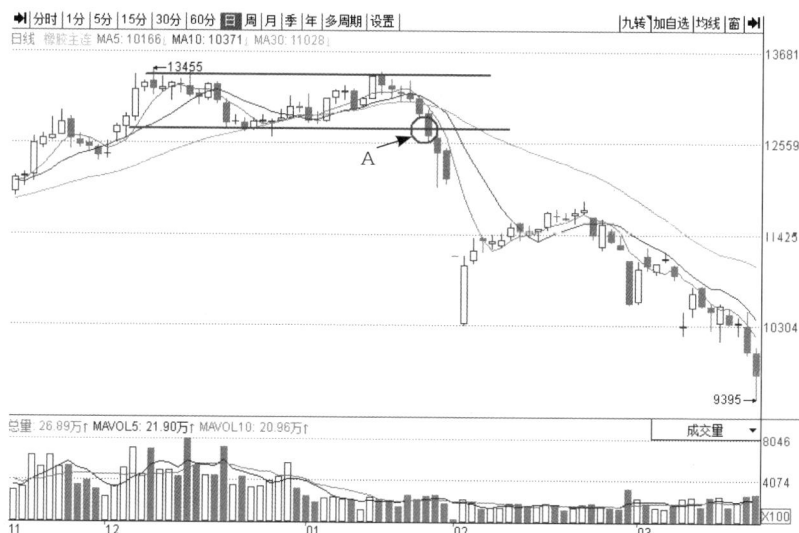

图9.42　橡胶主力合约（ru9999）2019年11月18日至2020年3月19日的日K线图

橡胶主力合约（ru9999）的价格经过长时间、大幅度的上涨之后，然后在高位区域窄幅震荡，下方支撑为12 700元附近，上方压力为13 400元附近。在这个窄幅区域中震荡了两个多月，形成矩形形态。

交易者一定要明白，期价已经大幅度上涨，在高位震荡，如果不能向上突破，一旦跌下去，就可能是大跌，所以，当期价跌破矩形下边线时，多单要第一时间果断、坚决卖出，否则就会损失惨重。

在A处，期价跌破矩形下边线，意味着震荡结束，要开始进入下跌行情了，所以，要果断卖出手中所有多单筹码。从其后的走势可以看出，如果不卖出筹码，就会由盈利变为亏损，甚至被深套。另外，在A处，手中已有空单的交易者，可以耐心持有；如果想做空，可以以矩形下边线或上边线为止损位，逢高做空。

9.4.9 收敛三角形量化实战技巧

收敛三角形既可以出现在跌势中，也可以出现在涨势中，是常见的K线整理形态，下面就来具体讲解一下该形态的特点和市场含义。

1. 收敛三角形的特点

收敛三角形每次上涨的高点连线与每次回落的低点连线相交于右方，呈收敛状，其形状像一把三角形尖刀。收敛三角形的图形如图9.43所示。

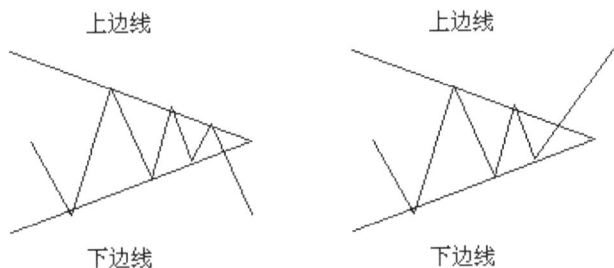

图9.43 收敛三角形

收敛三角形与喇叭形的形状正好相反，喇叭形最终向下概率较大，而收敛三角形整理后可能向上，也可能向下，是一个观望信号。在涨势中，如果放量收于压力线上方，可以追加多单筹码；如果向下突破，要看空、做空。在跌势中，放量收于压力线上方，也不要急于跟着买入，而是当回探压力线后再创新高时，才可以适量买进，其他情况下都要做空。

2. 收敛三角形的市场含义

收敛三角形是因为买卖双方的力量在该段价格区域内势均力敌，暂时达到平衡状态所形成。

期价从第一个短期性高点回落，但很快地便被买方消化，推动价格回升；但购买的力量对后市没有太大的信心，又或是对前景感到有点儿犹疑，因此期价未能回升至上次高点已告掉头，再一次下跌。

在下跌阶段，那些做空的交易者不愿意太低价售出或对前景仍存有希望，所以，回落的压力不强，期价未下跌到上次的低点便已告回升，买卖双方的观望性争持使期价的上下波动日渐收窄，形成收敛三角形态。

成交量在收敛三角形成的过程中不断减少，正反映出多空力量对后市犹豫不决的观望态度，使得市场暂时沉寂。

由于收敛三角形形属于整理形态，所以，只有在期价朝其中一方明显突破后，才可以采取相应的买卖行动。如果期价往上冲破阻力（必须得到大成交量的配合），就是一个买入做多信号；反之若是往下跌破（在低成交量之下跌破），便是一个做空信号。

3. 收敛三角形的量化实战案例

下面通过具体实例来讲解一下收敛三角形量化实战应用。

如果期价已经过长时间、大幅度的下跌，探明底部区域，然后开始震荡上升，在上涨初期如果出现收敛三角形，当期价放量突破收敛三角形的上边线时，是相当不错的买点。

图9.44显示的是棕榈主力合约（p9999）2020年3月31日至2020年8月4日的日K线图。

棕榈主力合约（p9999）的价格经过长时间、大幅度的下跌之后，创下4 274元低点。随后期价在低位震荡几天后，就开始上涨，先是站上5日和10日均线，然后又站上30日均线，这样均线慢慢变成多头排列，即期价进入震荡上涨行情中。

期价站稳30日均线后，继续沿着5日和10日均线上涨，经过一波明显的上涨行情之后，期价开始震荡回调，这里出现收敛三角形。

在A处，期价一根大阳线向上突破收敛三角形的上边线，这意味着震荡回调结束，新的一波上涨行情开始。所以，在A处，手中有空单的交易者，要第一时间止损出局；手中持有多单的交易者，可以耐心持有；想做多的交易者，可以以收敛三角形的上边线为止损位，或以10日均线为止损位，逢低做多。

图9.44　棕榈主力合约（p9999）2020年3月31日至2020年8月4日的日K线图

从其后的走势可以看出，在A处做多的交易者，只要耐心持有，就会有不错的投资收益。

如果期价已经过长时间、大幅度的上涨，然后在高位反复震荡，在震荡过程中出现收敛三角形，这时做多要特别小心，毕竟风险大于收益，所以还是小心为好。

图9.45显示的是纸浆主力合约（sp9999）2021年1月21日至2021年6月18日的日K线图。

纸浆主力合约（sp9999）的价格经过长时间、大幅度的上涨之后，创出7652元高点。随后期价开始在高位反复震荡，在震荡过程中出现收敛三角形。

在A处，期价跌破收敛三角形的下边线支撑，意味着震荡盘整结束，要开始新的一波下跌行情。所以，在A处，手中还有多单的交易者，要及时卖出；手中持有空单的交易者，可以耐心持有；想做空的交易者，可以以收敛三角形的下边线为止损位，或以10日均线为止损位，逢高做空。

从其后的走势可以看出，在A处做空的交易者，只要耐心持有，就会有不错的投资收益。

在明显的下跌趋势中，如果期价出现反弹，在反弹过程中出现收敛三角形，如果期价跌破下边支撑线，抄底多单就要果断出局，否则是相当危险的。

图9.45　纸浆主力合约（sp9999）2021年1月21日至2021年6月18日的日K线图

图9.46显示的是生猪主力合约（lh9999）2021年5月10日至2021年9月15日的日K线图。

图9.46　生猪主力合约（lh9999）2021年5月10日至2021年9月15日的日K线图

生猪主力合约（lh9999）的价格在明显的下跌行情中出现反弹，这时出现收敛三角形形态。在A处，期价跌破收敛三角形的下方支撑线，意味着反弹结束，又要开始新的一波下跌。所以，在A处，手中有抄底多单的交易者，要及时卖出；手中持有空单的交易者，可以耐心持有；想做空的交易者，可以以收敛三角形的下边线为止损位，或以10日均线为止损位，逢高做空。

同理，在B处，期价跌破收敛三角形的下方支撑线，其操作策略与A处相同。

从其后的走势可以看出，在A处，或在B处做空的交易者，只要耐心持有，就会有不错的投资收益。

第10章

趋势量化实战技巧

在实战操作中，顺势而为是交易者操作的灵魂。追随市场的大趋势，而不能追随看不到的趋势，更不能逆势操作；同时，在趋势的运行过程中，要根据行情的发展，注意把握趋势的节奏，既要"权死生之机"，又要"辨动静之理"。

本章主要内容包括：

✓ 什么是趋势

✓ 上升趋势、水平趋势和下降趋势

✓ 利用上升趋势线做多量化实战案例

✓ 利用下降趋势线做多量化实战案例

✓ 利用上升趋势线做空量化实战案例

✓ 利用下降趋势线做空量化实战案例

✓ 通道线的定义及作用

✓ 通道线量化实战案例

✓ 什么是黄金分割线

✓ 黄金分割线量化实战案例

✓ 黄金分割线对期价上涨的量化分析技巧

✓ 黄金分割线对期价下跌的量化分析技巧

10.1 趋势概述

期市行情有起有伏，期价涨涨跌跌，但趋势是行情的方向，把握了趋势就等于把握了行情的主线；节奏是趋势的韵律，把握了节奏就等于把握了趋势的脉搏。抓住趋势、把握节奏是每个交易者在期市"征程"中所不得不面临的技术难题，这是期市投资战斗力的源泉。

> **提醒**
>
> 对于趋势和节奏准确而敏锐地感觉和把握，必须来自殚精竭虑的思考，必须来自千百次的实战经验。

10.1.1 什么是趋势

趋势是指期市何去何从的方向，更确切地说，趋就是未来期价运动的方向，势就是未来期价在运动方向上的力量。

趋势的形成是由于期货市场中参与的人和资金都是大规模的数据，一旦上升趋势或下降趋势形成，就将延续，直到被新的趋势代替。

任何一种期货在不同时期都会沿着一定的趋势持续运行，所以，通过趋势分析，可以预测和判断未来期价的走势，交易者可以根据具体情况采取适宜、高效的交易策略，从而把握一些大机会，少犯一些原则性错误，成为期市中的赢家。

10.1.2 趋势的方向

趋势具有三种方向，分别是上升、下降和横向盘整。很多交易者习惯地认为期市只有两种趋势方向，要么上升，要么下降。但实际上，还有一种横向盘整，据统计，至少有三分之一的时间，期价处于横向盘整之中，对于这一点，交易者一定要注意。

1. 上升趋势

如果随着时间的推移，K线图中的每个价格高点依次上升，每个价格低点也依次上升，那么这种价格运动趋势就是上升趋势，即每当价格回调时，还没等到跌到前一次的低点时，买家就迫不及待地涌入，推动价格继续上涨；而当价格临近前一次高位时，买家又毫不犹豫地持续买入，使价格再创新高。如此来回几次，便形成一系列依次上升的波峰和波谷，这是牛市特征。上升趋势如图10.1所示。

图10.1　上升趋势

2. 水平趋势

水平趋势，又称横向整理趋势，即随着时间的推移，K线图中的期价没有创出新高，也没有创下明显的新低，基本上就是在两条水平线之间作折返运动。这种趋势不适合判断未来的期价运动方向，期价只有突破上面的水平压力线或下面的水平支撑线时，才能使我们看到市场真正的运动方向，这就是"牛皮市特征"。水平趋势如图10.2所示。

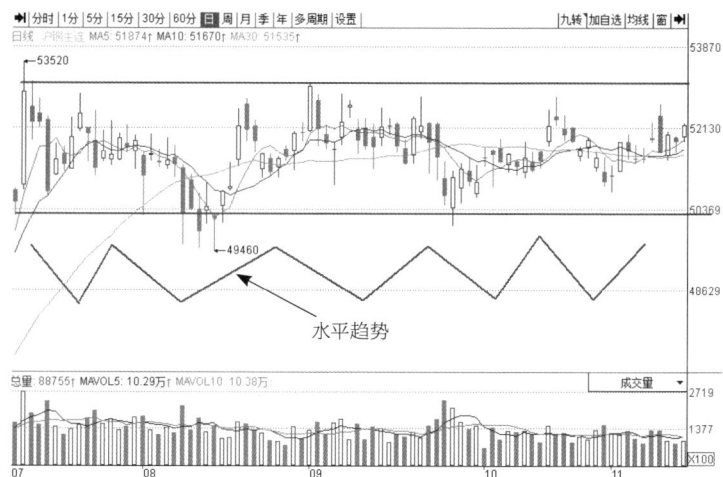

图10.2　水平趋势

3. 下降趋势

如果随着时间的推移, K线图中的每个价格高点依次下降, 每个价格低点也依次下降, 那么这种价格运动趋势就是下降趋势, 即每当价格反弹时, 还没有等涨到前一次的高点时, 卖家就迫不及待地抛售, 促使价格回落; 而当价格临近前一次低点时, 卖家又毫不犹豫地卖出, 使价格再创新低。如此来回几次, 便形成一系列依次下降的波峰和波谷, 这是熊市特征。下降趋势如图10.3所示。

图10.3 下降趋势

10.2 趋势线做多量化实战技巧

在分析趋势时, 常常通过绘制趋势线来进行分析。画趋势线是衡量趋势发展的主要手段, 从趋势线的方向可以明确地看到价格的发展方向。

10.2.1 趋势线

趋势线的绘制方法很简单, 在上升趋势中, 将两个明显的反转低点连成一条直线, 就可以得到上升趋势线, 上升趋势线起支撑作用。

在下降趋势中, 将两个明显的反转高点连成一条直线, 就可以得到下降趋势线, 下降趋势线起阻力作用。

图10.4显示了沪锌主力合约（zn9999）2020年2月13日至2020年5月8日的上升趋势线和下降趋势线。

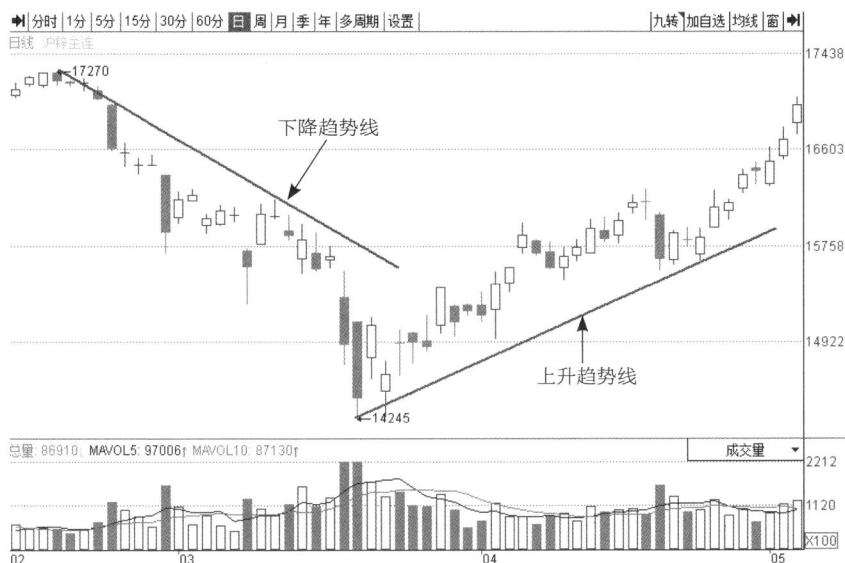

图10.4　沪锌主力合约（zn9999）的2020年2月13日至2020年5月8日的上升趋势线和下降趋势线

从方向上来说，趋势线可分为上升趋势线和下降趋势线。上升趋势线预示期价的趋势是向上的；下降趋势线预示期价的趋势是向下的。

从时间上说，趋势线可分为长期趋势线、中期趋势线和短期趋势线。

（1）长期趋势线是连接两大浪的谷底或峰顶的斜线，跨度时间为几年，它对期市的长期走势将产生很大的影响。

（2）中期趋势线是连接两中浪的谷底或峰顶的斜线，跨度时间为几个月，甚至一年以上，它对期市的中期走势将产生很大的影响。

（3）短期趋势线是连接两小浪的谷底或峰顶的斜线，跨度时间不超过两个月，通常只有几个星期，甚至几天时间，它对期市的走势只起短暂影响。

10.2.2　利用上升趋势线做多量化实战技巧

上升趋势形成后，期价将沿着上升趋势线向上运行，在运行过程中，期价可能会有短时间的回调，很多时候会回落至趋势线附近，这时交易者可以利用少量的资金及时跟进，然后再顺势加仓做多，经常会有相当不错的投资收益。

图10.5显示的是热轧卷板主力合约（hc9999）2020年3月20日至2020年9月1日的日K线图。

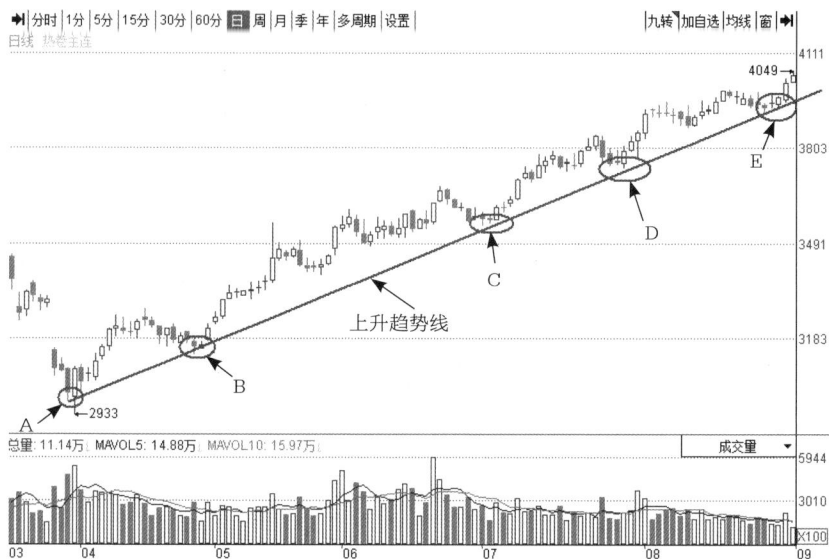

图10.5　热轧卷板主力合约（hc9999）2020年3月20日至2020年9月1日的日K线图

热轧卷板主力合约（hc9999）的价格经过长时间、大幅度的下跌之后，创下2933元低点。在创下低点这一天，期价收出一根大阳线，这意味着有抄底做多资金介入。

随后期价就开始震荡上涨，即每次一上涨的高点都高于前一次上涨的高点，而回调的低点也高于前一次回调的低点。这样利用A和B处的两个低点绘制一条上升趋势线。

在C处，期价连续回调7个交易日，正好回调到上升趋势线附近，并且这时的K线是十字线，即是转势K线，即下跌力量不强，有抄底做多力量介入。所以，在C处，手有持有短线空单的交易者，要第一时间卖出；手中有持有低位多单的交易者，继续耐心持有；想做多的交易者，以上升趋势线为止损位，逢低做多。

在D处，期价连续上涨之后，再度回调，也是回调到上升趋势线附近，然后出现早晨之星见底K线组合，所以，D处也是较好的买进多单位置。

同理，E处也是在上升趋势线附近，期价下跌不动，所以，E处的操作策略与A处相同。

提　醒

在绘制上升趋势线时，让尽量多的K线低点接触上升趋势线，这样趋势线的可靠性就越强。

10.2.3　利用下降趋势线做多量化实战技巧

如果期价处在明显的下降趋势中，即期价一直在长期下降趋势线下方运行，最好的操作策略是逢高做空，耐心观察，看什么时候能有效突破长期下降趋势线，一旦突破，中线空单就要果断卖出，然后逢低买进做多，可以实现轻松盈利。

图10.6显示的是纸浆主力合约（sp9999）2020年9月1日至2021年1月18日的日K线图。

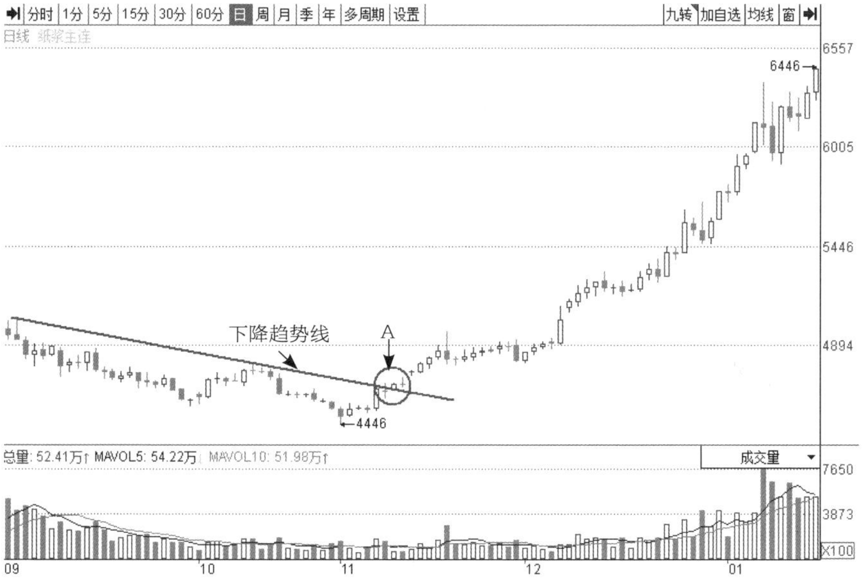

图10.6　纸浆主力合约（sp9999）2020年9月1日至2021年1月18日的日K线图

纸浆主力合约（sp9999）经过长时间、大幅度的下跌之后，创下4 446元低点。随后三个交易日，期价继续在低位震荡，然后一根中阳线开始上涨，接着期价慢慢突破下降趋势线，即在A处。

期价在A处突破下降趋势线，意味着下跌行情就要结束，新的上涨行情即将开始。所以，在A处，手中持有空单的交易者，要果断卖出；有抄底多单的交易者，可以耐心持有；想做多的交易者，可以以4 446元为止损位，或是以下降趋势线为止损位,逢低做多。

从其后的走势可以看出,期价突破下降趋势线后,继续上涨,即出现一波明显的上涨行情。一波明的上涨行情后,出现横盘整理,经过十几个交易日的震荡后,开始一波大的上涨行情,中线持有多单的交易者,可以获得非常不错的投资收益。

如果期价已经处于明显的上升趋势中,然后出现回调,回调后期价又突破中期下降趋势线,那么这也是相当不错的加仓做多位置。

图10.7显示的是20号胶主力合约(nr9999)2020年3月16日至2020年10月28日的日K线图。

图10.7　20号胶主力合约(nr9999)2020年3月16日至2020年10月28日的日K线图

20号胶主力合约(nr9999)的价格经过长时间、大幅度的下跌之后,创下7345元低点。随后期价开始震荡上涨,突破下降趋势线,即B处。这表明下跌行情已结束,上涨行情开始。所以,在B处,手中持有空单的交易者,要及时卖出;手中有抄底多单的交易者,可以耐心持有;想做多的交易者,可以以7345元或下降趋势线为止损位,逢低做多。

期价突破下降趋势线后,开始震荡上涨,这样,利用A和C处,绘制上升趋势线。期价在震荡上涨过程中,每经过一波明显的上涨行情之后,都会出现回调,这样就可以绘制出短期下降趋势线。

在D处,期价始终在上升趋势线上方,当回调到上升趋势线附近时,就是一个新的做多位置, 也是空单注意卖出的位置。期价在D处企稳后, 开始上涨, 在E处突破下降趋势线, 这意味着期价回调结束, 又要开始新的一波上涨行情, 所以, 在D处还没有卖出的空单, 在E处一定要卖出, 否则就会被套, 甚至深套。

期价在E处突破下降趋势线, 又出现一波明显的上涨行情。这一波上涨行情结束后, 再度回调, 这样又可以绘制新的短期下降趋势线。

在F处, 期价正好回调到上升趋势线附近, 所以, 这里是空单止盈的位置, 同时也是比较好的进场做多的位置。随后一根大阳线向上突破下降趋势线, 即G处, 这意味着调整结束。所以, 在G处, 手中有抄底多单的交易者, 可以耐心持有; 手中还有空单的交易者, 要及时卖出; 想要做多的交易者, 可以以上升趋势为止损位, 逢低做多。

从其后的走势可以看出, 期价突破下降趋势线后, 略有回调, 但回调没有跌破下降趋势线, 所以, H处也是不错的做多位置。期价回调结束后, 就迎来了一波明显的上涨行情, 中线持有多单的交易者, 就会获得相当丰厚的投资收益。

按下键盘上的"→"键, 向右移动K线, 就可以看到大涨后的20号胶主力合约（nr9999）的走势, 如图10.8所示。

图 10.8　大涨后的 20 号胶主力合约（nr9999）的走势

在这里可以看到, 20号胶主力合约（nr9999）的价格大涨之后, 出现快速回调, 然后再反弹, 几经震荡下跌, 最后回调到上升趋势线附近, 期价企稳, 即A

处。需要注意的是，期价在A处收出一根带有长长上下影线的螺旋桨，这是转势K线，所以，在A处，空单要注意止盈，并且可以介入多单，可以以上升趋势线为止损位。

随后期价开始上涨，在B处突破下降趋势线，意味着震荡下跌调整行情已经结束，又要开始进入上涨行情，所以，手中还有空单的交易者，一定要及时卖出。当然，在B处仍可以介入多单，止损位仍是上升趋势线附近。

期价在B处突破下降趋势线后，继续震荡，充分震荡之后，开始快速拉涨，并且创出新高，创出13 040元高点。但需要注意的是，创出新高后，就是一根巨阴线杀跌，这意味着上涨行情结束，又要进行回调，所以，多单要注意卖出，可以关注逢高做空机会。

期价震荡回调到上升趋势线附近，得到支撑，即C处。所以，C处仍然可以介入多单，但从其后的走势可以看出，期价仅反弹几天，又开始下跌，并且跌破上升趋势线，即D处。

需要注意的是，这是一个不太好的信号，因为期价跌破上升趋势线，但随后期价再度上涨，又重新站稳上升趋势线，但这也表明上涨力量不够强。

随后期价继续在上升趋势震荡，所以，这里仍然可以关注做多机会，但要注意仓位不能太重，所以，在E处，可以轻仓做多，止损放在D处低点位置即可。

按下键盘上的"→"键，向右移动K线，就可以看到其后走势，如图10.9所示。

图10.9　20号胶主力合约（nr9999）的其后走势

20号胶主力合约（nr9999）的价格在上升趋势线附近反复震荡，然后出现一波反弹，但反弹力量不强。随后在A处，跌破上升趋势线，这表明长期上涨行情已经结束，后市可能在高位震荡，也可能直接下跌。

从其后的走势可以看出，期价在A处跌破上升趋势线后，继续小幅下跌三个交易日后，就再度反弹上涨，但反弹到上升趋势线附近就受压下行。注意：上升趋势线被跌破后，就不再具有支撑作用，而是具有压力作用。

在这里可以看到，反弹到上升趋势线附近，期价反弹不动，然后再度下跌，所以，在B处，手中还有多单的交易者，要注意卖出；手中有空单的交易者，可以耐心持有；想做空的交易者，可以以B处最高点为止损位，逢高做空。

随后期价开始下跌，但下跌力量也不强。下跌后，再度反弹上涨，再度反弹上涨到上升趋势线附近，再度受压，即C处。所以，在C处，可以以C处最高点为止损位，逢高做空。

从其后的走势可以看出，在C处做空的交易者，短时间内就会有不错的投资收益。

10.3　趋势线做空量化实战技巧

前面讲解了趋势线做多量化实战技巧，下面来讲解一下趋势线做空量化实战技巧。

10.3.1　利用上升趋势线做空量化实战技巧

如果期价已经过长时间、大幅度的上涨之后，随后在高位震荡，如果在震荡中跌破上升趋势线的支撑，手中还有多单的交易者一定要及时出局观望，否则可能会损失惨重。手中有空单的交易者，可以耐心持有。想做空的交易者，可以以上升趋势线为止损位，逢高做空。

图10.10显示的是玻璃主力合约（fg9999）2021年4月29日至2021年9月16日的日K线图。

玻璃主力合约（fg9999）的价格经过长时间、大幅度的上涨之后，创出3 163元高点。需要注意的是，期价在创出高点这一天，收出一根带有长长上影线的小阴线，这表明上方已有压力。

图10.10 玻璃主力合约（fg9999）2021年4月29日至2021年9月16日的日K线图

随后期价在高位震荡，震荡四个交易日后，期价跳空低开低走，收出一根大阴线，跌破上升趋势线，即A处。这意味着高位震荡行情结束，也意味着短期上涨行情结束，期价要开始进入下跌行情了。

所以，在A处，手中还有多单的交易者，要及时果断卖出，否则就会由大盈利变成小盈利，甚至由盈利变成亏损；手中持有空单的交易者，耐心持有即可，即让利润自己奔跑；想做空的交易者，可以以最高点为止损位或以上升趋势线为止损位，逢高做空。

从其后的走势可以看出，期价跌破上升趋势线后，继续下跌，虽有反弹，但高点不断降低，低点也不断降低，即下跌趋势良好，所以，空单可以耐心持有，最终持有空单者，会有丰厚的投资回报。

如果期价处在明显的下降趋势中，出现反弹，如果参与了反弹行情，一旦期价跌破上升趋势线，多单要及时出局观望。实际上，在明显的下跌行情中，耐心关注反弹结束，逢高做空是最好的策略。

图10.11显示的是锰硅主力合约（sm9999）2020年4月15日至2020年9月23日的日K线图。

图10.11　锰硅主力合约（sm9999）2020年4月15日至2020年9月23日的日K线图

锰硅主力合约（sm9999）的价格经过一波明显的上涨之后，创出7 472元高点。需要注意的是，期价在创出高点这一天，虽然收出一根中阳线，但上方有较长的上影线，这表明上方已有压力。随后期价收出一根十字线，然后就是一根大阴线，即出现早晨十字星见顶K线组合，所以，这里多单要注意减仓。

随后期价开始震荡下跌，经过一波下跌之后，期价开始震荡反弹，反弹不强，几乎是横盘整理。反弹七个交易日后，一根大阴线开始杀跌，跌破反弹所形成的上升趋势线，即A处。所以，在A处，手中还有多单的交易者，要注意果断卖出；手中有空单的交易者，可以耐心持有；想做空的交易者，可以以上升趋势线或这一波反弹的最高点为止损位，逢高做空。

同理，在B、C、D和E处，当期价跌破反弹所形成的上升趋势线时，抄底多单及时卖出。总之，这些地方的操作策略与A处相同即可。

从其后的走势可以看出，每当期价跌破上升趋势线后，就会有一波明显的下跌行情，及时跟进做空的交易者，短时间内就会有不错的投资盈利。

10.3.2　利用下降趋势线做空量化实战技巧

如果期价经过长时间、大幅度的上涨之后，然后在高位震荡。期价在高位充分震荡之后，开始下跌。一波明显的下跌之后，会有反弹，但每次反弹的高点不断降低，低点也不断降低，这样就形成下降趋势。连接两个关键高点，就可以绘制出一条下降趋势线。每当期价反弹到下降趋势线附近，手中有抄底多单的交易者，要注意及时卖出；手中已有空单的交易者，可以耐心持有；想做空的交易者，可以以下降趋势线为止损位，逢高做空。

图10.12显示的是花生主力合约（pk9999）2021年2月25日至2021年10月15日的日K线图。

图10.12　花生主力合约（pk9999）2021年2月25日至2021年10月15日的日K线图

花生主力合约（pk9999）的价格经过一波明显的上涨之后，然后在高位震荡，这时创出11 300元高点。需要注意的是，在创出高点这一天，期价收出一根高开低走的大阴线，这表明上方已有明显的压力，所以多单要注意止盈。

随后期价继续在高位震荡，充分震荡后，期价开始震荡下跌。利用A和B两个高点，绘制下降趋势线。

在C处，一根射击之星见顶K线正好反弹到下降趋势线附近，所以，这里是较好的做空位置，将止损位放在下降趋势线附近即可。

在D处，两根反弹大阳线正好反弹到下降趋势线附近。需要注意的是，第二根大阳线上带有上影线，这表明上方已有压力，所以，这里也可以做空。随后期价开始下跌，并且出现一波明显的下跌行情。

期价出现一波明显的下跌行情之后，再度反弹，注意：这一波反弹相对较强，但反弹到下降趋势线附近时，出现一根高开低走的大阴线，即E处，这说明上方压力很大。所以，在E处，手中持有抄底多单的交易者，要注意卖出；手中还有空单的交易者，耐心持有即可；想做空的交易者，以下降趋势线或大阴线的最高点为止损位，逢高做空。

在F和G处，都是期价反弹到下降趋势线附近，出现见顶信号，都可以继续做空，但也要注意严格止损，因为期价越跌越低，毕竟期货是有实际价值的，期价不可能太偏离其实际价值。

10.4　通道线量化实战技巧

通道线与趋势线是相互依存、相互修正的关系，下面来具体讲解一下通道线的定义、作用及实战案例。

10.4.1　什么是通道线

通道线，又称管道线，是在趋势线的反方向画一条与趋势线平行的直线，且该直线穿越近期价格的最高点或最低点。这两条线将价格夹在中间运行，有明显的管道或通道形状。

趋势线有上升趋势线和下降趋势线两种，通道线也有两种，分别是上升趋势的通道线和下降趋势的通道线。上升趋势的通道线如图10.13所示。

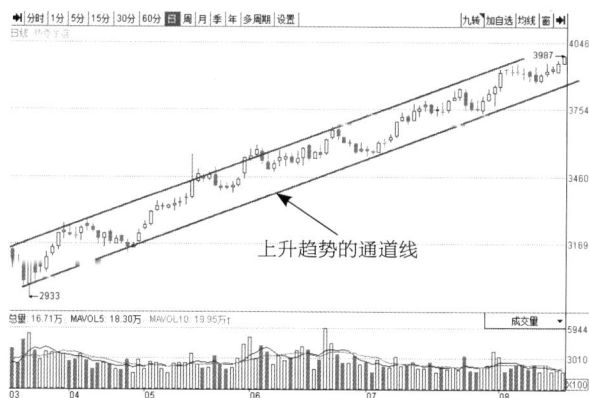

图10.13　上升趋势的通道线

下降趋势的通道线如图10.14所示。

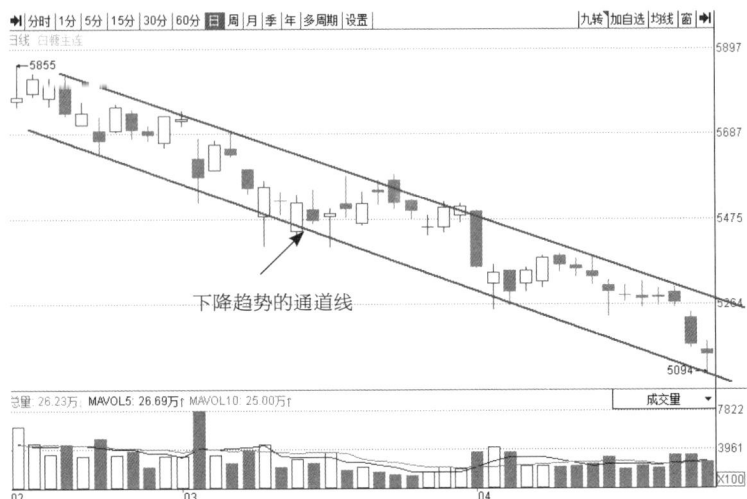

图10.14　下降趋势的通道线

10.4.2　通道线的主要作用

通道的主要作用是限制期价的变动范围,让它不能变得太离谱。通道一旦得到确认,那么价格将在这个通道里变动。

一旦通道线被期价有效突破,往往意味着趋势将有一个较大的变化。当通道线被期价突破后,趋势上升的速度或下降的速度会加快,会出现新的期价高点或低点,原有的趋势线就会失去作用,要重新依据期价新高或新低画出趋势线和通道线。

10.4.3　通道线量化实战技巧

在明显的上升趋势中,价格上涨到通道线上边的压力线时,短线交易者可以卖出手中的多单,然后逢高轻仓做空。当价格再度回调到通道线的下边压力线时,短线交易者一定要及时卖出手中的空单,然后逢低做多。而中线交易者只做多、不做空,以耐心持有多单为主。因为当前是上升趋势,顺势而为才能赚到最大的利润。

图10.15显示的是沪铝主力合约(al9999)2020年2月21日至2020年7月15日的日K线图。

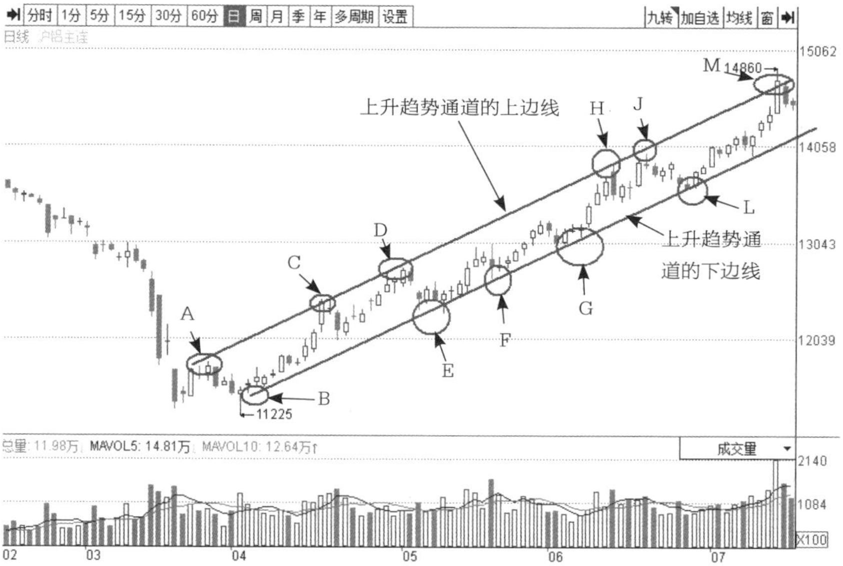

图10.15　沪铝主力合约（al9999）2020年2月21日至2020年7月15日的日K线图

沪铝主力合约（al9999）的价格经过长时间、大幅度的下跌之后，创下11 225元低点。需要注意的是，期价在创下低点之前，已经出现快速下跌，并且在创下低点这一天，期价收出一根带有长长下影线的锤头钱，这是一个见底K线，所以，在这里可以做多，将止损放在11 225元即可。

随后期价开始震荡上涨，这样可以利用B和E两点来绘制通道线的下边线，利用A和C两点来绘制通道线的上边线。

需要注意的是，当前是明显的上涨行情，所以，顺势而为做多才是主要的策略。如果交易者是短线高手，可以高抛低吸，如果交易者技术水平一般，最好以中线持有多单为好。

交易者做多的位置是F、G和L处，但需要注意的是，期价越高，做多越要保持一份谨慎。

短线高手做空的位置是D、H、J、M处。需要注意的是，当前是上涨行情，做空是高手的游戏，一般交易者最好不要做空，因为一不小心就会被套，并且不止损，就会损失惨重。

需要注意的是，期价突破通道线后，往往不会发生价格反抽现象，即通道线不起支持回抽运动的作用。当价格突破通道线后，要么一飞冲天，要么会迅速跌回趋势通道中，而不会在通道线附近做任何停留。

图10.16显示的是沪锌主力合约（zn9999）2021年6月23日至2021年10月18日的日K线图。

图10.16　沪锌主力合约（zn9999）2021年6月23日至2021年10月18日的日K线图

沪锌主力合约（zn9999）在价格在上升趋势通道线中震荡上涨，注意震荡上涨的幅度不大，高抛低吸中有盈利，也不会太多。这样的行情，一旦期价向上突破，就会一飞冲天。

在A处，期价连续阳线上涨之后，突破上升趋势通道的上边线，这意味着期价要脱离原来的通道，开始新的上涨行情。所以，在A处，手中还有空单的交易者，一定要果断止损；手中有多单的交易者，可以耐心持有；想做多的交易者，可以以上升趋势通道的上边线为止损位，逢低做多。

从其后的走势可以看出，在A处及时做多的交易者，短时间内就会有较大的投资盈利。

图10.17显示的是豆二主力合约（b9999）2020年3月31日至2020年10月24日的日K线图。

豆二主力合约（b9999）的价格经过一波明显的下跌之后，创下2 813元低点。随后期价开始震荡上涨，并且形成上升趋势通道线。

需要注意的是，在A处，期价突破上升趋势通道线，很快又回到上升趋势通道中。

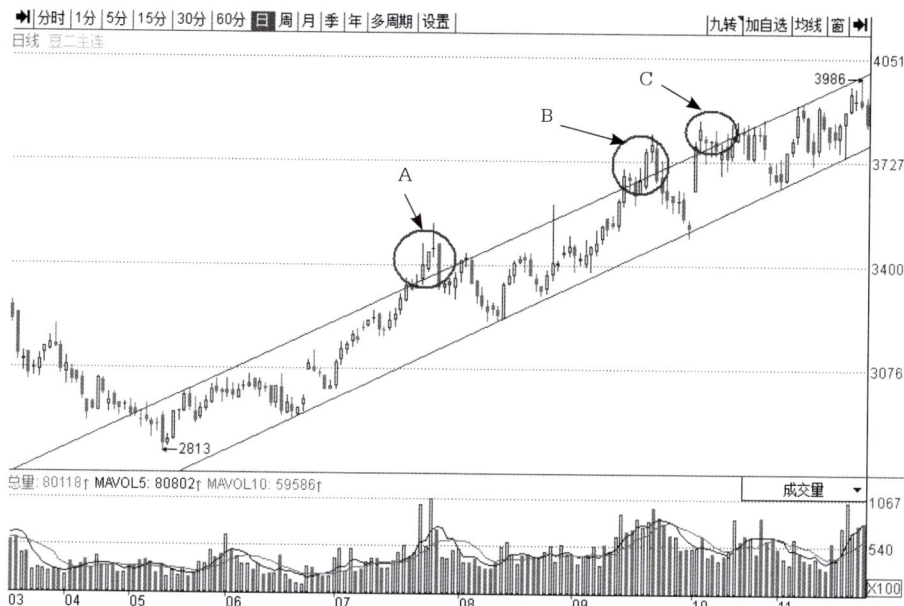

图10.17　豆二主力合约（b9999）2020年3月31日至2020年10月24日的日K线图

同理，在B和C处，也是期价突破上升趋势通道线，很快又回到上升趋势通道中。所以，交易者一定要明白，当期价突破上升趋势通道线后，要么一飞冲天，要么会迅速跌回趋势通道中，而不会在通道线附近做任何停留。所以，当期价突破上升趋势通道线后，不能大涨，多单就要先止盈出局为妙。

在下降趋势中，期价上涨到通道线的上边压力线时，抄底多单要果断出局，并且可以逢高做空，然后等回调到通道线的下边支撑线时尽量不加仓做多，如果是快速下跌，可以利用少量资金做多反弹。

图10.18显示的是豆二主力合约（b9999）2018年9月28日至2019年1月16日的日K线图。

豆二主力合约（b9999）的价格经过一波明显的上涨之后，创出3 418元高点，但在创出高点这一天，期价收出一根带有长上影线的阳线，这表明上方已有压力。

随后期价开始震荡下跌，这样，利用A和D处绘制下降趋势通道的上边线，利用C和D处绘制下降趋势通道的下边线。

由于当前是下降趋势，所以，主要操作策略是逢高做空，所以，交易者重点在E、J和M处逢高做空。而在F、G、H、L和N处，逢低做多，只有短线高手才会操作,并且是轻仓,原因是下降趋势中的通道线往往起不到支撑作用,常常迅速跌破趋势价格。

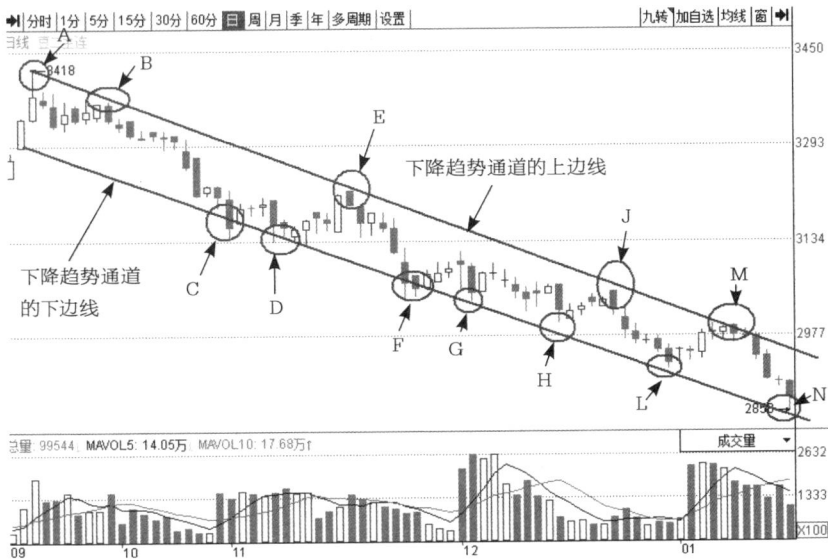

图10.18　豆二主力合约(b9999)2018年9月28日至2019年1月16日的日K线图

10.5　黄金分割线量化实战技巧

黄金分割是一个古老的数学方法。它的各种神奇的作用和魔力,屡屡在期货实战中发挥着意想不到的作用。

10.5.1　什么是黄金分割线

黄金分割线源于一组奇异数字组合,即1、2、3、5、8、13……任何一个数字(从第3个起)都是前两个数字的和,如3=2+1,5=3+2,8=5+3,13=8+5。

这一组数字的任意一个数字与相邻的后一个数字之比,趋近于0.618;而任意一个数字与相邻的前一个数字之比,趋近于1.618。这组数字被称为神秘数字,而0.618就被称为黄金分割率。黄金分割率的基本公式是将1分割成0.618和0.382。

在上涨行情时，我们关心上涨到什么位置将会遇到压力。黄金分割线提供的位置是基点价位乘上特殊数字。假设基点价格为10 000元，则：

10 000＝10 000×1.000

13 820＝10 000×1.382

15 000＝10 000×1.500

16 180＝10 000×1.618

20 000＝10 000×2.000

26 180＝10 000×2.618

这几个价位可能会成为未来的压力位。其中16 180、26 180成为压力线的可能性最大。超过20 000的那个很少用到。如果处在活跃程度很高、期价上下波动较为剧烈的市场，这个方法容易出现错误。

同理，在下跌行情中，我们极为关心下跌将在什么位置获得支撑。黄金分割线提供的是如下几个价位，它们是这次上涨的最高价位分别乘上特殊数字。假设基点价格为10 000元，则：

8 090＝10 000×0.809

6 180＝10 000×0.618

5 000＝10 000×0.5

3 820＝10 000×0.382

1 910＝10 000×0.191

这几个价位极有可能成为支撑，其中6 180元和3 820元的可能性最大。

10.5.2　黄金分割线量化实战技巧

如果期价已经过长时间、大幅度的下跌，探明底部区域后，开始震荡上升，并且上涨幅度不大，然后出现回调，这时可以利用黄金分割线来预测其回调的位置，从而实现抄短底。

图10.19显示的是PVC主力合约（v9999）2020年3月25日至2020年6月29日的日K线图。

PVC主力合约（v9999）的价格经过长时间、大幅度的下跌之后，创下4 950元低点。需要注意的是，期价在创出低点之前，已经过加速下跌赶底，并且在创下低点这一天，期价收出一根大阳线，这表明已有主力入场做多。

图10.19　PVC主力合约（v9999）2020年3月25日至2020年6月29日的日K线图

随后期价连续上涨，连续上涨四个交易日后，开始震荡。在震荡过程中出现一根带有长长上影线的射击之星见顶K线，这意味着这一波反弹结束，又要开始下跌回调，到底回调到什么位置才可以进场做多呢？或者说，在这里逢高做空，期价跌到什么位置止盈呢？

下面就可以绘制黄金分割线。单击工具栏中的"画线"下拉按钮，会弹出菜单，如图10.20所示。

图10.20　弹出菜单

单击菜单中的"画线工具"，就会打开"画线"工具栏，如图10.21所示。

图10.21　画线工具栏

在画线工具栏中，单击黄金分割线图标🔲，利用A处的低点（4 950元）和B处的反弹高点（5 760元）绘制黄金分割线。

有时绘制的黄金分割线可能定位不太准，下面来实现准确定位。鼠标指向绘制的黄金分割线，然后右击，在弹出的菜单中选择"定位点设置"命令，弹出"定位点设置"对话框，如图10.22所示。

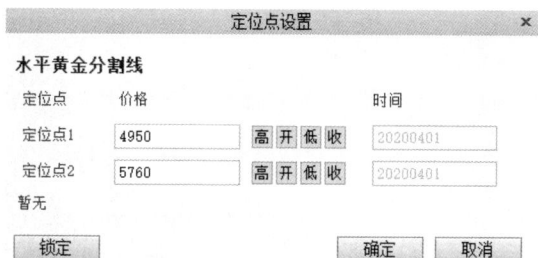

定位点设置			×
水平黄金分割线			
定位点	价格		时间
定位点1	4950	高 开 低 收	20200401
定位点2	5760	高 开 低 收	20200401
暂无			
锁定		确定　取消	

图10.22　定位点设置对话框

在这里设置"定位点1"为4 950，"定位点2"为5 760，然后单击"确定"按钮，就可以实现准确定位。

利用最低点4 950元和最高点5 760元绘制黄金分割线后，就可以看到其重要支撑位，即0.618（5 451元）、0.5（5 355元）、0.382（5 259元）黄金分割支撑位。

从其后的走势可以看出，期价回调到0.382黄金分割位5 259元附近，收出一根阳线螺旋桨，即C处。这是一根见底转势K线，并且是在重要支撑位出现的，所以，在C处，手中有空单的交易者，要注意止盈；已有抄底多单的交易者，耐心持有即可；想做多的交易者，止损放在这一波回调的最低点即可。

如果在C处做多，那么目标位放在哪里呢？

第一目标是前期高点附近，即5 760元附近；第二目标为1.382黄金分割位，即6 069元附近；第三目标为1.50和1.618黄金分割位，即6 165元和6 261元附近；第四目标为1.809黄金分割位，即6 415元附近。

从其后的走势可以看出，期价一路上涨到5 760元附近，期价略有震荡，然后继续上涨到1.382黄金分割位6 069元附近，期价又震荡六个交易日，接着期价继续上涨到1.618和1.809黄金分割位之间，即6 261～6 415元。随后期价开始震荡，经过较长时间的震荡后，期价再度回调。所以，6 261～6 415元，就是C处做多的止盈区间。

总之，一波上涨行情完成后，开始回调，一般会在0.5黄金分割位有支撑，如果支撑无效,一般会找到0.382黄金分割位。如果是回调,很少会跌破0.382黄金分割位,然后开始上涨,上涨过程也许很复杂,但在重要的黄金分割位都会有压力,即1.00、1.382、1.50、1.618、1.809黄金分割位都会有压力。

在明显的上升行情中,如果期价出现回调,也可以利用黄金分割线来抄底。

图10.23显示的是豆油主力合约(y9999)2020年8月26日至2021年1月20日的日K线图。

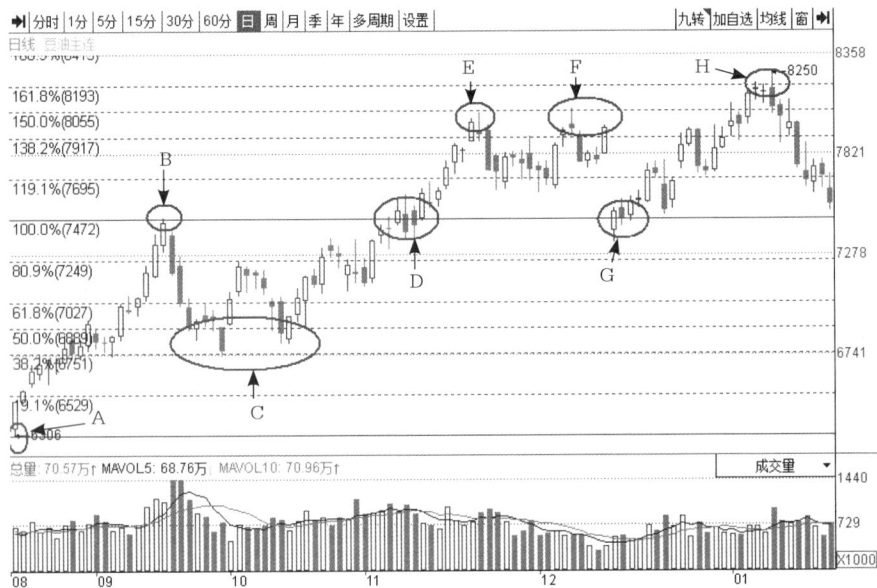

图10.23　豆油主力合约(y9999)2020年8月26日至2021年1月20日的日K线图

豆油主力合约(y9999)的价格经过一波明显的上涨行情之后,最高上涨到7 472元,起涨点为6 306元。这一波上涨结束后,出现回调,到底回调到什么位置呢?下面利用黄金分割线来计算一下。

利用2020年8月26日的低点6 306元(A处)和9月21日的高点7 472元(B处)来绘制黄金分割线。

在这里可以看到,期价回调到38.2%~50%,即C处,开始筑底,然后反弹上涨,上涨到前期高点7 472元附近,震荡四个交易日,即D处,然后继续上涨,上涨到150%黄金分割线附近,期价再度震荡,所以,在E和F处,是多单止盈的位置。

期价在高位震荡之后,再度回调到前期突破平台附近,即7 472元附近,即G处,然后期价再度上涨,这一次正好上涨到161.8%附近,即H处,出现带有上影线的中阴线,所以,这里是新多单卖出的位置。

如果期价处于明显的下跌行情中,下跌过猛,然后出现反弹,这时可以利用黄金分割线预测其反弹的高度。

图10.24显示的是苹果主力合约(ap9999)2020年12月14日至2021年3月22日的日K线图。

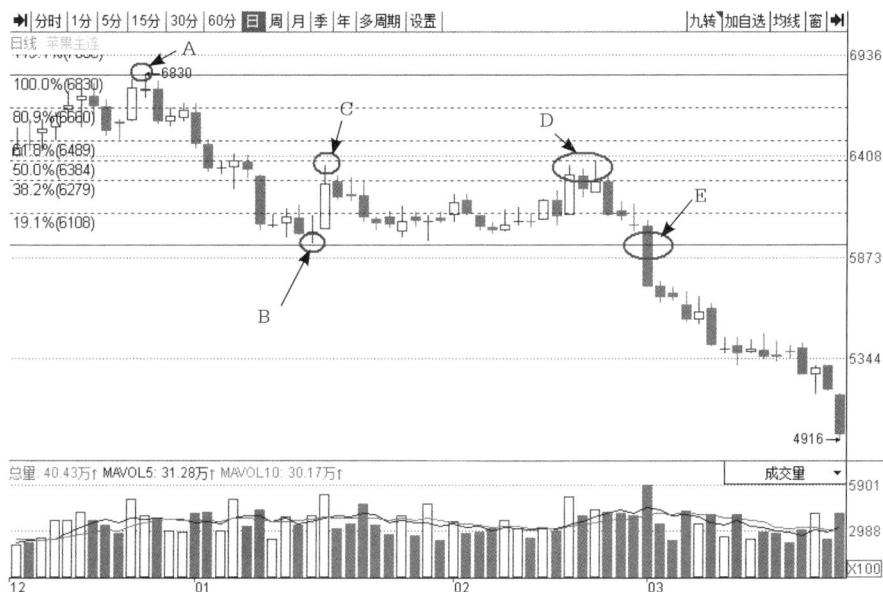

图10.24　苹果主力合约(ap9999)2020年12月14日至2021年3月22日的日K线图

苹果主力合约(ap9999)的价格经过一波反弹上涨行情,创出6 830元高点。需要注意的是,在创出高点这一天,期价收出一根十字线,即A处。该十字线与前面的大阳线、其后的大阴线组成早晨十字星见顶信号,所以,多单要注意止盈。

随后期价开始震荡下跌,经过一波明显的下跌之后,创出5 938元低点。随后期价开始反弹,这一波反弹能反弹多高呢?下面利用黄金分割线来计算一下。

利用2020年12月28日的高点6 830元(A处)和2021年1月15日的低点5 938元(B处)来绘制黄金分割线。

期价在B处企稳后,开始反弹,总的来说,反弹比较弱,仅反弹到50%黄金分割线附近,所以,C和D处是抄底多单卖出的位置,也是逢高做空的位置。

期价充分震荡之后,在E处,一根大阴线跌破震荡平台的低点,这意味着震荡行情结束,又要开始新的一波下跌行情。所以,在E处,手中还有多单的交易者,要第一时间卖出;手中持有空单的交易者,耐心持有即可;想做空的交易者,可以以前期震荡平台的低点为止损位,逢高做空。

从其后的走势可以看出，在E处及时做空的交易者，只要耐心持有，就会有不错的投资收益。

总之，每次反弹到0.382和0.5重要阻力位时，都要特别小心，一出现不好的信号，就要及时出局观望。

10.5.3　黄金分割线对期价上涨的量化分析技巧

假设期价在明显的上涨行情中，上一轮由10 000元涨至15 000元，呈现出一种强势，然后出现回调，它将回调到什么价位呢？黄金分割的0.382位为13 090元，0.5位为12 500元，0.618位为11 910元，这就是期价的三个支撑位。

第一，若期价在13 090元附近获得支撑，表明期价强势不变，后市突破15 000元创新高的概率大于70%。若创出新高，期价就运行在第三主升浪中。能上冲到什么价位呢？用一个0.382价位即（15 000−13 090）+15 000=16 910（元），这是第一压力位；用两个0.382价位（15 000−13 090）×2+15 000=18 820（元），这是第二压力位；第三压力位为10 000元的倍数即20 000元。

第二，若期价从15 000元下调至12 500元附近才获得支撑，则表明期价的强势特征已经趋淡，后市突破15 000元的概率只有50%。若突破，高点一般只能达到一个0.382价位即16 910元左右；若不能突破，往往会形成双顶，后市下破12 500元价位线后回到起点10 000元附近。

第三，若期价从15 000元下调至0.618位11 910元甚至更低才获得支撑，则表明期价已经由强转弱，破15 000元新高的概率小于30%，大多仅上摸下调空间的0.5位附近。假设回调至11 910元，反弹目标位大约在（15 000−11 910）×0.5+11 910=13 455（元），然后再行下跌，运行期价的下跌C浪。大约跌到什么价位呢？用11 910−（15 000−13 090）=10 000（元），是第一支撑位，也是前期低点；11 910−（15 000−13 090）×2=8 090（元），是第二支撑位。

10.5.4　黄金分割线对期价下跌的量化分析技巧

假设期价在明显的下跌行情中，上一轮由4 000元跌至2 000元，然后出现反弹，黄金分割的0.382位为2 764元；0.5位为3 000元；0.618位为3 236元。

第一，若期价仅反弹至0.382位2 764元附近即遇阻回落，则表明期价的弱势特性不改，后市下破2 000元创新低的概率大于70%。

第二，若期价反弹至0.5位3 000元遇阻回落，则表明期价的弱势特性已经有转强的迹象，后市下破2 000元的概率小于50%。大多会在2 000元之上再次获得支撑，形成双底，日后有突破3 000元颈线上攻4 000元前期高点的可能。

第三，若期价反弹至0.618位3 236元附近才遇阻回落，则表明期价的特性已经由弱转强，后市基本可以肯定不会破2 000元前低，更大的可能是回探反弹空间的0.5位。假设反弹至3 236元，回探目标为（3 236−2 000）×0.5+2 000＝2 618（元），后市上破4 000元前高的概率大于50%。第一压力位4 000元，是前高，也是前低2 000元的倍数；第二压力位是2浪底即2 618元的倍数5 236元。此时期价已经运行在新的上升浪的主升3浪中。

提　醒

　　黄金分割线对具有明显上升或下跌趋势的期价有效，对横向盘整的期价无效，交易者一定要加以区别。

第 11 章

均线量化实战技巧

均线代表了一定时期内的市场平均成本的变化。利用均线，交易者可以发现趋势、跟踪趋势、发现趋势的变化和结束。利用均线原理，交易者就能抓住真正的、有长度的、相对可靠的行情，而且在行情结束的时候从容出局，不被市场的表面现象迷惑。

本章主要内容包括：

✓ 短期均线、中期均线和长期均线

✓ 均线的设置、特性和背离

✓ 葛兰碧均线买卖八法则

✓ 沿着5日均线看多、做多量化实战案例

✓ 沿着10日均线看多、做多量化实战案例

✓ 沿着30日均线看多、做多量化实战案例

✓ 沿着5日均线看空、做空量化实战案例

✓ 沿着10日均线看空、做空量化实战案例

✓ 沿着30日均线看空、做空量化实战案例

✓ 做多信号均线的量化实战技巧

✓ 做空信号均线的量化实战技巧

11.1　初识均线

均线，是移动平均线（MA）的简称，是指一定交易时间内的算术平均线，例如10日均线，就是将10日内的收盘价逐日相加，然后除以10，就得出10日的平均值，再将这些平均值依先后次序连接成一条线，这条线就称为10日均线，其他平均线算法以此类推。均线如图11.1所示。

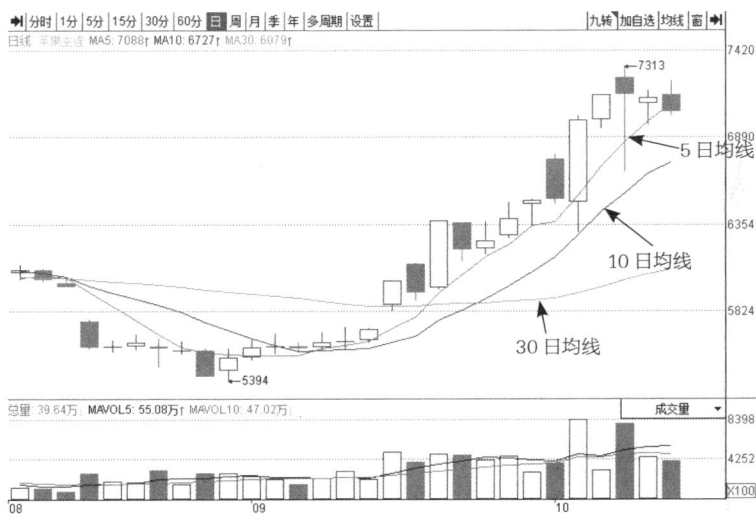

图11.1　均线

均线的走向反映了市场成本的运行情况，在技术分析中，市场成本原理非常重要，它是趋势产生的基础，市场中的趋势之所以能够维持，是因为市场成本的推动。在上升趋势中，市场的成本逐渐上升；在下降趋势中，市场的成本逐渐下移；成本的变化导致趋势的延续。

11.1.1　均线的分类

均线按时间长短可分为三类，分别是短期均线、中期均线和长期均线。

短期均线：一般都是以5天（一个周线时间）或10天（半月时间）为计算时间，可作为短线买卖的依据。

中期均线：一般都是以20天（一个月线时间）、30天和60天（一个季度时间）

为计算时间,其中30日均线使用频率最高。

长期均线:一般都是以120天(半年时间)、150天、200天、250天(一年时间)为计算时间,其中120日均线和250日均线使用较多。

在日K线图中,看到的是日均线;在周K线图中,看到的是周均线,即5周均线、10周均线等;在月K线图中,看到的是月均线;在年K线图中,看到的是年均线。单击工具栏中的"周期"图标,在弹出菜单中单击"月线",就可以看到月K线图及月均线,如图11.2所示。

图11.2　月K线图及月均线

1. 短期均线

在各类短期均线中,比较常用的有3日、5日、10日、20日和30日均线,下面分别讲解一下。

3日均线:一般是行情分析软件中时间周期较短的均线,由于时间短,波动就很敏感,不能很好地起到价格平滑的作用。该均线对于超短线操作来说是比较有用的。

5日均线:是默认的均线,即一周交易日的平均价格,因为一周只有五个交易日。因为在实际生活中,人们常常用周作为时间单位,所以,5日均线是短线判断的依据,只要期价不跌破5日均线,就说明期价处于极强势状态。

10日均线:又称半月线,是连续两周交易的平均价格,是考察期价在半个月内走势变化的重要参考线。相对于10日均线而言,5日均线起伏较大,特别是在震荡时期, 买卖的信号很难把握, 所以, 很多短线交易者常以10日均线作为进出的依据。只要期价不跌破10日均线, 就说明期价处于强势状态。

20日均线: 又称月线, 标志着期价在过去一个月中的平均交易价格达到了怎样的水平, 在这一个月中, 市场交易者是处于获利状态还是被套状态。20日均线是考虑期价短期走势向中期走势演变的中继线。

30日均线: 具有特殊的重要性, 它是期价短期均线和中期均线的分界线, 日常使用的频率非常高, 常被用来与其他均线组合使用。30日均线是短线主力的护盘线, 这意味着期价突破30日均线, 是市场短线主力进场的表现, 只要不跌破30日均线, 表明短线做多主力仍在其中。

2. 中期均线

在各类中期均线中, 比较常用的有45日、60日、90日均线, 下面分别讲解一下。

45日均线: 一个月的交易时间是22天, 那么45日均线基本上是两月线, 该均线是一条承接短期均线和中期均线的中继线, 对于研判断期价的中期行情, 常常起到先知先觉的作用。

60日均线: 是三个月的市场平均交易价格, 也被称为季度线。这是一条比较常用、标准的中期均线, 对于判断期价的中期走势有着重要的作用。

90日均线: 是中期均线和长期均线的分界线, 其特点是走势平滑、有规律, 是作为判断中期运行趋势的重要依据。90日均线常被主力相中, 作为其中期护盘线。这意味着期价突破90日均线, 是市场中线主力进场的表现, 只要不跌破90日均线, 表明中线做多主力仍在其中。

3. 长期均线

在各类长期均线中, 比较常用的有120日、250日均线, 下面分别讲解一下。

120日均线: 又称半年线, 其使用频率在长期均线组合中较高, 利用该均线可以观察期价的长期走势。一般来讲, 在下降趋势中, 它是年线的最后一道护身符; 而在上升趋势中, 它又是年线前的一个挡箭牌。半年线被期价突破的市场震撼力比较大, 它意味着将进入长期上升趋势或长期下降趋势。

250日均线: 又称年线, 是期价运行一年后的市场平均交易价格的反映, 它是期市长期走势的生命线, 也是"牛熊分界线", 是判断牛市是否形成或熊市是否来临的主要依据。250日均线常被主力相中, 作为其长期护盘线。这意味着期价突破250日均线, 是市场长线做多主力进场的表现, 只要不跌破250日均线, 表明长线做多主力仍在其中。

11.1.2 均线的设置

均线设置包括均线的显示、隐藏、均线指标参数的修改等,下面具体讲解一下。

利用键盘上的"Tab"键,可以显示或隐藏均线。如果当前K线图中显示均线,按下键盘上的"Tab"键,就可以隐藏均线;如果当前K线图中没有显示均线,按下键盘上的"Tab"键,就可以显示均线。

下面来修改均线指标参数。鼠标指向均线,然后右击,在弹出菜单中单击"修改指标参数"命令,弹出"技术指标参数设置"对话框,再单击"均线"选项卡,如图11.3所示。

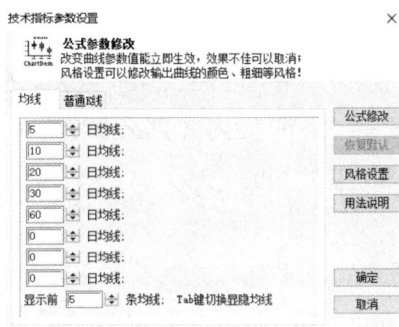

图11.3 技术指标参数设置对话框

在默认情况下,显示5日、10日、20日、30日和60日均线,即显示五条均线,单击"确定"按钮,就可以显示默认的五条均线,如图11.4所示。

图11.4 默认的五条均线

如果只想显示三条均线, 假如显示5日、10日和60日均线, 这时技术指标参数设置如图11.5所示。

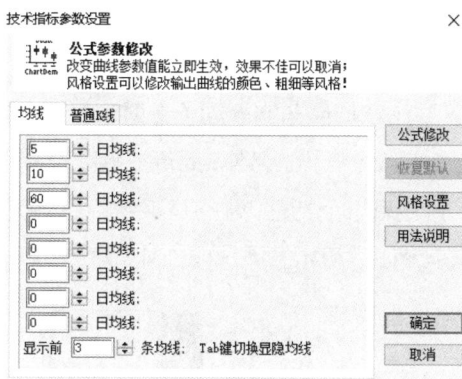

图11.5　设置只显示5日、10日和60日均线

设置好后, 单击"确定"按钮, 这时只能看到5日、10日和60日均线, 如图11.6所示。

图11.6　K线图及5日、10日和60日均线

11.1.3　均线的特性

均线可以反映真实的期价变动趋势, 即通常所说的上升趋势、下降趋势。借助各种均线的排列关系, 可以预测期货合约的中长期趋势, 同时再灵活应用K线技术, 就可以实现低买高卖, 从而获得较高的收益。

> **提 醒**
>
> 趋势追踪最重要的一点是追踪大势，判明大势并顺势而为是在市场中立于不败之地的基本保证。

在使用均线时，还要注意均线与实际期价在时间上有所超前或滞后，很难利用均线把握期价的最高点和最低点。另外，期价在盘整时期，均线买卖信号过于频繁。在使用均线时，要注意五个特性，分别是平稳特性、趋势特性、助涨特性、助跌特性和安定特性，如图11.7所示。

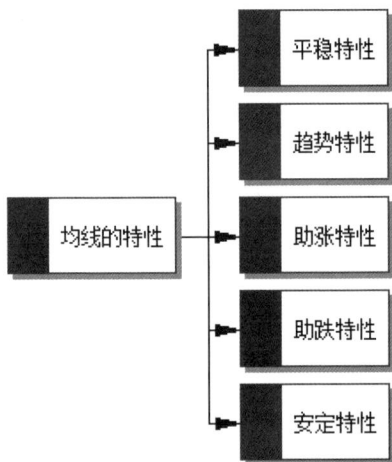

图11.7　均线的特性

平稳特性：由于均线采用的是"平均"，所以它不会像日K线图那样高高低低的震荡，而是起落平稳。

趋势特性：均线反映期价的变动趋势，所以，具有趋势特性。

助涨特性：在多头或空头市场中，均线向一个方向移动，会持续一段时间后才能改变方向，所以，在期价的上涨趋势中，均线可以看成多方的防线，具有助涨特性。

助跌特性：与助涨特性相反，在期价的下跌趋势中，均线可以看成空方的防线，具有助跌特性。

安定特性：通常越长期的均线，越能表现出安定特性，即期价必须涨势真正明确后, 均线才会往上走; 期价下落之初, 均线还是向上走的, 只有期价下落显著时, 均线才会向下走。

11.1.4　均线的背离

均线的背离是指不同周期的均线在实际运行中, 短期均线与中长期均线的运行方向相反, 从而形成背离的现象。均线的背离分两种, 分别是顶背离和底背离。

1. 顶背离

当期价上涨到阶段性的高位之后, 往往会向下调整, 短期均线也将随之下行, 但此时的中、长期均线可能还处于上行的状态。当短期均线向下突破中期均线时, 短期均线运行方向与长期均线的运行方向相反, 即形成顶背离, 如图11.8所示。

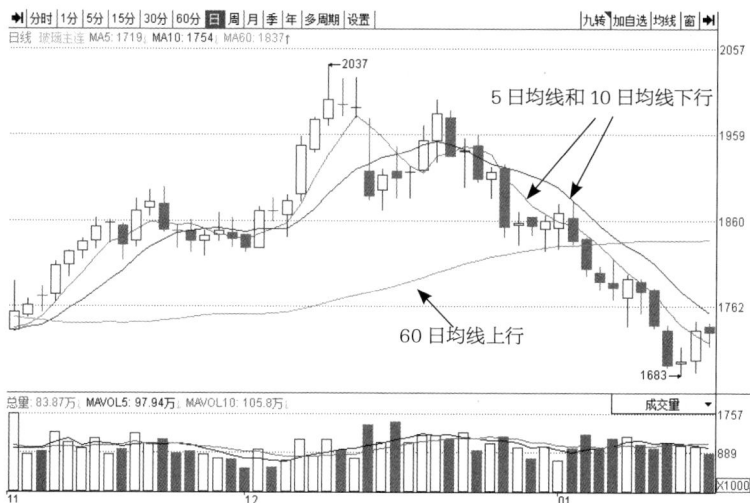

图11.8　均线的顶背离

2. 底背离

当期价下跌到阶段性的低位之后, 往往会开始向上攀升, 短期均线也将随之上升, 但中长期均线还处于下行的状态。当短期均线向上突破中期均线时, 短期均线运行方向与长期均线的运行方向相反, 即形成底背离, 如图11.9所示。

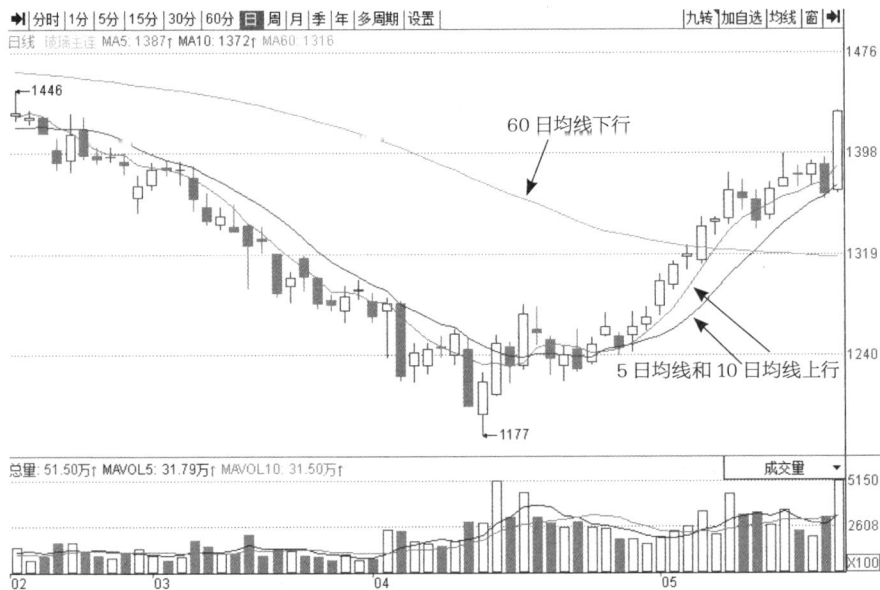

图11.9　均线的底背离

11.2　葛兰碧均线买卖八法则

对于均线的研判方法，比较经典的是美国技术分析专家葛兰碧提出来的均线买卖八法则，"均线买卖八法则"可以分为两类，分别是四大买入法则和四大卖出法则。

11.2.1　四大买入法则

第一买入法则：均线从下降状态开始走平，同时期价从平均线下方突破平均线时，为买进信号，如图11.10所示。在A处，一根阳线突破已走平的均线，所以，在A处可以做多加仓，将止损位放在1 177元附近即可。

> **提醒**
>
> 采用的均线一般为5日、10日、20日、30日、60日均线，周期越长，画出的曲线越平滑，周期越短，画出的曲线越陡。

图11.10　第一买入法则

第二买入法则：期价下穿均线，而均线仍在上行，不久期价又回到均线之上时，为买进信号，如图11.11所示。A处那根阳线就是一个不错的做多买点，将止损位放在前一根阳线的低点即可。

图11.11　第二买入法则

第三买入法则：期价原来在均线之上，突然期价下跌，但未跌破均线又上升时，为买进信号，如图11.12所示。A处那根阳线是不错的做多买点，将止损位放在均线附近即可。

图11.12　第三买入法则

第四买入法则：期价原来在均线之下，期价突然大幅下跌，从而远离均线，物极必反，是买进时机，如图11.13所示。

图11.13　第四买入法则

> **提醒**
>
> 　　在这里不提倡这种操作方法，尽管这种方法对于短线高手来说是一种不错的操作方法，但因为这是逆势操作，操作不当很容易被套，特别是在下跌初期。

　　在A、B和C处，都是期价快速下跌之后，已远离均线，这时再出现阳线，可以做多买进拼反弹，目标是均线附近，即当期价反弹到均线附近，多单止盈。

11.2.2　四大卖出法则

　　第一卖出法则：均线从上升状态开始走平，同时期价从均线上方向下跌破均线时，为卖出信号，如图11.14所示。A处那根阴线就是一个不错的做空位置，止损位为上一波反弹的高点附近。

图11.14　第一卖出法则

　　第二卖出法则：期价上穿均线，而均线仍在下行，不久期价又回到均线之下时，为卖出信号，如图11.15所示。A处那根阴线就是一个不错的做空位置，将止损位放在均线附近即可。

图11.15　第二卖出法则

第三卖出法则：期价原来在均线之下，突然期价上涨，但未涨到均线处又开始下跌时，为卖出信号，如图11.16所示。A处那根十字星就是一个不错的做空位置，将止损位放在十字星最高点即可。

图11.16　第三卖出法则

第四卖出法则：期价原来在均线之上，现在突然大幅上涨而远离均线时，物极必反，为卖出信号，如图11.17所示。A和B处的大阳线都是不错的卖点。

图11.17　第四卖出法则

11.3　均线多头排列量化实战技巧

多头排列出现在明显的上涨行情中，由三根均线组成，最上面一根是短期均线，中间一根是中期均线，最下面一根是长期均线，并且三根均线呈向上圆弧状。多头排列的图形如图11.18所示。

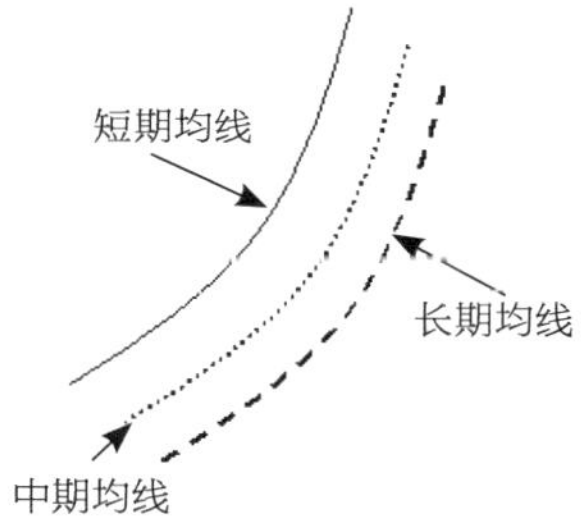

图11.18　均线多头排列

一般来说,在上涨初期,当均线出现多头排列后,表明市场做多力量较强,往往会有一段升势。只要均线呈多头排列,途中出现一些不好的K线信号,多单也不要慌张,否则会被主力洗盘出局,让煮熟的鸭子飞了,交易者就会后悔不已。总之,在多头排列的初期和中期,可以积极做多,在其后期就应该谨慎。

11.3.1 沿着5日均线看多、做多量化实战技巧

均线由黏合到扩散,然后节节走高,而价格则是放量拉升,并且是沿着5日均线向上攻击,即每一次接近5日均线,都有大量买盘买进做多,从而推升价格。如果交易者是在低位做多买进,就可以一路持有,直到价格跌破5日均线再出局,就可以实现利润最大化。

图11.19显示的是纸浆主力合约(sp9999)2020年10月21日至2021年2月25日的日K线图。

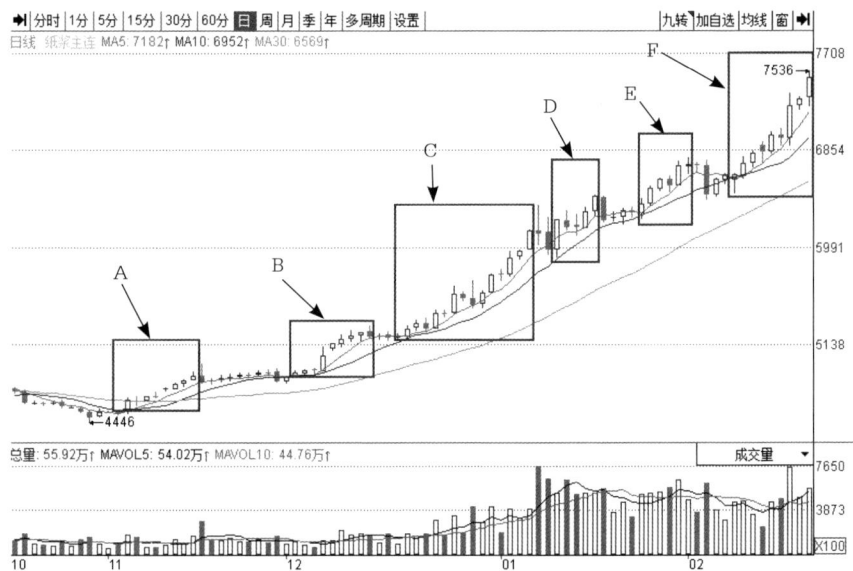

图11.19 纸浆主力合约(sp9999)2020年10月21日至2021年2月25日的日K线图

纸浆主力合约(sp9999)经过长时间、大幅度的下跌之后,创下4 446元低点。随后期价在低位震荡几个交易日后,一根大阳线同时站上5日、10日和30日均线,这表明期价要开始上涨了,所以,这里有空单的交易者要及时卖出。手中有抄底多单的交易者耐心持有即可。

期价站上30日均线后，然后开始沿着5日均线上涨，这里想做多的交易者，可以以最低点为止损位，沿着5日均线做多。也可以以30日均线为止损位，沿着5日均线做多。

从其后的走势可以看出，期价沿着5日均线连续上涨六个交易日，即A处，这样手中持有多单的交易者，就会有不错的投资收益。

期价在A处连续上涨之后，开始横盘整理，注意：几乎是沿着10日均线窄幅震荡，经过十几个交易日的震荡之后，一根中阳线向上突破，这表明震荡结束，又要开始上涨，所以，持有多单的交易者，耐心持有，让利润自己向前奔跑。想做多的交易者，可以以30日均线为止损位，继续沿着5日均线做多。大阳线突破后，沿着5日均线又连续上涨四个交易日，即B处。

随后期价再度横盘整理，注意：这里仅整理四个交易日，然后再度沿着5日均线上涨，即C处。

同理，D、E和F处，都是沿着5日均线上涨，这样一路看多、做多者，就可以获利不错的投资收益。

11.3.2　沿着10日均线看多、做多量化实战技巧

图11.20显示的是沪铜主力合约（cu9999）2020年3月6日至2020年7月13日的日K线图。

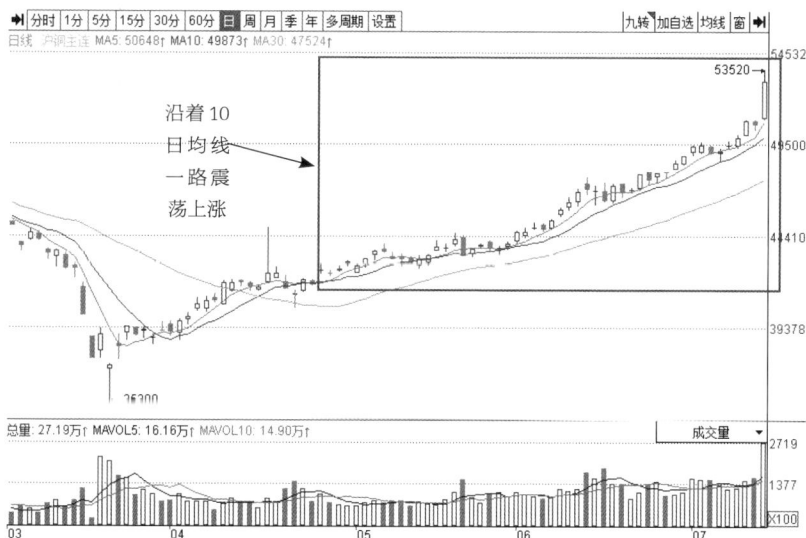

图11.20　沪铜主力合约（cu9999）2020年3月6日至2020年7月13日的日K线图

沪铜主力合约(cu9999)的价格经过长时间、大幅度的下跌之后,创下35 300元低点。需要注意的是,期价在创下低点之前,已加速下跌过,并且在创下低点这一天,期价收出一根带有长长下影线的锤头线,这是一根见底K线。

随后期价开始震荡上涨,先是站上5日均线,然后又站上10日均线,最后站稳30日均线,这样均线就慢慢呈多头排列,即期价进入震荡上涨行情中。

在震荡上涨行情中,期价往往会沿着某条均线上涨,超强多头行情会沿着5日均线上涨,强势多头行情会沿着10日均线上涨。在这里可以看到,期价沿着10日均线一路上涨,耐心持有多单的中线交易者,会有相当丰厚的投资回报。

11.3.3　沿着30日均线看多、做多量化实战技巧

30日均线是期价短期均线和中期均线的分界线,也是短线主力的护盘线,是具有重要意义的均线。

图11.21显示的是沪铅主力合约(pb9999)2020年3月3日至2020年10月26日的日K线图。

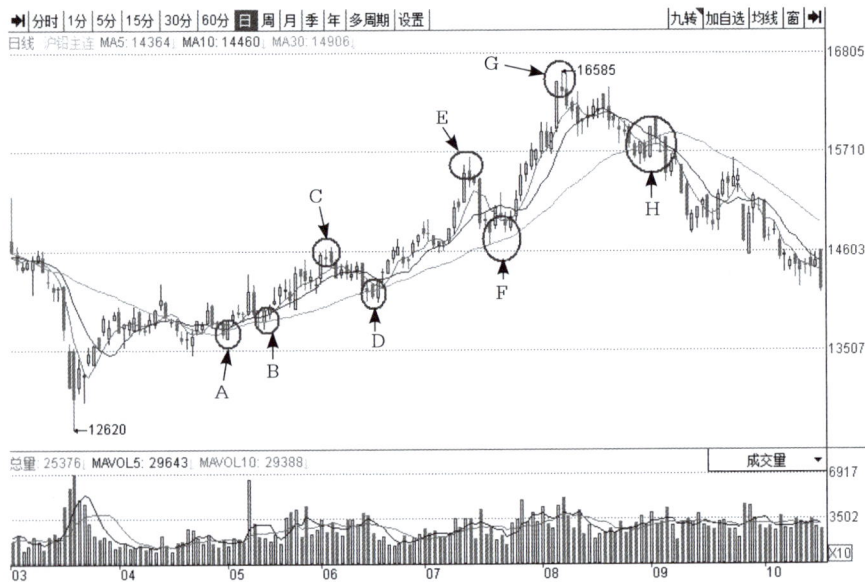

图11.21　沪铅主力合约(pb9999)2020年3月3日至2020年10月26日的日K线图

沪铅主力合约(pb9999)的价格经过长时间、大幅度的下跌之后,创下12 620元低点。随后期价开始震荡上涨,先是站上5日均线,然后又站上10日均

线，最后经过震荡站稳30日均线，这样均线就慢慢呈多头排列，即期价进入震荡上涨行情中。

需要注意的是，期价上涨力量不太强，几乎是上涨三天就回调两天，但期价总能在30日均线附近企稳，即A和B处，这表明30日均线是这一波行情的趋势线，即只要期价不跌破30日均线，就可以继续看多、做多。当然，交易者也可以以30日均线附近为止损位，关注逢低做多机会。

在C处，期价震荡上涨几个交易日后，出现黄昏之星见顶信号，并且离30日均线有点儿远，所以，这里短线多单可以减仓，等期价回调到30日均线附近企稳后，再做多。当然，持有多单的中线交易者，以耐心持有为主。

从其后的走势可以看出，期价震荡回调，正好回调到30日均线附近企稳，即D处，所以，D处是新的做多机会。

期价在D处企稳后，又出现一波明显的上涨行情，在E处，期价出现一根螺旋桨，这是转势信号，并且这里离30日均线有点儿远，有回调要求，所以，在E处，短线多单要注意减仓。

随后期价开始回调，回调到30日均线附近，即F处，期价再度企稳。所以，F处是新的做多位置。期价在F处企稳后，又出现一波明显的上涨行情，这一波行情是沿着5日均线上涨的。

在G处，一根大阳线拉涨之后，出现螺旋桨，这是转势信号，并且这里离30日均线有点儿远，有回调要求，所以，在G处，短线多单要注意减仓。

期价在G处见顶后，就开始下跌，先是跌破5日均线，然后在10日均线上方震荡几个交易日，接着又跌了下去。跌到30日均线附近，期价开始震荡，震荡后，期价跌破30日均线，即H处。这表明中线上涨行情结束，手中持有多单的交易者，无论是短线的，还是中线的，都要果断卖出。

从其后的走势可以看出，期价跌破30日均线后，开始震荡下跌行情。多单不及时出局的交易者，可能会由大盈利变成小盈利，甚至出现亏损。

11.4 均线空头排列量化实战技巧

空头排列出现在下降趋势中，由三根均线组成，最上面一根是长期均线，中

间一根是中期均线,最下面一根是短期均线,并且三根均线呈向下圆弧状。空头
排列的图形如图11.22所示。

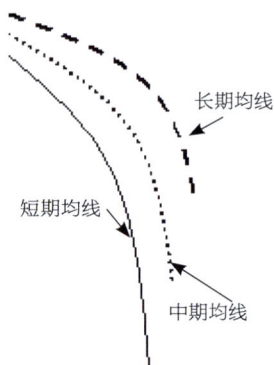

图11.22　空头排列

在空头排列的初期和中期,以做空为主,在其后期,就应该谨慎做空。

11.4.1　沿着5日均线看空、做空量化实战技巧

图11.23显示的是PP主力合约(pp9999)2020年3月2日至2020年3月27日的
日K线图。

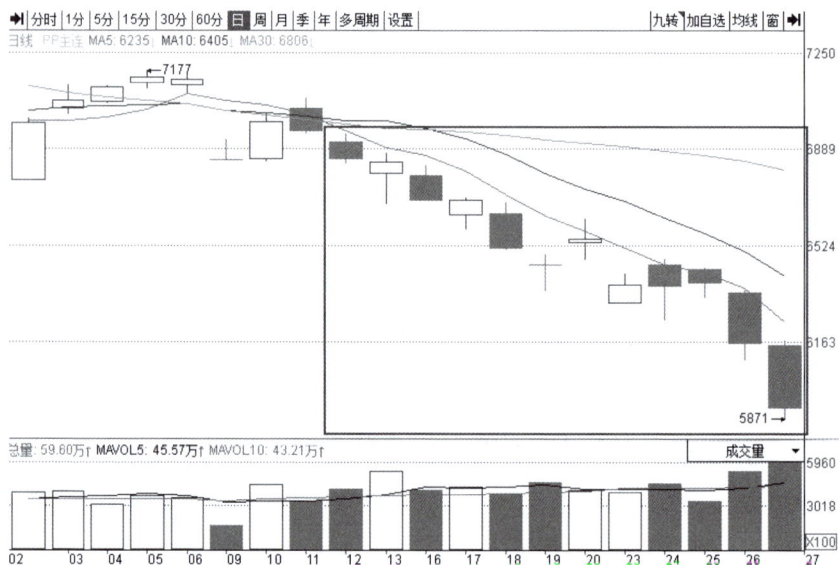

图11.23　PP主力合约(pp9999)2020年3月2日至2020年3月27日的日K线图

PP主力合约（pp9999）的期价经过一波反弹，创出7 177元高点。然后期价略震荡，就开始大跌，最后以跌停收盘。期价跌破后，虽有反弹，但反弹到30日均线附近时，又出现阴线，这表明反弹已有压力，所以，这里有多单的交易者，要及时果断卖出；手中有空单的交易者，可以耐心持有；想做空的交易者，可以以7 177元为止损位，逢高做空。

期价反弹结束后就开始沿着5日均线下跌，这样交易者可以继续沿着5日均线看空、做空，止损放在10日均线附近即可。

从其后的走势可以看出，期价沿着5日均线震荡下跌，最后是越跌越快，持有空单的交易者，短时间内就会有相当不错的投资收益。

11.4.2　沿着10日均线看空、做空量化实战技巧

图11.24显示的是生猪主力合约（lh9999）2021年2月5日至2021年9月23日的日K线图。

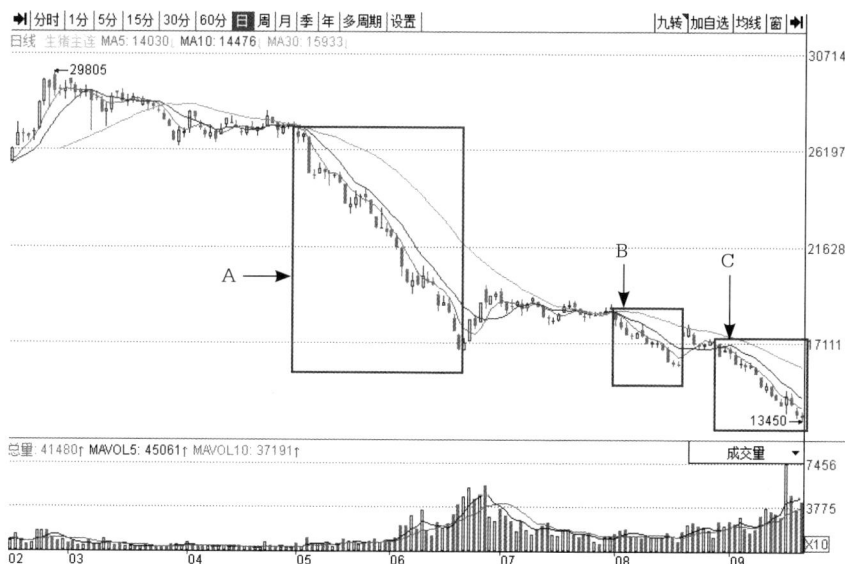

图11.24　生猪主力合约（lh9999）2021年2月5日至2021年9月23日的日K线图

生猪主力合约（lh9999）的价格经过一波明显的上涨之后，创出29 805元高点。随后期价开始震荡下跌，前期下跌速度很慢，几乎天天横盘整理。经过长时间的横盘小幅下跌之后，在A处开始了一波大的下跌行情。这一波下跌从一根大

阴线开始，这根大阴线跌破震荡平台的低点，意味着新的下跌开始，所以，手中已有空单的交易者，可以耐心持有；手中还有多单的交易者，一定要及时止损出局；想做空的交易者，可以以10日均线为止损位，逢高做空。

需要注意的是，大阴线杀跌之后，期价开始沿着5日和10日均线下跌，及时介入空单的交易者，就会有不错的投资收益。

期价大幅度下跌之后，出现反弹，但反弹不强，反弹到30日均线附近，期价再度横盘震荡。充分震荡之后，在B处又出现一波沿着5日和10日均线下跌行情。

这一波下跌结束后，再度反弹，正好反弹到30日均线附近，然后开始下跌，前期是震荡缓慢下跌，后面就开始沿着5日和10日均线下跌，即C处。

11.4.3 沿着30日均线看空、做空量化实战技巧

图11.25显示的是锰硅主力合约（sm9999）2020年3月24日至2020年7月28日的日K线图。

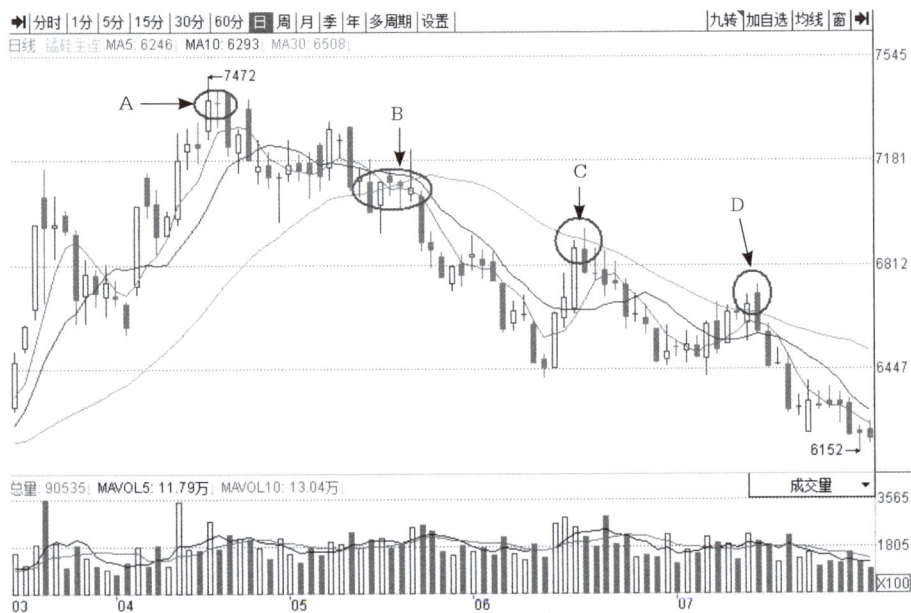

图11.25 锰硅主力合约（sm9999）2020年3月24日至2020年7月28日的日K线图

锰硅主力合约（sm9999）的价格经过一波明显的上涨行情之后，创出7 472元高点。需要注意的是，期价在创出高点这一天，收出一根带有上影线的中阳线，这表明期价上方已有压力，但上涨力量还很强，因为收出一根中阳线。但随后期价

没有继续上涨,而是收出一根十字线,这是转势信号,接着又收出一根大阴线,这样在A处,就出现早晨十字星见顶信号。所以,在A处,手中有多单的交易者,要注意止盈。

随后期价开始震荡下跌,并且在B处跌破30日均线,这意味着这一波上涨行情结束,所以,无论是短线交易者,还是中线交易者,只要有多单,就要及时果断卖出,否则会越套越深,最终损失惨重。

期价在B处跌破30日均线后,这里是比较好的做空位置,将止损位放在30日均线即可,随后期价开始沿着5日和10日均线下跌,这样空单短时间内就会有不错的投资收益。经过一波明显的下跌行情之后,期价开始反弹,正好反弹到30日均线附近,再度收出一根中阴线,即C处,这表明反弹到了压力位,所以,C处是新的做空机会。

同理,在D处,期价也是反弹到30日均线附近,出现大阴线,表明反弹到位,又要开始下跌。所以,在D处,抄底多单要及时卖出,可以以大阴线的最高点为止损,逢高做空。

从其后的走势可以看出,在C和D处做空的交易者,中线持有,就会有不错的投资收益。

11.5　做多信号均线的量化实战技巧

在期货实战中,很多交易者喜欢利用均线作为买卖依据进行操盘,下面就来讲解一下如何利用均线来做多的量化实战技巧。

注意:本章用实线"——"表示短期移动平均线;用点线"………"表示中期移动平均线;用虚线"------"表示长期移动平均线。

11.5.1　黄金交叉和银山谷做多量化实战技巧

黄金交叉出现在上涨初期,由两根均线组成,一根时间短的均线由下向上穿过一根时间长的均线,并且时间长的均线是向上移动的。黄金交叉的图形如图11.26所示。

期价经过大幅下跌后,出现黄金交叉,这就是一个明显的见底信号,交易者可以积极做多。在黄金交叉中，两线交叉的角度越大，见底信号越明显。在图11.26中，C的见底信号最强，B次之，A的见底信号最差。

如果在周K线或月K线中出现黄金交叉，见底信号就更加明显，并且会有一段较大的涨幅，中长期投资者可以开始进场。

银山谷出现在上涨初期，由三根均线交叉组成，形成一个尖头向上的不规则三角形。银山谷的图形如图11.27所示。

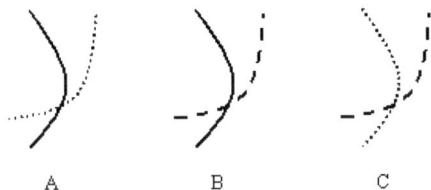

图11.26　黄金交叉　　　　　　　　图11.27　银山谷

在银山谷的形成过程中，尖头向上的不规则三角形的出现，表明多方力量积聚了相当大的上攻能量，是一个见底信号，也是激进型交易者的做多买进位置。

图11.28显示的是原油主力合约（sc9999）2020年10月22日至2021年2月23日的日K线图。

原油主力合约（sc9999）的价格经过长时间、大幅度的下跌之后，创下215元低点。需要注意的是，期价在创下低点之前，期价出现快速下跌，并且在创下215低点这一天，期价收出一根带有下影线的阴线，这表明已有多单进场。

随后期价开始震荡上涨，先是站上5日均线，然后又站上10日均线，这时5日均线上穿10日均线，即A处，这是第一个黄金交叉。随后期价继续上涨，站上30日均线，这时5日均线上穿30日均线，即B处，这是第二个黄金交叉。随后期价在30日均线上方震荡，但期价始终在5日均线上方，这时10日均线上穿30日均线，即C处，这是第三个黄金交叉。A、B、C三处形成一个尖头向上的不规则三角形，就是银山谷。

A处第一个黄金交叉，是做多信号，这时可以以10日均线为止损位，在5日均线附近做多。

B处第二个黄金交叉，也是做多信号，这时可以以10日均线为止损位，在5日均线附近做多。

C处第三个黄金交叉，仍是做多信号，这时可以以30日均线为止损位，在5日均线附近做多。

另外，银山谷也是做多信号，所以，多单可以继续持有，并且可以以30日均线为止损位，继续关注逢低做多机会。

图11.28　原油主力合约（sc9999）2020年10月22日至2021年2月23日的日K线图

11.5.2　首次和再次黏合向上发散形做多量化实战技巧

首次黏合向上发散可以出现在下跌后横盘末期，也可以出现在上涨后横盘末期，几根黏合在一起的均线以喷射状同时向上发散。首次黏合向上发散的图形如图11.29所示。

在首次黏合向上发散形中，黏合时间越长，则向上发散的力度越大，还要注意在向上发散时，要有成交量的支持，否则均线系统刚发散又会重新黏合，价格上涨也仅是昙花一现。其次，在黏合向上发散初期买进风险较小，越到后面风险越大。还有一点要注意，当均线发散时，距离越大，则回调风险越大，如5日均线与30日均线距离过大，一般都会回调。

再次黏合向上发散形,即第二次黏合向上发散形,少数情况下也有第三次、第四次,它们的技术特征是相同的。再次黏合向上发散形的图形如图11.30所示。

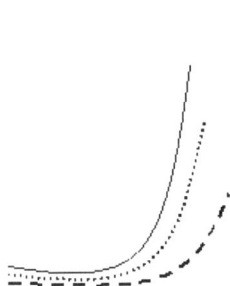

图11.29 首次黏合向上发散形

图11.30 再次黏合向上发散形

首次黏合向上发散形的出现,说明第一次向上发散,是过去积弱太久或主力做盘故意打压,经过调整后,多方又发动一次进攻,即再次发散,这时是交易者买入的机会,买入后成功的机会将会很大。

图11.31显示的是螺纹主力合约(rb9999)2020年3月20日至2020年8月3日的日K线图。

图 11.31 螺纹主力合约(rb9999)2020 年 3 月 20 日至 2020 年 8 月 3 日的日 K 线图

螺纹主力合约(rb9999)的价格经过长时间、大幅度的下跌之后,创下3103元低点。需要注意的是,在创下低点之前,期价已经快速下跌过,并且在创下3103元低点这一天，期价收出一根大阳线，这表明已有做多主力进场。

随后期价开始震荡上涨，先是站上5日均线，然后又站上10日均线，这时5日均线上穿10日均线，即第一个黄金交叉。随后期价继续上涨，上涨到30日均线附近，期价开始震荡，充分震荡后，一根大阳线向上突破，同时站上5日、10日和30日均线，这时均线出现首次黏合向上发散迹象，所以，这时可以以这根大阳线的最低点为止损位，逢低做多。

接着期价就开始沿着5日和10日均线上涨，即A处出现均线首次黏合向上发散形，这样，做多的交易者，就会有不错的投资收益。

期价经过一波上涨之后，再度横盘整理，充分震荡之后，均线再度黏合，然后一根中阳线向上突破，均线出现再次黏合向上发散迹象，所以，这时可以以这根中阳线的最低点为止损位，逢低做多。

接着期价就开始沿着5日和10日均线上涨，即B处出现均线再次黏合向上发散形，这样，及时做多的交易者，就会有不错的投资收益。

11.5.3　上山爬坡形和逐浪上升形做多量化实战技巧

上山爬坡形一般出现在上涨趋势中，短期、中期和长期均线基本上沿着一定的坡度往上移动。上山爬坡形的图形如图11.32所示。

均线形态出现上山爬坡形，表明价格将有一段持续的升势。所以，交易者见到此图形，要坚持逢低做多，一路持有，直到这种均线形态发生改变。

逐浪上升形一般出现在涨势中，短期和中期均线上移时多次出现交叉现象，但长期均线以斜线状托着短期和中期均线向上攀升，一浪一浪往上走，浪形非常清楚。逐浪上升形的图形如图11.33所示。

图11.32　上山爬坡形

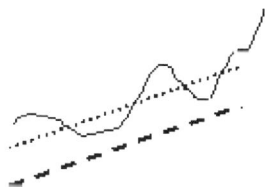

图11.33　逐浪上升形

均线形态出现逐浪上升形，表明价格整体上呈上升趋势，并往往按进二退一的方式前进，空方只能小施拳脚，即价格小幅回落，并无多大打击价格的能力，多方始终占据着主动地位。从技术上来讲，逐浪上升形是买入信号，买进并持有，直到这种均线形态发生改变。

图11.34显示的是沪铝主力合约（al9999）2020年3月18日至2020年12月1日的日K线图。

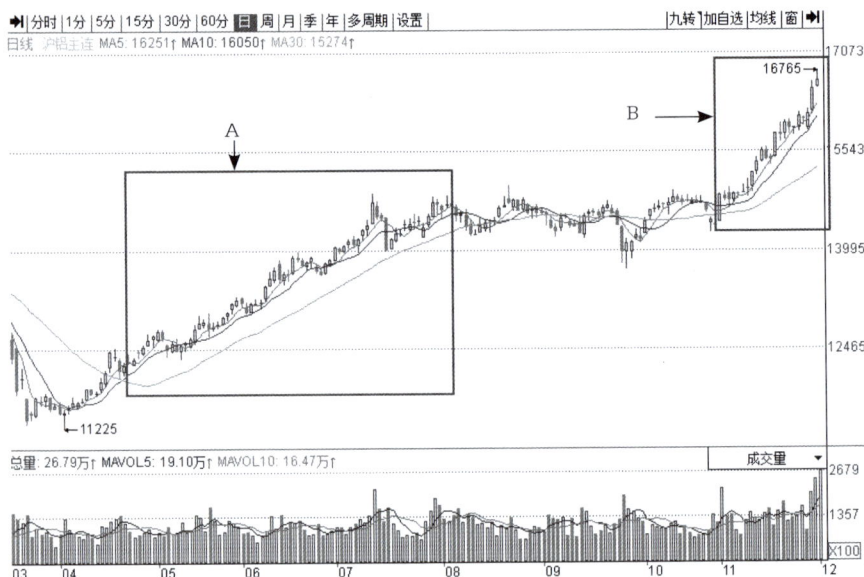

图11.34　沪铝主力合约（al9999）2020年3月18日至2020年12月1日的日K线图

沪铝主力合约（al9999）的价格经过长时间、大幅度的下跌之后，创下11 225元低点。需要注意的是，期价在创下低点这一天，收出一根带有长长下影线的锤头线，这是一个见底K线，所以，这里可以逢低做多，将止损位放在11 225元附近即可。

随后期价开始震荡上涨，先是站上5日均线，然后又站上10日均线，这时5日均线上穿10日均线，即第一个黄金交叉。随后期价继续上涨，上涨到30日均线附近，这时5日均线上穿30日均线，即第二个黄金交叉。随后期价在30日均线上方震荡，但期价始终在10日均线上方，这时10日均线上穿30日均线，即第三个黄金交叉。

这样均线就呈多头排列，即期价进入震荡上涨行情中。期价在震荡上涨行情中，5日和10日均线在上涨过程中虽然多次出现交叉现象，但30日均线以斜线状托着5日和10日均线向上攀升，一浪一浪往上走，浪形非常清楚，即在A处均线出现逐浪上升形。只要期价不跌破30日均线，中线持有多单，就可以实现盈利最大化。

期价经过一波明显的上涨行情之后，开始宽幅震荡。期价充分震荡之后，一根大阳线向上突破，同时站上5日、10日和30日均线，这时均线开始黏合向上发散。随后期价沿着5日和10日均线开始上涨，在这个过程中，5日均线、10日均线和30日均线基本上沿着一定的坡度向上移动，即在B处均线出现上山爬坡形。只要期价不跌破30日均线，中线持有多单，就可以实现盈利最大化。

11.6　做空信号均线的量化实战技巧

前面讲解做多信号均线的量化实战技巧，下面来讲解一下做空信号均线的量化实战技巧。

11.6.1　死亡交叉和死亡谷做空量化实战技巧

死亡交叉出现在下跌初期，由两根均线组成，一根时间短的均线由上向下穿过一根时间长的均线，并且时间长的均线是向下移动的。死亡交叉的图形如图11.35所示。

期价经过大幅上涨后，出现死亡交叉，这是一个明显的见顶信号，交易者可以积极看空、做空。在死亡交叉中，两线交叉的角度越大，见顶信号越明显。在图11.35中，C的见顶信号最强，B次之，A的见顶信号最差。

> 💡 **提　醒**
>
> 　　如果在周K线或月K线中出现死亡交叉，见顶信号就更加明显，并且会有一段较大的跌幅，投资者清仓出局为妙。

死亡谷出现在下跌初期，由三根均线交叉组成，形成一个尖头向下的不规则三角形。死亡谷的图形如图11.36所示。

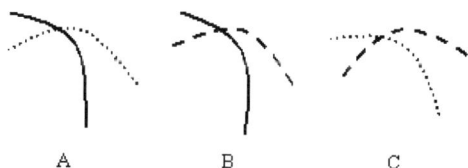

图11.35　死亡交叉　　　　　　　　　图11.36　死亡谷

在死亡谷的形成过程中,尖头向下的不规则三角形的出现,表明空方力量积聚了相当大的杀跌能量,是一个见顶信号,交易者见此信号还是逃跑为妙,如果来不及,经常会弄得遍体鳞伤,惨不忍睹。死亡谷见顶信号要比死亡交叉强。

图11.37显示的是玻璃主力合约(fg9999)2021年4月23日至2021年9月16日的日K线图。

图11.37　玻璃主力合约(fg9999)2021年4月23日至2021年9月16日的日K线图

玻璃主力合约(fg9999)的价格经过长时间、大幅度的上涨之后,创出3 163元高点。需要注意的是,期价在创出高点这一天,收出一根带有长长上影线的阴线,这表明上方已有明显的压力,所以,多单要注意止盈。

随后几个交易日,期价继续在高位震荡,然后一根跳空低开低走的大阴线跌破5日和10日均线,这时5日均线下穿10日均线,即A处,这是第一个死亡交叉。

随后期价继续下跌,跌破30日均线,随后虽有反弹,但期价没有站上30日均线,这时5日均线下穿30日均线,即B处,这是第二个死亡交叉。随后期价在30日均线下方继续下跌,这时10日均线下穿30日均线,即C处,这是第三个死亡交叉。这样,A、B、C三处尖头向下的不规则三角形,就是死亡谷。

A处第一个死亡交叉,是做空信号,这时可以以10日均线为止损位,在5日均线附近做空。

B处第二个死亡交叉,也是做空信号,这时可以以10日均线为止损位,在5日均线附近做空。

C处第三个死亡交叉，仍是做空信号，这时可以以30日均线为止损位，在5日均线附近做空。

另外，死亡谷也是做空信号，所以，空单可以继续持有，并且可以以30日均线为止损位，继续关注逢高做空机会。

11.6.2　首次和再次黏合向下发散形做空量化实战技巧

首次黏合向下发散形可以出现在上涨后横盘末期，也可以出现在下跌后横盘末期，几根黏合在一起的均线以喷射状同时向下发散。首次黏合向下发散的图形如图11.38所示。

在首次黏合向下发散形中，黏合时间越长，则向下发散的力度越大，还要注意在向下发散时，如果成交量放大，则情况更加不妙，还是多单要及时出局，并且可以逢高做空。

再次黏合向下发散形，即第二次黏合向下发散形，少数情况下也有第三次、第四次，它们的技术特征是相同的。再次黏合向下发散形的图形如图11.39所示。

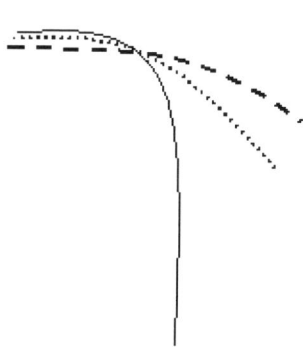

图11.38　首次黏合向下发散形　　　图11.39　再次黏合向下发散形

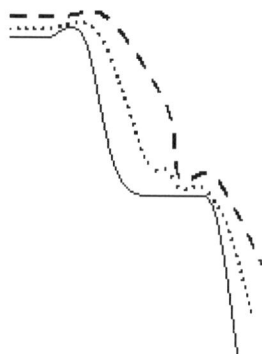

如果价格已经过长时间、大幅度的上涨，然后在高位震荡，在震荡过程中出现首次和再次黏合向下发散形，多单一定要及时出局，否则就会被深套。

图11.40显示的是苹果主力合约（ap9999）2020年9月30日至2021年3月22日的日K线图。

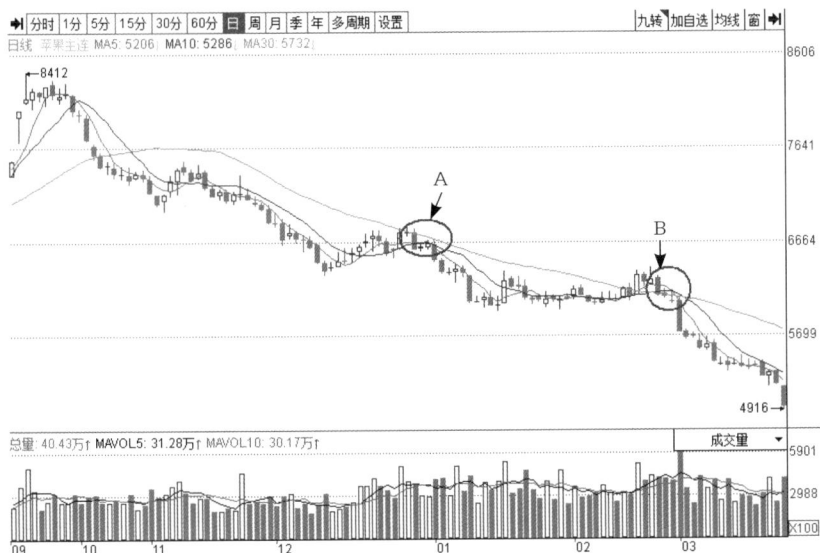

图11.40 苹果主力合约（ap9999）2020年9月30日至2021年3月22日的日K线图

苹果主力合约（ap9999）经过一波明显的上涨之后，创出8 412元高点。随后期价在高位震荡，震荡六个交易日后，期价开始下跌。期价先是跌破5日和10日均线，然后继续下跌，这时5日均线下穿10日均线，即第一个死亡交叉。随后期价继续沿着5日均线下跌，又跌破30日均线，然后继续下跌，这时5日均线下穿30日均线，即第二个死亡交叉。接着期价继续沿着5日均线下跌，这时10日均线下穿30日均线，即第三个死亡交叉。

期价这一波明显下跌结束后，出现反弹，注意：反弹力量不强，期价始终在30日均线下方。反弹结束后，继续下跌。

又经过一波明显的下跌之后，期价再度反弹，这一次正好反弹到30日均线附近，然后再度下跌，这时均线出现首次黏合向下发散形，即A处，这是一个看空信号。所以，在A处，手中有空单的交易者，耐心持有即可；手中还有抄底多单的交易者，要第一时间果断卖出；想做空的交易者，可以以30日均线为止损位或以这一波反弹的高点为止损位，逢高做空。

期价在A处反弹结束后，再度下跌，这里又出现一波明显的下跌。这一波下跌结束后，再度反弹，这一波反弹略强，期价站上30日均线，但没有站稳，又跌破30日均线，这时均线在B处出现再次黏合向下发散形，这里仍是明显的看空信号。所以，B处的操作策略与A处相同。

从其后的走势可以看出，无论是在A处做空，或在B处做空，只要耐心持有，就会有不错的投资收益。

11.6.3 下山滑坡形和逐浪下降形做空量化实战技巧

下山滑坡形一般出现在跌势中，短期、中期和长期均线基本上沿着一定的坡度向下移动。下山滑坡形的图形如图11.41所示。

均线形态出现下山滑坡形，表明期价将有一段持续的下跌，所以，交易者见到此图形后，要第一时间清仓出局，否则就会损失惨重。

逐浪下降形一般出现在跌势中，短期和中期均线下降时多次出现交叉现象，但长期均线以斜线状压着短期和中期均线向下走，一浪一浪向下走，浪形非常清楚。逐浪下降形的图形如图11.42所示。

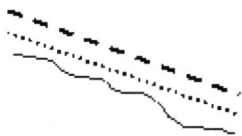

图11.41 下山滑坡形   图11.42 逐浪下降形

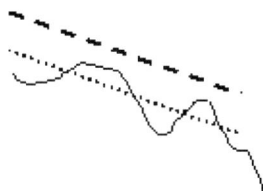

均线形态出现逐浪下降形，表明期价整体上呈下降趋势，并往往按退二进一的方式下滑，多方只能小施拳脚，即期价小幅上升，并无还手能力，空方始终占据着主动地位。从技术上来讲，逐浪下降形是看空、做空信号，任何时候逢高做空都是正确的。

图11.43显示的是生猪主力合约（lh9999）2021年2月5日至2021年9月23日的日K线图。

生猪主力合约（lh9999）的价格经过一波明显的上涨之后，创出29 805元高点。随后期价开始震荡下跌，前期下跌速度很慢，几乎天天横盘整理。

在A处，期价的均线出现首次黏合，然后期价开始沿着5日均线下跌。所以，在A处，手中持有空单的交易者可以耐心持有；手中持有多单的交易者，要果断卖出；想做空的交易者，以30日均线为止损位，逢高做空。A处均线黏合后，均线开始由黏合到发散，即在B处，出现5日均线、10日均线和30日均线基本上沿着一定的坡度向下移动，即出现下山滑坡形。遇到下山滑坡形均线形态，耐心持有手中的空单，往往会有丰厚的投资收益。

图11.43　生猪主力合约（lh9999）2021年2月5日至2021年9月23日的日K线图

期价大幅度下跌之后，出现反弹，反弹到30日均线附近，期价再度震荡，在震荡末端，均线再次黏合，即C处，这预示着震荡行情快要结束，新的趋势行情将要到来。随后期价就开始沿着5日均线出现一波明显的下跌行情，这一波下跌行情结束后，再度反弹。期价正好反弹到30日均线附近，又反弹不动，然后又开始新的一波下跌行情，这时在D处，均线出现逐浪下降形。遇到逐浪下降形均线形态，耐心持有手中的空单，往往就会有丰厚的投资收益。

第 12 章

技术指标量化实战技巧

技术指标只是一种统计工具，只能客观地反映某些已成过去的事实，将期货市场的数据形象化、直观化，将某些分析理论数量化和精细化。但技术指标并不能保证操作成功，因为技术指标可以被主力影响。

本章主要内容包括：

✓ 技术指标的定义、类型和本质

✓ 技术指标同其他技术分析方法的关系

✓ 技术指标的背离、交叉、低位和高位

✓ 技术指标的徘徊、转折和盲点

✓ MACD掉头向上形成金叉做多量化实战技巧

✓ MACD上穿0轴做多量化实战技巧

✓ MACD与期价底背离做多量化实战技巧

✓ MACD掉头向下形成死叉做空量化实战技巧

✓ MACD下穿0轴做空量化实战技巧

✓ MACD与期价顶背离做空量化实战技巧

✓ KDJ指标量化实战技巧

✓ BOLL指标量化实战技巧

12.1 初识技术指标

技术指标已深入每一位交易者的心里，真正要进行期货操作的人都有一套自己惯用的技术指标体系。这个体系经过长期的检验，会给我们带来极大的帮助。

12.1.1 什么是技术指标

什么是技术指标，至今也没有一个明确的定义。但下面一种说法被大多数人认可，技术指标法是：按事先规定好的、固定的方法对原始数据进行处理，将处理之后的结果制成K线图表，并用制成的K线图表对期市进行行情研判。原始数据是指开盘价、最高价、最低价、收盘价、成交量和成交金额，有时还包括成交笔数，一共六七个。其余的数据不是原始数据。

对原始数据进行处理指的是将这些数据的部分或全部进行整理加工，使之成为我们希望得到的东西。不同的处理方就会产生不同的技术指标。从这个意义上讲，我们知道，有多少技术指标，就会产生多少种处理原始数据的方法；反过来，有多少种处理原始数据的方法就会产生多少种技术指标。

产生技术指标之后，最终都会在K线图表上得到体现。处理原始数据，不仅是把一些数字变成另一些数字，而且可能是放弃一些数字或加入一些数字。

12.1.2 技术指标的类型

目前，应用于市场的技术指标有几百种，按照不同的计算原理和反映状况，可大致分为四类，分别是趋向指标、反趋向指标、量价指标和压力支撑指标，如图12.1所示。

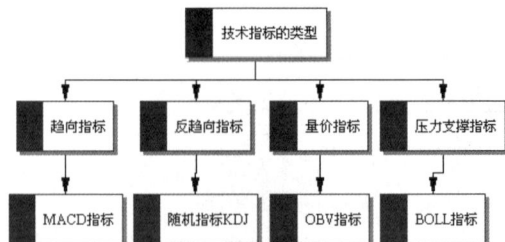

图12.1 技术指标的类型

1. 趋向指标

趋向指标是识别和追踪有趋势的图形类指标，其特点是不试图猜顶和测底，如均线、MACD指标、SAR指标等。

2. 反趋向指标

反趋向指标，又称震荡指标，是识别和追踪趋势运行的转折点的图形类指标，其特点是具有强烈的捕顶和捉底的意图，对市场转折点较为敏感，如随机指标KDJ、强弱指标RSI等。

3. 量价指标

量价指标就是通过成交量变动来分析捕捉价格未来走势的图形类指标，其特点是以"成交量是市场元气"为依据，揭示成交量与价格的涨跌关系，如OBV指标、VOL指标等。

4. 压力支撑指标

压力支撑指标，又称通道指标，是通过顶部轨道线和底部轨道线，试图捕捉行情的顶部和底部的图形类指标，其特点是具有明显的压力线，也有明显的支撑线，如BOLL指标、XSTD指标。

> **提 醒**
>
> 对于指标的应用，要记住经典图形的意义，但要根据大势和主力特征进行认真识别，因为有时很可能是主力发出的假信号，即通过影响价格绘制的假指标图形，如果交易者信以为真，很可能一买就被套、一卖就上涨。

12.1.3 技术指标的本质

每一个技术指标都是从一个特定的方面对期市进行观察。通过一定的数学公式产生技术指标，这个指标就反映期市的某一方面深层次的内涵，这些内涵仅仅通过原始数据是很难看出来的。

另外，有些基本的思想我们很早就知道，但只停留在定性的程度，没有进行定量分析。技术指标可以进行定量分析，这样能使具体操作时的精确度得以极大提高。

例如，我们都知道，期价不断下跌时，跌多了总有一个反弹的时候和到底的时候。那么，跌到什么程度，我们就可以做多买进呢？仅凭前面定性方面的知识是不能回答这个问题的，乖离率等技术指标在很大程度上能帮助我们解决这一问题。尽管不能百分之百地解决问题，但至少能在我们采取行动前从数量方面给我们以帮助。

12.1.4 技术指标同其他技术分析方法的关系

其他技术分析方法都有一个共同点，那就是只重视价格，不重视成交量。如果单纯从技术的角度来看，没有成交量的信息，别的方法都能正常运转，照样进行分析研究，照样进行行情预测。我们只是很笼统地说一句，要有成交量的配合。技术指标由于种类繁多，所以，考虑的方面就很多，人们能够想到的，几乎都能在技术指标中得到体现，这一点是别的技术分析方法所无法比拟的。

在进行技术指标的分析和判断时，也经常用到别的技术分析方法的基本结论。例如，在使用KDJ等指标时，我们要用到K线形态中的头肩形、颈线和双重顶之类的结果及趋势中支撑和压力的分析方法。由此可以看出全面学习技术分析的各种方法是很重要的，只注重一种方法，对别的方法无知是很不好的。

12.2 技术指标的应用法则

技术指标分析常应用的法则主要包括指标背离、指标交叉、指标的高位和低位、指标的徘徊、指标的转折和指标的盲点。

12.2.1 指标背离

技术指标背离是指技术指标的波动与价格曲线的趋势方向不一致，即价格的变动没有得到指标的支持。指标背离可分为两种，分别是顶背离和底背离。

顶背离出现在上涨后期，当价格的高点比前一次高点高时，指标的高点却比指标的前一次的高点低，这就预示着价格上涨不会长久，很可能马上就会下跌，是一个明显的见顶卖出信号。顶背离的图形如图12.2所示。

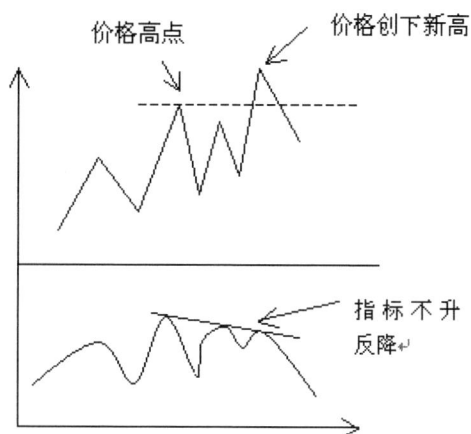

图12.2　顶背离

底背离出现在大幅下跌后,当价格的低点比前一次的低点低时,而指标的低点却比指标前一次的低点高,这就预示着价格不会再继续下跌,很可能马上反转向上,是一个见底买进信号。底背离的图形如图12.3所示。

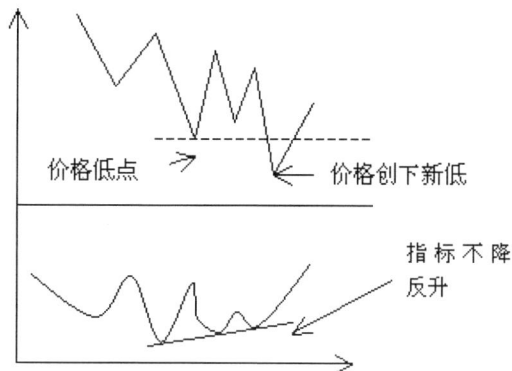

图12.3　底背离

在应用技术指标背离时,要注意以下几点:

(1)能够形成明显技术指标背离特征的指标有MACD、RSI、KDJ等,其中RSI和KDJ的指标背离对行情判断的成功率比较高。

(2)价格在高位时,通常出现一次顶背离,就可以确认见顶;而价格在低位时,可能需要出现几次底背离才能确认见底。

（3）当价格出现大幅上涨或大幅下跌的行情时，KDJ指标很可能呈现高位或低位钝化，价格还在上涨或下跌，这时一旦出现背离特征则有效性很高。KDJ指标和RSI指标一起判断价格走势，效果比较不错。

（4）要识别假背离现象，假背离往往具有以下特征：

第一，某一时间周期背离，其他时间不背离，如日K线图背离，而周K线图和月K线图不背离。

第二，没有进入指标高位区域就背离。技术指标在高于80或低于20背离，比较有效，在20～80区间出现的背离，可以不理会。

第三，某一技术指标背离，而其他技术指标不背离。各种技术指标都是通过不同的计算方法计算得来，所以，背离时间也不相同，其中KDJ最敏感，RSI次之，MACD则最弱。单一技术指标背离参考意义不大，如果有多个技术指标同时出现背离，则可靠性就比较高。

12.2.2　技术指标的交叉、低位和高位

技术指标的交叉是指技术指标图形中的两条指标曲线发生相交现象，交叉表明多空双方力量的对比发生变化。技术指标的交叉可分为三类，分别是黄金交叉、死亡交叉、与0轴的交叉。

黄金交叉是指上升中的短期指标曲线由下向上穿过上升中的长期指标曲线，预示着价格将继续上涨，行情看好。黄金交叉的图形如图12.4所示。

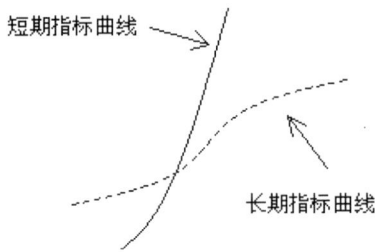

图12.4　黄金交叉

死亡交叉是指下降中的短期指标曲线由上向下穿过下降中的长期指标曲线，预示着价格将继续下跌，行情看跌。死亡交叉的图形如图12.5所示。

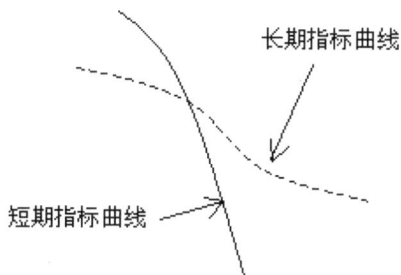

图12.5　死亡交叉

技术指标曲线向上穿越0轴,表明技术指标认为空方市场开始转为多方市场,行情看多;技术指标曲线向下穿越0轴,表明技术指标认为多方市场开始转为空方市场,行情看空。与0轴的交叉的图形如图12.6所示。

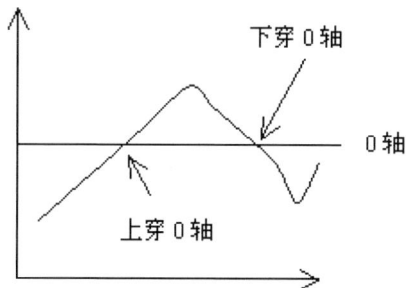

图12.6　与0轴的交叉

技术指标的低位,表示指标认为市场进入超卖区;技术指标的高位,表示指标认为市场进入超买区。下面以KDJ为例讲解一下。KDJ指标从低位升到高位区并超过80以上,则KDJ指标认为市场已进入超买阶段,价格随时可能回落,交易者应警惕。KDJ指标从高位降到低位区并低于20以下,则KDJ指标认为市场已进入超卖阶段,价格随时可能反弹,交易者应关注。

如果指标在高位,这时价格又大幅攀升,指标上升幅度越来越小,从而形成上升抛物线状,即高位钝化。指标高位钝化只出现在强势特征明显的市场中,而低位钝化只出现在极度弱势的市场中。

12.2.3　技术指标的徘徊、转折和盲点

技术指标的徘徊是指技术指标处在进退不明状态,对未来走势方向不能做出明确的判断。

技术指标的转折是指技术指标在高位或低位发生掉头，表明前面超买或超卖状态将要得到平衡。有时技术指标的掉头表明一个趋势将要结束，另一个趋势将要开始。

技术指标的盲点是指在大部分的时间里，技术指标不能发出买入或卖出信号，处于"盲"的状态。如价格在盘整震荡时，大多数指标都会失灵。每个指标都有自己的盲点，即指标失效的时候。

所以，在运用指标时，要多总结各个技术指标的盲点，然后找出其他可以代替分析的指标。总之，结合K线图、形态、趋势等技术，往往能提高技术指标分析的准确率和成功率。

> **提醒**
>
> 对于指标的应用，要记住经典图形的意义，但要根据大势和主力特征进行认真识别，因为有时可能是主力发出的假信号，即通过影响价格绘制的假指标图形，如果交易者信以为真，很可能一买就被套、一卖就上涨。

12.3 MACD指标量化实战技巧

MACD技术指标，即指数平滑异同移动平均线，是一个比较常用的趋向类指标。它是利用"红""绿"柱状表示看多与看空，如果看到红色柱状就看多，看到绿色柱状就看空。

12.3.1 初识MACD指标

均线尽管其功能强大、显著，但常常会发出一些虚假信号。为了弥补均线的不足，人们就对均线做一些特殊处理，从而产生指数平滑异同移动平均线，即MACD指标。

指数平滑异同移动平均线计算方法比较复杂，在电脑技术没有普及之前，该技术指标使用起来很不方便，费时、费力，并且容易出现计算错误。但现在电脑技术相当普及，交易者只需输入该参数按回车键即可查看该指标图形。为了便于交易者日后使用MACD来分析、判断行情,下面简单说一下其计算方法。

　　MACD技术指标图形是由DIFF线、DEA线和柱状线组成,其中DIFF线是核心,DEA线是辅助。DIFF线是快速移动平均线(12日移动平均线)和慢速移动平均线(26日移动平均线)的差。如果其值为正,则称为正差离值;如果其值为负,则称为负差离值。在持续上涨行情中,正差离值会越来越大;在下跌行情中,负差离值的绝对值会越来越大。这样经过对移动平均线的特殊处理,虚假信号就会大大减少。

　　DEA是DIFF线的算术平均值。柱状线的值是DIFF与DEA的差值,若DIFF线在DEA线上方,则差值为正,柱状线在0轴上方,显示为红柱;若DIFF线在DEA线下方,则差值为负,柱状线在0轴下方,显示为绿柱,如图12.7所示。

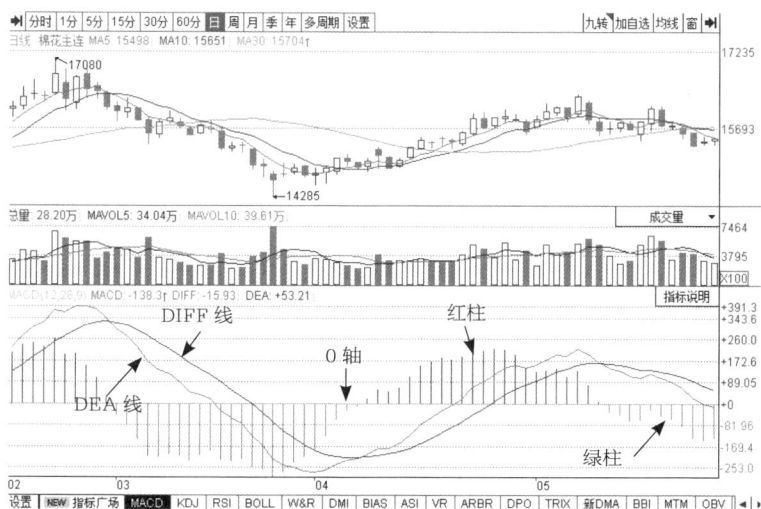

图12.7　MACD指标

　　如果DIFF线和DEA线运行在0轴下方,表示现在的市场是空头市场;如果DIFF线和DEA线运行在0轴上方,表示现在的市场是多头市场。

　　0轴上方的柱状线为做多信号,当其增多拉长时,说明多方气势旺盛,多方行情将继续;当其减少缩短时,表示多方气势在衰减,价格随时都有可能下跌。0轴下方的柱状线为做空信号,当其增多拉长时,说明空方气势旺盛,空方行情将继续;当其减少缩短时,表示空方气势在衰减,价格随时都可能止跌或见底回升。

12.3.2 MACD掉头向上形成金叉做多量化实战技巧

MACD掉头向上，又称指数平滑异同移动平均线掉头向上，其特征是：向下移动的DIFF线开始掉头向上移动，并且向上穿过DEA线时产生"黄金交叉"。

MACD掉头向上可以发生在正值区域，即在0轴上方运行，出现MACD调整向上，通常表示震荡回调结束，这时交易者可以适时买进，如图12.8所示。

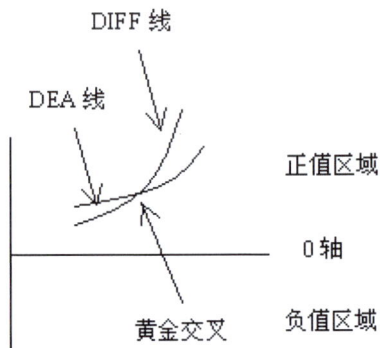

图12.8　正值区域的MACD掉头向上

MACD掉头向上也可以发生在负值区域，即在0轴下方运行，出现MACD调整向上，表示反弹开始，这时交易者可以适时做多买进，博取短差，即抢反弹，如图12.9所示。

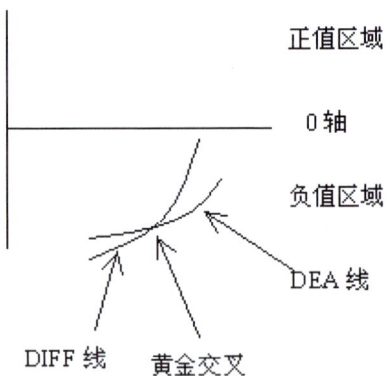

图12.9　负值区域的MACD掉头向上

图12.10显示的是螺纹主力合约（rb9999）2020年9月8日至2021年5月10日的日K线图。

图12.10　螺纹主力合约（rb9999）2020年9月8日至2021年5月10日的日K线图

螺纹主力合约（rb9999）的价格经过一波明显的下跌之后，创下3 499元低点。然后期价开始震荡上涨，一根中阳线同时站上5日和10日均线，这时MACD指标在0轴下方形成金叉，即A处，这是一个做多信号。所以，在A处，手中有空单的交易者，要注意止盈卖出；手中有抄底多单的交易者，以耐心持有为主；想做多的交易者，可以以3 499元为止损位，沿着5日均线做多。

随后期价继续上涨，然后经过横盘震荡，站稳30日均线，这时MACD指标继续上行。期价站稳30日均线后，均线慢慢呈多头排列，即期价进入震荡上涨行情中。

期价站稳30日均线后，继续沿着5日和10日均线上涨，这时MACD指标也继续上行，上行到0轴上方。经过一波明显的上涨行情之后，期价再度横盘整理，这时MACD在0轴上方死叉，经过充分震荡之后，期价在30日均线附近企稳，然后再度上涨，这时MACD指标在0轴上方出现金叉，即B处，这又是一个新的介入多单的位置，当然也是短线空单出局的位置。

同理，C、D、E处的0轴上的MACD指标金叉，都可以介入多单，耐心持有，就会有不错的投资收益。

12.3.3　MACD上穿0轴做多量化实战技巧

MACD上穿0轴,又称指数平滑异同移动平均线上穿0轴,其特征是:MACD翘头向上穿过0轴,由负值变为正值。MACD上穿0轴的图形如图12.11所示。

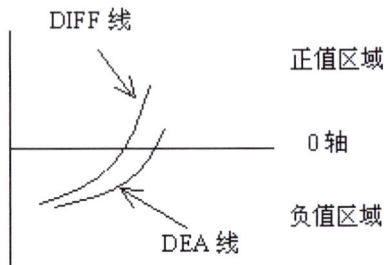

图12.11　MACD上穿0轴

从技术上来讲,MACD上穿0轴表示期价的走势开始进入强势,交易者可以看多、做多。

提　醒

MACD上穿0轴是交易者看多的依据,特别是月MACD上穿0轴,表明期价将有一大段升幅,交易者可以及时买进。

图12.12显示的是豆一主力合约(a9999)2020年8月12日至2020年11月17日的日K线图。

豆一主力合约(a9999)的价格经过一波明显的下跌之后,创下4 330元低点。但需要注意的是,期价在创下低点这一天,收出一根低开高走的大阳线,这意味着有多方力量已经进场做多。

随后期价虽然沿着5日均线下跌,但没有再创新低,然后在低位窄幅震荡。在低位震荡过程中,MACD指标在0轴下方出现金叉,即A处,这是一个看多信号。可以关注做多机会,以4 330元为止损位即可。

然后期价开始震荡上涨,但上涨力量很弱,几乎是宽幅震荡,这时MACD指标上行到0轴附近,再度下行。随后期价出现回调,但很快期价再度上涨,这时MACD指标在0轴下方再度出现金叉,即B处,这是一个新的做多位置,即反弹上涨的开始。

需要注意的是,这一次MACD指标上穿0轴,即C处,这意味着期价由弱转强,进入多头行情,所以,C处是多头行情的开始,是继续做多的位置,当然也是空单要卖出的位置。

图12.12　豆一主力合约(a9999)2020年8月12日至2020年11月17日的日K线图

从其后的走势可以看出,MACD指标上穿0轴后,期价再次迎来一波明显的上涨行情,也是多单盈利最丰厚的阶段。

12.3.4　MACD与期价底背离做多量化实战技巧

MACD与期价底背离,又称指数平滑异同移动平均线与期价底背离,其特征是:期价逐波下跌,而MACD指标线不是同步下降,而是逐波走高。MACD与期价底背离的图形如图12.13所示。

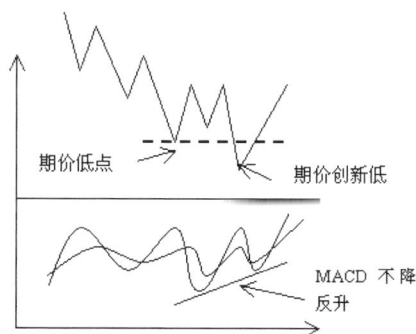

图12.13　MACD与期价底背离

从技术上来讲，MACD与期价底背离预示着期价一轮跌势已经完成，短期内很可能见底，特别是价格已有大幅快速下跌后，如果MACD再度出现黄金交叉，则见底回升的可能性很大。交易者这时要做好进场的准备，也可以利用少量资金先进场。

图12.14显示的是豆粕主力合约（m9999）2019年11月11日至2020年3月25日的日K线图。

图12.14　豆粕主力合约（m9999）2019年11月11日至2020年3月25日的日K线图

豆粕主力合约（m9999）的价格在明显的下跌行情中，沿着30日均线不断震荡下跌，但这里的MACD指标不再创新低，反而不断走高，即期价与MACD指标出现底背离，这意味着期价下行空间可能有限，可以关注K线的见底信号来抄底做多。当然，如果您手中还有空单，也要注意止盈。

从其后的走势可以看出，期价创下2527元低点。注意在创下低点这一天，期价收出一根带有长长下影线的锤头钱，这是一根见底K线，所以，这里空单要止盈，想做多的交易者，可以以2527元为止损位。

随后期价开始上涨，先是站上5日均线，然后又站上10日均线，最后站稳30日均线，这时MACD指标上穿0轴，然后期价沿着5日和10日均线开始了一波明显的上涨行情。

12.3.5 MACD掉头向下形成死叉做空量化实战技巧

MACD掉头向下, 又称指数平滑异同移动平均线掉头向下, 其特征是: 向上移动的DIFF线开始掉头向下移动, 并且向下穿过DEA线时产生 "死亡交叉"。

MACD掉头向下可以发生在正值区域, 即在0轴上方运行, 出现MACD调整向下, 通常表示震荡回调开始, 为了规避风险, 交易者还是退出观望为好, 特别是月MACD掉头向下, 如图12.15所示。

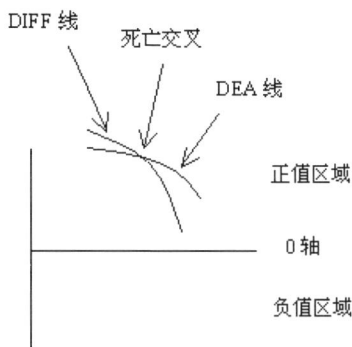

图12.15 正值区域的MACD掉头向下

MACD掉头向下也可以发生在负值区域, 即在0轴下方运行, 出现MACD调整向下, 表示反弹结束, 这时交易者要果断抛空, 如图12.16所示。

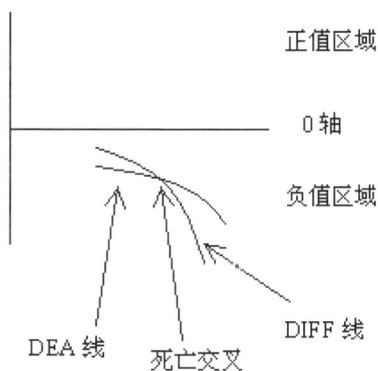

图12.16 负值区域的MACD掉头向下

图12.17显示的是苹果主力合约 (ap9999) 2020年9月29日至2021年3月22日的日K线图。

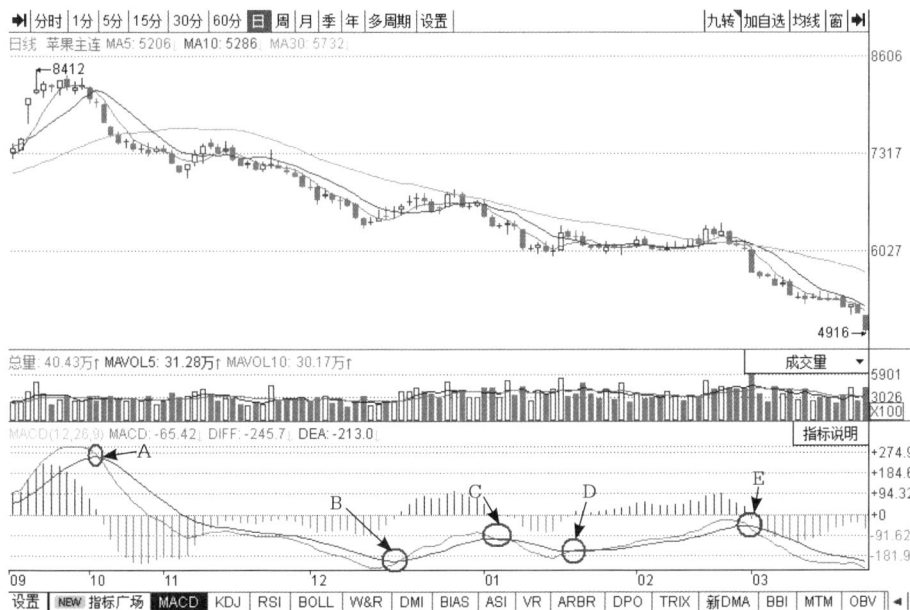

图12.17　苹果主力合约(ap9999)2020年9月29日至2021年3月22日的日K线图

　　苹果主力合约(ap9999)的价格经过一波明显的上涨之后,创出8 412元高点,然后在高位震荡,经过几个交易日的震荡之后,一根中阴线同时跌破5日和10日均线,这时MACD指标在0轴上方出现死叉,即A处。这表明期价要开始下跌,所以,在A处,手中还有多单的交易者,要及时果断卖出;持有空单的交易者,可以耐心持有;想做空的交易者,可以以8 412元为止损位,逢高做空。

　　随后期价开始沿着5日均线下跌,并且跌破30日均线,这样均线慢慢呈空头排列。在下跌过程中虽有反弹,但反弹也没有重新站上30日均线,再度下跌,这时MACD指标下行到0轴下方。

　　期价经过一波明显的下跌之后,开始反弹,MACD指标在0轴下方出现金叉,即B处,这里可以轻仓试多。但交易者一定要明白,当前是下跌趋势,这里做多,一旦有不好的信号,就要果断卖出。

　　从其后的走势可以看出,期价正好反弹到30日均线附近,期价就反弹不动了,然后开始下跌,这时MACD指标再度死叉,即C处。所以,在C处,手中还有抄底多单的交易者,一定要果断卖出;手中有空单的交易者,耐心持有即可;想做空的交易者,可以以这一波反弹的高点为止损位,或以30日均线为止损位,逢高做空。

期价经过一波明显的下跌之后,再度反弹,即D处。D处的操作策略与B处相同,这里不再多说。

期价这一波反弹也不强,几乎是横盘整理,但期价反弹到30日均线上方,很快又跌了下去,这里MACD指标出现死叉,即E处。E处的操作策略与C处相同,这里不再多说。

12.3.6　MACD下穿0轴做空量化实战技巧

MACD下穿0轴,又称指数平滑异同移动平均线下穿0轴,其特征是: MACD弯头向上穿过0轴,由正值变为负值。MACD下穿0轴的图形如图12.18所示。

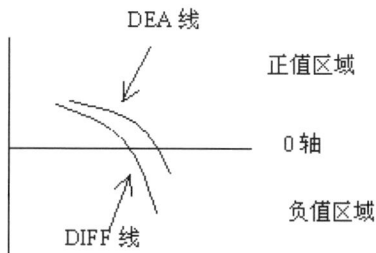

图12.18　MACD下穿0轴

从技术上来讲,MACD下穿0轴表示期价的走势开始进入弱势,交易者要看空、做空,在反弹时及时逢高卖出。

> **提　醒**
>
> MACD下穿0轴是交易者看空的依据,特别是月MACD下穿0轴,表明期价将有一大段的跌幅,交易者要及时清仓离场。

图12.19显示的是沪银主力合约(ag9999)2020年2月18日至2020年3月19日的日K线图。

沪银主力合约(ag9999)的价格经过一波上涨,创出4584元高点。然后期价开始震荡下跌,先是跌破6日均线,然后又跌破10日和30日均线,这时MACD指标在0轴上方出现死叉,即A处,这是一个看空信号。所以,在A处,持有多单的交易者要及时卖出;手中持有空单的交易者,可以耐心持有;想做空的交易者,可以以4584元为止损位,或以30日均线为止损位,逢高做空。

随后期价并没有下跌, 期价在30日均线下方震荡, 这里MACD指标继续下行, 下穿0轴, 即B处, 这是期价走弱的标志, 意味着期价由强势转为弱势, 所以, 可以继续看空、做空。所以, 在B处, 空单继续持有, 没有空单的, 继续关注逢高做空的机会, 将止损位设为30日均线即可。

从其后的走势可以看出, 期价反复震荡之后, 出现快速连续跌破走势, 这样持有空单的交易者, 短时间内就会获得丰厚的投资回报。

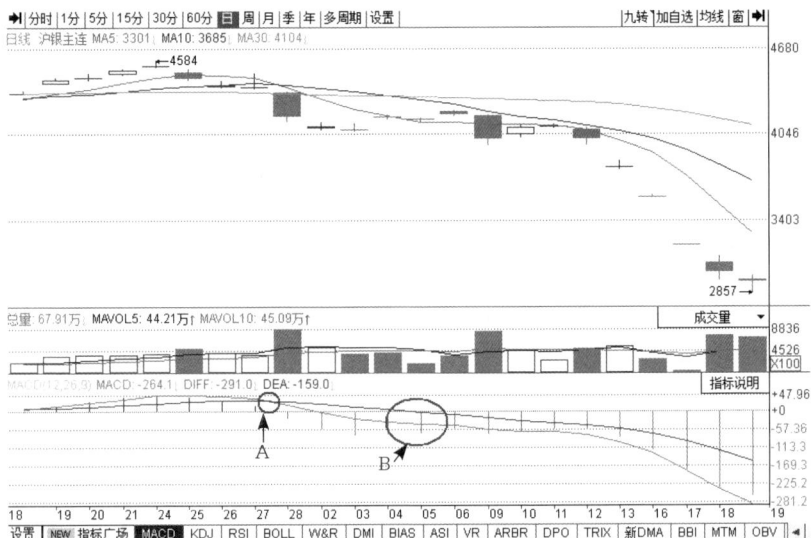

图12.19　沪银主力合约 (ag9999) 2020年2月18日至2020年3月19日的日K线图

12.3.7　MACD与期价顶背离做空量化实战技巧

MACD与期价顶背离, 又称指数平滑异同移动平均线与期价顶背离, 其特征是: 期价逐波上涨, 而MACD技术指标不是同步上升, 而是逐波下跌。MACD与期价顶背离的图形如图12.20所示。

从技术上来讲, MACD与期价顶背离预示着期价一轮升势已经完成, 短期内很可能见顶, 特别是期价已有大幅拉升后, 如果此时MACD再出现死亡交叉, 则见顶大幅回落的可能性更大。投资者这时做好准备离场或先减仓, 一旦期价趋势向下, 应果断清仓。

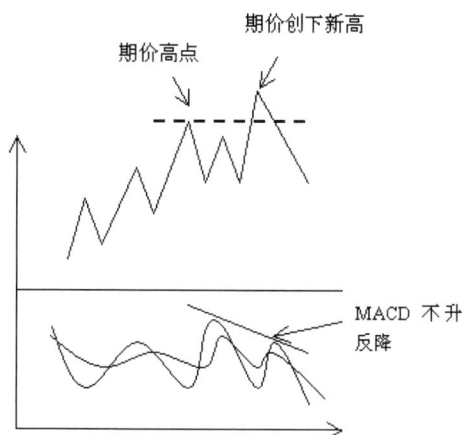

图12.20 MACD与期价顶背离

💡 提 醒

　　期价在高位时，通常出现一次顶背离就可以确认见顶；而期价在低位时，可能需要出现几次底背离才能确认见底。还要注意的是，某一时间周期背离，其他时间不背离，这很可能是假背离。如日K线图背离，而周K线图和月K线图不背离。

　　图12.21显示的是玻璃主力合约（fg9999）2021年4月27日至2021年9月16日的日K线图。

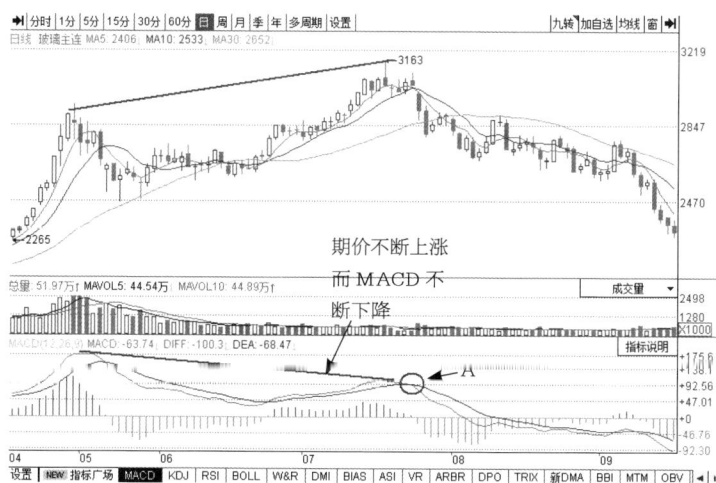

图12.21 玻璃主力合约（fg9999）2021年4月27日至2021年9月16日的日K线图

玻璃主力合约（fg9999）的价格经过长时间、大幅度的上涨之后，期价调整后又继续上涨并且创出新高，但这里的MACD指标则不断降低，即出现MACD顶背离。

MACD顶背离表明期价上涨越来越无力，上涨空间越来越小，所以，这里要时刻关注见顶K线信号，一旦出现，多单就要果断止盈，并且可以关注做空机会。

从其后的走势可以看出，期价在创出3 163元高点时，收出一根带有长长上影线的阴线，这是转势见顶K线，所以，多单要注意止盈。随后期价在高位震荡，震荡几个交易日，一根大阴线低开低走，这时MACD指标出现死叉，即A处，这表明期价要开始下跌，即A处。所以，在A处，如果手中还有多单，一定要果断出手；手中有空单的，可以耐心持有。

12.4 KDJ指标量化实战技巧

KDJ技术指标，又称为随机指标，是由乔治·蓝恩博士（George Lane）最早提出的，是一种相当新颖、实用的技术分析指标，最早应用在期货投资方面，功能颇为显著，后来广泛应用于其他金融市场的中短期趋势分析中，是最常用的技术分析指标之一。

12.4.1 初识KDJ指标

KDJ通过特定公式对当前行情的最高价、最低价及收盘价进行计算，得出K值、D值和J值，然后分别在指标坐标上形成点并连成线，于是形成能反映价格波动趋势的KDJ技术指标。

随机指标KDJ在设计中综合了动量观念、相对强弱指数和移动平均线的一些优点，能反映价格走势强弱和超买超卖，并提前发出买卖信号。利用KDJ技术指标研判行情，具有迅速、快捷和直观的特点。KDJ指标如图12.22所示。

当然，KDJ也有一定的缺点。当价格波动剧烈或瞬间变化幅度太大时，KDJ信号失误率会升高；当K值和D值进入超买或超卖区域后，经常出现钝化的现象，其参考价值就会降低；还要注意的是，由于该指标使用过于广泛，所以，经常被主力加以利用进行陷阱欺骗。

在期货市场中,任何一项技术指标在非常有效的情况下除非是非公开的,知道的人越少,其准确率越高。某一项技术指标一旦成为众所周知的东西,主力就会利用它进行盘面诱惑,所以,投资者不能迷信任何一种技术指标。

💡 **提　醒**

> 在期货市场中,没有永远有效的技术,同样也没有永远有效的技术指标,技术的使用方式需要不断更新,技术指标同样需要根据行情做出适时的调整,当然这种调整是一个长期摸索、总结的过程,投资者只要知道其原理,熟能生巧,心得体会自然越来越多。

图12.22　KDJ指标

12.4.2　KDJ的量化实战法则

在KDJ技术指标中,移动速度最快的是J线,其次是K线,最慢的是D线,它们的变化范围都在0～100。其实J的取值可以大于100,也可以小于0,但为了便于图形的绘制,当J值大于100时,仍按100绘制;当J值小于0时,仍按0绘制,所以,在KDJ指标图形中可以看到J值在0或100处呈"直线"状。

在KDJ技术指标中,就敏感性而言,J值最强,K值次之,D值最弱;就安全性而言,J值由于反应过于灵敏而最差,K值居中次之,D值由于反应慢反而更稳、更准确。

在应用KDJ指标时，主要从四个方面进行考虑，分别是KD取值的绝对数字、KDJ曲线的形态、KD指标的交叉、KD指标的背离。

1. KD取值的绝对数字

KD的取值范围都是0～100，将其划分为几个区域：80以上为超买区，20以下为超卖区，其余为徘徊区。根据这一条可知，当KD超过80就应该考虑卖出，而低于20再考虑买入，如图12.23所示。

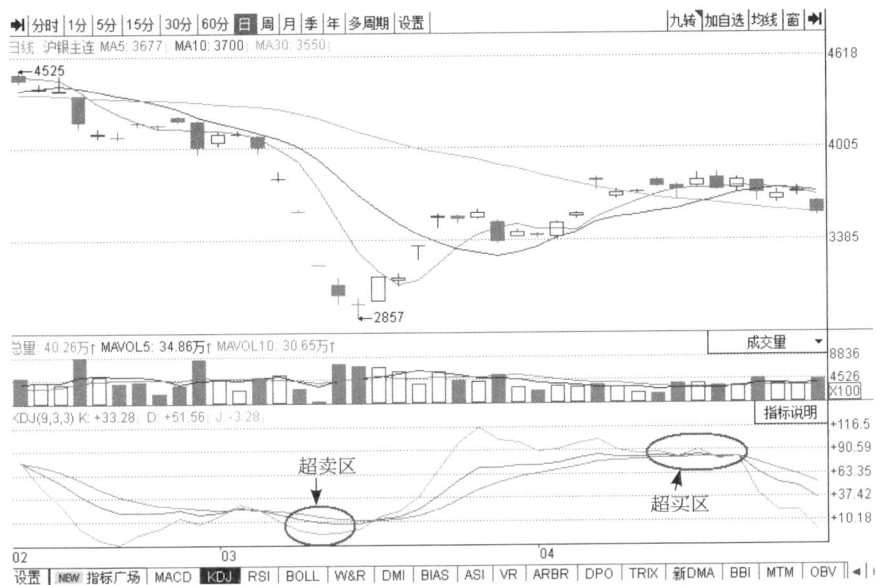

图12.23　超买区和超卖区

> **提醒**
>
> KD取值的绝对数字只是一个应用KDJ指标的初步过程，仅仅是信号，完全按这种方法进行操作很容易导致损失。

2. KDJ曲线的形态

当KDJ指标在较高或较低的位置形成M顶或双底时，是采取行动的信号，注意：这些形态一定要在较高的位置或较低的位置出现才可靠。图12.24在期价反弹的过程中，KDJ指标形成M顶。

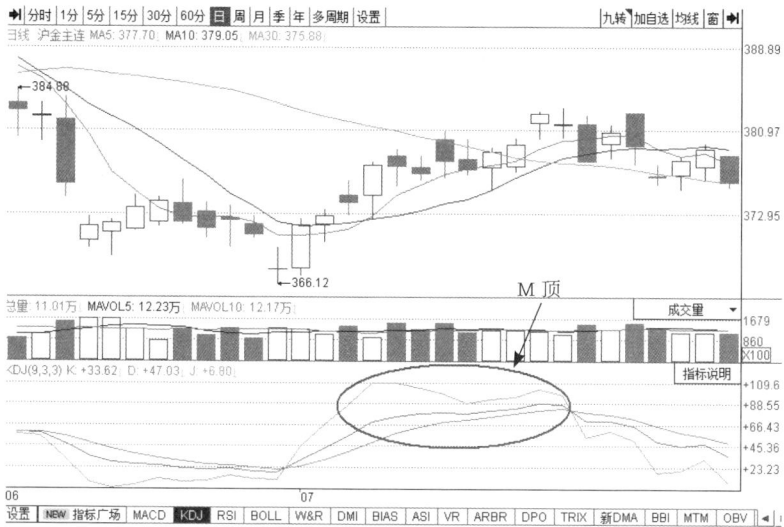

图12.24 KDJ曲线的形态

3. KDJ指标的交叉

K与D的关系如同期价与均线的关系，也有死亡交叉与黄金交叉之分。如果K上穿D，则形成金叉，为买入信号，但在利用金叉买入时还要注意，金叉的位置应该是比较低的，是在超卖区的位置，越低越好；另外，K与D相交的次数以两次为最少，越多越好；如果K下穿D则会形成死叉，如图12.25所示。

图12.25 KDJ指标的交叉

4. KDJ指标的背离

如果KDJ处在高位或低位，如果出现与期价走向的背离，则是采取行动的信号，如图12.26所示。

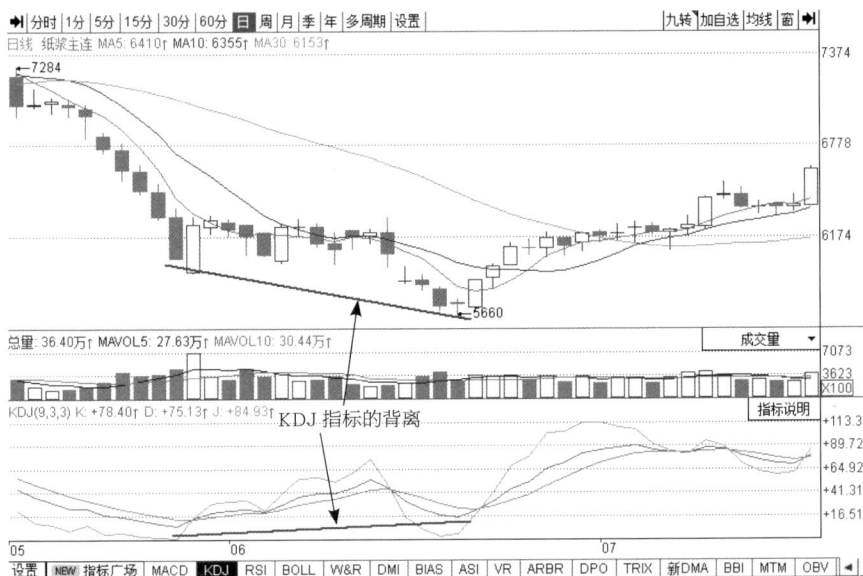

图12.26　KDJ指标的背离

> **提　醒**
>
> 　　KDJ指标反应比较敏感、快速。对于大资金波段操作的交易者来说，在运作时偏重于周KDJ指标。对于短线高手来说，常常使用15分钟、30分钟和60分钟KDJ指标。

12.4.3　KDJ实战应用经验

在实战中，如果大的趋势向上，并且K值由小逐渐大于D值，在图形上显示K线从下方向上突破D线时，为买入信号，特别是KD形成金叉时都在20以下。

在实战中，如果大的趋势向下，并且K值由较大逐渐小于D值，在图形上显示K线从上方下穿D线时，为卖出信号，特别是KD形成的死叉在80以上。

在实战中，一些做短平快的短线交易者，多采用30分钟和60分钟KDJ来指导买卖操作，下面几条是笔者多年总结下来的经验：

➢ 如果30分钟KDJ指标在20以下盘整较长时间，60分钟KDJ指标也是如此，一旦30分钟K值上穿D值并越过20，很可能引发一轮持续两天以上的反弹行情，如果此时日K线中的KDJ指标在低位产生金叉，则可能是一轮中级行情，但要注意的是，K值与D值金叉后只有K值大于D值20%以上，这种交叉才有效。

➢ 如果30分钟KDJ指标在80以上向下掉头，K值下穿D值并跌破80，而60分钟KDJ才刚刚越过20不到50，则说明行情会出现回调，30分钟K线探底后，可能会继续向下。

➢ 如果30分钟和60分钟KDJ在80以上，盘整较长时间后，K值同时向下死叉D值，表明要开始至少两天的下跌调整行情。

➢ 如果30分钟KDJ跌至20以下掉头向上，而60分钟KDJ还在50以下，则要观察60分钟K值是否会有效下穿D值，如果没有成功下穿D值，则表明将开始一轮新的上攻；如果成功下穿D值，则表明这仅是下跌过程中的反弹，反弹后还会下跌。

➢ 如果30分钟KDJ在50之前止跌，而60分钟KDJ才刚刚向上交叉，说明行情可能会再持续向上，目前仅属于回调。

➢ 如果30分钟或60分钟的KDJ出现背离现象，也可以作为分析市场顶、底的依据。

➢ 在趋强市场中，30分钟KDJ可以达到90以下，而且在高位屡次发生无效交叉，此时重点关注60分钟KDJ，如果60分钟KDJ出现死叉，则可能引发短线较深的回调。

➢ 在大幅下跌的过程中，30分钟KDJ可以接近0值，而市场依然跌势不止。

提　醒

　　当行情处于极强或极弱单边市场中时，日KDJ指标常常钝化，这里应改为MACD中长指标。

12.5　BOLL指标量化实战技巧

　　布林通道线BOLL是根据统计学中的标准差原理设计出来的一种相对比较实用的技术指标。参考布林线进行买卖，不仅能指示支持、压力位，显示超买、超卖区域,进而指示运行趋势,还能有效规避主力惯用的技术陷阱,即诱多或诱空。
该技术手段特别适用于波段操作。

12.5.1 初识BOLL指标

BOLL技术指标是由上轨线、中轨线和下轨线三部分组成,它将期价波动的
范围划分为三个区域。其中上轨线是压力线、中轨线是移动平均线、下轨线是支
撑线。

BOLL技术指标是一种包络线分析方法,它也是移动平均线延伸而来的一种
曲线,它的构建方法是在移动平均线的上下方相等距离的位置建立两条平行的曲
线,其中移动平均线是包络线的期价中心。包络线可以根据规则画很多种,BOLL
线就是在原有规则上延伸的一种画法。

BOLL技术指标是根据收盘价高于和低于其平均值的标准差来绘制,其设计
思路是:当期价波动剧烈时,BOLL指标变宽,反之则变窄。BOLL指标如图12.27
所示。

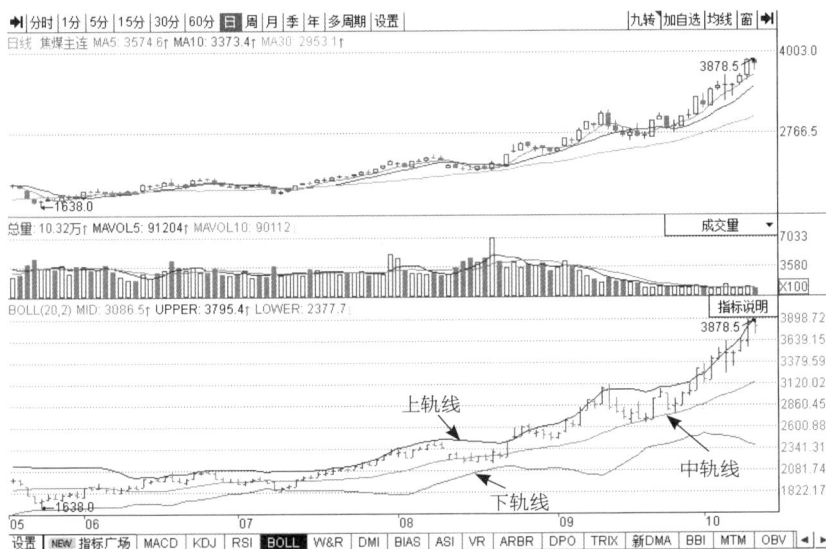

图12.27 BOLL指标

一般来说,BOLL技术指标有三大功能,第一,可以显示支撑和压力位置;第
二,可以显示整体趋势;第三,具有通道作用。

💡 **提　醒**

　　BOLL技术指标是期货市场中最常用的技术指标之一，与MACD、KDJ等指标相比，BOLL指标具有方便有效、使用灵活、信号明确、成功率高等特点。

12.5.2　BOLL的量化实战法则

　　由于期价的波动，BOLL技术指标的上、中、下轨线所形成的期价通道，其移动范围具有不确定性。通道上下限会随期价的波动不断变化，即期价盘整，通道上下限会变窄，而期价上涨或下跌，通道上下限会变宽，如图12.28所示。

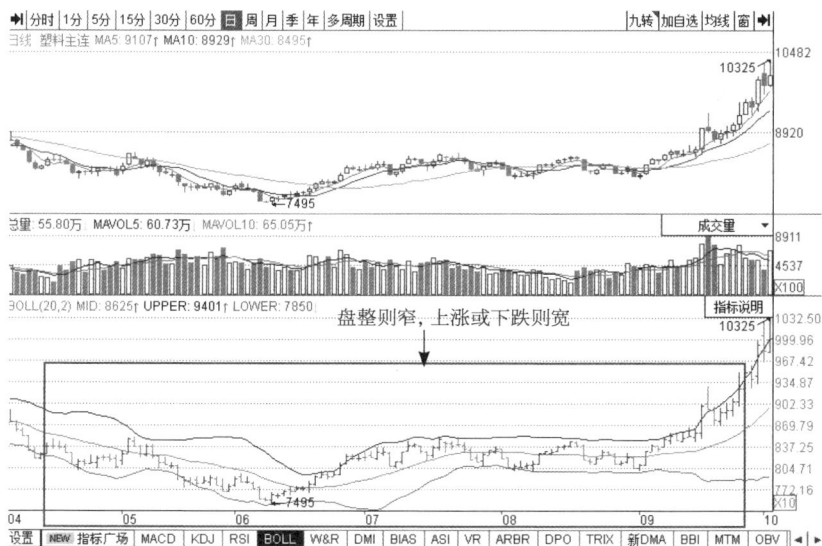

图12.28　通道上下限会随期价的波动不断变化

　　在BOLL技术指标中，期价通道的上下轨线是期价安全运行的最高价位和最低价位。下轨线和中轨线对期价有支撑作用，而上轨线和中轨线对期价有压制作用。

　　如果BOLL技术指标的上、中和下轨三线均向上运行，说明期价处在强势行情中，短期仍有继续上涨的动力，应持筹待涨或逢低吸纳。

　　如果BOLL技术指标的上、中和下轨三线均向下运行，说明期价处在弱势行情中，短期仍有继续下跌的趋势，应持筹逢高抛售。

　　如果BOLL技术指标的上轨线向下运行，而中轨线和下轨线依然向上运行，说明期价处于整理态势中。如果期价处于长期上升趋势，说明是上涨途中的强势整理,可逢低吸纳;如果期价处于长期下降趋势,说明是下跌途中的弱势整理,可以逢高抛售。

如果BOLL技术指标的上轨线向上运行,而中轨线和下轨线同时向下运行,这时行情可能上涨,也可能下跌。

如果BOLL技术指标的上、中和下轨三线几乎处于水平方向横向运行,则要根据期价当前的走势进行判断。

BOLL技术指标在运行过程中,由于受期价的变化影响,其上、下轨线会有不同的位置变化。当期价出现剧烈波动时,上、下轨线会快速张开,形成较大的开口;当期价波动幅度降低时,上、下轨线开口会逐渐缩小,形成缩口走势。根据期价运行位置的不同,可以将BOLL技术指标的开、缩口形态分为四种,分别是上涨开口、下跌开口、上位缩口和下位缩口。

1. 上涨开口

期价经过较长时间的盘整,BOLL指标上、下轨线之间逐渐收缩距离,BOLL指标变窄,然后期价突然异动,出现快速上涨,这时BOLL指标的上轨线就会快速上扬,下轨线会加速下坠,这就是上涨开口,如图12.29所示。

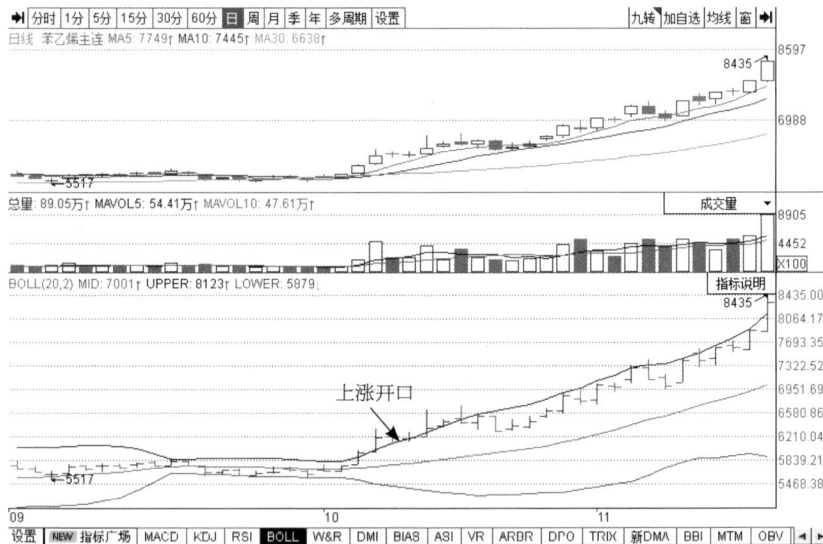

图12.29 上涨开口

上涨开口是期价经过长时间的盘整后的突破,是趋势由盘整胶着转向多头的信号,行情将形成短期强势。

```
 提　醒
```

期价要经过较长时间的低位横盘调整，这是主力吸货积蓄力量所必需的阶段，没有这个阶段，后市上涨就会难以为继。

2. 下跌开口

在期价经过较长时间的阴跌或高位盘整后，BOLL技术指标上、下轨线之间逐渐收缩距离，BOLL指标变窄，然后期价突然异动，出现快速下跌，这时BOLL指标上轨线下跌速度变慢或出现上扬，但下轨线会加速下坠，上下轨线之间距离快速拉开，形成一个快速扩张的开口，这就是下跌开口BOLL指标，如图12.30所示。

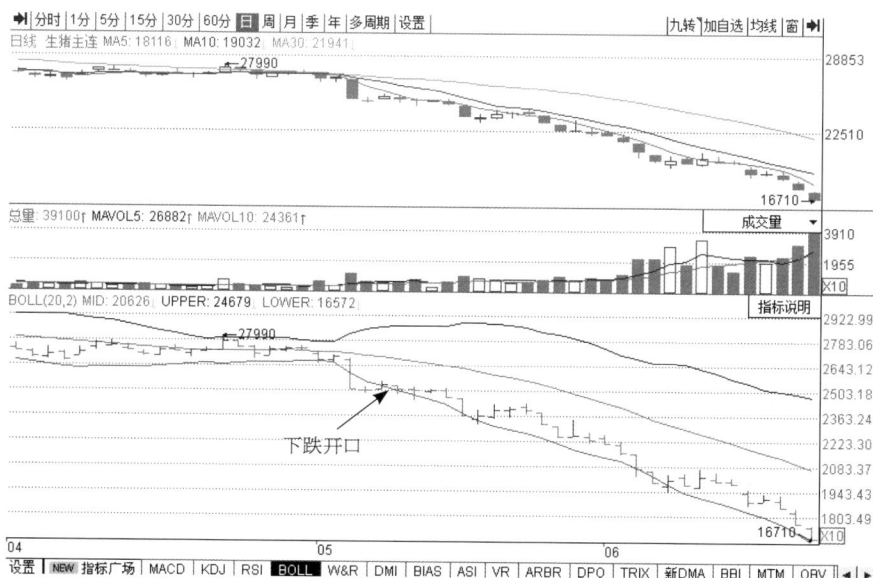

图12.30　下跌开口

BOLL指标的下跌开口是期价经过长时间的阴跌或盘整后的快速向下突破，是空头势力转强的迹象，行情短期内将会大幅下跌。

在判断下跌开口时，投资者应该注意影响其下跌的关键因素是什么，也要关注其处于下跌趋势的哪个阶段。如果出现在下跌行情的末期，在大幅下跌后可能会迎来趋势扭转的机会。

3. 上位缩口

当期价短时间内出现大幅拉升，这时BOLL指标上下轨线逐渐扩张后，随着期价上涨速度放缓，BOLL指标会逐渐收窄，此时，如果BOLL指标出现横向盘整，则后市可能会迎来大跌，特别是经过长时间攀升后出现上位缩口，风险就会更大。

上位缩口BOLL指标除趋势仍然向上的类型外，其他缩口几乎都意味着趋势的改变，特别是当BOLL指标缩口后再度形成下跌开口时，期价必然出现较大幅度的下跌。投资者在判断这样的缩口时，关键要留意期价的上涨幅度及短线拉升幅度。

💡 **提　醒**

上位缩口BOLL指标形态的确立，关键要看上轨线是否出现盘整或掉头向下，特别是当期价跌破短期均线支撑后，应该果断卖出。

4.下位缩口

期价经过较长时间的下跌，BOLL指标的上、下轨线逐渐向中轨线靠拢，上、下轨线间距缩短，这样在形态上会形成一个向下的缩口。

BOLL指标的下位缩口，是多空双方逐渐趋于平衡，期价有望在长期下跌后形成震荡筑底走势。这时投资者需要注意，何时这种盘整会结束，一旦盘整结束，就可以快速买入。

12.5.3　BOLL指标量化实战技巧

在上升趋势中，每当价格回调到布林通道线的中轨线附近时，出现做多的K线或K线组合时，都是不错的做多买入点。

图12.31显示的是PTA主力合约（ta9999）2020年10月22日至2021年2月25日的日K线图。

PTA主力合约（ta9999）的价格经过长时间、大幅度的下跌之后，创下3196元低点。随后期价开始震荡上涨，先是在A处站上BOLL指标的中轨线，这意味着期价要走强了，所以，空单要注意卖出。

随后期价继续上涨，上涨到BOLL指标的上轨线，受到了压力，即B处。期价在B处受压后，开始回调，正好回调到BOLL指标的中轨线附近，期价再度企稳，即C处。随后期价再度上涨，这意味着期价进入上涨行情中，即期价沿着BOLL指标的中轨线震荡上涨。

从其后的走势可以看出，期价每次回调到BOLL指标的中轨线附近，都是比较好的做多位置，即D和E处。交易者介入多单后，只要期价不跌破BOLL指标的中轨线，就耐心持有，就会有丰厚的投资回报。

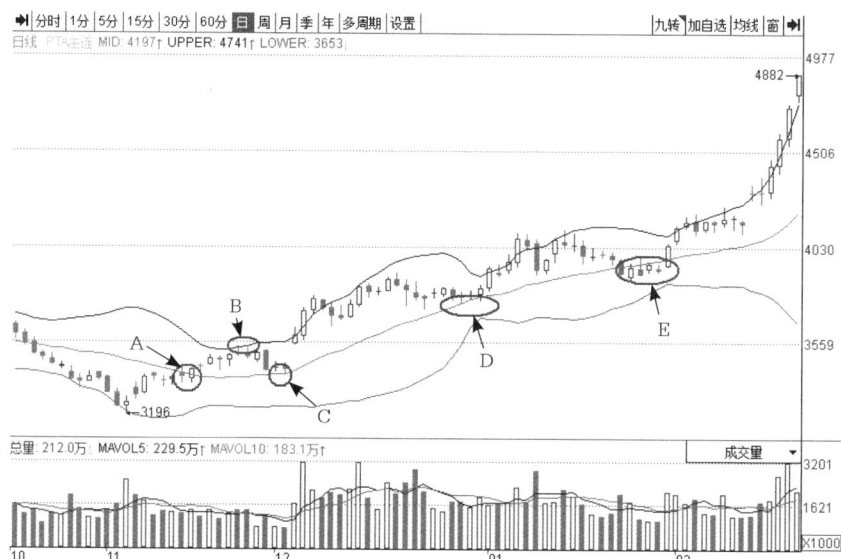

图12.31 PTA主力合约（ta9999）2020年10月22日至2021年2月25日的日K线图

在下跌趋势中，每当价格反弹到布林通道线的中轨附近时，出现做空的K线或K线组合时，都是不错的做空点。

图12.32显示的是棉花主力合约（cf9999）2019年12月26日至2020年3月24日的日K线图。

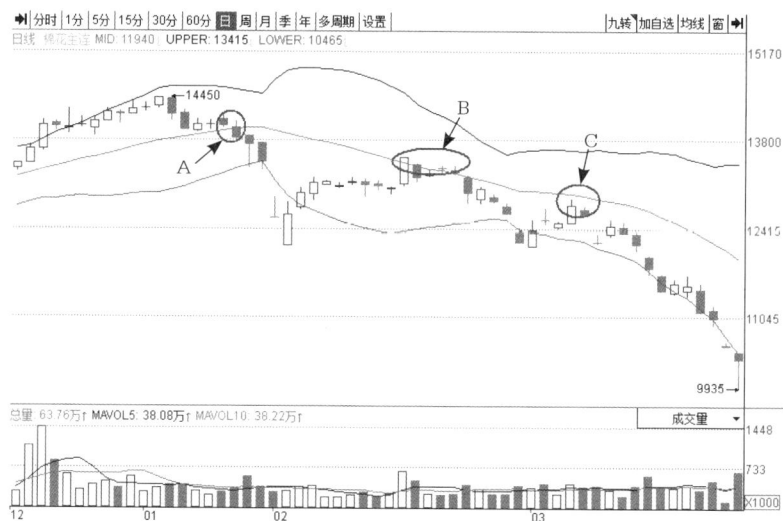

图12.32 棉花主力合约（cf9999）2019年12月26日至2020年3月24日的日K线图

棉花主力合约（cf9999）的价格经过一波明显的上涨之后，创出14 450元高点。在创出高点这一天，期价收出一根低开低走大阴线，这表明上方已有压力。

随后期价开始下跌，下跌到BOLL指标的中轨线附近时，期价开始震荡，震荡三个交易日后，一根中阴线杀跌，跌破BOLL指标的中轨线，即A处，这意味着期价由强转弱，后市很可能就要震荡下跌。所以，在A处，手中还有多单的交易者，要及时果断的卖出；手中有空单的交易者，可以耐心持有；想做空的交易者，可以以BOLL指标的中轨线为止损位，逢高做空。

期价在A处跌破BOLL指标的中轨线后，出现连续下跌，并且有跌停板出现，但跌停板后，期价低开高走收出一根中阳线，随后期价开始反弹上涨，正好反弹到BOLL指标的中轨线附近，期价就反弹不动了，即B处。所以，B处是新的做空位置，当然也是抄底多单减仓的位置。

期价在B处反弹不动后，又开始下跌。经过一波明显的下跌之后，期价再度反弹，又反弹到BOLL指标的中轨线附近，期价就反弹不动了，即C处。所以，C处是新的做空位置，当然也是抄底多单减仓的位置。

从其后的走势可以看出，期价在C处反弹结束后，又迎来一波明显的下跌行情，中线持有空单的交易者，就会有相当丰厚的投资回报。

第 13 章

交易计划量化实战技巧

交易计划可以让交易者不会鲁莽行事，不会在交易不利的情况下胡乱操作，不会让亏损无限放大。因此，交易计划是成功交易者与失败交易者之间的一道重要分水岭，是期货赢家的重要因素。

本章主要内容：

✓ 交易计划的定义和组成

✓ 交易计划的注意事项

✓ 交易计划的基本内容

✓ 针对机会品种的胜算分析

✓ 进场计划和随机应对策略

✓ 出局的策略和纪律执行保障

✓ 严格执行交易计划

✓ 审时度势修改交易计划

✓ 定时审视交易计划

13.1　初识交易计划

俗话说"凡事预则立，不预则废"。在交易之前做好计划，是成功交易者的习惯。下面具体讲解一下什么是交易计划、交易计划的组成、交易计划的注意事项。

13.1.1　交易计划的定义

交易计划是指期货交易者在正确的投资理念和投资原则的指导下，根据自己的个性及市场判断进行交易，并充分考虑各种可能结果及所采取的相应措施，特别是在出现不利状况时的应对措施，以保证心态平静、理智、客观地进行交易的一种指导方案。

交易者一定要明白，一旦进场交易，盈亏就由不得你，完全由市场决定。所以，交易者是无法确保自己的交易是盈利的，这就需要通过具体可行的交易计划来弥补。

13.1.2　交易计划的组成

期货交易计划主要由四个部分组成，分别是入市环节、资金管理、退出环节和意外发生时的应对措施，如图13.1所示。

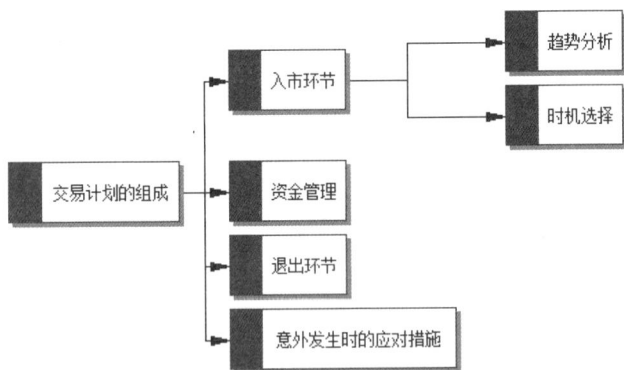

图13.1　交易计划的组成

1. 入市环节

入市环节包括两个部分，分别是趋势分析和时机选择。

趋势分析是交易计划的第一步，也是相当关键的一步。通过趋势分析，交易者首先要明白当前是什么趋势，是上涨趋势、下跌趋势、震荡趋势。假如是上涨趋势，那么是上涨趋势的初始阶段，还是上涨趋势的中间阶段，或上涨趋势的末端。上涨趋势的初始阶段大多是震荡上行，所以，可以轻仓做大趋势，也可以高抛低吸做波段操作；上涨趋势的中间阶段，行情往往是快速上涨，可以以重仓持有多单为主，不要来回操作，这样很容易错过最佳盈利阶段；上涨趋势的末端，最好不要再操作，以持有趋势多单为主，当然，如果你是短线高手，可以高抛低吸做短线操作。

时机选择，是交易计划的第二步，是建立在趋势分析的基础之上的，当然也是最关键的一步。有很多交易者看对了趋势，但由于时机选择错误，结果在趋势展开之前，就在来回震荡的行情中止损出局。这样不但出现实际亏损，还会错过后面的盈利行情。

时机选择，就是具体的进场点，往往是由技术指标作为参考依据，例如，在上涨行情中，每当价格回调到均线支撑附近时，就可以以均线为止损位，介入多单；再例如，在下跌行情中，MACD指标出现死叉时，可以介入空单。

总之，趋势分析是用来告诉交易者该做多还是做空的，或要等待更好的交易机会；时机选择决定投资何时入市交易。

2. 资金管理

资金管理是指决定入市交易后，要用多少资金进行交易，是重仓、轻仓，还是满仓。

资金管理的重点是资金配置和对交易仓位的止损价位及盈利目标位。资金配置包括投资组合的设计、多样化的安排、在各个品种上应当分配多少资金。在盈利与亏损关系上，首先盈利目标要大于损失目标，一般比率为3∶1，因为只有这样，长期交易下来才会盈利。其实，盈利的次数与亏损的次数也很重要，所以，要尽可能地提高获胜率。

3. 退出环节

在期货交易中，进场容易，出场难。特别是一些不专业的交易者，可能因为账户中有资金，就随随便便入场交易了；也可能看别人赚钱了，管不住自己就入场了。一旦入场，就由不得自己，特别是一进场就被套，出场就更难了。所以，退出交易计划比入场交易计划更重要。

退出计划包括两部分，分别是盈利时退出和亏损时退出，如图13.2所示。

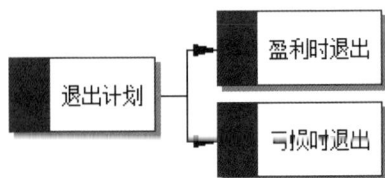

图13.2　退出计划

盈利时退出，就是止盈，是指交易者通过趋势分析，在恰当的时机入场交易后，制订计划在合理价位退出。一方面要尽可能地实现盈利，将该得到的利润保留住；另一方面还要避免盈利的单子变成亏损的单子。

亏损时退出，就是止损，是指在行情不符合交易者预期时或行情突然变向时，要及时平仓出局，这样可以避免小亏损变成灾难性的大亏损，保留实力，以备再战。

退出计划可以让交易者无论碰到什么行情，都能保持心态平静，从而理智交易，将属于自己的盈利留下，同时又避免出现大亏损。

4. 意外发生时的应对措施

期货市场是变幻莫测的，没有任何交易计划是完美无缺的。因此，在制订交易计划时，一定要有一定的弹性，考虑到期货交易中可能出现的各种情况，制定尽可能全面的应变措施，通过这种灵活性保持计划和市场同步、追随市场趋势交易。

应对措施主要是将交易者可能在市场上遇到的情况都列举出来，并且考虑到在不同的情况下，应该采取什么样的应对措施。特别是当前行情走势与交易者预测的行情走势不一致时，应采取何种措施，即减仓、止损或反向操作。

13.1.3　交易计划的注意事项

在制订期货交易计划时，应适当考虑交易者的性格、经历、教育、对市场的理解、资金对风险的承受能力等。期货交易计划需要交易者保持耐心、严格遵守自己建立起来的投资原则，同时认真做好交易记录，以提供有价值的反馈信息，作为对期货交易计划评价和完善的依据，同时不断寻找新的方法。

在制订期货交易计划时，要注意两点，分别是深入认清市场和自我、知行合一，如图13.3所示。

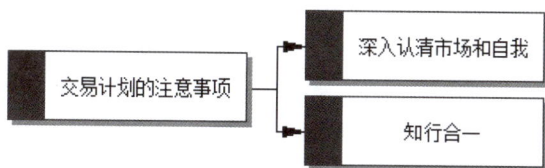

图13.3　交易计划的注意事项

1. 深入认清市场和自我

"知己知彼，百战不殆。"期货交易时通过执行知己知彼理念，在交易计划制订前，将自身特点、交易判断、市场特点等有机结合，才能制订适合交易者个性的交易计划和交易策略，从而成为期货市场中的赢家。

"知己"是通过认真自我分析、冷静思考，交易者明确自己在市场中的盈利目标、风险底线、性格特点、交易能力，确定自己的投资理念，选择适合自己的投资方式和盈利模式，确定适合自己、体现自己优势的期货交易计划。

"知彼"是通过认真的分析市场、认识市场，确定自己的投资原则，掌握正确的投资方法，明确资金管理的重要性，培养正确的投资心理及建立对当前市场的运作趋势较为清晰的认识，这样就可以避免交易者进入市场后的盲目性和暴富心理，以正确的心态看待盈利和止损。当交易者对自己的期货投资理念、原则、方法深入认识后，就知道什么样的机会必须抓住，什么样的机会应当放弃。

2. 知行合一

期货交易计划制订得再完美无缺，在具体执行过程中，不能做到知行合一，也是失败的。所以，一旦制订了交易计划，就要不折不扣地执行交易计划，这样最终才能成为市场中的赢家。

13.2　交易计划的基本内容

交易计划的基本内容包括十项，分别是投资品种、资金大小、投资方式、进场位置、建仓数量、盈利目标和亏损限额、应变措施、时间周期、出场位置、意外情况的处理，如图13.4所示。

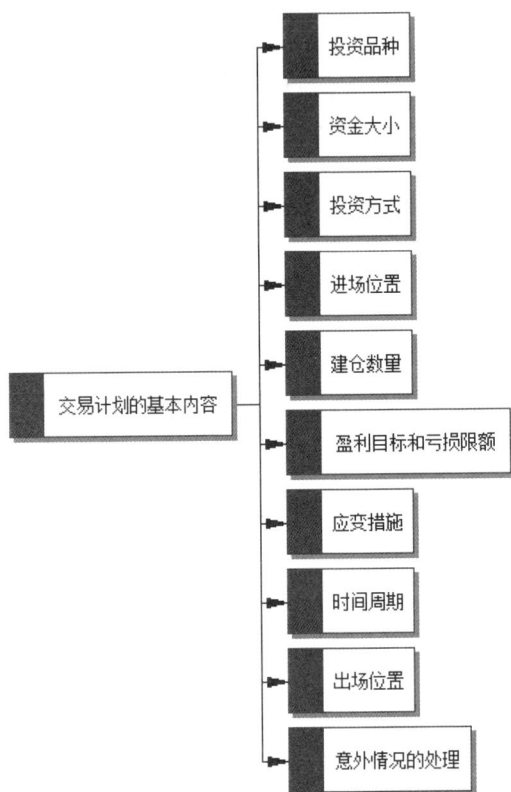

图13.4 交易计划的基本内容

13.2.1 投资品种

当前，期货市场的投资品种越来越多，既有传统的期货投资品种，如铜、橡胶、PTA等；也有刚上市交易的期货投资品种，如苹果、鸡蛋等；还有国际化的期货投资品种，如原油、铁矿石等。面对越来越多的期货投资品种，交易者该如何选择呢？

交易者选择的期货投资品种应该具有以下四个特点：

第一，期货投资品种具有完善的现货基础，这样就可以保证随着期货合约到期日子的临近，期货合约价格与现货价格相一致，从而降低基差波动风险。

第二，期货投资品种要具有较好的流动性，即具有较大的成交量和持仓量，便于资金的进进出出交易。在交易时，要选择主力合约，单击"主力合约"选项卡，就可以看到所有主力合约的报价信息，如图13.5所示。

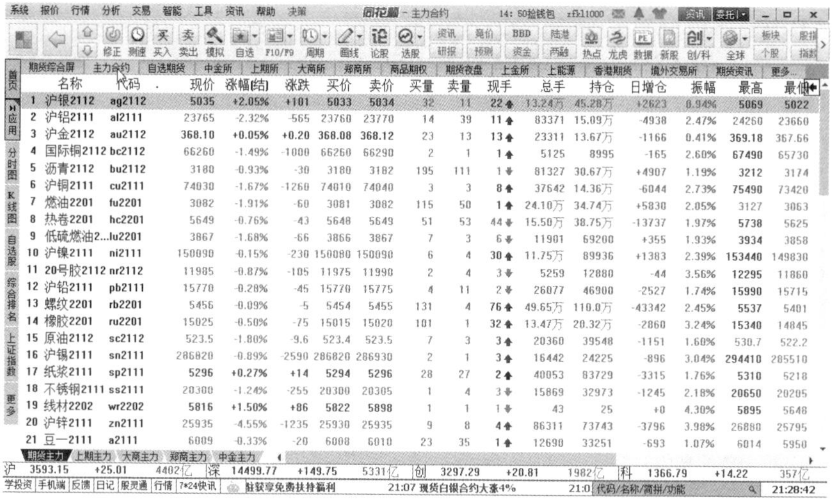

	名称	代码	现价	涨幅(结)	涨跌	买价	卖价	买量	卖量	现手	总手	持仓	日增仓	振幅	最高	最低
1	沪银2112	ag2112	5035	+2.05%	+101	5033	5034	32	11	22↑	13.24万	45.28万	+2623	0.94%	5069	5022
2	沪铝2111	al2111	23765	-2.32%	-565	23760	23770	14	39	11↑	83371	15.09万	-4938	2.47%	24260	23660
3	沪金2112	au2112	368.10	+0.05%	+0.20	368.08	368.12	23	13	13↑	23311	13.67万	-1166	0.41%	369.18	367.66
4	国际铜2112	bc2112	66260	-1.49%	-1000	66260	66290	2	1	1↑	5125	8995	-165	2.60%	67490	65730
5	沥青2112	bu2112	3180	-0.93%	-30	3180	3182	195	111	1↓	81327	30.67万	+4907	1.19%	3212	3174
6	沪铜2111	cu2111	74030	-1.67%	-1260	74010	74040	3	3	8↑	37642	14.36万	-6044	2.73%	75490	73420
7	燃油2201	fu2201	3082	-1.91%	-60	3081	3082	115	50	1↑	24.10万	34.74万	+5830	2.05%	3127	3063
8	热卷2201	hc2201	5649	-0.76%	-43	5648	5649	51	53	44↓	15.50万	38.75万	-13737	1.97%	5738	5625
9	低硫燃油2...	lu2201	3867	-1.68%	-66	3866	3867	7	3	6↓	11901	69200	+355	1.93%	3934	3858
10	沪镍2111	ni2111	150090	-0.15%	-230	150080	150090	6	4	30↑	11.75万	89936	+1383	2.39%	153440	149830
11	20号胶2112	nr2112	11985	-0.87%	-105	11975	11990	2	4	3↓	5259	12880	-44	3.56%	12295	11860
12	沪铅2111	pb2111	15770	-0.28%	-45	15770	15775	4	11	2↓	26077	46900	-2527	1.74%	15990	15715
13	螺纹2201	rb2201	5456	-0.09%	-5	5454	5455	131	4	76↑	49.65万	110.0万	-43342	2.45%	5537	5401
14	橡胶2201	ru2201	15025	-0.50%	-75	15015	15020	101	1	32↑	13.47万	20.32万	-2860	3.24%	15340	14845
15	原油2112	sc2112	523.5	-1.80%	-9.6	523.4	523.5	7	3	3↑	20360	39548	-1151	1.60%	530.7	522.2
16	沪锡2111	sn2111	286820	-0.89%	-2590	286820	286930	2	1	3↑	16442	24225	-896	3.04%	294410	285510
17	纸浆2111	sp2111	5296	+0.27%	+14	5294	5296	28	27	2↑	40053	83729	-3315	1.76%	5310	5218
18	不锈钢2111	ss2111	20300	-1.24%	-255	20300	20305	1	4	3↓	15869	32973	-1245	2.18%	20650	20205
19	线材2202	wr2202	5816	+1.50%	+86	5822	5898	1	1	1↓	43	25	+0	4.30%	5895	5648
20	沪锌2111	zn2111	25935	-4.55%	-1235	25930	25935	9	8	4↑	86311	73743	-3796	3.98%	26880	25795
21	豆一2111	a2111	6009	-0.33%	-20	6008	6010	23	35	1↑	12690	33251	-693	1.07%	6014	5950

图13.5　主力合约

第三，期货投资品种的市场价格趋势应当比较明朗，与国际市场同类品种具有联动性和互补性。

第四，交易者对期货投资品种的运行特点比较了解，现货状况比较熟悉。

13.2.2　资金大小

在期货交易中，无论投入资金多少，最好这些资金是不影响生活所需的、赔得起的钱。千万不要拿生活所需的钱进行高风险的期货投资。

每笔交易中所投入的资金大小占账户资金的百分比不要超过50%，因为期货交易的杠杆是10倍，所以，一旦仓位过重，心态就不能平静，容易出现不理智操作。

一般交易都是分步建仓的，即先用少量资金去试仓，如果价格走势符合预期，继续加仓介入；如果价格走势不符合预期，就先止损出局，由于仓位很轻，所以，亏损往往是很少的。

13.2.3　投资方式

在期货交易中，投资盈利方式有很多种，如套利交易、日内超短线交易、波段交易、长线战略交易。

不同交易者一定要结合自己的资金大小、风险偏好、个人性格、经验技术来选择不同的投资盈利方式。如果你是期货短线高手，就可以采取日内短线交易方式；如果你是技术分析高手，并且是追求风险型的交易者，就可以采取波段交易方式；如果你是稳健型的交易者，可以采取套利交易方式；如果是大型投资机构，如银行、投资基金、私募基金，可以采取长线战略交易方式。

13.2.4　进场位置

在对期货市场中短期趋势进行详细分析后，交易者还要耐心等待比较有利的进场位置入场建立相应的期货仓位头寸，进行期货交易。当然，如果你是大资金，并且长期投资期货市场，那么你可以采取区间进场方式，即进场位置是一个价格波动范围，如豆粕期货的进场价格区间是2730~2780元/吨。

13.2.5　建仓数量

在期货交易中，一旦确定进场位置后，接下来就是根据自己账户资金的大小来确定买卖多少手期货合约。这里采用10%的原则，即把总资金乘以10%，就得出在每笔交易中可以使用的资金金额。假如总资金为60万元，那么每笔交易可以使用的资金金额就为6万元，如果投资大连商品交易所的大豆期货，每手大豆期货合约的保证金为4000元（5000×8%×10=4000元），那么交易者可以用6万元买入15手大豆期货合约。

需要注意的是，估算出建仓数量后，不要一次性建仓，这样可以避免失误后导致交易失败，应采取分批建仓方式，即可以先买1手来试仓，如果价格符合预期，继续加仓5手，如果价格继续符合预期，可以再利用技术指标在合适的位置加仓，直到最终建仓15手即可。

13.2.6　盈利目标和亏损限额

盈利目标和亏损限额是期货实战交易计划中的重要组成部分。这是因为它提出了明确的目标，避免交易者为获取一点点盈利，而把整个交易计划搁在一边。

设定交易计划盈利目标的同时，还要考虑应承担的风险，因为利润是风险的产物。所以，设置亏损限额，是一项防守计划，当期货交易出现意外而发生亏损时，可以马上运用止损指令以限制交易者的风险，及时平仓出局。

盈利目标和亏损限额的确定与买卖的确定是一致的。一般情况下，盈利目标至少是所能承受亏损限额的三倍，这样才能保证，如果三笔交易中有一笔盈利，整个交易就可以盈利。

13.2.7　应变措施

由于期货市场最大的确定性就是不确定，所以，交易者的行情判断很可能与期货价格走势不一致，这就需要在交易计划中做好各种应变措施。这些应变措施包括三种，分别是减仓、止损和反向操作，但最重要的是止损。

止损的方法包括三种，分别是按计划止损、和预期不相吻合止损、反向止损，如图13.6所示。

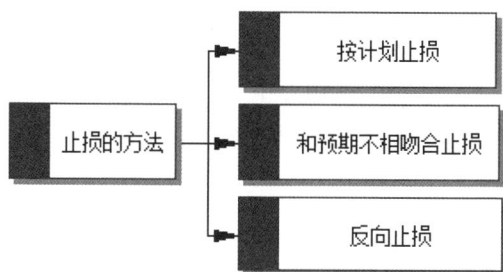

图13.6　止损的方法

1. 按计划止损

按计划止损，即在入场交易之前，交易者在制订交易计划时，根据自己的承受能力事先预设的止损。

按计划止损可以进一步分为资金止损、技术指标止损和K线形态止损，如图13.7所示。

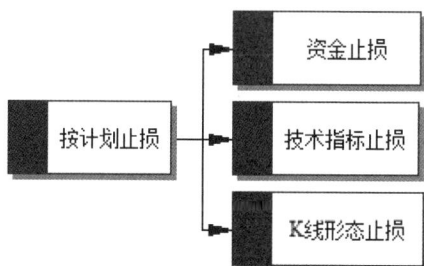

图13.7　按计划止损

方法一：资金止损

资金止损最简单，无须任何技巧，完全按照期货交易者对损失的接受程度而定。例如，期货交易者进行一笔交易，他愿意接受的最大损失为3万元。如果非常不幸，他判断失误，当损失达到3万元时，就要无条件地平仓出局。

方法二：技术指标止损

期货交易者根据自己常用的一些技术指标（如均线、MACD、KDJ、BOLL等）入市交易时，当原来入场交易的理由消失后，就应该平仓出局，或市场出现应当离场的信号后，止损出局。

例如，动力煤主力合约（zc9999）的价格站上5日、10日和30日均线，均线形成多头排列，并且价格开始沿着10日均线上涨，这时可以进场做多，但如果价格突然跌破10日均线，就要止损出局，如图13.8所示。

图13.8　动力煤主力合约（zc9999）2020年11月23日至2021年2月2日的日K线图

方法三：K线形态止损

K线形态是指反转形态（头肩顶、双顶、双底、头肩底等）和持续形态（如对称三角形、上升三角形、下降三角形、旗形、楔形、矩形等）。

以双顶为例，如果期货价格形成双顶，那么，双顶的颈线就是一个重要的止损位置。即在双顶的颈线位置附近做空，只要价格不重新上涨到双顶的颈线上方，就可以一直持有，直到转势止盈，如图13.9所示。

图13.9　乙二醇主力合约（eg9999）2021年1月27日至2021年4月21日的日K线图

2. 和预期不相吻合止损

和预期不相吻合止损，是指当期货交易者在市场中建立仓位头寸后，发现市场并没有按照自己预期的方向运行，要么重新出现震荡，要么出现反向运行，这时最好先止损出局观望。

3. 反向止损

反向止损是指交易者入场交易后，立即发现自己的交易方向与市场价格的走势是相反的，这时要果断止损出局，重新审视自己的交易计划。

13.2.8　时间周期

在期货交易中，判断一笔交易的好坏，不仅要考虑风险收益的大小，还要考虑多长时间可以实现这样的风险收益，这就是交易的时间周期。

在相同收益的情况下，预期时间越短，意味着这笔交易的持仓风险越小，资金周转越快，在相同时间内获得的利润越高。例如，一笔交易预期3～5天，就可以获得10%左右的收益，这笔投资就比较划算。如果获取10%左右的收益，需要几个月，甚至更久，那么这笔交易就不划算了。

13.2.9　出场位置

出场位置的选择，要根据期货市场的客观状况做出判断，并随着市场状况的变化进行适当修正。例如，交易者在进场交易之前，制定一个出场目标位，当盈利目标达到后就出场。但实际情况是，交易者入场交易后，市场刚开始的走势符合预期，即按照交易者预测的方向运行，但后来市场趋势发生变化，这一盈利目标变得非常困难，这时交易者需要及时修正盈利目标，果断平仓出局。

13.2.10　意外情况的处理

在期货交易中，无论交易者如何"完美"地制订交易计划，但总会有出乎交易者意料的事情发生，所以，交易者一定要做好意外情况的处理。

在交易计划中，一定要对意外情况做出重点考虑，即列举出哪些事情属于意外事件。另外，一旦入场交易，出现超出交易计划的情况时，要果断停止交易，这是为了降低不确定事件对交易者的影响，是相当重要的。

13.3　交易计划的制订

交易计划的制订包括五个方面，分别是针对机会品种的胜算分析、进场计划、随机应对策略、出局的策略、纪律执行保障，如图13.10所示。

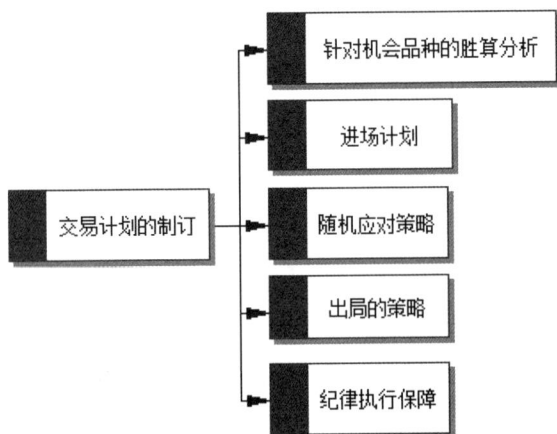

图13.10　交易计划的制订

13.3.1　针对机会品种的胜算分析

首先要全面地分析当前期货品种的行情类别，是趋势状态，还是盘整状态。它的长期趋势是什么？中期趋势是什么？短期趋势又是什么？中期趋势处于长期趋势的什么阶段？短期趋势又处于中期趋势的什么阶段？操作的最低限制要求是：在中期趋势的发展阶段，注意绝不允许冲动操作在趋势的末端，这样就是把风险之刀架于颈项。

在此基础上，然后再做分析，具体如下：

（1）期货品种的基本面分析，目前的政策导向、供求关系及市场规律；

（2）期货品种是否活跃，主力的操盘有什么明显的特征；

（3）短期、中期、长期技术图形在价格趋势上是否一致；

（4）在期货市场中，相关品种的走势是否配合；

（5）期货品种走势的技术位置，目前是否处于短线趋势的起始点，附近是否有一个支撑位或阻力位，可否就近设置止损；

（6）这笔交易的风险有多大，是否在可承受的范围之内；

（7）价格的波动空间有多大，潜在的风险报酬比是多少；

（8）目前是否是最佳介入时机。

13.3.2　进场计划

进场计划是以交易策略和方法为基础，进场信号必须基于牢固的、合乎逻辑的理论基础，即必须是清晰的、唯一的，不能模棱两可，具体内容如下：

（1）大体进场的价位区间；

（2）进场的开仓方向；

（3）首次开仓的资金量；

（4）不同期货品种间计划运用资金的比例和关系；

（5）盘中的紧贴止损位的设置；

（6）走势符合预期，是否需要加仓；

（7）尾盘的留仓条件，留仓的仓位控制；

（8）必须保证在符合操作的条件下，按计划进场交易。

13.3.3 随机应对策略

不打无准备之仗。市场行情的发展具有不确定性,交易过程中千变万化,行情走势情况不一,交易者要根据行情的变化对未来一天或几天的走势进行预测:

(1)明天可能的走势有几种;

(2)针对明天将会出现的这几种走势,将采取何种策略;

(3)在与预期相反的走势下,止损点位将如何调整;

(4)在走势符合预期的情况下,是否做进一步的加仓动作;

(5)止盈位置的大体设置。

13.3.4 出局的策略

制订交易计划时,一定要明白在什么情况下退出已经进入的交易,出局的实质就是持仓理由的消失,具体如下:

(1)行情走势没有按照预期走,在什么情况下止损出局;

(2)当走势顺应趋势,盈利目标设在何处,在这个位置是减仓还是全部退出;

(3)当市场出现短暂盘整或回抽时,跟踪止损位怎样设置,设在何处;

(4)当走势出现阶段性盘整震荡时,是否做减仓或清仓处理。

13.3.5 纪律执行保障

交易计划在操作过程中,可以根据市场行情变化不断地进行完善。一旦制订,就必须保证其被完美地执行,这是相当重要的一环,具体如下:

(1)不是交易计划中的交易,坚决不做,没有真正的好机会只能等待和忍耐;

(2)当出现计划中的交易时,不能举棋不定,要坚决按计划进场交易;

(3)在交易过程中,要严格按计划进行控制;

(4)当出现计划中的出局或减仓条件时,必须不折不扣地执行。

注意:很多交易者认识到交易计划的重要性,也制订出比较客观的交易计划。但是非常遗憾,费了好大劲制订的计划却没有被本人严格执行,这是缺乏意志和自律的表现。

> **提醒**
>
> 　　在投资市场中，衡量投资成功与否，不是靠一次或几次的投资成败来评判的，而是要用是否持续严格执行自己的计划，是否是在控制了风险的基础上规范而稳定地交易来界定的。

13.4　交易计划的实施

　　交易计划的实施分三步，分别是严格执行交易计划、审时度势修改交易计划、定时审视交易计划，如图13.11所示。

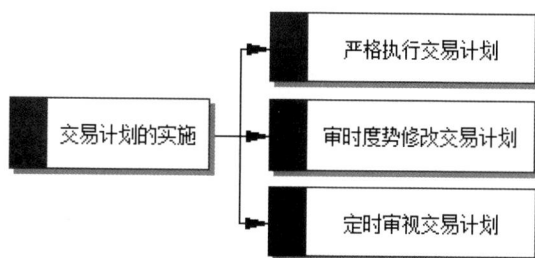

图13.11　交易计划的实施

13.4.1　严格执行交易计划

　　交易计划制订后，下一步就是要严格执行交易计划。否则，制订的交易计划再好、再完美，如果交易者面对利润的诱惑及早结束计划，或面对亏损，不能及时出局，其结果只能是失败。

　　严格执行交易计划包括四个方面，分别是每笔交易投入的最高资金限额不变、耐心等待交易机会、分批建仓、趋势明朗情况下耐心持仓到盈利目标位，如图13.12所示。

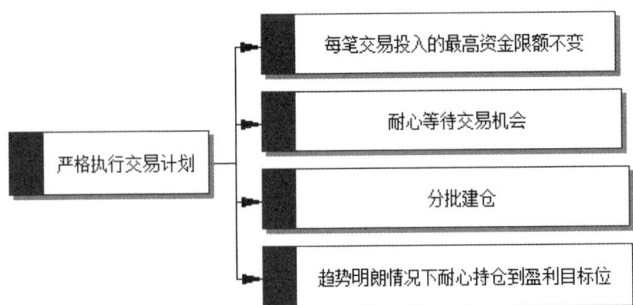

图13.12　严格执行交易计划

1. 每笔交易投入的最高资金限额不变

千万不能感情用事，心态好时，无论行情怎样，都重仓交易，结果常常是亏掉以前大部分盈利；心态不好时，面对大好的机会，也迟迟不敢入场交易，或轻仓入场，得不到该获得的投资收益。

2. 耐心等待交易机会

没有好的机会，不要轻易进场交易。千万不要想着不进场，就没有机会，其实期货市场就不缺机会，怕的是机会来了，你的资金没了。

3. 分批建仓

第一次进场交易的建仓数量不要太大，这样如果自己预测行情出错，也不会亏损太多；如果预测对了，可以再择机加仓介入，即先试仓，再加仓。

4. 趋势明朗情况下耐心持仓到盈利目标位

在行情对自己有利的情况，千万不要有点盈利就仓促平仓了事，这样就会错过后面的大好行情，使该获得的收益没有得到。更可怕的是，获利平仓后，管不住自己的手，乱操作，结果把盈利给亏进去了，甚至由盈利变成亏损，更可怕的是，由小亏损变成巨亏。

13.4.2　审时度势修改交易计划

在期货交易中，市场行情变化多端，为了与市场同步，在严格执行交易计划的同时，还需要让交易计划有一定的弹性，即按照期货市场价格的变化要求对交易计划进行修改和完善。

审时度势修改交易计划包括两个部分，分别是目标价位和止损位的修改、触及止损或止盈后的操作修改，如图13.13所示。

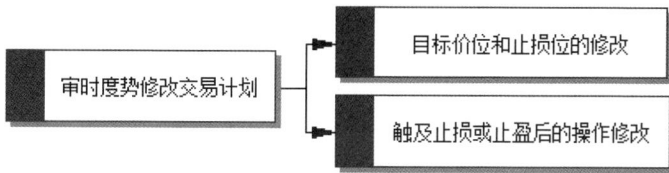

图13.13　审时度势修改交易计划

1. 目标价位和止损位的修改

交易者进场交易后, 持有仓位头寸, 如果市场没有按照预期走, 而是反向走, 这就要果断执行止损指令, 平仓出局, 这样可以减少亏损。

如果持有仓位头寸后, 市场价格按交易者的预期走, 可采用的策略是: 在每周五收盘之后, 本周价格与所建仓位头寸同步移动, 这样便可以把止损位顺势推进至本周价格变动的50% (做多就是提高止损位, 做空就是降低止损位)。这样就算趋势在某周突破反转, 仍维持前几周的止损位。如果趋势一如既往向前发展, 止损位将从无亏损变成盈利,

图13.14显示的是沪铜主力合约 (cu9999) 2020年3月12日至2020年7月13日的日K线图。

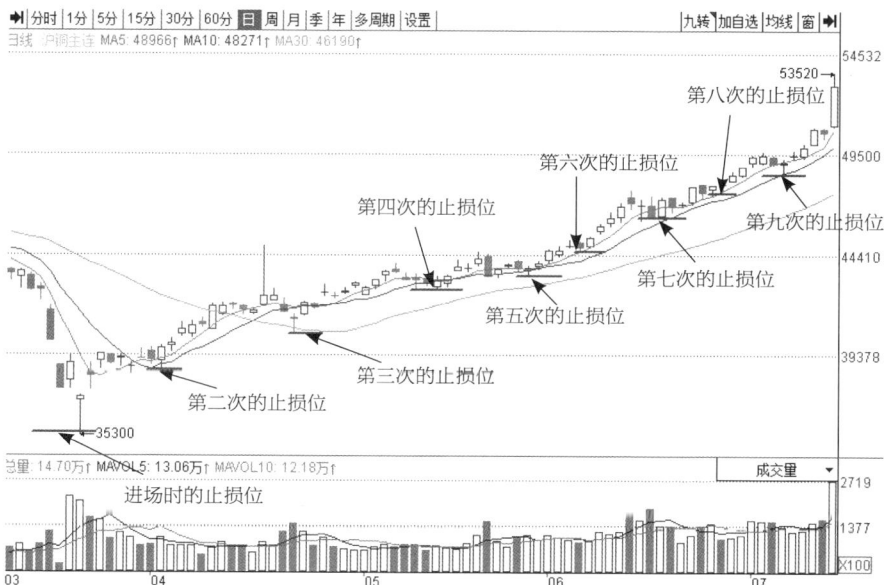

图13.14　沪铜主力合约 (cu9999) 2020年3月12日至2020年7月13日的日K线图

在多头趋势中，不断提高止损位，这样即使止损出局，其实也是动态止盈或被动止盈。

2. 触及止损或止盈后的操作修改

交易者刚进场，价格就触及止损位，交易者应马上平仓认亏走人。需要注意的是，交易者止损之后，价格略做震荡后，再度按交易者的预期前行，这里交易者需要重新分析一下市场，一旦符合入市条件，还要重新入场交易，并重新修改自己的盈利目标位和止损位。

图13.15显示的是不锈钢主力合约（ss9999）2019年10月15日至2020年3月19日的日K线图。

图13.15 不锈钢主力合约（ss9999）2019年10月15日至2020年3月19日的日K线图

不锈钢主力合约（ss9999）的价格在明显的下跌行情中，期价出现反弹，可以绘制一条上升趋势线。在A处，期价跌破上升趋势线，这意味着反弹结束，期价又要开始下跌，所以，在A处，可以做空单，将止损位放在这一波的反弹高点附近。

从其后的走势可以看出，在A处做空后，期价并没有下跌，而是在30日均线附近震荡，并且有一个交易日，出现一次大涨，虽然最后跌了下来，但在A处做的空单会被止损掉。

需要注意的是，这一天大涨后，期价并没有继续上涨，而是大阴线杀跌，这意味着下跌开始。大阴线杀跌后，期价再度反弹，绘制一条上升趋势线，在B处，期价跌破上升趋势线,交易者要敢于在B处做空,这样前期的亏损就会重新赚回来。

同理,在C处,期价跌破上升趋势线,也要敢于做空。

总之,不能因为一些意外出现了亏损,后面就不敢操作了。

13.4.3　定时审视交易计划

在期货交易中,交易者在下午收盘之后,都要留下半个小时到一个小时的时间,进行复盘,进而审视交易并完善交易计划。定时审视交易计划包括三项内容,分别是更新交易系统和图表、修改已持仓位的退出位置、计划新交易,如图13.16所示。

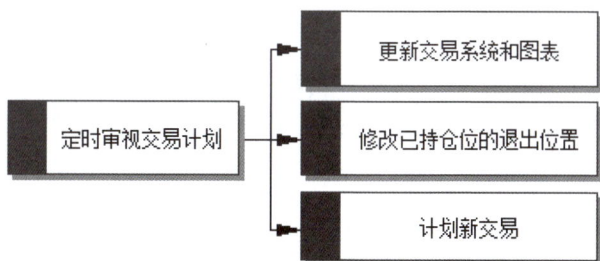

图13.16　定时审视交易计划

1. 更新交易系统和图表

在期货交易中,每天都不断有消息出现,有宏观经济面的,有期货品种自身基本面的,有国际局势面的……交易者应该根据这些消息重新评估交易系统和图表。

2. 修改已持仓位的退出位置

每天交易结束之后,交易者需要查看止损位置与当前的期货合约价格,重点观察这两个价格在目前的情况下是否需要修改,以降低市场风险。

3. 计划新交易

决定是否在第二天进行新交易,如果需要进行交易,则需要决定具体的入市方案。当然,有些情况下,交易者可能要根据第二天的市场情况,来决定是否入市交易。

需要注意的是,有效地审视交易计划,需要三项前提,分别是保留交易记录、分类交易分析、保留资产净值图表,如图13.17所示。

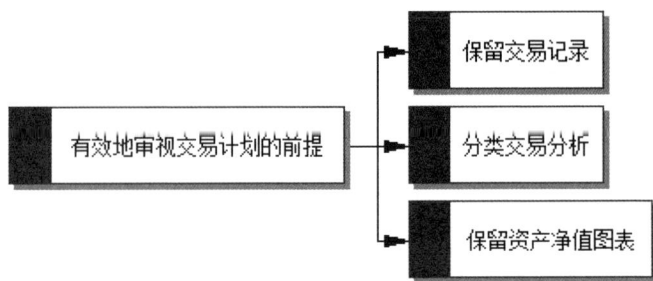

图13.17　有效地审视交易计划的前提

1. 保留交易记录

为了帮助交易者随时对自己的交易进行分析，交易者需要保留自己的交易记录以备查看。同时，每天坚持写交易日志。通过写交易日志，交易者可以对自己的交易计划进行统计评估，这样就可以帮助交易者评估自己的操作绩效，认识自己的交易风险和交易优劣，不断提高自己的心理素质和完善操作规范。交易者最好动笔记录或利用电脑进行记录，不能仅凭记忆进行总结，具体格式如表13.1所示。

表13.1　交易日志

日期：

记录对象	具体内容	自我分析
交易对象	买入哪只期货合约	
期货性质	买入期货合约的性质（此项可使自己知道什么期货合约适合自己的交易风格）	
交易时间	几点几分要买／卖它（此项可以使自己知道什么时间段最适合自己的交易）	
交易动机	为什么要买／卖它（此项可以使自己知道自己的交易动机是否合理）	
预期获利目标	计划的卖出点（此项有助于掌握盈利情况，且分析自己的止盈水平）	
预期止损目标	计划的止损点（此项有助于分析自己的止损水平）	
实际资金管理	加仓／减仓的变化（此项有助于知道自己在资金管理上的策略是否合理）	
实际盈亏情况	在该期货合约上的盈亏（此项有助于知道自己的成功率和平均获利及亏损额）	
预期／实际持有时间	持有该期货合约的时间（此项有助于知道自己适合做多长时间的交易）	
决策过程分析	亏损交易的认赔速度是否够快？盈利交易的持有时间是否太长？是否太快出场？是否确实遵守了交易规则？等等	

2. 分类交易分析

在期货交易中，要学会把交易分成不同类型，这样可以判断哪些交易模式有效，哪些无效。例如，可以将交易分成做多类和做空类，交易者可以发现尽管自己喜欢做多，但做空交易平均获利更高。这种观察明显地意味着纠正多头一边的偏差是非常可取的。

另外，根据期货品种划分交易后，交易者可以发现，自己交易某类期货品种，赚钱的机会远远大于赔钱的机会；而交易另一类期货品种，赚钱的机会远远小于赔钱的机会。这样就提醒交易者哪些期货品种更适合交易者的交易特点。

3. 保留资产净值图表

资产净值图表展示交易者每天账户资产净值的数值。该图表的主要功能是，当资产净值出现急剧变化时提醒交易者警惕。例如，如果交易者的资产净值经过长时间的震荡上行后，突然急剧下行，这时交易者需要减少仓位并重新判断市场趋势。

> **提　醒**
>
> 资产净值突然急剧下行的原因有三点，一是市场趋势发生转变；二是交易者当前的交易方法不适合当前的市场行情；三是最近的不利交易太多。

第 14 章

资金管理量化实战技巧

巴菲特曾有一句名言，投资成功的秘诀有三个：第一，尽量避免风险，保住本金；第二，尽量避免风险，保住本金；第三，坚决牢记第一、第二条。

本章主要内容：

✓ 资金管理的定义和作用

✓ 资金管理的三个方面

✓ 寻找高胜率的机会

✓ 寻找大回报的机会

✓ 加大资金投入

✓ 如何建仓、加仓和减仓

✓ 资金管理的一致性

✓ 知行合一是交易的最高境界

✓ 海龟资金管理法则

✓ 江恩资金管理法则

✓ 墨菲的资金管理要领

14.1　初识资金管理

在期货市场中，资金管理关系到我们要承担的风险，关系到市场操作的生命，它是"市场生存之本"。

14.1.1　什么是资金管理

资金管理是指交易者对自己资金在投资方向和投资节奏上的管理，其中包括投资组合的设计、整体账户的风险承受度、每笔交易的初始风险承受度、如何设定交易规模、如何进行仓位调整、账户的整体增长期望值、在顺境或挫折阶段的交易方式等。

一般来说，基本面分析主要是针对买卖什么期货合约的问题；技术性分析主要是针对何时买卖期货合约的问题；而资金管理主要是针对买卖多少的问题。

交易行为的整体是由三部分构成，分别是交易对象、交易时间和交易数量，如图14.1所示。

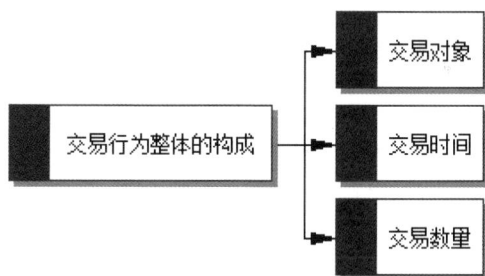

图14.1　交易行为整体的构成

交易行为的成功，则取决于这三个要素的整体成功，任何一个要素的失利都可能导致整个交易行为的失败。

但是很多交易者，经常偏重于选择期货品种和选时，却经常忽略交易资金的使用策略。实际上，这里隐藏着巨大的风险。为什么一个成功率达到80%的交易者最终却是亏损的，而一位成功率仅有30%的交易者最终却是盈利的？原因就在于他们的资金分配方式和资金管理技巧。前者总是小赢，只是出现两次重仓的大亏损,于是便把所有的盈利输完还搭上部分本金;后者则总是在小单上出错,一旦看准了时机却会大胆加仓,于是最终扭转了亏损的结局。

14.1.2　资金管理的作用

我们经常把相当多的精力用在对期货市场的预测上,而不是用在控制自己的行为上,总是力求找到"最准确的分析方法",力求找到"最值得交易的行情",力求找到"交易的圣杯"……

这样,不仅让我们陷入茫然不可知的窘境,也使我们失去更多的市场机会。相反,即使我们能够找到最值得交易的行情,也往往无法确信那就是最值得交易的行情。再加上复杂多变的交易心理和短暂的行情反复,看对而做不对的情况时常发生。

既然做对比看对更重要,那么如何才能做对呢?做对不在于对行情趋势的准确把握程度,而在于对未来趋势的应变能力。这常常涉及对风险的评价、对胜率的判断、对市场机会大小的估算、对未来行情适应能力及在建仓、加仓、减仓、平仓等环节中的经验。

简单地说,做对的通用做法是:没有值得进场的机会时,坚决不进;有值得进场一试的机会时,轻仓进场;出现行情判断失误时,及时出场;出现重大盈利机会时,分批加仓;高涨后趋势停滞不前时,立即减仓;高涨后趋势明确掉头时,马上离场。

有无资金管理方法是区别赢家和输家的关键,成功的交易者总是把正确的资金管理方法列为赚钱的头条原则。无论你是什么类型的交易者,也无论你是用什么方式从市场中盈利,如果你不知道如何管理交易资金,是很难在市场中获得长久生存的。最佳交易者并不是那些偶尔赚较多钱的人,而是那些总是赔得最少的人,他们的风险容忍度通常都是比较低的。

莽撞冲动的驾驶者即使拥有世界上最好的赛车,在长达数月的竞赛中,也不一定就能跑赢一辆由稳重的驾驶者驾驶的普通汽车。同样,如果你不懂得如何有效地管理好资金,最终将会在一次很小概率的失败中以破产告终。通常来说,越想快的人,越爱快的方法,往往越容易出事;而越是慢的人则越看重稳妥的方法,反而能驶到胜利的彼岸。

资金管理方法,是我们应对不确定市场的"盔甲",它能增强你抵抗市场风险的能力，获得异于常人的生存空间。好的资金管理方法的作用，如图14.2所示。

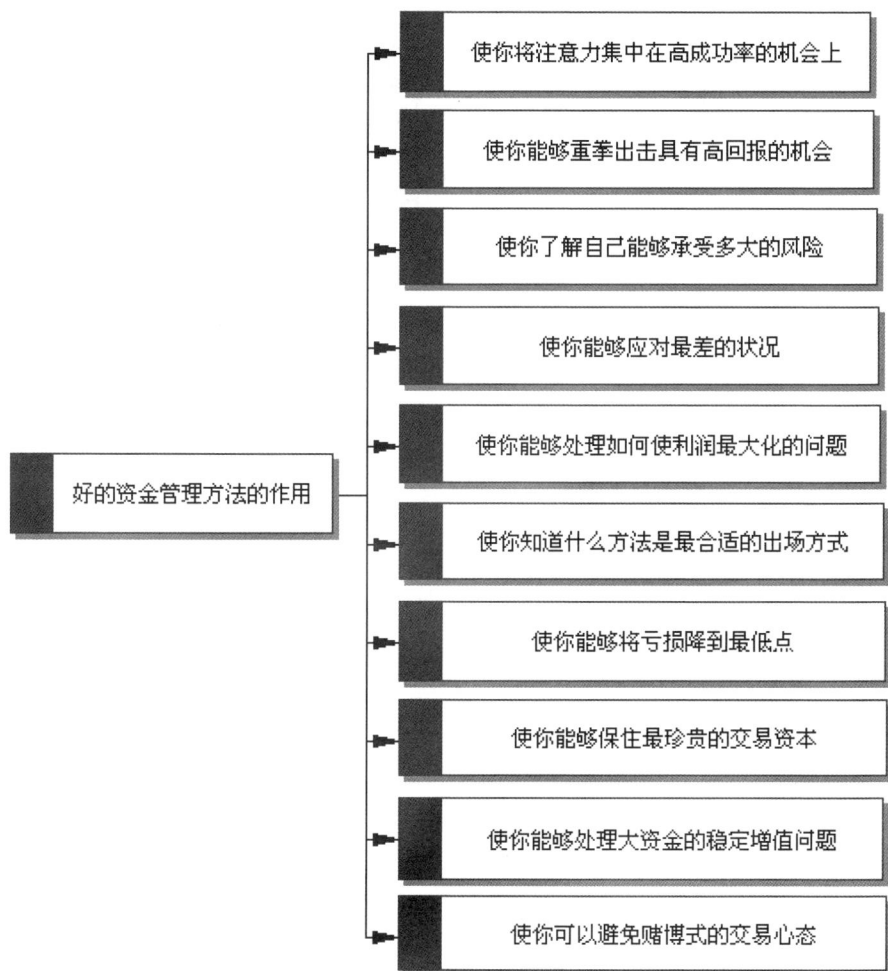

图14.2 好的资金管理方法的作用

14.2 资金管理的三个方面

资金管理是交易者对投资资金在投资方向和投资节奏上的管理，如果交易者仅仅运作于期货市场，那么将涉及三个方面，分别是组合（投入方向）、仓位（投入多少）和时机（如何进出），如图14.3所示。

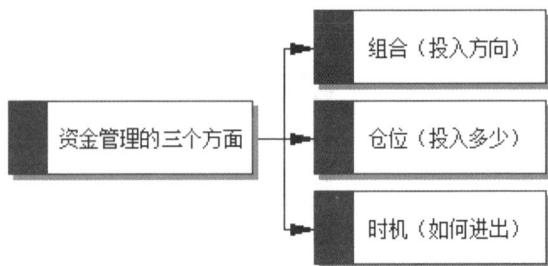

图14.3 资金管理的三个方面

14.2.1 组合：投入方向

对于大资金来说，集中投资于某一只期货合约所面临的风险比较大，所以，必须做分散投资，建立投资组合。所谓投资组合，就是交易者依据某些市场理论和经验，将资金分别投放到多只不同属性的期货合约或不同的交易市场中，以避免单一品种、单一市场出现反向运动时的重大亏损，而这些被交易者锁定并介入的多个品种和市场，就称为投资组合。

投资组合的目的不只是盈利，更重要的是防止大资金的系统性风险。因为相关性越强的期货合约，趋势同步反向时的风险就越大；而越是重仓的单一期货合约，趋势反向后的风险也越大。组合投资的原则就是要求交易者最大限度地降低单一品种的投资风险，不要"将鸡蛋放在一个篮子里"，同时也不要对投资对象采取平均主义的做法，而应有侧重、有技术地进行分散投资。

投资组合的三个层面，如图14.4所示。

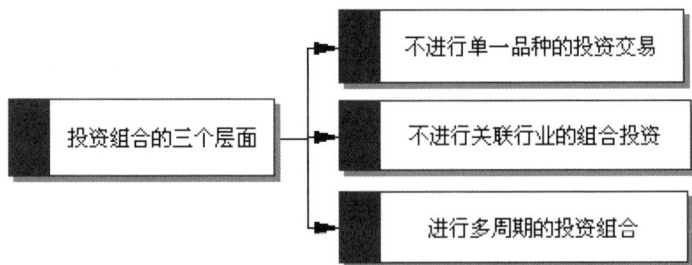

图14.4 投资组合的三个层面

1. 不进行单一品种的投资交易

交易对象可以包括期货合约、股票、债券、权证、黄金、白银等品种。

2. 不进行关联行业的组合投资

例如,有色金属行业和农产品行业的关联度较低,可以同时考虑。

3. 进行多周期的投资组合

交易中应包括长线投资品种和短期交易品种。

在运用投资组合时,我们要注意把握资金分散的度。分散是指对非关联交易品种的分散,但它本身也要讲究集中的原则,不能无限制地进行分散,造成开杂货铺的现象。

一般来讲,面对几十种期货品种,我们能有精力管好的期货合约数量不会超过五只,这五只期货合约还有可能涵盖了短、中、长线三类交易品种。

14.2.2　仓位:投入多少

仓位是指交易者在期货合约上的持仓数量或资金投入。仓位往往有两种界定方式,一种是额定仓位,即计划在某期货合约上的持仓数量或资金投入总额;另一种是流动仓位,即仓位将从零到部分满额直至全额,而后又逐渐减至零的过程,它始终处于一种流动的状态,如图14.5所示。

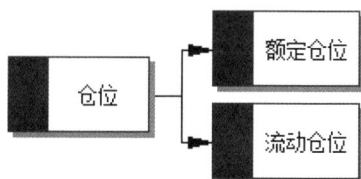

图14.5　仓位

对额定仓位的计算比较简单,只需要符合交易者一贯的交易风格,并对收益/风险比进行评估后即可确认。对于流动仓位的管理比较复杂,它需要交易者严格执行建仓、加仓、减仓、平仓等环节的管理标准,同时需要交易者具有丰富的交易经验。

对于仓位的管理,最简单的方法就是风险大而盈利大时,持仓数量减少;风险小而盈利大时,持仓数量增加;做短线交易时,持仓数量减少;做长线交易时,持仓数量视收益/风险比而增加。

具体到策略上,有如下三步:

第一,根据行情的性质来确实入市资金。趋势行情中使用50%的资金;震荡市中使用20%的资金。

第二，根据交易对象的收益/风险比来确定建仓资金。对于期货合约来说，当风险<收益时可以及时介入，甚至加仓；当风险>收益时不可介入，甚至考虑减仓；当风险=收益时，没有必要进场，若有期货合约可以继续持有。

第三，根据交易者的交易风格来控制仓位。不同的交易者有不同的交易风格，自然就会看准不同的交易时机进行建仓、增仓、减仓、平仓等动作，于是其流动仓位就可以得到有效控制。

14.2.3 时机：如何进出

在买卖期货合约时，如果资金量或持仓量比较大，交易者往往很难一次性交易完所要买卖的期货合约数量，于是就应该给自己有一个交易时间和买卖价格的限制。

例如，在购买期货合约时，交易者可以预先确定好最佳买入区间、次佳买入区间和适合买入区间，并做好每个价格区间上的资金投入准备；而在减仓和平仓时，也必须考虑好适合的价格区间和时间段，避免和主力出货时间相冲突。

事实上，期货市场和期货合约的运作是有周期的，在什么时段介入什么品种是交易者应该具备的市场经验；而在什么时段进行建仓、加仓、减仓、平仓等动作，则是技术分析混合市场经验的结果；而操作的数量取决于长期进行资金管理后所获得的经验。

组合、仓位和时机，这三个方面常常牵一发而动全身。当市场风险增大时，不仅投资组合应做出调整，品种仓位也要做出调整，调整的时机也要同步考虑。

14.3 三位一体的盈利策略

为了获取长远的盈利，我们必须进行三位一体的考虑，如图14.6所示。

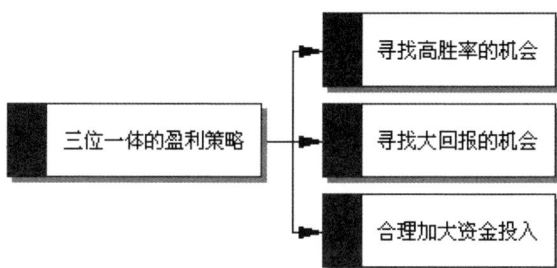

图14.6 三位一体的盈利策略

14.3.1 寻找高胜率的机会

寻找高胜率的机会，需要交易者有良好的分析功底和丰富的市场经验，但最重要的是耐心等待。耐心等待比分析更重要，好的交易机会从来不是分析出来的，而是等出来的。

很多交易者之所以屡屡亏损，其实他们自己也不知道原因，那就是每次没有等到较有把握的机会就匆匆入场。严格来讲，高胜率的机会都不会很确定，往往是交易者一厢情愿的看法；而即使是有90%的获胜率，如果行情偏偏走到了剩下的10%的概率里，亏损也一样会发生，而且此时的亏损往往会更大，因为交易者会根据高胜率来加大投入资金比例。

所以，寻找高胜率的机会虽然很重要，但交易者也不要过于指望高胜率，并据此盲目加大资金投入。

14.3.2 寻找大回报的机会

对于短线交易来说，收益/风险比必须达到2:1时才值得我们进场操作；对于中长线来说，收益/风险比必须达到4:1才值得进场操作。

这样的机会一般不难寻找，但问题是找到了大回报的机会，也预料到了后期的盈利空间，但交易者无法忍受其后过程中的小亏损或小盈利，不能等到大盈利的到来。

要知道，用多次小亏损换一次充足的盈利，不仅是交易者必须具备的经验，也是世界级交易大师的成功之道。尽管交易大师都非常看重高胜率这个条件，但他们的交易成功率却往往不会高于50%，这是他们在极其看重止损的同时敢于在看准的时机上进行加仓操作的结果。

所以，对于短线交易来说，需要提高自己的交易成功率；而对于中长线交易来讲，则需要适应"用丢掉高成功率的代价来换取大回报"的盈利模式。

14.3.3　合理加大资金投入

重仓出击最有信心的品种和重仓出击最有信心的点位，是交易者利润最大化的必然措施。不加大资金投入力度，不集中持有优势品种，交易者就难以真正实现以多次小亏损换一次充足盈利的战术。

但交易者也不要过于确信自己的判断，因为即使是90%的获胜率，也不能保证一定就会盈利；这样的高概率，恰恰是诱使你加大投入的陷阱，是使你最终翻船的"阴沟"。合理的方法是将资金投入比例控制在10%～50%，即使出现重大的投资亏损，也有机会重新入市博弈。

14.4　如何建仓、加仓和减仓

对于交易者来说，特别是对于拥有大量资金的交易者来说，其持仓策略不可能是一成不变的。如果一直重仓操作，容易造成因判断失误所带来的巨大亏损；如果一直轻仓操作，又容易失去获取大利润的宝贵机会。

我们不能控制市场，但可以控制自己，即控制自己的仓位。对仓位的管理，其实就是资金管理，这直接影响着交易者的心理和决策，并最终影响交易者的投资收益和投资效率。

14.4.1　建仓的方法

建仓是一个比较专业的问题，通常有两种方式，一种是根据自己的交易原则来调配仓位，即先明确资金投入额度，再考虑最大亏损承受额度。

例如，交易者将9万元资金三等分，计划买三只期货合约，在购买第一只期货合约时，无论如何看好期货合约行情，都只会投入3万元；开始购买期货合约时，按照小单试场、顺势加仓、势明满仓的原则，将3万元资金全部投入；在资金分批投入的时候，再根据技术止损的方法，设置止损点位并随价格的上涨而抬高止损点位；止损点可以是现今价格的−5%，也可以是−10%，也可以根据技术形态来设置止损点位。

另一种建仓方式比较死板，是一种先确立止损额度，后考虑资金投入的方法。

例如，假设交易者有10万元资金，单次交易能承受的最大亏损额为3%，即3 000元，如果期货合约价格为5 000元，则交易者考虑止损点位是4 900元，那么，可购买的手数是3 000÷[(5 000−4 900)×10]=3手（期货合约是10倍杠杆），能投入的资金为15 000元，这样交易者可以一次性将这1.5万元投入该期货合约中，也可以分批买入，但当期货合约价格下跌到4 900元时，交易者要以亏损3 000元清仓离场。

一般来说，第一种方法适合有资金管理经验的人，后一种方法适合按计划执行交易或没有资金管理经验的人，两者最终要达到的结果都是一样的。

> **提醒**
>
> 交易者首次建仓的资金不应超过可用资金的10%，剩余90%资金应视期货合约趋势发展情况而追加。总之，在趋势刚刚启动时或即将终止时，只持有少量的筹码，而在趋势上行的运行空间里持有大量的筹码。

14.4.2　加仓或减仓的方法

对于资金的加仓与减仓，常常有三种方法，如图14.7所示。

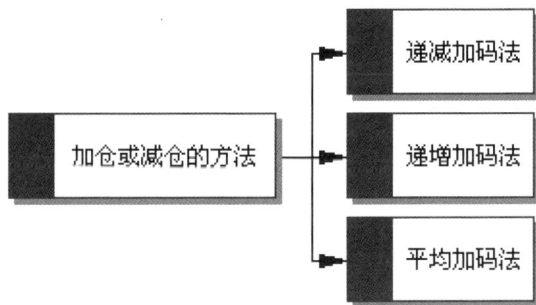

图14.7　加仓或减仓的方法

1. 递减加码法

当交易者认为未来价格还能上涨但涨幅空间有限时，即可采用递减加码的方式建仓，这种方式又称金字塔加码法。例如，首次建仓的资金为5万元，第二次加仓资金为3万元，第三次加仓资金为1万元。

2. 递增加码法

当交易者认为未来股价还有很大的上涨空间时，即可采用递增加码法，这种方式又称倒金字塔法。例如，首次建仓的资金为1万元，第二次加仓资金为3万元，第三次加仓资金为5万元。这是一种比较提倡的操作方法，因为在行情开始时，只能用少量资金谨慎测试行情的结果。

3. 平均加码法

平均加码法是一种简单的加码方式，它只用将备用资金分为2～4等份，在行情看好的时候继续追加即可，每次追加的资金为1等份。这种方法介于前面两种方法之间，较为中庸。

如果行情是一帆风顺的话，那么上述三种处理方法都能赚钱。如果行情逆转的话，这三种处理哪种比较科学、哪种比较合理就高下立见了。

假设交易者在1920元买入大豆合约，之后价格一路上扬，随后在1955元加码，到2005元又再加码。又假设手头上的资金总共可以做70手合约，如果以上述三种方式分配，就会产生如下三个不同的平均价：

倒金字塔式：在1920元买10手，1955元买20手，2005元买40手，平均价约为1979元。

均匀式：在1920元、1955元、2005元三个价位都买入同等数量的合约，平均价为1960元。

金字塔式：在1920元买40手，1955元买20手，2005元买10手，平均价约为1942元。

如果大豆期价继续上扬，手头上的70手合约，均匀式加码比倒金字塔式每吨多赚19元的价位；金字塔式加码更是比倒金字塔式多赚37元的价位。赚也是金字塔式优越。

反过来，如果大豆期价出现反复，升破2010元之后又跌回1965元，这样一来，倒金字塔式由于平均价高，马上由赚钱变为亏钱，原先浮动利润化为乌有，且被套牢；均匀式加码虽勉强力保不失，但也前功尽弃；唯有金字塔式加码的货由于平均价低，依然有利可图。

上述三种方法同样适用于减仓。当行情不易判断时，交易者可以采用递增减码法，即先少量减仓，待见势不好时再加大减仓量；当行情犹豫退缩时，交易者可以采用递减减码法，即先大量减仓，保住大部分利润，只留少量仓位在市场中继续承受风险。当然，面对上述行情，也可以采用平均法进行减仓。

注意：上述三种方法只适用于市场上升趋势或下降趋势明朗的情况，当行情在震荡盘整时，只适合轻单入场，做快进、快出的短线交易。

14.4.3　平均价战术不可乱用

在期货交易中，平均价战术被很多人奉为经典，并且相当部分交易者以这套战术从事期货交易。

平均价战术要点是：当市价处于A点时，根据所搜集的资料判断行情会上升而买入，但可能是基于某些因素而暂时下跌。所以，当市价下跌至B点时，更应买入（因原有资料显示行情会上升），这样，总体买入的价位就是A点与B点之间的平均价，比A点低。一旦行情涨回A点，便可能反败为胜。依照这个策略，如果行情从B点继续下跌，则在C点再买入，再跌又在D点再买入……总之，平均价越拉越低，只要市价回升至平均价以上则可以获利丰厚。

这套战术是否切实可行呢？虽不排除有时会有成功的可能，但基本上相当危险。

首先，这种做法属于逆市而行，并非顺市而行，既然在A点买入后而行情下跌，已证明原先认为大市会升的判断是错误的。"不怕错、最怕拖"是期货交易的首要原则。无论你信心有多大，只要你手上的合约出现浮动损失，就应该按事前设好的止损点迅速认赔出场。如果太坚持自己最初的看法，一而再、再而三地逆市投入，只会导致越来越大的损失，期货是信用扩张10倍以上的生意，当你在B点再买入时，你要先补足在A点买入的浮动损失；跌在C点再买入时，又要先补足在A点和B点买入加起来的浮动损失……这样就不是什么两套本钱、三套本钱所能应付的。有些人没有想到这一点，往往资金预算无决控制，半途就被断头。

有人说，资金充裕就可以用这一招平均价战术，有一段小反复当然可以，但遇到周期性转市，这套平均价战术就会变成担沙填海，等于踏上不归路。

例如，2012年9月，当时国内大豆期价在5 000元／吨以上，如果当时你在5 000元价位买大豆，大豆跌至4 800元、4 600元、4 400元，你都坚持平均价战术，三年下来大豆价格江河日下，最低跌至3 314元，不破产才怪呢！所以，平均价战术真的不可乱用。

14.4.4　累进战术的应用

越来越多的交易者意识到孤注一掷的危害,分兵渐进的原则已成为交易者的共识。但是,要真正落实分兵渐进仍有一个如何加码的问题。而累进战术,正是分兵渐进原则的具体应用。

所谓累进战术,就是假设你在A点买进,刚好被你抓住的是谷底,接着行情上扬到B点,你觉得涨势才起步,无理由急于套利,又在B点加入第二支兵买入乘胜追击。行情涨至C点,认为不过是一个大升浪的中间点,再加码第三支兵扩大战果,临近浪顶才"鸣金收兵,班师回朝"。因此,累进战术也可以称作顺势加码。

正确应用累进战术有三点是必须要注意的:

第一,赚钱时才加码,因为赚钱时加码是属于顺市而行,顺水推舟。买入之后涨势凌厉再买进或卖出之后跌风未止再卖,这样可使战果扩大,造成大胜。如果亏钱时加码是逆市而行,在错误的泥潭越陷越深。所以,经验丰富的交易者都有一股加码的狠劲,但"只加生码,不加死码"。

第二,不能在同一个价位附近加码。譬如你在2 090元／吨时做了一笔大豆空头合约,应该等行情跌至2 050元再空第二笔,跌破2 000元大关再做空第三笔。如果在2 090元／吨时卖出第一笔,在市场牛皮之际,2 080元时又卖空第二笔,2 065元你再空第三笔;价位在2 080元左右,这样一来,岂不是变成孤注一掷? 一个反弹上2 100元怎么办?

第三,不要倒金字塔式加码。当你准备做累进战术的时候,资金分配很重要,第二支兵应要比第一支兵少,第三支兵又比第二支兵少。这样三支兵的平均价比较有利。相反,每次加码都比原来的多,做多头的话,平均价就会拉得越来越高;做空头的话,平均价就会压得越来越低,行情稍微反复,就会把原先拥有的浮动利润吞没,随时由赚钱变为亏钱。这是极为不智的做法。

分兵渐进是正确的原则。一个正确的原则必须配以正确的策略才能收到好的效果。做好上述三点事项,累进战术方可发挥威力。否则,"好经也会被歪嘴和尚念歪",适得其反。

14.5 资金管理的一致性

在期货实战交易中,很多交易者总是在经历几次获利后,喜不自胜,大胆做单;遇到几次亏损后,惊恐懊恼,萎缩萎靡;今天循序渐进长线不成,明天重仓而全线出击。

期货交易不是儿戏,不是随便玩玩、不是冒险、不是赌博、不是消磨无谓的时光,这是一项事业,必须站在职业的角度去体会,去奉行其原则和纪律,并且还要加上"始终一贯"四个大字。没有一致性的原则,不能恪守既定纪律的人注定办不成什么大事。

期货市场只有赢家和输家,可靠的交易计划结合稳健的资金管理,就是你成为赢家的诀窍。但是如果你没有办法遵守纪律,自觉地贯彻执行这些道理,那么你仍要经历痛苦,这是因为技术的高低、理论的多寡和稳定盈利之间没有必然的关系。

想知道成功的交易者赚钱的秘诀是什么并不难,想知道自己投资失利的原因也不难,真正的难点在于我们必须约束自己去做应该做的、正确的事情。因此,有了可靠的交易计划和稳健的资金管理原则之后,一致性地制定原则和一致性地执行就成为决定我们投资能否成功的关键。

14.6 知行合一是交易的最高境界

资金管理所解决的问题,事关我们在期货市场的生死存亡。作为成功的交易者,谁笑到最后,谁就笑得最美,资金管理增加的恰恰就是所谓赢到最后的机会。

很多交易者在交易之初,总是试图寻找所谓一劳永逸的万能钥匙,然后即便输光也没有弄明白,把自己引入万劫不复迷宫的正是这种异想天开的思维。

当然,对行情的研究与把握必不可少,如果你的买卖信号成功率很低,那么再好的资金管理也很难改变你投资的命运,资金管理改变的只是账户资金运行轨迹的幅度,但绝不能改变其运行的方向,但这并不是问题的关键所在。很多交易者不知道市场是随机和规律相结合,任何想"完全、彻底、精确"地把握交易的想法，都是狂妄、无知和愚昧的表现，能够完美地把握每次机会只是高不可攀的梦想。事实上，真正的成功就是在把握市场韵律的基础上，严格资金管理、控制风险、扩大盈利、实现复利。

坚守资金管理，做到大赢小亏，稳定地盈利，从小做起，随着时间的流逝，小流也将汇聚成复利的海洋。一个投资高手的表现应该是，能够连续多年获得稳定、持续的复利回报，经年累月地赚钱而不是一朝暴富。

成功必然来自坚持正确的习惯方法和不断完善的性格修炼，坚忍、耐心、信心并顽强执着地积累才是职业的交易态度。利润是风险的产物，而非欲望的产物。风险永远是第一位的，无论何种情况下，都要严格制订和执行资金管理计划，不让账户资金出现非正常的回落。能否明确、定量而系统地从根本上限制自己的单次和总的操作风险，是区分赢家和输家的分界点，随后才是天赋、勤奋、运气以博取更大的成绩。

14.7　国际投资大师的资金管理技巧

他山之石，可以攻玉。一些国家的成熟期市已有一百多年的历史，并且出现不少投资大师，他们的资金管理技巧是值得交易者学习的，下面来具体看一下国际投资大师的资金管理技巧。

14.7.1　海龟资金管理法则

海龟资金管理法则具体如下：

1. 决定每一笔交易的是你愿意承担多大的风险

说白了，就是你在一笔交易中能亏得起多少钱而不心疼。一般来讲，不超过本金的2%。具体多少，要根据你投入的资金量和你的秉性来定。

2. 搞清楚你将要进行的交易的风险程度，然后确定交易规模

也就是说，根据期货交易品种的活跃程度、波动幅度、止损价格的位置，除以第一步的金额，得出你最佳的交易手数。不要超过该手数，如果超过，那是过度交易，风险极大。

3. 跟踪你的交易, 向前推进

期货交易者, 要根据行情的变化, 逐步提高止损价格。

4. 注意你的风险点

承受小额的损失, 而不要把它变成不可收拾的巨大损失。止损要坚决, 到了一定要走。

5. 回顾你的表现

期货交易者要不断总结、不断进步, 从自己的失败中吸取教训, 是进步最快的方法。

14.7.2　江恩资金管理法则

江恩资金管理法则具体如下:

第一, 将你的资本分成十等份, 每次交易不要冒损失1/10以上资本的风险。

第二, 永远采用止损单来保护你的交易, 在建立头寸后立即设定止损单。

第三, 永远不要用大头寸(大仓位)来过度交易。这会违反你的资金规则, 记住"安全第一"。

第四, 不要让利润变为损失。当市场向你预期的方向运动, 并且利润超过你所冒风险的两倍时, 移动你的止损位, 这样, 当市场触发你新设置的止损单时, 你将不会损失初始的资本金。

第五, 心存疑虑时, 观望或者出场。

第六, 没有好的理由, 不要平仓。根据规则, 用止损单来跟踪你的顺势仓位, 以保护你不断累积的利润。

第七, 积累盈利。这条规则很重要, 当你取得一系列交易的成功后, 从中取出一些钱, 放入盈利账户, 这笔钱只能在紧急或恐慌的情况下动用。

第八, 不要在亏损的头寸上摊低损失, 永远不要! 这是交易者犯下的最严重错误之一。

第九, 不要因失去耐心而出市, 不要因焦虑等待而入市。

第十, 避免截断利润, 让损失奔跑。

第十一, 进入市场并设置止损单后, 永远不要取消止损单。

第十二, 避免过于频繁的交易, 避免过于快速的进出。

第十三, 在长时间成功, 或做了一系列利润丰厚的交易后, 避免增加交易活动。积累你的盈利，并且不要过于快速地增加交易仓位。胜利会冲昏你的头脑，并毁掉其他明智而良好的交易。

14.7.3 墨菲的资金管理要领

一个优秀的交易高手的定义应该是，能够连续多年获得稳定、持续的连续复利回报，经年累月地赚钱而不是一朝暴富，常赚而不是大赚，资本市场的高额利润应来源于长期累积低风险下的持续利润的结果，职业交易者只追求最可靠的，只有业余交易者才只关注利润最大化和满足于短暂的辉煌。这也是多数人易现辉煌却难有成就的根本原因。

重仓和频繁交易导致成绩巨幅震荡是业余交易者的表现，且两者相互作用、互为因果。坚忍、耐心、信心、顽强、执着地积累成功才是职业的交易态度。是否能明确、定量、系统地，从根本上必然地限制住你的单次和总的操作风险，是区分赢家和输家的分界点，随后才是天赋、勤奋、运气，并得到尽可能大的成绩，而成绩如何，相当大程度上取决于市场，即"成事在天"。至于输家再怎么辉煌都只是震荡而已，最终是逃不脱输光的命运。

从主观情绪型交易者质变到客观系统型交易者是长期积累沉淀升华的结果：无意识—意识到—做到—做好—坚持—习惯—融会贯通—忘记—大成。小钱靠技术（聪明），大钱靠意志（智慧）。长线（智慧）判方向，短线（聪明）找时机。智慧成大业，聪明只果腹。聪明过头了就会丧失智慧（为自作聪明），所以，交易者要智慧过人而放弃小聪明（为大智若愚）。这里的意志应该理解成为坚持自己的正确理念和有效的方法不动摇。

止损是以一系列小损失取代更大的、致命的损失，它不一定是对行情的"否"判断（即止损完成不一定就会朝反方向继续甚至多数不会，但仅仅为那一次"真的"也有必要坚持，最多只是反止损再介入），而只是首先超过了自己的风险承受能力，所以，资金最大损失原则（必须绝对≤资产的5%）必须严格首要遵守。至于止损太频繁的损失需要从开仓手数和开仓位、止损位的设置合理性及耐心等待和必要的放弃上去改进。

大行情更应轻仓慎加码（因行情大、震荡也大，由于贪心盲目加码不仅会在震荡中丧失利润，更会失去方向从而破坏节奏而彻底失败）。

仅就单笔和局部而言，正确的方法不一定会有最好的结果，错误的方法也会有偶然的胜利甚至辉煌，但就长远和全部来看，成功必然来自坚持正确的习惯方法和不断完善的性格修炼。

大自然本身是由规律性和大部分随机性组成，任何想完全、彻底、精确地把握世界的想法，都是狂妄，无知和愚蠢的表现，追求完美就是表现形式之一。"谋事在人、成事在天。"于人我们讲缘分而非最好，于事我们讲适应，能改变的是自己而非寄望外界提供。

利润是风险的产物而非欲望的产物，风险永远是第一位的，是可以由自身控制和规避但不是逃避，因为任何利润的获得都是承担一定风险才能获取的回报，只要交易思想正确，对于应该承担的风险我们要从容不迫。正确分析预测只是成功投资的第一步，成功投资的基础更需要严格的风险管理（仓位管理和止损管理），严谨的自我心理和情绪控制（宠辱不惊、处变不惊）。心理控制第一，风险管理第二，分析技能重要性最次。必须在交易中克服对资产权益的过度关注或掺杂个人主观需求因素，从而引发贪婪和恐惧情绪的放大造成战术混乱、战略走样，最终将该做好的事搞得彻底失败。交易在无欲的状态下才能更多收获，做好该做的而不是最想做的。市场不是你寻求刺激的场所，也不是你的取款机器。任何事物，对它的定义越严格，它的内涵越少，实际的操作性才越强。在我们的交易规则和交易计划的构成和制订中，也必须如此从本质和深处理解和执行，这样才能保证成功率。

盯住止损（止盈），止损（止盈）是自己控制的（谋事在人）；不考虑利润，因为利润是由市场控制的（成事在天）。